重庆市高校普通本科重点建设教材
新工科·新商科·统计与数据科学系列教材

SPSS 统计分析实用教程
（第 3 版）

邓维斌　付　强　周玉敏　袁雅琴　编著

电子工业出版社
Publishing House of Electronics Industry
北京·BEIJING

内 容 简 介

本书是编著者经过近 20 年的教学实践，在总结之前版本的基础上，根据广大读者的反馈意见修订而成的。全书基于 SPSS 29（中文版），同时兼顾早期的软件版本。在编写过程中，编著者以统计分析的实际应用为主线，在对主要统计分析方法的基本概念和统计学原理进行简明介绍的基础上，以 71 个实例（包含第 14 章的 2 个综合案例）为载体，对 SPSS 29 中各种统计分析方法的应用场合和操作过程进行了清晰的说明，并对相关领域的 31 个统计分析典型案例进行了应用方法及解决思路的详细分析。全书共有思考与练习题 84 道，以供读者巩固学习效果和进行课后练习。

全书共 14 章，第 1 章介绍问卷设计与数据收集；第 2 章介绍数据管理与预处理；第 3~12 章介绍 SPSS 29 中的各种统计分析方法，包括描述统计与图形绘制、均值比较与 T 检验、非参数检验、方差分析、相关分析、回归分析、聚类分析和判别分析、主成分分析和因子分析、时间序列分析、信度分析；第 13 章介绍调节效应与中介效应；第 14 章介绍综合案例。与本书配套的资源包括**所有实例、典型案例、思考与练习题的数据文件、课程 PPT 教案**，以及思考与练习题的参考答案，读者可登录华信教育资源网（www.hxedu.com.cn）免费下载。

本书可作为高等院校经济学、管理学、教育学、心理学等相关专业本科生和研究生的教材，也可作为统计分析和决策各领域工作者的学习参考书。

未经许可，不得以任何方式复制或抄袭本书之部分或全部内容。
版权所有，侵权必究。

图书在版编目（CIP）数据

SPSS 统计分析实用教程 / 邓维斌等编著. —3 版. —北京：电子工业出版社，2023.8 (2025.8 重印)
ISBN 978-7-121-46126-2
Ⅰ. ①S… Ⅱ. ①邓… Ⅲ. ①统计分析－软件包－高等学校－教材 Ⅳ. ①C819
中国国家版本馆 CIP 数据核字（2023）第 152576 号

责任编辑：秦淑灵
印　　刷：三河市良远印务有限公司
装　　订：三河市良远印务有限公司
出版发行：电子工业出版社
　　　　　北京市海淀区万寿路 173 信箱　　　邮编：100036
开　　本：787×1 092　　1/16　　印张：21.5　　字数：564 千字
版　　次：2012 年 3 月第 1 版
　　　　　2023 年 8 月第 3 版
印　　次：2025 年 8 月第 5 次印刷
定　　价：59.00 元

凡所购买电子工业出版社图书有缺损问题，请向购买书店调换。若书店售缺，请与本社发行部联系，联系及邮购电话：(010) 88254888，88258888。
质量投诉请发邮件至 zlts@phei.com.cn，盗版侵权举报请发邮件至 dbqq@phei.com.cn。
本书咨询联系方式：qinshl@phei.com.cn。

前　　言

党的二十大报告指出："教育、科技、人才是全面建设社会主义现代化国家的基础性、战略性支撑。""我们要坚持教育优先发展、科技自立自强、人才引领驱动，加快建设教育强国、科技强国、人才强国，坚持为党育人、为国育才，全面提高人才自主培养质量，着力造就拔尖创新人才，聚天下英才而用之。"在大数据时代，充分利用各行业各领域所积累的数据，分析并发现各种规律，为决策提供科学依据已成为时代发展的迫切需求，数据分析能力也已经成为当代社会人才的必备技能。

SPSS 以其易用性和强大的功能成为目前最流行的统计分析工具之一，在国内具有规模很大的用户群，是目前国内管理决策、市场分析、社会调查、医学统计、金融决策等统计分析人员应用最广泛的软件。

编著者经过近 20 年的教学实践，发现在用 SPSS 进行数据分析时存在以下几个突出的问题：①遇到具体问题不知道该用何种统计分析方法，即不知道 SPSS 所提供的各种统计分析方法究竟适用于解决何种实际问题；②不知道每种统计分析方法的具体操作、分析步骤该如何进行；③不知道如何组织数据，即如何将已有的数据组织成适于 SPSS 特定统计分析方法的数据格式，如怎么定义变量、如何进行分组等；④不知道如何对输出结果（包括表和图形）进行分析，对涉及假设检验的问题，分不清原假设和备择假设，不知道如何根据所输出的统计量及概率值对其进行假设检验。

针对这些问题，编著者在不断总结已有讲义、实验指导书和教材的经验与不足的基础上，于 2009 年在西南财经大学出版社出版了《SPSS 16.0 与统计数据分析》，2012 年在电子工业出版社出版了《SPSS 19（中文版）统计分析实用教程》，2017 年在电子工业出版社出版了《SPSS 23（中文版）统计分析实用教程》（第 2 版），深受全国各地老师、学生和数据工作者的好评，居于同类图书销售排行榜前列。在之前版本的基础上，编著者基于 SPSS 29 编写了本书，根据软件发展和广大读者的要求，对之前的版本做了仔细的检查、修正和改写，所做的修订如下。

（1）基于 SPSS 29（中文版），同时兼顾早期的软件版本。

（2）去掉了对 SPSS 的概述，增加了对问卷设计与数据收集的介绍，以增强读者的数据收集能力。

（3）对图表的创建与编辑不再单独成章，将其与描述统计分析合并成一章，以重点体现统计分析方法。

（4）增加了调节效应与中介效应分析，以满足读者对实证研究数据分析的需要。

（5）增加了综合案例分析，让读者学会应用多种统计分析方法解决各种复杂的实际数据分析问题。

（6）对部分实例、典型案例、思考与练习题进行了精选，使其更加具有针对性。

本书吸收了之前版本的优点，集中体现了如下几个特点。

（1）全书结构清晰，内容简明。在总体内容把握上，本书按照"数据收集→数据组织→统计分析→综合案例"的顺序进行组织，知识由浅入深、由基础到专业；在每章内容的安排上，按"统计分析方法简介→统计原理与步骤→统计实例分析→典型案例→思考与练习"的顺序进行组织，方便读者学习。全书内容涵盖了 SPSS 中最常用的统计分析方法，避免了大而全的介绍，使读者在有限的时间里学习到更多实用的功能。

（2）以解决实际问题为导向。全书避免常规教材以介绍软件的应用为主，而以解决实际问题为导向，比较详细地介绍了 SPSS 的常用功能菜单和相应的对话框，对其选项的具体意义、适用情况进行了简单明了的介绍；对各种统计分析方法的原理进行了通俗易懂的介绍，但又避免了纷繁复杂的数学证明过程，使读者可以了解统计分析方法的核心思想；对各种统计分析方法的应用背景、场合进行了重点、清晰的介绍，使读者能更加熟练地掌握具体问题的分析方法。

（3）加强对问题分析、数据组织方法和分析结果的讨论。全书组织了 71 个实例，在用 SPSS 对每个实例进行操作之前，都有"分析"步骤，即针对每个具体问题，对为什么要使用该种统计分析方法进行了解释和说明；在"数据组织"步骤中，对特定的统计分析方法如何组织数据进行了说明，并对每个实例的主要运行结果进行了详尽的解释和讨论。特别是对编著者在教学和实践过程中发现的易混淆的问题，以注释的方式进行了说明，以方便读者对相关概念和问题的区别与理解。

（4）以综合案例详解 SPSS 的典型应用。除了对基本的统计分析进行了详细的介绍，本书还用综合案例帮助读者掌握如何将 SPSS 中的统计分析方法有机地结合起来，以解决实际复杂的统计分析问题。

本书由重庆邮电大学的付强编写第 1、8、11、13 章，周玉敏编写第 2、3、7 章，邓维斌编写第 4、5、6、12 章，袁雅琴编写第 9、10、14 章，由邓维斌负责全书的统稿工作。本书在编写过程中得到了重庆邮电大学现代邮政学院、经济管理学院的领导和老师的大力支持，刘进、胡大权等老师做了一些基础性工作并提出了建设性意见和建议，田帅辉、易毓媛、王苗、兰炳力、蒋子群、邢思昊等做了大量校对工作，在此表示衷心的感谢。

本书的出版得到了重庆邮电大学教材建设项目（JC2023-02）、重庆市高等教育教学改革研究项目"产教融合背景下智慧物流管理人才协同培养模式研究与实践"（183007）、重庆国际物流与跨境电商产业学院建设项目等的资助。此外，本书在编写过程中还借鉴了多种相关图书，引用了一些宝贵资料，在此向其作者表示深切的谢意。

由于编著者水平有限，书中所论并不完美，难免存在疏漏之处，恳请读者批评指正。编著者 E-mail：dengwb@cqupt.edu.cn。

编著者
2023 年 8 月

目　　录

第 1 章　问卷设计与数据收集 ··· 1
 1.1　问卷设计与分析 ·· 1
  1.1.1　问卷设计 ··· 1
  1.1.2　问卷分析 ··· 4
 1.2　调查抽样 ·· 4
  1.2.1　样本具有代表性的条件 ··· 4
  1.2.2　抽样方法 ··· 5
  1.2.3　简单随机抽样 ·· 5
  1.2.4　分层随机抽样 ·· 13
 1.3　思考与练习 ·· 16

第 2 章　数据管理与预处理 ·· 17
 2.1　数据文件的建立 ·· 17
  2.1.1　统计数据的度量尺度 ··· 17
  2.1.2　SPSS 数据文件的特点 ··· 18
  2.1.3　输入数据建立数据文件 ··· 19
  2.1.4　从其他数据文件导入数据建立数据文件 ······························· 24
 2.2　数据文件的编辑 ·· 27
  2.2.1　数据文件的合并 ·· 27
  2.2.2　数据文件的拆分 ·· 28
  2.2.3　数据的选取 ·· 30
  2.2.4　数据的加权 ·· 31
 2.3　SPSS 数据加工 ·· 33
  2.3.1　变量计算 ··· 33
  2.3.2　数据可视分箱 ·· 34
  2.3.3　数据重新编码 ·· 36
 2.4　思考与练习 ·· 37

第3章　描述统计与图形绘制 ··········· 39

3.1　基本描述统计量简介 ··········· 39
- 3.1.1　描述集中趋势的统计量 ··········· 39
- 3.1.2　描述离散程度的统计量 ··········· 40
- 3.1.3　描述总体分布形态的统计量 ··········· 41

3.2　频率分析 ··········· 42
- 3.2.1　基本概念及统计原理 ··········· 42
- 3.2.2　SPSS 实例分析 ··········· 42

3.3　描述性分析 ··········· 46
- 3.3.1　基本概念及统计原理 ··········· 46
- 3.3.2　SPSS 实例分析 ··········· 47

3.4　探索性分析 ··········· 48
- 3.4.1　基本概念及统计原理 ··········· 48
- 3.4.2　SPSS 实例分析 ··········· 48

3.5　交叉表分析 ··········· 54
- 3.5.1　基本概念及统计原理 ··········· 54
- 3.5.2　SPSS 实例分析 ··········· 55

3.6　多重响应分析 ··········· 59
- 3.6.1　基本概念及统计原理 ··········· 59
- 3.6.2　SPSS 实例分析 ··········· 60

3.7　相关图形绘制 ··········· 63
- 3.7.1　图表构建器的基本操作 ··········· 63
- 3.7.2　常见图形的创建和编辑 ··········· 67

3.8　典型案例 ··········· 73
- 3.8.1　城市平均气温基本特征分析 ··········· 73
- 3.8.2　商场电视品牌满意度调查 ··········· 73

3.9　思考与练习 ··········· 74

第4章　均值比较与 T 检验 ··········· 76

4.1　假设检验 ··········· 77
- 4.1.1　基本概念及统计原理 ··········· 77
- 4.1.2　小概率原理 ··········· 78
- 4.1.3　假设检验的一般步骤 ··········· 79

4.2　平均值分析 ··········· 80
- 4.2.1　基本概念及统计原理 ··········· 80
- 4.2.2　SPSS 实例分析 ··········· 80

4.3　单样本 T 检验 ··········· 82

4.3.1　基本概念及统计原理 ··· 82
　　　4.3.2　SPSS 实例分析 ··· 83
　4.4　独立样本 T 检验 ·· 85
　　　4.4.1　基本概念及统计原理 ··· 85
　　　4.4.2　SPSS 实例分析 ··· 86
　4.5　成对样本 T 检验 ·· 87
　　　4.5.1　基本概念及统计原理 ··· 87
　　　4.5.2　SPSS 实例分析 ··· 88
　4.6　典型案例 ··· 90
　　　4.6.1　蛋白饲料对小白鼠体重的影响分析 ····························· 90
　　　4.6.2　健康教育对儿童血红蛋白水平的影响分析 ···················· 90
　　　4.6.3　储户的储蓄金额的差异分析 ······································ 91
　4.7　思考与练习 ·· 91

第 5 章　非参数检验 ··· 93

　5.1　参数检验与非参数检验 ·· 93
　　　5.1.1　参数检验与非参数检验的区别 ··································· 93
　　　5.1.2　非参数检验的优点 ··· 94
　　　5.1.3　非参数检验的缺点 ··· 94
　5.2　单样本非参数检验 ··· 94
　　　5.2.1　基本概念及设置 ·· 94
　　　5.2.2　卡方检验 ·· 97
　　　5.2.3　二项分布检验 ···104
　　　5.2.4　游程检验 ···107
　　　5.2.5　K-S 检验 ···112
　5.3　独立样本非参数检验 ··114
　　　5.3.1　基本概念及统计原理 ··114
　　　5.3.2　SPSS 实例分析 ···116
　5.4　相关样本非参数检验 ··119
　　　5.4.1　基本概念及统计原理 ··119
　　　5.4.2　SPSS 实例分析 ···120
　5.5　典型案例 ··123
　　　5.5.1　判断某产品的需求量是否服从泊松分布 ······················123
　　　5.5.2　保健品对高血压患者的效果分析 ······························124
　　　5.5.3　某行业企业盈利比例判断 ·······································124
　　　5.5.4　棉条棉结杂质粒数分析 ··124
　5.6　思考与练习 ··125

第 6 章 方差分析 ... 127

6.1 方差分析简介 ... 127
6.1.1 方差分析的概念 ... 127
6.1.2 方差分析的一般步骤 ... 128

6.2 单因素方差分析 ... 128
6.2.1 基本概念及统计原理 ... 128
6.2.2 SPSS 实例分析 ... 129

6.3 多因素方差分析 ... 135
6.3.1 基本概念及统计原理 ... 135
6.3.2 SPSS 实例分析 ... 137

6.4 协方差分析 ... 143
6.4.1 基本概念及统计原理 ... 143
6.4.2 SPSS 实例分析 ... 145

6.5 多元方差分析 ... 147
6.5.1 基本概念及统计原理 ... 147
6.5.2 SPSS 实例分析 ... 148

6.6 典型案例 ... 151
6.6.1 培训材料效果分析 ... 151
6.6.2 火箭射程影响因素分析 ... 152
6.6.3 身高与肺活量分析 ... 152

6.7 思考与练习 ... 153

第 7 章 相关分析 ... 155

7.1 相关分析简介 ... 155
7.1.1 相关分析的概念 ... 155
7.1.2 相关关系的种类 ... 155

7.2 两变量相关分析 ... 156
7.2.1 基本概念及统计原理 ... 156
7.2.2 SPSS 实例分析 ... 158

7.3 偏相关分析 ... 161
7.3.1 基本概念及统计原理 ... 161
7.3.2 SPSS 实例分析 ... 162

7.4 距离分析 ... 164
7.4.1 基本概念及统计原理 ... 164
7.4.2 SPSS 实例分析 ... 164

7.5 典型案例 ... 169
7.5.1 有氧训练中的耗氧量研究 ... 169

  7.5.2 控制不良贷款 ······ 170
  7.5.3 学生身体状况指标的相似性分析 ······ 171
 7.6 思考与练习 ······ 172

第 8 章 回归分析 ······ 174

 8.1 回归分析简介 ······ 174
  8.1.1 回归分析的概念 ······ 174
  8.1.2 回归分析的一般步骤 ······ 175
 8.2 线性回归分析 ······ 176
  8.2.1 基本概念及统计原理 ······ 176
  8.2.2 一元线性回归 SPSS 实例分析 ······ 177
  8.2.3 多元线性回归 SPSS 实例分析 ······ 183
 8.3 曲线回归分析 ······ 189
  8.3.1 基本概念及统计原理 ······ 189
  8.3.2 SPSS 实例分析 ······ 190
 8.4 非线性回归分析 ······ 193
  8.4.1 基本概念及统计原理 ······ 193
  8.4.2 SPSS 实例分析 ······ 194
 8.5 二元 Logistic 回归分析 ······ 198
  8.5.1 基本概念及统计原理 ······ 198
  8.5.2 SPSS 实例分析 ······ 199
 8.6 典型案例 ······ 204
  8.6.1 水稻产量影响因素分析 ······ 204
  8.6.2 产品废品率的因素拟合 ······ 204
  8.6.3 高管培训与表现预测 ······ 205
  8.6.4 肾细胞癌转移的判断 ······ 205
 8.7 思考与练习 ······ 206

第 9 章 聚类分析和判别分析 ······ 208

 9.1 聚类分析和判别分析简介 ······ 208
  9.1.1 基本概念 ······ 208
  9.1.2 样本间亲疏关系的度量 ······ 209
 9.2 二阶聚类 ······ 210
  9.2.1 基本概念及统计原理 ······ 210
  9.2.2 SPSS 实例分析 ······ 210
 9.3 K-均值聚类 ······ 213
  9.3.1 基本概念及统计原理 ······ 213
  9.3.2 SPSS 实例分析 ······ 214

9.4 系统聚类 218
9.4.1 基本概念及统计原理 218
9.4.2 SPSS 实例分析 219
9.5 判别分析 223
9.5.1 基本概念及统计原理 223
9.5.2 SPSS 实例分析 224
9.6 典型案例 231
9.6.1 美国 22 家企业类型划分 231
9.6.2 销售地区的选择 231
9.6.3 地区降水量区域类型判别 232
9.7 思考与练习 233

第 10 章 主成分分析和因子分析 236
10.1 主成分分析和因子分析简介 236
10.1.1 基本概念和主要用途 236
10.1.2 主成分或公共因子数量的确定 237
10.1.3 主成分分析和因子分析的区别与联系 238
10.2 主成分分析 238
10.2.1 统计原理及分析步骤 238
10.2.2 SPSS 实例分析 240
10.3 因子分析 247
10.3.1 统计原理及分析步骤 247
10.3.2 SPSS 实例分析 249
10.4 典型案例 253
10.4.1 医院工作质量评价分析 253
10.4.2 各省、自治区、直辖市市政设施建设状况分析 254
10.4.3 大学生的价值观分析 255
10.5 思考与练习 256

第 11 章 时间序列分析 258
11.1 时间序列的建立和平稳化 258
11.1.1 填补缺失值 258
11.1.2 定义日期变量 259
11.1.3 创建时间序列 260
11.2 指数平滑法 262
11.2.1 基本概念及统计原理 262
11.2.2 SPSS 实例分析 263
11.3 ARIMA 模型 269

		11.3.1 基本概念及统计原理	269
		11.3.2 SPSS 实例分析	271
11.4	时间序列的季节性分解		279
		11.4.1 基本概念及统计原理	279
		11.4.2 季节性分解的实例分析	280
11.5	典型案例		282
		11.5.1 我国社会消费品零售总额分析	282
		11.5.2 中国彩电出口数据分析	283
		11.5.3 城市温度的季节性分解	284
11.6	思考与练习		285

第 12 章 信度分析 287

12.1	内在信度分析		287
		12.1.1 基本概念及统计原理	287
		12.1.2 SPSS 实例分析	288
12.2	再测信度分析		294
		12.2.1 基本概念及统计原理	294
		12.2.2 SPSS 实例分析	295
12.3	评分者信度分析		297
		12.3.1 基本概念及统计原理	297
		12.3.2 SPSS 实例分析	298
12.4	典型案例		299
12.5	思考与练习		299

第 13 章 调节效应与中介效应分析 301

13.1	调节效应		301
		13.1.1 调节效应简介	301
		13.1.2 自变量和调节变量均为连续变量的调节效应分析	302
		13.1.3 自变量为连续变量、调节变量为分类变量的调节效应分析	304
		13.1.4 自变量为分类变量、调节变量为连续变量的调节效应分析	306
13.2	中介效应		309
		13.2.1 中介效应简介	309
		13.2.2 简单中介效应分析	309
		13.2.3 并列中介效应分析	312
		13.2.4 链式中介效应分析	312
13.3	中介效应与调节效应混合模型		313
		13.3.1 中介效应与调节效应混合模型简介	313
		13.3.2 中介效应与调节效应混合模型分析方法	313

13.4 典型案例 ··· 315
    13.4.1 性别在胸围对肺呼量的影响中的调节效应分析 ················· 315
    13.4.2 心理因素在工作认同感与工作绩效之间的中介效应分析 ······ 316
13.5 思考与练习 ··· 316

第 14 章 综合案例分析 ··· 317

14.1 SPSS 在房地产市场数据分析中的应用 ··· 317
    14.1.1 问题描述与案例说明 ··· 317
    14.1.2 分析目的与分析思路 ··· 318
    14.1.3 操作步骤与结果分析 ··· 318
14.2 SPSS 在制造业数据分析中的应用 ·· 322
    14.2.1 问题描述与案例说明 ··· 322
    14.2.2 分析目的与分析思路 ··· 323
    14.2.3 操作步骤与结果分析 ··· 323
14.3 思考与练习 ··· 328

参考文献 ·· 330

第 1 章 问卷设计与数据收集

如果想了解某一具体经济领域或企业内外部的情况，以及某一具体目标市场的情况，获取准确的第二手数据是比较困难的，此时一般采用的方法是针对具体的目标进行市场调查，获得第一手数据，并基于此数据进行分析，得出结论。问卷调查是获得第一手数据的主要手段，其涉及的知识比较多，从问卷的设计与分析、调查方法的选择、抽样方案的确定、抽样实施、问卷回收、数据录入到数据分析并得出结论是一个整体。限于篇幅，本章不能对所有的流程进行详细说明，只针对问卷设计与分析、调查抽样方面做简要阐述。本章主要介绍在进行统计分析之前，如何通过问卷调查获得统计数据，以及在进行市场调查时，如何选择抽样方法、如何通过 SPSS 进行抽样和确定样本量，为进一步的统计分析做准备。

1.1 问卷设计与分析

1.1.1 问卷设计

对于问卷设计，主要是在清楚调查内容的基础上，通过对调查问题的合理设计和布局，让问题更好地反映调查内容，一项以第一手数据为基础的研究项目，其研究深度本质上由问卷的深度决定。对于问卷设计时没有考虑到的问题，在问卷调查完成后想研究就不太可能了，因为重新设计问卷、收集数据，无论是时间还是资金的损失，往往都是令人难以承受的。因此，按照所要研究的问题设计好问卷是科学研究中一项非常重要的工作。下面就问卷的构成、问卷的问题类型、问卷中量表的主要类型和问卷设计的注意事项几方面进行阐述。

1．问卷的构成

一份正式的问卷一般包括以下 4 个组成部分：标题、导语（前言）、正文和结束语。

（1）标题。

问卷的标题概括地说明调查主题，使被调查者对所要回答的问题有一个大致的了解。问卷标题要简明扼要，但又必须点明调查对象或调查主题。例如，"学生宿舍卫生间热水供应现状的调研"，而不要简单采用"热水问题调查问卷"这样的标题。这样无法使被调查者了解明确的主题内容，妨碍其回答问题的思路。

（2）导语。

导语主要是对调查目的、意义及填表要求等的说明。导语部分文字必须简明易懂，能激发被调查者的兴趣。导语的书写应注意以下 3 个问题。

- 与调查的内容和调查对象相吻合，突出本次调查的主要问题和现象。
- 要调动被调查者的积极性，体现被调查者完成本次调查的重要作用。
- 要对被调查者表示感谢，写一些祝愿的话语。

另外，卷首最好有说明（称呼、目的、被调查者受益情况、主办单位），如果涉及个人资料，则应该有隐私保护说明。

（3）正文。

将调查的若干问题及相应的选择项目有限度地排列成正文，要求被调查者回答。

（4）结束语。

结束语一般是一段短语，内容是向被调查者的合作再次表示感谢，以及关于不要漏填及复核的请求。结束语要简短明了，有的问卷也可以省略。

2．问卷的问题类型

（1）封闭型问题。

封闭型问题事先准备了答案，被调查者只能在事先准备的答案中选择。封闭型问题的数据转化工作量大为减少。例如，"我在英语课堂活动的参与程度上：A．十分活跃　B．较活跃　C．一般　D．不太活跃　E．根本不参与"，这是固定应答题，以指定答案的方式进行回答。

封闭型问题包括以下问题形式。

- 是否式。

是否式问题后列出两种相互对立的答案，从中选出一个，如"是"与"否"，或者"同意"与"不同意"。例如，"我觉得英语是一门十分有趣且很好学的学科：A．同意　B．不同意"。

- 选择式。

选择式问题是指根据自己的观点和实际情况，从列出的多个答案中挑选出一个或几个答案。例如，"我在课后对课堂所学知识的整理上：A．十分认真　B．较认真　C．一般　D．不太认真　E．一点儿也不认真"；"我觉得英语学习中最重要的是（最多选 3 项）：A．单词记忆　B．语法规则　C．阅读理解　D．口语表述　E．写作能力　F．听力　G．做题技巧　H．语言知识"。

- 评判式。

评判式也叫排列式、编序式，每个问题后列出很多选项，根据选项的重要性，用数字评定等级。例如，"英语学习涉及很多内容，请根据你的观点，按其重要程度由 1 到 5 顺序排列：（　）听力技能　（　）口语表达技能　（　）阅读技能　（　）写作技能　（　）翻译技能"。

在多数情况下，要尽量用封闭型问题形成问卷。

（2）开放型问题。

开放型问题事先没有准备答案，允许被调查者用自己的话来回答问题，由于采取这种方式提问会得到各种不同的答案，不利于资料的统计，因此通常在问卷形成阶段使用，在最终问卷中要慎用。

3．问卷中量表的主要类型

量表是测量被调查者对某个问题（特别是复合型问题）的反应强度（或态度、看法）的工具。把单选问题的备选答案量化，就得到单问题量表，如表 1-1 所示。

表 1-1　单问题量表

金融危机对你的影响	非常大	大	一般	不大	无影响
	5	4	3	2	1

这就是一个简单的单项量表。"单项"是指该量表仅仅反映了被调查者对一个问题的态度。

（1）连续评分量表。

表 1-1 所示的量表的刻度仅从 1 到 5，如果采用从 0 到 100 的刻度，则称其为连续评分量表。

（2）分项评分量表。

表 1-1 所示的量表只涉及一个单选问题，如果量表涉及多个关联的单选问题，就称它为分项评分量表（Itemized Rating Scale）。分项评分量表中的多个单选问题必须是有关联的，是某个总项（上一层的变量）的一个分解。表 1-2 就是一个分项评分量表的例子。

表 1-2　高校辅导员压力问题的一个分项评分量表

项目	没有压力	有点儿压力	中度压力	压力较大	压力很大
辅导员外出进修和接受继续教育的机会	1	2	3	4	5
辅导员工作权利和义务不明确	1	2	3	4	5
辅导员事务性工作多，用于自身学习提高的时间少	1	2	3	4	5
辅导员工作见效周期长，成果无形化	1	2	3	4	5
辅导员评职称的条件及难度	1	2	3	4	5

这种分项评分量表又称 Likert 量表，是由美国社会心理学家 Rensis Likert 于 1932 年提出的。Likert 量表的度量级别通常为 5 级，但非一定为 5 级，在应用中，7 级、9 级均可，但通常不少于 5 级，不多于 9 级。

Likert 量表的关键特点是所有分项共同组成一个总项，分项的得分加总后就得到总项的得分，因此 Likert 量表又称为加总量表（或求和量表）。

（3）排序量表。

排序量表就是根据所研究的问题对几个因素排列出先后顺序。例如，根据重要性，对影响学生成绩的因素进行排序的量表如表 1-3 所示。

表 1-3　对影响学生成绩的因素进行排序的量表

比较因素	重要性等级
学生智商	5
家长监管	4
学习勤奋程度	3
教学质量	2
社会因素	1

4．问卷设计的注意事项

（1）目的明确。任何问卷调查都是有目的的，要么证实某个结论，要么证伪某个结论，只有目的明确，才能围绕目的设计题项。

（2）先易后难，先简后繁。问卷的前几个问题的设置必须谨慎，称呼语措辞要亲切、真诚。前几个问题要比较容易回答，不要使被调查者难以作答，给接下来的调查造成困难，因此，通常将被调查者熟悉的问题放在问卷的前面。

（3）提出的问题要具体，避免提一般性问题。一般性问题对实际调查工作并无指导意义。例如，"你认为食堂的饭菜供应怎么样？"这样的问题就很不具体，很难达到想了解被调查者对食堂饭菜供应状况总体印象的预期调查效果，应把这一类问题细化为具体询问关于价格、外观、卫生、服务质量等方面的印象。

（4）单选问题的备选答案应完整划分答案空间。单选问题的备选答案必须分布在同一个维度上，是同一个答案空间的完整分割，即备选答案之间不能有交集，也不能有遗漏。例如，"您的家庭月收入是：A．2000 元以下　B．2000～3999 元　C．4000～5999 元　D．6000～7999 元　E．8000 元及 8000 元以上"。这个问题的 5 个备选答案就是一个答案空间的完整划分。也就是说，收入的所有答案都可以在这 5 个备选答案中找到，备选答案之间既没有交集，又没有遗漏。

（5）多选题的备选答案必须分布在两个以上的维度上，并且至少有一部分不是互相排斥的。

（6）问题的陈述及备选答案不能有多重含义。

（7）问题设计的用语要含义明确，不能让被调查者产生不同的理解。

（8）在问题的陈述中，要对所询问行为的时间、方式、目的做必要的限定。

（9）对于得不到诚实回答而又必须了解的情况，可以通过变换问题的提法来获得相应的数据，或者通过了解相对数据来判断总体的情况。

（10）问卷不能太长，应答时间以 20～30min 为宜；对于商场拦截类的问卷，应答时间以 3～5min 为宜。

1.1.2 问卷分析

在问卷调查过程中，通过问卷得到的调查结果与真实情况之间不可避免地会存在误差，这些误差有可能是调查过程中的登记性误差，也有可能是由于问卷的结构质量不高造成的系统误差。因此，为了提高问卷的结构质量，在完成问卷设计后，还不能马上将其用于市场调查，还需要对问卷，特别是问卷中各量表的信度和效度进行评价。

问卷的信度（Reliability）是指进行重复测量后，一份问卷产生一致性结果的程度。系统误差对信度没有不利影响，因为它以不变的方式影响调查值，重复测量中的真实值不会改变，因而系统误差也不会改变；相反，登记性误差会影响信度，信度可以理解为调查值排除随机误差的程度，如果随机误差为 0，那么调查是完全可信的。通过确定问卷系统误差的比例来评价信度是通过确定用同一问卷得到的调查值之间的相关度来实现的，如果相关度高，则问卷可信，反之则问卷信度较低。对于调查问卷的信度，可以运用 SPSS 中的可靠性分析功能模块求解相关的系数，具体操作过程参见第 12 章"信度分析"的内容。

问卷的效度（Validity）可以定义为对象之间调查值的差异所能反映的对象之间真实值的差异程度。完美的效度要求没有测量误差，即系统误差和随机误差都为 0，SPSS 中有专门的信度分析模块，但没有效度分析模块，如果要进行效度分析，就需要利用相关分析等方法来实现。

1.2 调查抽样

如果只对被调查群体中的一些成员（部分个体）发放问卷，那么应该考虑选择这些成员的方法是否科学，以及所选成员的数量是否足够。因为这些决定了所选的成员能否有效代表他们所隶属的群体，也决定了所得到的结论的有效性。

1.2.1 样本具有代表性的条件

总体是指研究对象的全体，每个研究对象被称为个体，总体由同质的个体组成。抽取总体中部分个体组成集合，称为样本。因此，单从概念上来说，样本不一定能很好地反映其所隶属的总体。

样本对总体要具有较好的代表性，必须满足如下两个必要条件。

一是随机抽样，即从总体中抽取个体的方式不能是人为指定的，必须是随机的。只要能保证总体中每个个体都有相同的机会入选到样本中，就满足了抽样是随机的这项要求，称这种抽样方式为随机抽样。

二是样本量可使研究精度达到要求。样本对总体代表性的好坏除受抽样方式的影响外，还取决于样本量的大小。一般而言，大样本量的样本对总体的代表性优于小样本量的样本。样本量太小，样本便不能很好地代表其所隶属的总体；样本量越大，样本对总体的代表性越好。但这并不等于样本量越大越好，因为样本量越大，在研究中所需投入的人力、物力也会越多。

样本量的大小取决于如下因素。

（1）研究的类型和范围。由于定量问题比定性问题所需的样本量大，所以当问卷调查中涉及的问题既有定性的又有定量的时，应以各项所需的最大样本量作为问卷调查中所需的样本量。

（2）研究精度与允许的误差。研究精度越高，允许的误差越小，问卷调查中需要的样本量越大。

（3）总体容量。通常情况下，问卷调查中的总体容量越大，所需的样本量也越大。

（4）总体的变异性。总体的变异性越小，问卷调查中需要的样本量就越小；反之，样本量就要适当增大。

（5）研究经费。当研究经费宽松时，可适当增大样本量；反之，只需满足最低需求的样本量即可。

总之，为了获取有代表性的样本，在抽样实施之前，应事先了解研究课题涉及的背景资料、被调查者的分布情况、调查的复杂程度等，以此来确定抽样时要不要对总体进行分层、分群；再根据实际研究精度，在抽样阶段合理地选用下面提到的抽样方法，科学地做好抽样设计方案。

1.2.2　抽样方法

在抽样调查中，按抽样是否随机，可以将抽样方法分为随机抽样和非随机抽样两种。

随机抽样能使总体中的每个个体都有相同的机会入选到样本中，在用样本推断总体的过程中，以概率论中的大数法则和中心极限定理为理论依据，可以事先计算和控制抽样误差。因此，在问卷的抽样调查中，应以随机抽样方式来确定被调查者。随机抽样方法包括简单随机抽样、简单系统（等距）抽样、分层随机抽样、整群随机抽样和多阶随机抽样。

非随机抽样是在抽样时不遵从随机性原则，而由调查者根据调查目的和要求，用其主观设立的某个标准从总体中抽取样本的抽样方式。它主要包括方便抽样、判断抽样、配额抽样和滚雪球抽样等。例如，在做图书馆使用情况的满意度调查时，调查者只将问卷发放给在图书馆看书的人员，以此作为样本，这就是典型的方便抽样。非随机抽样抽取的样本有较大的偏差，不能代表总体的特征，因此，抽样设计中要予以避免。

在这些抽样方法中，分层随机抽样、整群随机抽样和多阶随机抽样是大规模复杂局面的抽样调查中用到的抽样方法。而其中最基本的抽样方法是简单随机抽样，其他抽样方法都是在它的基础上，在考虑到总体中各个个体不处在同等地位时，通过调整各个个体的抽样概率发展而来的。

限于篇幅，这里只介绍简单随机抽样和分层随机抽样。

1.2.3　简单随机抽样

当对研究总体的背景资料知之甚少，只有总体中各个个体的名录，没有总体中哪些个体更加重要的辅助信息，而只能将它们一视同仁时，即在总体中仅有一个简单的抽样框时，通常采用简单随机抽样。

抽样框是指对可以选为样本的总体单位列出的名册或序号，用来确定总体的抽样范围和结构。因此，抽样框还称为抽样框架或抽样结构。有了抽样框，便可采用抽签的方式或按照随机数表来抽取必要的单位数。一个好的抽样框应是完整且不重复的。街道派出所里的居民户籍册、学校里的学生花名册、工商企业名录、意向购房人信息册等都是常见的抽样框。当没有现成的名册作为抽样框时，调查者要自己编制抽样框。即使在利用现有的名单作为抽样框时，调查者也要先对该名单进行核查，避免重复、遗漏，以改善所抽样本对总体的代表性。

简单随机抽样是在总体的 N 个有限个体（抽样单元）中抽取 n 个个体组成一个样本时，使每个个体出现的概率均等于 $1/C_N^n$ 的一种基本的抽样方法。前面提到，它是其他抽样方法的基础，其他抽样方法可以看成对它的修正。它的具体实施非常简单——从总体的 N 个个体中，无放回且机会均等地逐次抽取个体，直至选满 n 个个体。

1. 按绝对精度确定样本量

如果问卷问题中涉及定量问题，并有估计的绝对误差要求，则可以使用绝对精度法公式来计算所需的样本量。

由正态分布区间估计理论推得的样本量 n 的计算公式为

$$n = \frac{(\mu_{(1-\frac{\alpha}{2})})^2 S^2}{d^2 + \frac{1}{N}(\mu_{(1-\frac{\alpha}{2})})^2 S^2} \tag{1-1}$$

式中，d 为绝对精度；α 为显著性水平；$\mu_{1-\frac{\alpha}{2}}$ 为 $1-\frac{\alpha}{2}$ 处标准正态分布的位置值；S 为标准差。当总体容量 N 很大时，$n \approx \frac{(\mu_{(1-\frac{\alpha}{2})})^2 S^2}{d^2}$。由此可知，当总体容量 N 很大时，样本量 n 与总体容量 N 的关系不大，而取决于总体方差。

【例 1-1】 要抽样调查某社区居民每月每户用于食物的消费支出，现已知该社区有 400 户，共 1500 人，那么在要求平均每月每户用于食物的消费支出的估计绝对误差不超过 30 元的前提下，应调查多少户？

已知条件为 $d=30$，$N=400$，但总体 S^2 未知，因此，首先需要获取 S^2 的一个粗略估计值，有以下几种常用方法。

（1）查阅资料法。如果所研究的总体以前被调查过，那么通过查阅有关资料，可以将以前获得的 S^2 的估计值作为其粗略估计值。

（2）预先调查法。在没有现成资料可查的情况下，可先从所要调查的总体中随机抽取一个样本量较小的样本，通过该样本得到方差，用它作为总体方差 S^2 的粗略估计值，再用该值确定所需的样本量。如果这个确定的样本量小于预先抽取的样本量，则预调查就成为正式调查；否则，补充调查不足部分的样本，使之达到所需的样本量。

（3）类推法。如果通过查阅有关资料能找到与所要研究的目标量 Y 高度关联的指标量 X 的信息，$\bar{X}$ 和 S_X^2 有估计值，且 X 与 Y 的变异系数接近，那么只需预先抽取一个样本量较小的样本就可得到 $\bar{Y}$ 的估计值，根据 $S_Y/\bar{Y} \approx S_X/\bar{X}$，便可推算得到 S^2 的粗略估计值。

本题的解题步骤如下。

☞ 第 1 步 预抽样。

在 SPSS 中，用简单随机抽样法，在 400 户中随机抽取 35 户（这个户数是预估数，50 户、30 户或其他较小的值均可），具体做法如下。

（1）在 SPSS 数据编辑窗口中，用数字编码的方式建立如图 1-1 所示的 400 户编号的抽样框数据文件 data1-1.sav。

图 1-1　400 户编号的抽样框数据文件

（2）选择"分析"→"复杂采样"→"选择样本"选项，弹出"抽样向导"对话框，如图 1-2 所示。

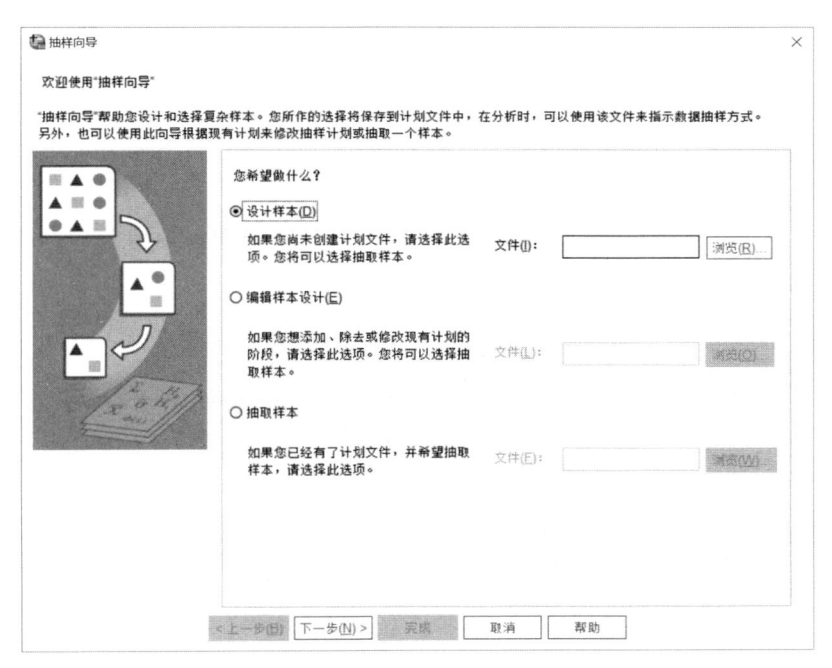

图 1-2　"抽样向导"对话框

由于还没有抽样方案，所以在 SPSS 的复杂抽样过程中要从头做起，在"抽样向导"对话框中，选中"设计样本"单选按钮，将光标定位在其后的"文件"文本框中，通过直接输入"数据文件夹位置路径\data1-1.csplan"来定义抽样方案文件名；也可以通过单击"浏览"按钮，在弹出的对话框中逐级选择存放路径并定义文件名。

（3）单击"下一步"按钮，进入"阶段 1：设计变量"界面，如图 1-3 所示。

图 1-3 "阶段 1：设计变量"界面

在本例中，要做的是只有一个变量的简单随机抽样，因此，该变量就是抽样单元。在中间的"变量"列表框中选择"编号"变量，单击右侧第二个右移箭头，将其移入"聚类"列表框中，定义"编号"为第一阶群变量，由于后面不再有二阶抽样，所以它也是最终的抽样单元。至此，本阶段设定已经完成。

（4）单击"下一步"按钮，进入"阶段 1：抽样方法"界面，如图 1-4 所示。在此可以定义抽样方法和规模度量。

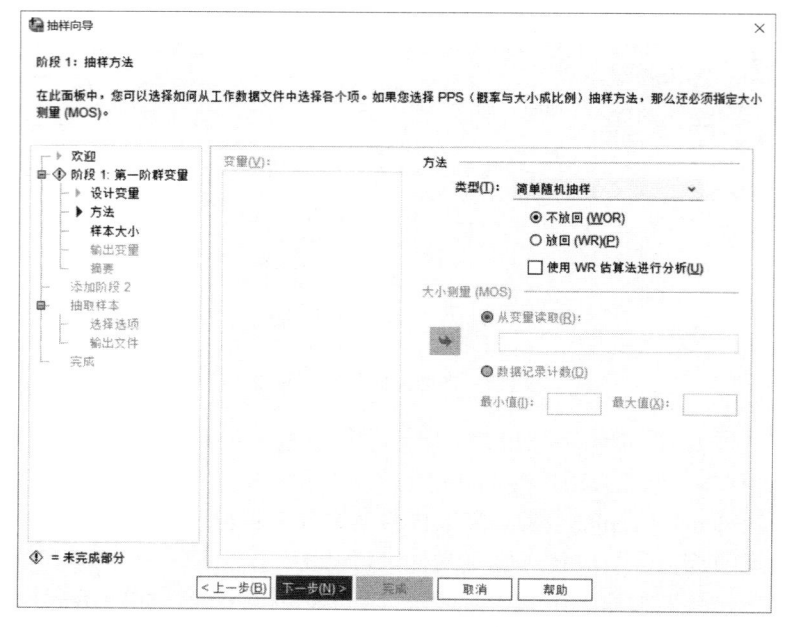

图 1-4 "阶段 1：抽样方法"界面

在"方法"选区的"类型"下拉列表中,共有 9 种抽样方法,如图 1-5 所示。由于系统默认的抽样方法为简单随机抽样,抽样方式为不放回抽样,故这里可不做任何选择,即保持默认设置。

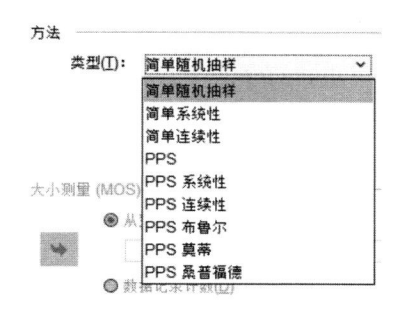

图 1-5 "方法"选区的"类型"下拉列表

(5)单击"下一步"按钮或在左侧导航栏中选择"样本大小"选项,可进入"阶段 1:样本大小"界面,如图 1-6 所示。在这里可以设定样本量。

图 1-6 "阶段 1:样本大小"界面

在"单元数"下拉列表中选择系统默认的"计数"选项。选中"值"单选按钮,并在数值框中输入 35,表示在本阶段选择 35 个样本单元。在做简单随机抽样时,无须考虑此界面中的其他选项。

(6)单击"下一步"按钮,进入"阶段 1:输出变量"界面,如图 1-7 所示。

在该界面中,4 个复选框全部选择,要求在数据文件中存取群体大小(总体容量)、样本大小(样本量)、样本比例和样本权重变量。

(7)单击"下一步"按钮,进入"阶段 1:计划摘要"界面,如图 1-8 所示,在这里可以查看抽样设计。

图 1-7 "阶段 1：输出变量"界面

图 1-8 "阶段 1：计划摘要"界面

单击"完成"按钮，完成简单随机抽样工作。在数据编辑窗口的原数据文件中出现本次抽样结果，如图 1-9 所示，7 个新增的带下画线的变量已存放到数据文件中。

新增变量说明如下。

InclusionProbability_ 1_表示第一阶段体现的抽样概率值，SampleWeightCumulative_ 1_表示第一阶段样本权重累积，PopulationSize_ 1_表示总体容量，SampleSize_ 1_表示样本量，SamplingRate_ 1_表示抽样比例，SampleWeight_ 1_表示样本权重，SampleWeight_ Final_表示最终的样本权重。

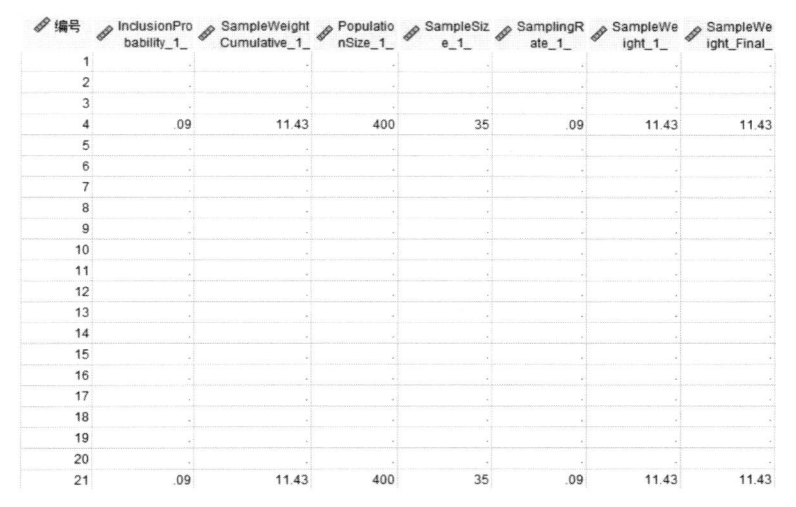

图 1-9 抽样结果

在图 1-9 中，包含这 7 个新增变量值的样品被选入样本，而这 7 个新增变量值为系统缺失值的样品则不在样本之列。将包含抽样框的资料及抽取的 35 户的入选样本的概率、抽样权重、总体容量等相关资料的数据文件另存为 data1-1a.sav。

☞ 第 2 步　预调查。

获取 35 户原始信息，并在 SPSS 中建立相应的数据文件。

向所选择样本中该社区对应编号的居民发放问卷，收集包括户人数、人均月收入和户月食物支出的样本数据资料，以便获取每月每户用于食物的消费支出信息。将获取的资料存放在数据文件 data1-2.sav 中。

☞ 第 3 步　估计总体方差。

在 SPSS 中计算样本方差，用样本方差作为总体方差的粗略估计值。

选择"分析"→"描述统计"→"描述"选项，打开"描述"对话框，如图 1-10 所示，从左侧源变量列表框中选择"户月食物支出"变量，移入"变量"列表框，单击"选项"按钮，弹出如图 1-11 所示的"描述:选项"对话框。选择"均值""标准差""方差"作为输出项。

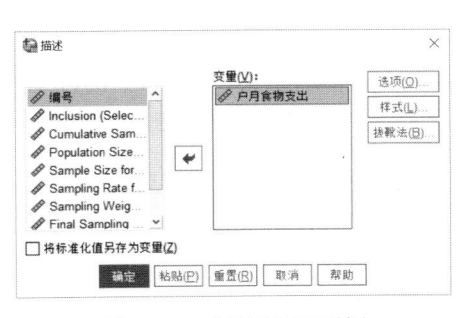

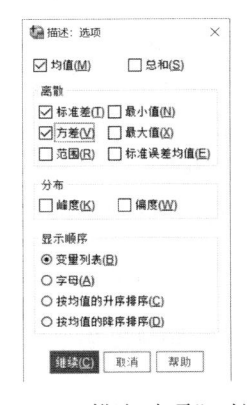

图 1-10　"描述"对话框　　　　图 1-11　"描述:选项"对话框

单击"继续"按钮，返回"描述"对话框。单击"确定"按钮，在输出窗口得到描述统计结果，如表 1-4 所示。由此可得总体方差 S^2 的粗略估计值为 47419.328。

表 1-4 描述统计结果

	N	平均值	标准差	方差
户月食物支出	35	895.7143	217.75979	47419.328
有效个案数（成列）	35			

☞ 第 4 步 计算样本量。

在 SPSS 中计算所需绝对误差限下所需的样本量。

（1）选择"文件"→"新建"→"数据"选项，打开新的数据编辑窗口。建立数据文件 data1-3.sav，其中变量名为总体容量、绝对误差限和方差，其观测值分别为 400、30 和 47419.328。

（2）选择"转换"→"计算变量"选项，打开"计算变量"对话框，如图 1-12 所示。

图 1-12 "计算变量"对话框

（3）在"目标变量"文本框中输入"样本量"，在"数字表达式"文本框中输入"IDF.NORMAL (0.975,0,1) *IDF.NORMAL (0.975,0,1)* 方差 /（绝对误差限 * 绝对误差限 +1/ 总体容量 *IDF.NORMAL (0.975,0,1) *IDF.NORMAL (0.975,0,1)*方差）"，第一个参数 0.975 由 1−0.05/2 计算得到，第二个和第三个参数 0、1 分别为标准正态分布的均值和方差。

（4）单击"确定"按钮，在数据文件中增加一个新变量——样本量及其计算结果值 134.40。

这说明，要满足绝对误差限的要求，至少要抽取 135 户进行调查。这是概算结果，在实际调查中，为确保研究精度，一般应在此基础上增加 10%左右的样本量，即本例应调查 150 户左右。在实际发放问卷的调查中，只需在 35 户的基础上增补调查 115 户即可。

在总体容量很大时，就可以使用公式 $n \approx \dfrac{(\mu_{(1-\frac{\alpha}{2})})^2 S^2}{d^2}$ 来近似估计简单随机抽样需要的样本量。

2. 按相对精度确定样本量

当问卷调查的问题中涉及定量问题，并有估计的相对精度要求时，可以使用相对精度法公式来计算所需的样本量。

由正态分布区间估计理论推得的样本量 n 的计算公式为

$$n = \frac{(\mu_{(1-\frac{\alpha}{2})})^2 S^2}{(\overline{Y}h)^2 + \frac{1}{N}(\mu_{(1-\frac{\alpha}{2})})^2 S^2} = \frac{(\mu_{(1-\frac{\alpha}{2})})^2 C^2}{h^2 + \frac{1}{N}(\mu_{(1-\frac{\alpha}{2})})^2 C^2} \quad (1\text{-}2)$$

式中，$C = S/\overline{Y}$ 为变异系数。当总体容量 N 很大时，可取

$$n \approx \frac{(\mu_{(1-\frac{\alpha}{2})})^2 C^2}{h^2} \quad (1\text{-}3)$$

【例 1-2】 前几年的抽样调查结果表明，北京市家庭汽车普及率为 25%~35%，为了解目前北京市家庭汽车普及情况，拟在北京市进行一次家庭问卷抽样调查，要求所估计的相对误差不超过 5%，则在简单随机抽样条件下，至少应抽取一个多大样本量的样本呢？

北京市是大都市，家庭户数达百万级，故可用 $n \approx \dfrac{(\mu_{(1-\frac{\alpha}{2})})^2 C^2}{h^2}$ 来测算所需的样本量。已知估计的相对误差 h 为 5%，故只需知道 C^2 的一个粗略估计值即可计算 n。

假定北京市家庭汽车普及率为 P，则变异系数 $C = \sqrt{(1-P)/P}$。从变异系数的计算公式可见，当 P 从 0 到 1 增大时，$1-P$ 的值减小；而当 P 取最小值时，C 取最大值。由于北京市早已采取了限制汽车牌照发放的办法，市民一般不会主动放弃已有的汽车牌照，所以可以肯定现在北京市的家庭汽车普及率不会低于 25%。故最大的 $C^2 = (1-0.25)/0.25 = 0.75/0.25 = 3$。

根据以上分析计算样本量，在 SPSS 中的操作步骤如下。

（1）选择"文件"→"新建"→"数据"选项，打开新的数据编辑窗口，建立数据文件 data1-4.sav，其中变量名为相对误差，其观测值为 0.05。

（2）选择"转换"→"计算变量"选项，打开"计算变量"对话框。

（3）在"目标变量"文本框中输入"样本量"，在"数字表达式"文本框中输入"IDF.NORMAL (0.975,0,1) *IDF.NORMAL (0.975,0,1)*0.75/0.25/(相对误差*相对误差)"。

（4）单击"确定"按钮，在数据编辑窗口的数据文件中增加一个新变量——样本量及其计算结果值 4609.75。

这说明，至少要调查 4610 户才可满足相对误差不超过 5% 的要求。

1.2.4 分层随机抽样

分层随机抽样是指将总体分成若干不重叠的小总体，称每个小总体为一个层。分层随机抽样是指在不重叠的小总体或层中挑选独立样本。例如，层可以是种族、年龄组、工作类别等。使用分层随机抽样方法可以保证重要子群的样本量，改进全部估计的精度，并且在层与层之间可以使用不同的抽样方法。

1. 分层样本量的确定

（1）当无法给定总样本量时，使用研究费用的最佳分配法来确定分层样本量。

分层随机抽样的费用一般可用以下公式来计算：

$$C = C_0 + \sum_{i=1}^{k} n_i C_i \quad (1\text{-}4)$$

式中，C_0 为问卷调查中的基本费用；C_i（$i=1,2,\cdots,k$）为第 i 层中调查一个样本单元所需的费用；k 为分层的层数。理论上可以证明，在分层随机抽样中，固定费用 C 使 $V(\overline{y}_{st})$（方差）最小，或者使 $V(\overline{y}_{st})$ 为固定值，而使费用 C 最小的各层样本量为

$$n_i \propto \frac{W_i S_i}{\sqrt{C_i}} \quad (i=1,2,\cdots,k) \tag{1-5}$$

式中，$W_i = \dfrac{N_i}{N}$ 为各层单元数占总体容量的百分比，N 为总体容量，N_i 为第 i 层的单元数；S_i 为第 i 层样本的标准差。而此时的总样本量为

$$n = \frac{C - C_0}{\sum_{i=1}^{k}\sqrt{C_i}W_i S_i} \sum_{i=1}^{k}\frac{1}{\sqrt{C_i}}W_i S_i \tag{1-6}$$

总样本量可以由研究费用决定，但费用和精度是一对矛盾体，减少费用就会减小样本量，从而牺牲研究精度；要提高研究精度，就得多调查一些研究单元，增加一些研究费用。

（2）在给定总样本量 n 的前提下，分层样本量的确定方法。

在给定总样本量 n 的条件下，常用的分层随机抽样各层样本量的分配方法有以下 3 种。

① 等额样本：在每层都抽取相等的样本量，各层的样本量均为 $n_i = \dfrac{n}{k}$。此时的分层随机抽样称为不成比例（不等概率）分层随机抽样。

② 按比例分配：样本量按总体中各层的单元数量所占的比例来分配，$n_i = n\dfrac{N_i}{N}$。当各层的单元数量 N_i 已知，而其他信息很少时，通常采用这种分配方法。此时的分层随机抽样称为等比例（等概率）分层随机抽样。

③ 奈曼（Neyman）最优分配：在分层随机抽样中，$n = \sum_{i=1}^{k} n_i$ 固定，使 $V(\bar{y}_{st}) = \sum_{i=1}^{k} W_i^2 \left(\dfrac{1}{n_i} - \dfrac{1}{N}\right) S_i^2$ 达到最小的样本量分配方法为

$$n_i = n\frac{W_i S_i}{\sum_{j=1}^{k} W_i S_i} = n\frac{N_i S_i}{\sum_{j=1}^{k} N_i S_i} \quad (i=1,2,\cdots,k) \tag{1-7}$$

因此，在给定总样本量时，建议采用等概率分层随机抽样。

【例 1-3】 要了解某地区 904 家出口企业的经营情况，由于各出口企业的生产规模相差较大，现要求分层随机抽取 200 家进行调查，那么各层应如何分配抽样单元数量呢？可以参考的以往各出口企业的经营情况如表 1-5 所示。

表 1-5　以往各出口企业的经营情况

类别	以往出口额（万美元）	企业数量	平均出口额（万美元）	方差
1	2600～5000	40	3503.40	356554.26
2	1400～2600	74	1895.78	119535.60
3	700～1400	115	1036.38	34141.69
4	250～700	226	419.31	16565.56
5	50～250	449	123.26	3110.05

各层的抽样单元数量取决于选用的分配方法，这里只介绍按比例分配法，因为这种分配方法常常可以获得精度很高的估计结果。

首先在 SPSS 数据编辑窗口中将表 1-5 中的数据建成 SPSS 数据文件（data1-5.sav），并使其处于打开状态，然后按以下步骤进行操作。

① 选择"转换"→"计算变量"选项，打开"计算变量"对话框。

② 在"目标变量"文本框中输入"按比例样本量"，在"数字表达式"文本框中输入"rnd(200*企业数/904)"。rnd( )函数为四舍五入取整函数。

③ 单击"确定"按钮，在数据编辑窗口的数据文件中增加了一个新变量——按比例样本量，从上到下各层的值分别为 9、16、25、50、99，总数为 199，这里的总数比 200 小的原因是进行了四舍五入取整进位操作。

2. 在 SPSS 中实现分层随机抽样

接上面各分层样本量的计算结果，下面介绍在 SPSS 分层随机抽样过程中实现按比例分配的具体做法。

（1）在 SPSS 数据编辑窗口中先建立"出口金额分类"变量和用来对应 904 家出口企业编号的"编号"变量的抽样框数据文件（data1-6.sav）。注意：分层变量必须定义值标签，否则会在步骤（5）中出错。

（2）选择"分析"→"复杂采样"→"选择样本"选项，打开"抽样向导"对话框。在"抽样向导"对话框中，选中"设计样本"单选按钮，在"文件"文本框中输入"数据文件夹位置路径\data1-6.csplan"，定义抽样方案文件名。

（3）单击"下一步"按钮，进入"阶段 1：设计变量"界面。在"变量"列表框中选择"出口金额分类"变量，将其移入"分层依据"列表框中，定义"出口金额分类"为第一阶层变量；选择"编号"变量并将其移入"聚类"列表框中，定义"编号"为第一阶群变量。

（4）单击"下一步"按钮，进入"阶段 1：抽样方法"界面。在此界面中，不进行任何选择，采用系统默认的简单随机抽样方法。

（5）单击"下一步"按钮，打开"阶段 1：样本大小"界面，定义样本量。在"单元数"下拉列表中选择系统默认的"计数"选项，定义抽样单位为计数值，而非比例值。选中"各层的不等值"单选按钮，表示各层选择不同的样品数量，单击"定义"按钮，展开"定义不等大小"对话框，由上到下分别单击各层后面的单元格，分别输入 9、16、25、50、99，完成对各层所要抽取的样品量的录入，如图 1-13 所示。

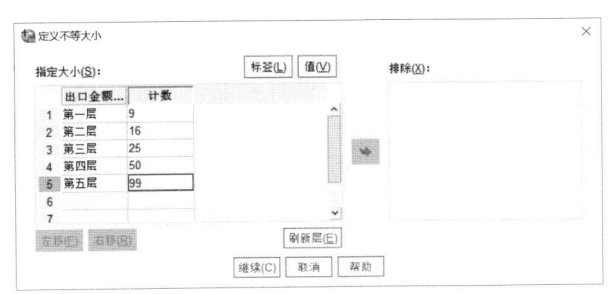

图 1-13 "定义不等大小"对话框

（6）单击"继续"按钮，返回"阶段 1：样本大小"界面。

（7）单击"完成"按钮，在数据编辑窗口的数据文件中出现如图 1-14 所示的分层随机抽样结果，新增变量中有数值的行所指的单元被抽中。

出口金额分类	编号	InclusionProbability_1_	SampleWeightCumulative_1_	SampleWeight_Final_
1	1	.	.	.
1	2	.	.	.
1	3	.	.	.
1	4	.	.	.
1	5	.	.	.
1	6	.23	4.44	4.44
1	7	.	.	.
1	8	.23	4.44	4.44
1	9	.	.	.
1	10	.	.	.
1	11	.	.	.
1	12	.	.	.
1	13	.	.	.
1	14	.	.	.
1	15	.	.	.
1	16	.	.	.
1	17	.	.	.
1	18	.23	4.44	4.44
1	19	.	.	.
1	20	.	.	.
1	21	.23	4.44	4.44
1	22	.23	4.44	4.44

图 1-14　分层随机抽样结果

在输出窗口中，得到第一阶段摘要，如表 1-6 所示。其中，第一大列所列为各层的名称，第二大列所列为各层抽样单元的数量（要求抽取的数量和实际抽取数量相同，分别为 9、16、25、50 和 99），第三大列所列为各层抽样单元的比例，各层比例基本围绕 22%上下波动。

表 1-6　第一阶段摘要

		抽样单元数		抽样单元比例	
		请求	实际	请求	实际
出口金额分类=	1	9	9	22.5%	22.5%
	2	16	16	21.6%	21.6%
	3	25	25	21.7%	21.7%
	4	50	50	22.1%	22.1%
	5	99	99	22.0%	22.0%

计划文件：数据文件夹位置路径

在数据编辑窗口中选择“文件”→“另存为”选项，弹出“将数据保存为”对话框，在此对话框中，可以选择将抽样结果数据文件保存下来。注意：文件名不能与现有的文件相同。

总之，在一般的问卷调查中，为确定随机抽样的总样本量，需要对有精度要求的每个具体问题测算满足精度要求的样本量，实际调查的样本量要大于或等于测算样本量中的最大值。

1.3　思考与练习

1．设计一份合格的问卷需要注意哪些问题？

2．试设计一份关于大学本科生手机需求情况的问卷。要求格式正确，题目中要包含开放型问题和封闭型问题。

3．要对总体具有较好的代表性，样本应满足哪些条件？

4．随机抽样方法主要有哪几种？

5．简述简单随机抽样中样本量的确定方法。

6．简述在给定总样本量的条件下确定分层样本量的方法。

7．简述在 SPSS 中如何实现分层随机抽样。

第 2 章 数据管理与预处理

获得第一手数据后，需要对数据进行编码、录入和整理，这是研究者利用 SPSS 进行统计分析的必要前提，只有准确地建立了高质量的数据文件，才能保证数据分析结果的正确性和科学性。本章主要介绍在进行统计分析之前，如何将通过问卷调查获得的资料转换为 SPSS 能够识别、统计的数据文件，并对数据文件做必要的预处理，为进一步的统计分析做准备。

2.1 数据文件的建立

2.1.1 统计数据的度量尺度

在统计学中，观测数据是在自然的、未被控制的条件下观测到的数据，如社会商品零售额、消费价格指数、汽车销售额、降雨量等。而通过抽样调查，从全体研究对象中选取一部分个体组成样本，对样本的观测所得到的数据是试验数据。

无论是观测数据还是试验数据，都需要度量。统计数据是对客观现象计量的结果，按照对事物计量的精度，可将所采用的度量尺度由低级到高级分为名义尺度、定序尺度、间隔尺度。

1. 名义尺度

名义尺度即定类尺度，它仅是一种标志，用于区分变量的不同值，类别数据之间没有次序关系。它按照事物的某种属性进行平行的分类和分组，如人的性别、商品的名称、身份证、商店类型等。

名义尺度的特点是其值测度了事物之间的类别差，而对各类别之间的其他差别无法从中得知，所有类别的地位相等，可以随意排序。另外，名义尺度的计量结果可以且只能计算每一类别中各元素出现的频率。

在使用名义尺度定义变量时，必须符合穷尽和互斥的原则，该级别的数据对应的变量类型可以是数值型，也可以是字符型。

2. 定序尺度

定序尺度是对事物之间等级或顺序差别的一种测度，如考试成绩（优、良、中、差）、人的身高等级（高、中、矮）、人的学历等级（博士、硕士、学士）等。

定序尺度的特点是可以测度类别差，还可以测度次序差，但是无法测出数据之间的准确差值，因此其计量结果只能排序，不能进行算术四则运算。例如，对人的学历等级，有博士>硕士>学士的次序，却不能进行算术四则运算。

该级别的数据对应的变量类型可以是数值型，也可以是字符型。

3. 间隔尺度

间隔尺度是指变量的取值是连续的区间。这种尺度又可以分为定距尺度和定比尺度。

定距尺度是对事物类别或次序之间间距的测度，如百分制考试的成绩、质量、温度等。这种尺度的特点是它不仅能将事物区分为不同类别并进行排序，还能准确指出类别之间的差距。定距尺度通常以自然或物理单位为计量尺度,因此测量结果往往表现为数值,可以进行加减运算。

定比尺度是能够测度值之间比值的一种计量尺度,如员工的月收入、企业的产值等。这种尺度的特点是其区间属于同一阶层,计量结果也表现为数值。

此外,定比尺度除具有其他测量尺度的所有优点之外,还具有可计算两个测量值之间比值的优点,其与定距尺度的区别在于它有一个固定绝对"零点",而定距尺度没有,因此它可以进行加、减、乘、除及其延伸运算,而定距尺度只能进行加减运算。间隔尺度级别的数据对应的变量类型只能是数值型。

在将统计数据组织到 SPSS 中进行分析时,也需要设置各数据的度量尺度,有些统计分析对数据的度量尺度有相应的要求,这在后面的章节中会有相应的介绍。

2.1.2 SPSS 数据文件的特点

统计数据被收集以后,通常以典型的表格形式将它们输入计算机文件中,表 2-1 是根据抽样调查得来的数据生成的数据表。在该数据表中,每一列代表一个变量,如性别;每一行代表一个个体,这样的一个数据表通常叫作数据文件,利用 SPSS 进行数据分析的第 1 步就是建立这样的数据文件。

表 2-1 一次抽样调查的数据表

人员编号	性别	部门	体检日期	体重(kg)	健康状况
1	女	通信学院	08/10/2015	55	好
2	女	计算机学院	08/10/2015	46	好
3	女	外语学院	08/10/2015	50	一般
4	男	通信学院	08/10/2015	56	差
5	男	管理学院	08/11/2015	51	差
6	男	光电学院	08/11/2015	53	好
7	女	光电学院	08/11/2015	50	一般
8	男	通信学院	08/12/2015	50	好
9	女	计算机学院	08/12/2015	45	一般
10	男	管理学院	08/13/2015	56	好

SPSS 数据文件是一种有别于其他文件(如 Word 文档、文本文件)的特殊格式文件。它是一种有结构的数据文件,由数据文件的结构和内容两部分组成。其中,数据文件的结构用来定义数据表中每一列的属性,包括变量名、变量数据类型、标签、数据缺失情况等必要信息;内容就是数据表中的每一行,即那些待分析的具体数据。

SPSS 数据文件与一般文本文件的不同之处在于一般文本文件仅有纯数据部分,而没有关于结构的描述。正因为如此,SPSS 数据文件不能像一般文本文件那样可以直接被大多数编辑软件读取,而只能在 SPSS 中打开。

基于上述特点,在建立 SPSS 数据文件时,应完成以下两项任务。
- 描述 SPSS 数据文件的结构。
- 录入、编辑 SPSS 数据。

为了能够顺利地使用 SPSS 处理数据,首先应熟悉如下概念。

(1)个案。在数据处理中,一个研究对象就是一个个案,相当于一条记录,在数据表中表现为"1 行"。每个个案记录的是一个研究对象各个属性的具体数值,如表 2-1 中人员编号 1 的信息,包括性别、部门、体检日期、体重、健康状况。

（2）样本。样本是指具有共同属性的所有研究对象，如某学校一年级学生的所有信息。样本含多个个案，在数据表中表现为"n 行"，如表 2-1 中 10 个人的信息。

（3）变量。SPSS 中的变量相当于数据库中的字段，在数据表中表现为"1 列"，如表 2-1 中的"人员编号""性别""部门"等（都是变量名）。

（4）变量值。在 SPSS 系统里，单元格中的数值就是变量值，如表 2-1 中的第 1 个个案，即变量"性别"的值为"女"。

2.1.3 输入数据建立数据文件

SPSS 数据文件的结构是指对要分析的数据表中的每一列定义一个变量并描述其相关属性，变量的属性包括名称、类型、宽度、小数位数、标签、值、缺失、列、对齐、测量、角色等信息。其中有些内容是必须定义的，有些是可以省略的。

1. 定义数据文件的结构

打开 SPSS 之后，进入数据编辑窗口。数据编辑窗口分为"数据视图"窗口和"变量视图"窗口。要建立新的 SPSS 数据文件，首先需要定义数据文件的结构，即定义新的变量。单击左下方的"变量视图"标签，出现如图 2-1 所示的 SPSS 变量定义窗口。

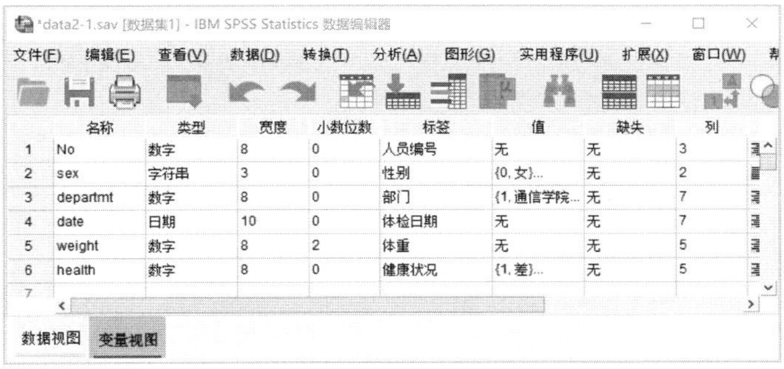

图 2-1 SPSS 变量定义窗口

下面具体介绍 SPSS 变量定义窗口中各项的含义与设置。

（1）名称：定义变量的名称。

变量名是对变量进行访问和分析的唯一标志，在定义 SPSS 数据文件的结构时，应首先给出每列变量的变量名。变量的命名规则一般如下。

- 每个变量名必须是唯一的，不允许重复。允许将汉字作为变量名，汉字总个数一般不超过 4 个。
- 变量名不能包含空格。
- 高版本 SPSS 的变量名长度多达 64 位，但是由于低版本 SPSS 变量名长度应在 8 位之内，所以为了避免与低版本 SPSS 及其他软件出现兼容问题，高版本 SPSS 变量名长度一般仍控制在 8 位之内且尽量避免使用中文，必要的中文说明可以放在"标签"列中。
- 变量名不能与 SPSS 的保留字相同。SPSS 的保留字包括 all、by、eq、ge、gt、leIt、ne、not、or、to、with。系统不区分变量名的大小写。
- 应避免用点结束变量名，因为点可能被解释为命令终止符。只能使用命令语法创建以点结束的变量，不能在创建新变量的对话框中创建以点结束的变量。

总之，在为变量命名时，为方便记忆，变量名最好与其代表的数据含义相对应，做到"见名知义"。如果变量名不符合 SPSS 的命名规则，那么系统会自动给出错误提示；如果没有给变量命名，那么 SPSS 会给出默认的变量名：以字母 VAR 开头，后面补足 5 位数字，如 VAR00001、VAR00012 等。

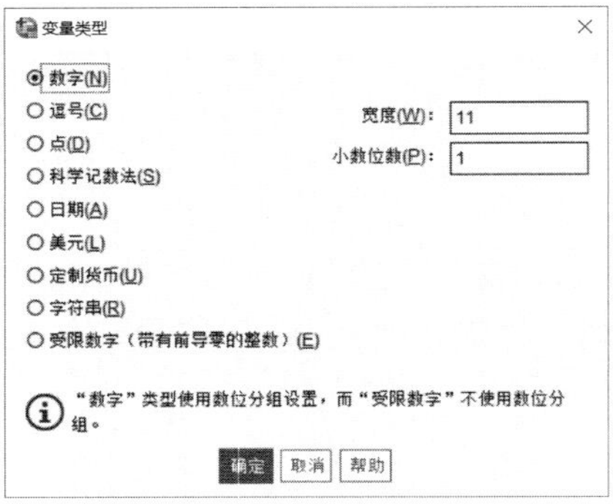

（2）类型：选择变量类型。

单击"类型"列后的 按钮，弹出如图 2-2 所示的对话框。SPSS 最基本的变量类型有数字（数值型）、日期（日期型）和字符串（字符型）3 种。每种类型都有默认的列宽度和小数位数，通常数值型变量默认的列宽度为 8 位、小数位数为 2 位，字符型变量默认的列宽度也为 8 位，这两种类型变量的默认列宽度都可修改，而日期型变量则固定列宽度为 10 位，不能修改。

根据基本的变量类型做进一步细化，SPSS 的数据类型一共有 9 种，如表 2-2 所示。

图 2-2 "变量类型"对话框

表 2-2 SPSS 变量类型说明

中文名	说明
数字	值为数字的变量。值以标准数值格式显示，数据编辑器接受以标准格式或科学记数法表示的数值。默认总长度为 8 位，小数位数为 2 位
逗号	默认总长度为 8 位，小数位数为 2 位，其值在显示时，整数部分从右至左每 3 位用一个逗号分隔，值的小数指示符右侧不能包含逗号
点	默认总长度为 8 位，小数位数为 2 位，其值在显示时，整数部分从右至左每 3 位用一个圆点分隔，值的小数指示符右侧不能包含点
科学记数法	默认总长度为 8 位，小数位数为 2 位，它的值以嵌入的 E 及带符号的 10 次幂指数形式显示。数据编辑器允许此类变量带或不带符号 E 或 D。也就是说，指数前面可以加上带符号（可选）的 E 或 D，或者只加上符号，如 123、1.23E2、1.23D2、1.23E+2 及 1.23+2
日期	既可表示日期又可表示时间，用户可根据实际情况自行选择，其值以若干种日历—日期或时钟—时间格式中的一种显示。从列表中选择一种格式，在输入日期时，可以用斜杠、连字符、点、逗号或空格作为分隔符
美元	主要用来表示货币数据，显示时前面带美元符号（$），每 3 位用逗号分隔，并用点作为小数分隔符。可以输入带或不带前导美元符号的数值
定制货币	一种数值变量，其值以定制货币格式中的一种显示。定制货币格式是在"选项"对话框的"货币"选项卡中定义的。定义的定制货币字符不能用于数据输入，但显示在数据编辑器中
字符串	默认总长度为 8 位，字符串值可以包含任何字符，可包含的最大字符数不超过定义的长度
受限数字（带有前导零的整数）	数字类型使用数位分组，而受限数字不使用数位分组

（3）宽度：设置变量数字位数或字符个数。一般无须调整，直接采取默认值。

它的大小可通过"宽度"列右边的微调按钮调整，也可以通过图 2-2 中的"宽度"数值框进行调整。

（4）小数位数。

若变量类型为数值型，则可设置变量的小数位数，而其他类型的变量则不能设置。小数位数默认为 2 位，也可在图 2-2 中的"小数位数"数值框中输入数字进行小数位数的设置。

(5) 标签：定义变量名标签。

前面提到，考虑到与低版本 SPSS 的兼容问题，变量名长度最好限制在 8 位以内，并且尽量避免使用中文，这就有可能无法描述清楚变量的信息，此时就可在"标签"列中对变量名做进一步说明。利用"标签"列，可以对变量进行详细说明，大大方便了用户对变量的理解。

(6) 值。

这里的"值"指的是变量的值标签，值标签是对变量的可能取值附加的进一步说明，标签内容最多可以有 120 个字符，通常仅对分类变量的取值指定值标签。

对变量值附加值标签有重要的作用。例如，定义一个变量 Departmt，代表某所大学的学院或部门，准备将它作为分类变量参与数据文件的统计分析，可以将它定义为一个字符型变量，也可以将它定义为一个数值型变量。如果将它定义为一个字符型变量，则由于该所大学有众多的学院和部门，在输入观测值时必须输入学院或部门的名称，这将大大增加输入的工作量。如果将它定义为一个数值型变量，那么日后在阅读数据文件时，常常又可能不明确变量值的含义。如果将各学院或部门的名称作为变量的各个值的值标签，在值标签开启的状态下，要输入各学院或部门的名称，只需输入对应的值即可，而在数据编辑窗口变量值的单元格里却显示该变量值对应的值标签，这样既减少了输入的工作量，又可以一目了然地了解变量值的含义。

例如，当将变量 Departmt 定义为数值型变量时，按照表 2-3 定义值标签。

单击"值"列右侧的 按钮，弹出如图 2-3 所示的"值标签"对话框。单击 按钮，添加一条值标签定义，在"值"列中输入 1，在"标签"列中输入对应变量值的标签"通信学院"，用相同的方法可添加其余的值标签，如图 2-3 所示。输入完所有的变量值标签后，单击"确定"按钮使对变量值标签的设置有效，单击 按钮可删除不需要的标签定义。

表 2-3 变量 Departmt 的值标签定义

变量值	变量值标签
1	通信学院
2	计算机学院
3	管理学院
4	光电学院
5	外语学院

图 2-3 "值标签"对话框

定义完变量值标签后，在 SPSS 主窗口的菜单栏中选择"查看"→"值标签"选项，"值标签"复选框被选中，此时，在 SPSS 主窗口中经过变量值标签定义的数值型变量显示为所定义的标签，如在"Departmt"一列显示的是文本"通信学院""计算机学院"等，而不是"1""2"这样的数值。

(7) 缺失。

在统计分析的数据收集过程中，有时会因为某些原因产生所记录的数据失真，或者没有

图 2-4　"缺失值"对话框

记录等异常情况。例如，在问卷调查中，被调查者没有填写问卷要求必须填写的某些数据，这些数据称为缺失值；学生的体检表中某学生的年龄为 60 岁，这显然是一个失真数据，不能使用，但其他数据在分析过程中还可以使用。这些情况称为数据缺失或数据不完全，在统计分析中，这些数据是不能使用的。

SPSS 统计软件的特点就是可以通过制定缺失值的方式来定义缺失数据，这样就可以更好地利用其他有效数据。单击"缺失"列右侧的 按钮，弹出如图 2-4 所示的对话框。

在"缺失值"对话框中，包括 3 个单选按钮，其含义分别如下。

- 无缺失值：对缺失值不做处理，不指定缺失值。
- 离散缺失值：对于数值型或字符型变量，指定 1～3 个特定的离散值来代替缺失值。
- 范围加上一个可选的离散缺失值：若选择该单选按钮，则表示对于数值型变量，缺失值定义为一个连续的闭区间以外的离散值，"下限"和"上限"分别表示连续区间的左、右端点，在"离散值"文本框中输入区间以外的一个确定值。

（8）列：定义变量在数据编辑窗口中显示的宽度。

列宽度只影响数据编辑器中的值显示，更改列宽度不会改变变量已定义的列宽度。

（9）对齐：定义变量值显示的对齐方式，控制着数据视图中数据值或值标签的显示。

默认对齐方式为数值变量在右边、字符串变量在左边，此设置只影响数据编辑器中的显示。

（10）测量。

在"测量"列中单击 按钮，在弹出的下拉菜单中列出了"标度""有序""名义"3 种标准的度量尺度。该 3 种度量尺度与统计数据度量尺度的概念有些差别，其对应关系如下。

- 标度——间隔尺度（定距尺度和定比尺度）。
- 有序——定序尺度。
- 名义——名义尺度。

变量属性"测量"中各项所代表的图示均不相同，以数值类型的变量而言，将度量标准设为"标度"，此时，在变量视图窗口中，"测量"一栏会有 1 个标尺；将度量标准设为"有序"，此时，在变量视图窗口中，"测量"一栏会有 1 个长条图；将度量标准设为"名义"，此时，在变量视图窗口中，"测量"一栏会有 3 个饼图。

在定义变量的"测量"属性时，究竟要选择什么类型的度量尺度应该视变量的数据类型和统计分析的需要而定，有序尺度和名义尺度可以是数值类型和字符串类型的变量，而标度尺度对应的变量类型只能是数值型；有些统计分析对变量的度量尺度有一定的要求，特别是名义尺度和标度尺度，以独立样本 T 检验与方差分析为例，其自变量必须为名义尺度或有序尺度（定序尺度），而因变量必须为标度尺度。研究者若在变量的度量尺度属性的设置上界定清楚，则之后的统计分析会更为简便。

（11）角色。

在统计分析的某些对话框中支持可用于预先选择分析变量的预定义角色，当打开其中一个对话框时，满足角色要求的变量将自动显示在目标列表中。在"角色"列中单击 按钮，在弹出的下拉菜单中列出了"角色"属性中可以设置的选项。

其中各个选项的作用如下。

- 输入：变量将用作输入（如预测变量、自变量）。

- 目标：变量将用作输出或目标（如因变量）。
- 两者：变量将同时用作输入和输出。
- 无：变量没有角色分配。
- 分区：变量用于将数据划分为单独的训练、检验和验证样本。
- 拆分：设定此角色的目的是与 SPSS Modeler 相互兼容，具有此角色的变量不会在 SPSS Statistics 中用作拆分文件变量。

在默认情况下，为所有变量分配"输入"角色。这包括外部文件格式的数据和 SPSS Statistics 18 之前版本的数据文件，角色分配只影响支持角色分配的对话框。

2. 数据的录入

（1）录入数据的一般方法。

定义了所有变量后，单击数据编辑窗口中的"数据视图"标签，即可在数据视图中输入数据。数据编辑窗口中黑框所在的单元为当前的数据单元，表示用户正在对该数据单元录入数据或正在修改该数据单元中的数据。因此，在录入数据时，用户应首先选中要输入数据的数据单元。

数据录入时可以逐行录入，即录入一个数据后，按 Tab 键，焦点移动到本行的下一个变量列上；也可以逐列录入，即按照变量录入数据，录入一个数据后按 Enter 键，焦点移动到本列的下一行上。除直接录入之外，SPSS 还可以直接复制粘贴 Excel 和 Word 表格中的数据，但要求数据表的表头与 SPSS 文件的结构相同。同时，SPSS 中的数据也可以直接被粘贴到 Excel 和 Word 中，这大大方便了用户对数据的编辑。

SPSS 数据录入有一项特殊功能，就是连续粘贴相同值。例如，当需要连续录入相同的变量值时，可以先录入一项；然后单击鼠标右键，在弹出的快捷菜单中选择"复制"选项，拖动鼠标选中所有要录入该值的数据单元；最后单击鼠标右键，在弹出的快捷菜单中选择"粘贴"选项。这时，所有的数据单元中都已经同时粘贴上该值，而无须逐个粘贴。

（2）录入带有变量值标签的数据。

在输入定义了变量值标签的数据时，可以直接输入变量值，也可以单击要输入数值的数据单元，出现 ▼，单击下拉按钮，展开一个列有该变量所有值标签的下拉列表，从中选择值标签即可。

☆说明☆

在变量"Departmt"列显示的是"通信学院""计算机学院"这样的文本，但在数据文件中存储的是"1""2"这样的数值。怎样才能在数据编辑窗口显示"通信学院"这样的值标签，而不是存储的数值"1"呢？只需选择"查看"菜单中的"值标签"选项即可，系统默认的是显示变量值而不是变量值标签。

3. SPSS 数据文件建立实例

【例 2-1】 一次抽样调查的数据表如表 2-1 所示，定义的各变量及其主要属性如表 2-4 所示。在定义 SPSS 数据文件的结构时，最常用的属性为变量名、数据类型、变量标签、变量值标签，表 2-4 给出了这几个属性的设置，其余属性可采用默认设置，也可自行调整。（参见数据文件 data2-1.sav。）

表 2-4 定义的各变量及其主要属性

变量名	数据类型	变量标签	变量值标签
No	数值类型	人员编号	无
Sex	字符串型	性别	0—女 1—男
Departmt	数值类型	部门	1—通信学院 2—计算机学院 3—管理学院 4—光电学院 5—外语学院
Date	日期型	体检日期	无
Weight	数值类型	体重	无
Health	数值类型	健康状况	1—差 2——般 3—好

☞ 第 1 步 定义数据文件的结构。

根据前面介绍的定义 SPSS 数据文件结构的方法，在 SPSS 变量定义窗口定义数据文件中所涉及的各变量及其属性。图 2-5 是定义好的各变量及其属性。

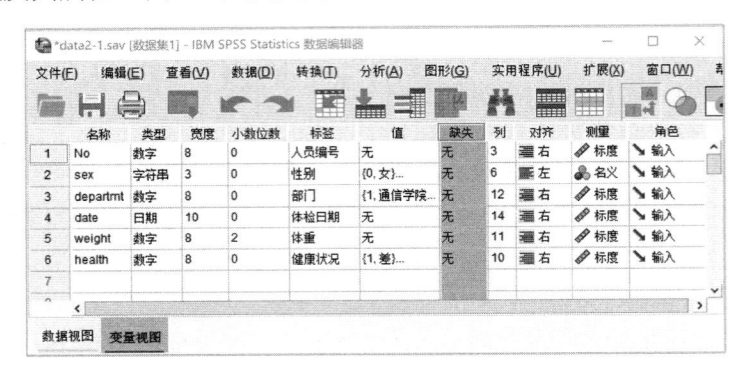

图 2-5 定义好的各变量及其属性

☞ 第 2 步 录入数据。

每定义一个变量，按列方向录入数据；或者定义完全部变量后，按行或列录入数据。对于定义了值标签的变量，如 Departmt，可以用带有变量值标签的数据录入方法来录入。

2.1.4 从其他数据文件导入数据建立数据文件

以上几节介绍了建立 SPSS 数据文件的一般方法，在实际应用中，通常一批待分析的数据已经保存为其他格式的数据文件，如数据库格式的文件、Excel 文件等，若要用 SPSS 分析这些数据，则需要将这些数据转换到 SPSS 中，形成 SPSS 能处理的数据。因此，读取其他格式的文件并将其转换为 SPSS 格式的数据是另一种建立 SPSS 数据文件的方法。从其他数据文件导入数据的方式主要有直接打开、用数据库查询方式打开、从文本文件导入。这几种方式中最简单的是直接打开，但有的数据文件不能直接打开，此时可以采用数据库查询方式打开。下面介绍前两种导入数据的方式。

1. 直接打开

SPSS 可直接打开很多类型的数据文件，选择“文件”→“打开”→“数据”选项，弹出“打开数据”对话框，单击“文件类型”下拉按钮，即可看到 SPSS 所能打开的数据文件类型，如表 2-5 所示。

表 2-5　SPSS 能直接打开的数据文件类型

文件扩展名	具体描述
SPSS（*.sav）	当前版本 SPSS 29 数据文件
SPSS/PC+（*.sys）	低版本 SPSS 数据文件
Systat（*.syd、*.sys）	SYSTAT 格式数据文件
SPSS Portable（*.por）	SPSS 的 ASCII 码数据文件
Excel（*.xls、*.xlsx 和*.xlsm）	各种版本的 Excel 数据文件，此种数据格式常用
Lotus（*.w*）	Lotus 数据文件
Sylk（*.slk）	SYLK 数据文件
dBase（*.dbf）	DBASE 数据文件，Foxpro 下的.dbf 文件需要转换为 DBASE 文件才能打开
SAS（*.sas7bat、*.sd7、*sd2、*.ssd01、*.xpt ）	各种版本和类型的 SAS 数据文件，一种统计学软件的数据文件格式
Stata（*.dta）	Stata v4-8
文本文件（*.txt、*.dat、*.csv、*.tab）	以记事本格式保存的数据文件

SPSS 能直接打开的数据文件类型有很多，其中导入 Excel 类型的数据文件在实际操作中用得比较多，下面详细介绍读取 Excel 文件的过程。

图 2-6 是 Excel 格式的数据，现在要将其导入 SPSS 中进行分析，要求 Excel 数据文件中的第一行作为 SPSS 数据文件的变量名，以下各行是待分析的数据。

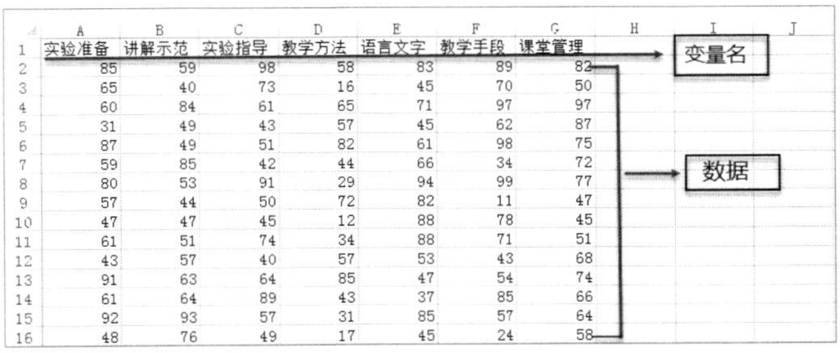

	A	B	C	D	E	F	G
1	实验准备	讲解示范	实验指导	教学方法	语言文字	教学手段	课堂管理
2	85	59	98	58	83	89	82
3	65	40	73	16	45	70	50
4	60	84	61	65	71	97	97
5	31	49	43	57	45	62	87
6	87	49	51	82	61	98	75
7	59	85	42	44	66	34	72
8	80	53	91	29	94	99	77
9	57	44	50	72	82	11	47
10	47	47	45	12	88	78	45
11	61	51	74	34	88	71	51
12	43	57	40	57	53	43	68
13	91	63	64	85	47	54	74
14	61	64	89	43	37	85	66
15	92	93	57	31	85	57	64
16	48	76	49	17	45	24	58

图 2-6　Excel 格式的数据

☞ 第 1 步　导入数据文件。

选择“文件”→“打开”→“数据”选项，打开如图 2-7 所示的对话框，选择文件类型为“Excel（*.xls、*.xlsx 和*.xlsm）”，找到要读取的 Excel 文件，弹出如图 2-8 所示的对话框。

☞ 第 2 步　设置读取 Excel 文件工作表的范围。

SPSS 会自动判断读取范围为工作表的所有数据，若只读取部分数据，则更改读取范围，否则就用默认范围。设置好后，单击“确定”按钮，完成 Excel 文件的读取。

☆说明☆

（1）读取的 Excel 文件不能是打开状态，否则读取时会出错。

（2）如果 Excel 工作表的第一行或指定读取范围内的第一行存储了变量名信息，则应选中“读取 Excel 文件”对话框中的“从第一行数据中读取变量名称”复选框（默认该复选框处于被勾选状态），即以工作表第一行或指定读取范围内的第一行的文字信息作为 SPSS 的变量名；如果不勾选此复选框，那么 SPSS 的变量名将自动命名为 V1、V2 等。

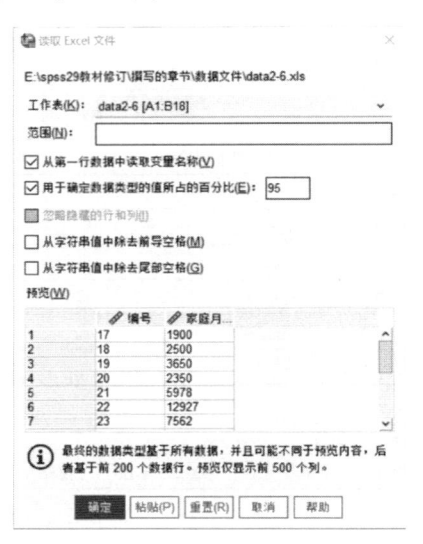

图 2-7　"打开数据"对话框　　　　　　图 2-8　"读取 Excel 文件"对话框

2. 用数据库查询方式打开

如果数据为数据库格式的文件，则可以用数据库查询的方式导入数据到 SPSS 中。具体的操作步骤如下。

☞ 第 1 步　选择"文件"→"导入数据"→"数据库"→"新建查询"选项，弹出如图 2-9 所示的"数据库向导"对话框，这里显示了所有可以打开的数据源类型。

☞ 第 2 步　用户根据打开文件的向导选择要打开的文件类型并逐步打开文件。

图 2-9　"数据库向导"对话框

其实从前面的讲解中可以发现，直接打开方式已经可以打开很多常见类型的数据文件，但

第 2 章 数据管理与预处理

是当与 SQL Server、Oracle 等大型数据库进行数据交换时，直接打开数据文件往往不行，此时要使用数据库查询方式打开数据文件。另外，如果用户使用的 SPSS 版本不稳定，那么对于简单的 Excel 文件，有时也无法直接打开，此时也可以用数据库查询方式打开。

2.2 数据文件的编辑

2.2.1 数据文件的合并

数据文件的合并是指把外部数据与当前数据合并成一个新的数据文件，SPSS 提供了两种形式的合并：一是横向合并，指从外部数据文件中增加变量到当前数据文件中；二是纵向合并，指从外部数据文件中增加观测数据到当前数据文件中。

1．横向合并

横向合并的效果如图 2-10 所示。横向合并有两种方式：一是从外部数据文件中获取一些变量数据，加入当前数据文件中；二是按关键变量合并，要求两个数据文件有一个共同的关键变量，而且两个数据文件的关键变量之中还有一定数量的具有相同值的观测量。

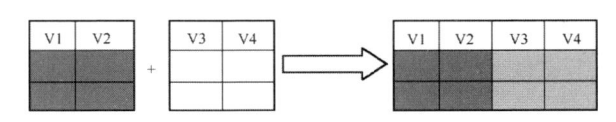

图 2-10 横向合并的效果

横向合并的具体步骤如下。

☞ 第 1 步 打开合并文件对话框。

在当前数据文件中选择"数据"→"合并文件"→"添加变量"选项，弹出如图 2-11 所示的对话框。

☞ 第 2 步 打开添加变量对话框。

选择"外部 SPSS Statistics 数据文件"单选按钮，并单击"浏览"按钮，选择需要合并的 SPSS 数据文件后，单击"继续"按钮，打开如图 2-12 所示的对话框。

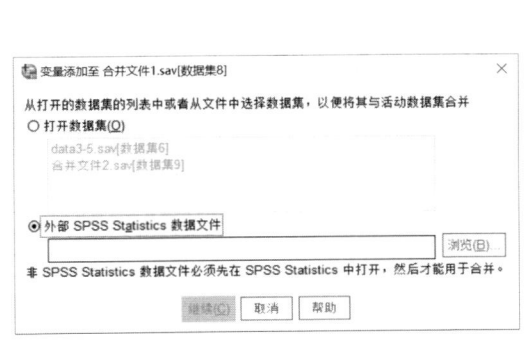

图 2-11 合并文件对话框

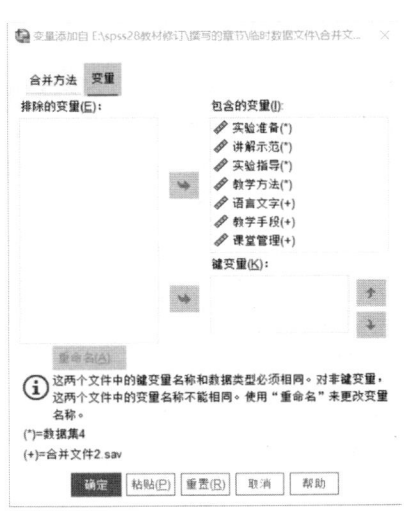

图 2-12 添加变量对话框

☞ 第 3 步　选择需要添加的变量。

在添加变量对话框中，选择需要添加的变量到"包含的变量"列表框中，单击"确定"按钮即可完成合并操作，并在当前数据编辑窗口显示合并后的数据文件。

☆说明☆

（1）变量名旁标有"*"的为当前工作数据文件中的变量，标有"+"的为外部数据文件中的变量。

（2）如果要将"排除的变量"列表框中的同名变量加入合并变量的数据文件中，则可以单击"重命名"按钮，对变量重命名后将其加入"包含的变量"列表框中。

（3）如果按照关键变量合并，则需要选择合并的关键变量，并且两个数据文件要先按关键变量以相同的方式排序，但是，当两个数据文件具有相同的个案数且排列顺序一致时，不需要指定关键变量，只需单击"确定"按钮即可。

2．纵向合并

纵向合并即增加个案，合并前后的变化如图 2-13 所示。纵向合并是指在两个具有相同变量的数据文件中，将其中一个数据文件的个案追加到当前数据文件的个案中，形成新的数据文件。

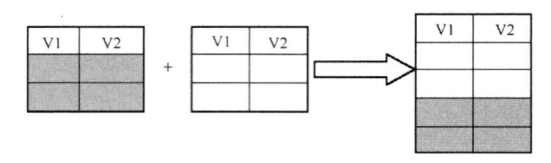

图 2-13　纵向合并前后的变化

纵向合并数据文件的操作方法与横向合并类似，操作步骤这里不再赘述，但需要注意以下几点。

- 两个待合并的 SPSS 数据文件的内容合并起来应具有实际意义。
- 两个数据文件的结构最好一致。
- 不同数据文件中含义相同的变量最好用相同的变量名，数据类型也要相同。

2.2.2　数据文件的拆分

对于数据文件的拆分，SPSS 29 版本在"数据"菜单中提供了两种方法：第一种是"拆分文件"，这种拆分并不是要把一个数据文件分成几个数据文件，而是按照需求，根据变量对数据进行分组，为以后的分组统计分析提供便利；第二种是"拆分为文件"，这种拆分是将拆分后的数据写入新的 SAV 文件中，按拆分变量的值或值标签生成多个 SAV 文件。

在进行数据分析时，有时需要对数据文件按某个变量进行拆分，这种拆分并不是要把数据文件分成几个，而是根据实际情况，根据变量对数据进行分组，为以后的分组统计分析提供便利，此时要用到第一种数据文件的拆分方法，即"拆分文件"。本章中以例 2-2 讲解"拆分文件"的具体操作步骤。

【例 2-2】　表 2-6 是各产品销售数据，分别统计各产品的销售总量和销售总额。（参见数据文件 data2-2.sav。）

表 2-6　各产品销售数据

姓名	日期	产品	数量（台）	单价（元）	金额（元）
李汉青	2010-1-1	彩电	42	3200	134400
张三中	2010-1-2	彩电	40	3200	128000
李开	2010-1-3	空调	3	3200	9600
张国华	2010-1-4	微波炉	24	2100	50400
王三	2010-1-5	热水器	24	2300	55200
刘利国	2010-1-6	彩电	12	3200	38400
杜为	2010-1-7	洗衣机	5	2200	11000
吴兵	2010-1-8	洗衣机	48	2200	105600
张国华	2010-1-4	微波炉	1	2100	2100
王三	2010-1-5	热水器	11	2300	25300
刘利国	2010-1-6	彩电	50	3200	160000

所有产品的数据都在一个数据文件中，此时需要在分析之前依据"产品"这个间断变量的水平，将数据文件进行拆分。这里的拆分并不是指将一个数据文件拆分为两个或若干个独立的数据文件，而是按"产品"变量进行分组，分别求出不同产品的描述统计量。数据文件拆分后进行描述统计的效果如图 2-14 所示。

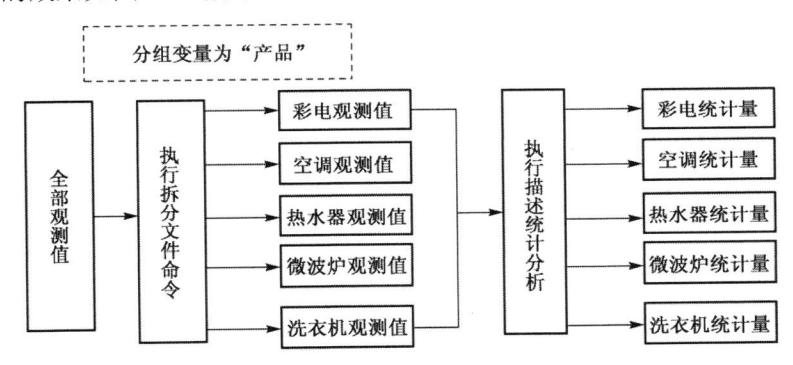

图 2-14　数据文件拆分后进行描述统计的效果

在 SPSS 中进行数据拆分后统计产品的销售总量和销售总额的步骤如下。

☞ 第 1 步　数据组织。

首先将表 2-6 中的数据整理成 SPSS 数据文件，建立"姓名"、"日期"、"产品"、"数量"、"单价"和"金额"6 个变量，保存为 data2-2.sav。

☞ 第 2 步　打开主对话框。

选择"数据"→"拆分文件"选项，弹出如图 2-15 所示的"拆分文件"对话框。

☞ 第 3 步　选择拆分方式。

按照产品类型拆分数据，选择"比较组"单选按钮，激活"分组依据"列表框，选中"产品"变量移入其中，单击"确定"按钮结束。

拆分后的数据文件将按"产品"变量排序，并将显示

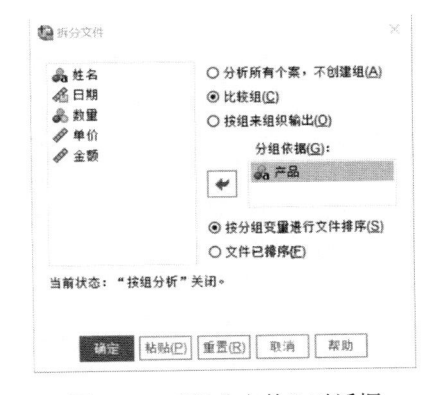

图 2-15　"拆分文件"对话框

在数据编辑窗口中代替原文件。数据拆分后将对后面的统计分析一直起作用，即无论进行哪种统计分析，都将按拆分变量分组进行不同组别的分析计算。例如，对表 2-6 中的数据按"产品"变量拆分后，统计销售总量时将按照产品分组进行总计。

☞ 第 4 步 按产品分组统计销售总量和销售总额。

选择"分析"→"描述统计"→"描述"选项，在弹出的对话框中选择"金额""数量"变量进行分析，单击"选项"按钮设置要计算的统计量，此处只需统计金额和数量的和，设置好后单击"确定"按钮，得到按产品分组统计的结果。

☆说明☆

（1）在"拆分文件"对话框中，"比较组"与"按组来组织输出"的区别在于：前者将分组统计结果输出在同一张表格中，以便于不同组之间的比较；后者将分组统计结果分别输出在不同的表格中，通常选择前者。

（2）若要取消数据拆分，则只需选择"分析所有个案，不创建组"单选按钮即可。

（3）对数据可以进行多重拆分，类似数据的多重排序，多重拆分的次序取决于选择拆分变量的前后次序。

2.2.3 数据的选取

有时为了进行特定的分析，需要从所有的数据资料中选择部分数据进行统计分析。例如，对表 2-6 中的数据，只选取"彩电"这种产品进行分析，具体操作步骤如下。

☞ 第 1 步 数据组织。

打开例 2-2 中整理好的数据文件 data2-2.sav。

☞ 第 2 步 打开"选择个案"对话框。

选择"数据"→"选择个案"选项，弹出如图 2-16 所示的"选择个案"对话框。

☞ 第 3 步 指定选择个案的方式。

选择"如果条件满足"单选按钮，表示按指定条件选择观测量。

系统提供了几种选择观测量的方法，除了以上选择的按指定条件选择，还有以下几种。

（1）所有个案：所有的个案都选择。该选项可用于解除原来的个案选择。

图 2-16 "选择个案"对话框

（2）随机个案样本：对个案进行随机抽样，即对数据编辑窗口中的所有个案进行随机筛选。这里包括两种方式的随机筛选，一是近似抽样，即输入抽样比例后由系统随机抽取；二是精确抽样，即要求从第几个观测量起抽取多少个。

（3）基于时间或个案范围：顺序抽样，单击"范围"按钮可以定义从第几个观测量抽取到第几个观测量。

（4）使用过滤变量：用指定的变量（只能为数值型变量）进行过滤，即依据过滤变量的取值进行样本选取，变量值为非 0 或非系统缺失值的个案将被选中。这种方法通常用于排除包含系统缺失值的个案。

☞ 第 4 步 设置选中个案的输出形式。

选中"过滤掉未选定的个案"单选按钮是默认设置，通常采用此默认设置。

各输出形式的含义如下。

（1）过滤掉未选定的个案：在当前数据文件中自动生成一个名为 filter_$的新变量，取值为 0 或 1，1 表示本个案被选定，0 表示未被选定，并在未选定的个案前做删除标记。

（2）将选定个案复制到新数据集：将选定的个案输出到新数据文件中，设置新数据文件的文件名即可。

（3）删除未选定的个案：在当前数据文件中删除未选定的个案。

☞ 第 5 步 设置选择个案的条件。

单击"如果"按钮，弹出如图 2-17 所示的"选择个案: If"对话框，从左侧的变量列表框中选择"产品"变量移入右面的列表框中，设置条件为产品="彩电"（注意：在输入双引号时，必须在英文状态下输入）。

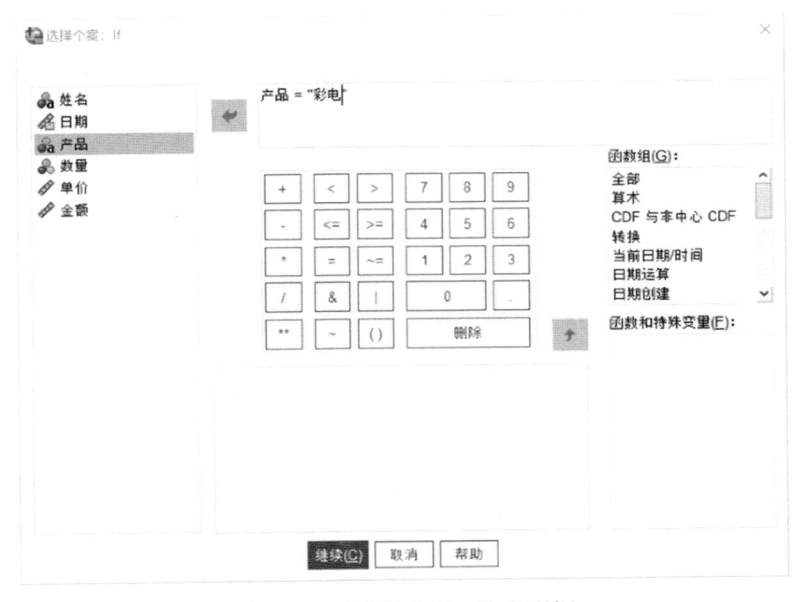

图 2-17 "选择个案: If"对话框

经过以上步骤后，以后的统计分析只会针对产品是"彩电"的个案进行，若要取消以上的个案选择，则只需打开"选择个案"对话框，选择其中的"所有个案"单选按钮即可。

2.2.4 数据的加权

权重是统计学里的重要概念之一。在记录有大量数据的文件里，可能多次测量到同一观测值。所谓权重，就是指同一个观测值在所有的观测量里出现的次数或频率。SPSS 的观测量加权功能是在数据文件中选择一个变量，这个变量里的值是相应的观测量出现的次数，这个变量叫作权重变量（加权变量），经过加权的数据文件叫作加权文件。

【例 2-3】 某工厂统计工人每天生产产品的数据，在记录的结果中，有些工人生产的产品数量是相同的，如生产产品数量为 20 的工人有 3 位，将观测到的数据整理后形成表 2-7 中的数据，试统计产品数量的总和。（参见数据文件 data2-3.sav。）

表 2-7　工人生产情况统计表

日期	产品数量	工人数
2021-1-1	20	3
2021-1-1	25	5
2021-1-1	30	3
2021-1-1	23	4
2021-1-1	20	4

要统计产品数量的总和，需要将变量"工人数"指定为加权变量。将表 2-7 中的数据整理成 SPSS 数据文件 data2-3.sav。观测量加权的具体步骤如下。

☞ 第 1 步　数据组织。

不同的数据组织会导致不同的统计分析方法和步骤，在本例中，可以有以下两种数据组织方法。

（1）数据文件中只建立一个"产品数量"变量。

录入数据时应注意，不应只有表 2-7 中的 5 行数据，个案数应是所有的"工人数"相加，即 19 个个案，录入的数据应该有 19 行，3 行"产品数量"值为 20 的个案，5 行"产品数量"值为 25 的个案，依次类推。

这种数据组织方法不用加权处理，直接用"分析"菜单下的"描述统计"功能统计产品数量的总和即可。

（2）数据文件中建立两个变量："产品数量"和"工人数"。

录入数据时按表 2-7 所列数据录入即可，但在进行统计计算前，必须进行加权处理，将变量"工人数"作为加权变量进行处理。

本例按数据组织方法（2）建立数据文件，保存为 data2-3.sav。

☞ 第 2 步　打开"个案加权"对话框。

选择"数据"→"个案加权"选项，弹出如图 2-18 所示的"个案加权"对话框。

☞ 第 3 步　设置加权变量。

选择"个案加权依据"单选按钮，激活"频率变量"列表框，从源变量列表框中选择"工人数"变量移入其中。

☞ 第 4 步　统计产品数量的总和。

选择"分析"→"描述统计"→"描述"选项，在弹出的对话框中，将"产品数量"移入"变量"列表框，单击"选项"按钮，在弹出的对话框中勾选"均值"和"总和"复选框，进行产品数量总和的统计，结果如表 2-8 所示。

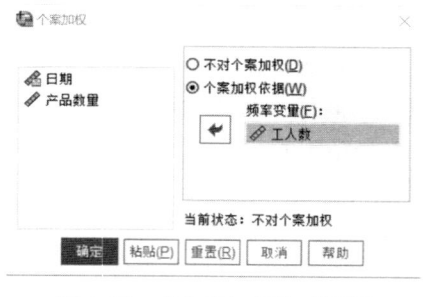

图 2-18　"个案加权"对话框

表 2-8　统计结果

	N	和	均值
产品数量	19	447	23.53
有效的 N（列表状态）	19		

加权数据文件和未经加权的数据文件从数据编辑窗口来看没有任何区别,它们的差异只有在调用统计分析过程后才能显现出来。data2-3.sav 数据文件加权前,选择"分析"→"描述统计"→"描述"选项计算产品数量的总和为 118,加权以后计算的产品数量的总和为 447,显然,加权以后的计算结果才是正确的。

从加权的含义不难理解,SPSS 中指定加权变量的本质是进行数据复制。例如,对于表 2-7 中的数据,指定变量"工人数"为加权变量后,SPSS 将第 1 行数据复制 3 行,将第 2 行数据复制 5 行,依次类推。通过这样的处理,可以达到将数据编辑窗口中的汇总数据还原为原始数据的目的。

☆说明☆
(1)一旦指定了加权变量,在以后的分析处理中加权便一直有效,直到取消加权。
(2)只有数值型的变量才能作为加权变量。

2.3 SPSS 数据加工

2.3.1 变量计算

【例 2-4】 现有某高校学生对教师的各个教学指标评价的数据,各个指标占总分的百分比分别是:实验准备占 15%、讲解示范占 15%、实验指导占 20%、教学方法占 15%、语言文字占 5%、教学手段占 10%、课堂管理占 20%。数据已经整理形成 SPSS 数据文件,存储在 data2-4.sav 文件中,利用 SPSS 提供的变量计算功能,根据各个指标计算出对教师评价的总分。

详细的操作步骤如下。
☞ 第 1 步 数据组织。
按照评价指标建立相应的变量,录入数据后保存为数据文件 data2-4.sav。
☞ 第 2 步 打开"计算变量"对话框。
选择"转换"→"计算变量"选项,弹出如图 2-19 所示的"计算变量"对话框。

图 2-19 "计算变量"对话框

☞ 第 3 步 选择目标变量。

在"目标变量"文本框中输入目标变量名"总分",即存储计算结果的变量。

☞ 第 4 步 输入数字表达式。

从左边的变量列表中选择用于计算的变量加入"数字表达式"文本框,并乘以相应的系数即可。

本例的数字表达式:实验准备*0.15 + 讲解示范*0.15 + 实验指导*0.2+教学方法*0.15 + 语言文字*0.05+教学手段*0.1 + 课堂管理*0.2。计算后,会新增加一个"总分"变量,变量值为教师所得总分。

以上操作过程未涉及变量计算中提供的其他功能,在如图 2-19 所示的"计算变量"对话框中还可以进行以下设置。

(1)"如果"按钮。

在进行变量计算时,有时要求只对满足条件的个案进行计算。例如,在记录某班学生成绩的数据文件中,要了解女学生的学习情况,计算女学生的功课总分,可单击"如果"按钮,在弹出的对话框中设置条件,此处条件设置的方法与个案选择的条件类似。

(2)"函数组"列表框。

"函数组"列表框里列举了 SPSS 的所有函数组,单击任意一个组名,这一组中所有的函数和特殊变量将出现在"函数和特殊变量"列表框内,单击任意一个函数名,这个函数的信息就出现在小计算器面板下的空白框中,供用户查询该函数的意义和用法。利用这些函数可以生成指定分布的随机数、给定参数的概率密度函数等。关于这些函数的具体使用方法,读者可以参考其他相关图书,此处不再赘述。

2.3.2 数据可视分箱

SPSS 提供的数据可视分箱功能可将连续的数值型数据按由小至大的顺序加以分组(测量值由最低分至最高分分组),从而可将等距或比率变量转换为间断变量,其功能在于将连续的数值型数据分割为不同区段,区段编码中的最低分至第一个临界值的水平数值为 1(第一个区段),第二个区段的水平数值为 2,第三个区段的水平数值为 3,等等,第一个区段的水平数值一定是测量值中最低数值的那个区段,其水平数值内定为 1。

【例 2-5】 将数据文件中的"总分"变量按表 2-9 中的标准分为 5 组,当评价结果小于 60 时,对应新变量的值为 1,变量值标签为"不合格",依次类推。(参见数据文件 data2-5.sav。)

表 2-9 "评价结果"变量分组的标准

"评价结果"变量的值	新变量的值	新变量值标签
<60	1	不合格
60~70	2	合格
70~80	3	中
80~90	4	良
90~100	5	优

完成以上标准的变量区段划分,即将"总分"变量的值离散化成不同的等级,详细的操作步骤如下。

☞ 第 1 步 数据组织。

在例 2-4 中,生成了"总分"变量及其相应的值,并存储为数据文件 data2-5.sav,本例中打开文件 data2-5.sav，进行变量的可视分箱处理。

☞ 第 2 步 打开"可视分箱"的主对话框。

选择"转换"→"可视分箱"选项，弹出如图 2-20 所示的对话框，将需要进行变量值分组的变量"总分"选入"要分箱的变量"列表框，单击"继续"按钮，进入如图 2-21 所示的"可视分箱"的主对话框。

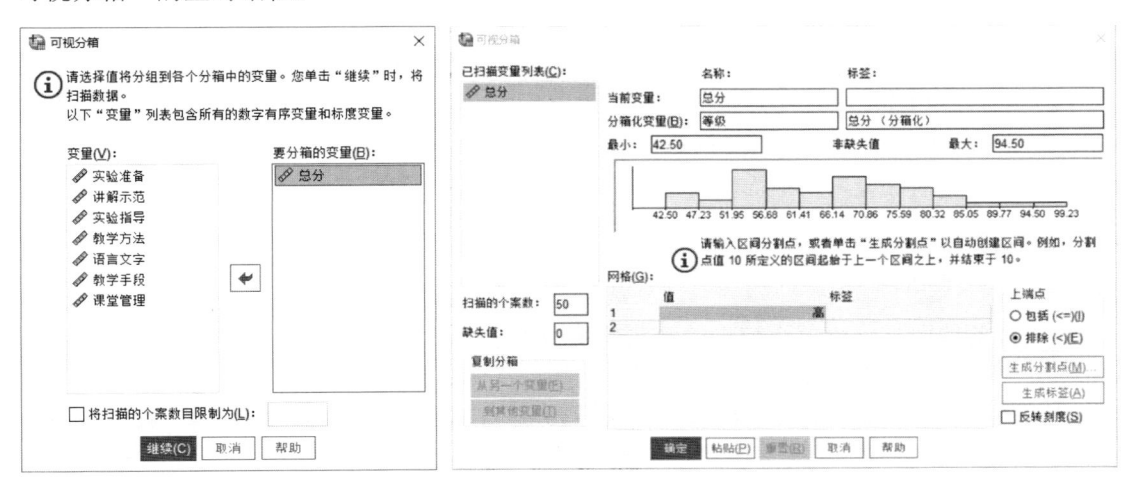

图 2-20　可视分箱的变量选择对话框

图 2-21　"可视分箱"的主对话框

在如图 2-20 所示的对话框下面的"将扫描的个案数目限制为"数值框中可设置参与分析的记录数目，此选项适用于数据量很大时。

☞ 第 3 步 新变量名、变量标签设置和分割点的设置。

（1）在如图 2-21 所示的"分箱化变量"栏的"名称"文本框中输入新变量名"等级"，变量标签可设置也可不设置。

（2）在如图 2-21 所示的"上端点"选区中选择"排除"单选按钮，表示将已确定的分组断点的上限值归入下一个分组。例如，总分小于 60 分的评价等级为不合格，而等于 60 分则划入下一个分组，即合格那一组。

（3）单击"生成分割点"按钮，弹出如图 2-22 所示的"生成分割点"对话框。选择"等宽区间"单选按钮，即按照变量值等间距划分，在"第一个分割点位置"数值框中输入第一个分割点处的取值"60.00"，即将最小值到 60 之间的数作为第一个分组区段；在"宽度"数值框内输入一个区段内变量值的长度"10"，单击"分割点数"数值框，系统会根据当前总分的值计算出分割点的数量，本例中为 4。单击"应用"按钮，返回如图 2-21 所示的对话框。

（4）经过步骤（3）的设置，在回到如图 2-21 所示的对话框时，在"值"一栏将出现各分割点处的值，在"标签"一栏可设置变量的值标签。

图 2-22　"生成分割点"对话框

☞ 第 4 步 完成分组设置。

单击图 2-21 中的"确定"按钮，提示"将创建一个新的变量"，确定以后在数据视图窗口创建一个变量"等级"。新创建变量"等级"的值显示值标签。

除了以上的等间距划分，在图 2-22 中还有另外两种分组方法。

（1）基于所扫描个案的相等百分位数：按相等比例的观测值数目进行划分，在"分割点数"数值框内输入分割点的数目，系统自动将每组观测值数目的比例输出到"宽度(%)"数值框内。

（2）基于所扫描个案的平均值（均值，本书后续会根据软件中的相应表述灵活使用两者）和选定标准差处的分割点：基于变量的平均值和标准差来进行区段划分。这一选项下的 3 个复选框分别指将分割点设为以平均值为中心，以±1、±2、±3 为标准差的点。无论是否选择这 3 个复选框，系统都将只产生一个分割点，就是变量值的平均值点。

2.3.3 数据重新编码

数据重新编码是指给每个变量的观测值重新赋予一个新的值来描述它们的属性，并把相同的值分为一组，因此也称为变量的分组。例如，在例 2-5 中，将考评得分分为不同的等级，60 分以下为等级 1，60～69 分为等级 2，70～79 分为等级 3，80～89 分为等级 4，90 分以上为等级 5。将连续变量"总分"转换成 5 个相对应的等级，转换的方法是利用 SPSS 中提供的可视分箱功能，但可视分箱功能只能将最低分至第一个临界值的水平数值赋值为 1（第一个区段），即只能将 60 分以下的等级赋值为 1，如果要将区段重新划分为 90 分以上为等级 1，80～89 分为等级 2，70～79 分为等级 3，60～69 分为等级 4，60 分以下为等级 5，那么此时用可视分箱功能就不能实现此种重新编码了，这时可以使用 SPSS 提供的另一个功能——重新编码来实现。在"转换"菜单中提供了两个选项——"重新编码为相同的变量""重新编码为不同变量"，这两个选项实现数据重新编码的功能相同，差别在于：当将数据重新编码为相同的变量时，重新编码后的数据会取代原始变量中的数据；而重新编码为不同变量则会保留原始变量中的数据，重新编码后的数据会新增加一个变量名称。

【例 2-6】 将例 2-5 中的"总分"变量按照如下标准分为 5 组：90 分以上为 1，80～89 分为 2，70～79 分为 3，60～69 分为 4，60 分以下为 5。用"转换"菜单中的"重新编码为不同变量"功能实现。（参见数据文件 data2-5.sav。）

详细的操作步骤如下。

☞ 第 1 步 打开"重新编码为不同变量"对话框。

选择"转换"→"重新编码为不同变量"选项，弹出如图 2-23 所示的对话框。在"输出变量"选区的"名称"文本框中输入新变量的名称"新的编码"，单击"变化量"按钮，"数字变量->输出变量"列表框中的"总分->？"将会变为"总分->新的编码"，重新编码后的值会写入新变量"新的编码"中。

☞ 第 2 步 设置编码转换规则。

单击图 2-23 中的"旧值和新值"按钮，弹出重新编码为不同变量:旧值和新值对话框。在该对话框中，旧值的设置有 7 项可以选择，新值的设置有 3 项，根据转换规则，先选旧值的范围，再设置相对应的新值。单击"添加"按钮，将转换规则添加到"旧->新"列表框中，有几条转换规则就添加几次。设置好的转换规则如图 2-24 所示。单击"继续"按钮，返回"重新编码为不同变量"对话框，单击"确定"按钮，生成变量"总分"的重新编码结果。

图 2-23 "重新编码为不同变量"对话框　　　　图 2-24 设置好的转换规则

2.4 思考与练习

1. 在 SPSS 中如何定义变量？变量的命名有哪些要求？
2. 以下是问卷中的 3 个问题，调查结果如表 2-10 所示，请根据该结果建立 SPSS 数据文件，并录入问卷调查结果，要求建立变量值标签。
（1）您的性别是：男……1　　　　女……2
（2）您的家庭月收入（包括所有工资、奖金、津贴等在内，以元为单位）是：（单选）
500～1000……1　　　1000～1999……2　　　2000～2999……3　　　3000～3999……4
4000～4999……5　　　5000～5999……6　　　6000～6999……7　　　7000～7999……8
8000～8999……9　　　9000～9999……10　　　10000 及以上……11
（3）您的教育程度（指您受过的最高的或正在接受的教育程度）：（单选）
没有受过正式教育/小学……1　　　初中……2　　　高中/中专/技校……3
大专/大学非本科/高职高专……4　　　大学本科……5　　　研究生及以上……6

表 2-10 调查结果

问题（1）	2	2	2	2	1	1	2	2	2	2	2	2	1	1	2	1	1	2	1
问题（2）	3	1	2	1	1	5	5	5	5	4	2	7	4	5	3	4	6	2	10	4	11	4	3	3
问题（3）	5	5	5	5	5	5	5	5	5	4	5	5	5	5	5	5	5	5	5	3

3. 表 2-11 是某次调查居民家庭月收入的数据，试建立 SPSS 数据文件，并利用 SPSS 提供的"转换"菜单下的"重新编码为其他变量"功能对该数据进行分组，新增加一个分组变量，分组标准：2000～4000 元……4，4000～6000 元……3，6000～8000 元……2，8000 元以上……1。

表 2-11 家庭月收入

编号	家庭月收入（元）	编号	家庭月收入（元）
1	3117	9	7149
2	2121	10	10336
3	3336	11	9432
4	2350	12	9322
5	5778	13	8739
6	11927	14	4351
7	6562	15	8205
8	4500	16	5960

4．表 2-12 中的数据是另外调查所得家庭月收入，是 Excel 格式的数据，将其导入 SPSS 中并与第 3 题的数据合并，用 SPSS 提供的"转换"菜单下的"可视离散化"功能对该数据重新进行分组，分组标准：2000 元以下为 1，2000～4000 元为 2，依次类推，组距为 2000 元。试比较"重新编码为其他变量"功能和"可视离散化"功能有何不同。（参见数据文件 data2-6.xls。）

表 2-12　另外调查所得家庭月收入

编号	家庭月收入（元）	编号	家庭月收入（元）
17	1900	25	8249
18	2500	26	21336
19	3650	27	8432
20	2350	28	7322
21	5978	29	5739
22	12927	30	9351
23	7562	31	9205
24	4780	32	1960

5．表 2-13 是华北地区某年工业品产量，试用拆分文件的方式统计各省市工业品产量的总和。（参见数据文件 data2-7.sav。）

表 2-13　华北地区某年工业品产量

序号	省市	工业品	产量（万吨）	序号	省市	工业品	产量（万吨）
1	北京	生铁	783.59	11	河北	水泥	4878.03
2	北京	钢	825.11	12	河北	塑料	40.4
3	北京	水泥	809	13	山西	生铁	2088.54
4	北京	塑料	75.6	14	山西	钢	606.77
5	天津	生铁	228.74	15	山西	水泥	1573.01
6	天津	钢	395.73	16	山西	塑料	3.2
7	天津	水泥	338.99	17	内蒙古	生铁	476.06
8	天津	塑料	73.6	18	内蒙古	钢	453.75
9	河北	生铁	21712.09	19	内蒙古	水泥	698.12
10	河北	钢	1969.65	20	内蒙古	塑料	5.8

注：1 吨（t）=1000kg。

6．将文本文件 data2-8.txt 导入 SPSS，定义变量属性，任选分类变量进行个案排序并练习行列互换操作。

7．将 Excel 数据文件 data2-9.xls 导入 SPSS，定义变量属性，并选择分组变量练习数据文件的拆分操作。

第 3 章 描述统计与图形绘制

前面的章节都在为统计分析做准备，从本章开始，将正式进行统计分析的学习。数据处理和统计分析过程通常是从基本统计量的计算与描述开始的，基本的统计分析通常包括单变量频率表的编制、基本统计量的计算，以及数据的探索性分析和相关图形绘制等。

通过计算诸如样本均值、样本标准差等重要的基本统计量，并辅以 SPSS 提供的图形功能，能够使分析者把握数据的基本特征和数据的整体分布形态，对进一步的统计推断和数据建模工作起到重要作用。

本章通过例子来学习描述统计及其在 SPSS 中的实现，具体内容包括基本描述统计量简介、频率分析、描述性分析、探索性分析、交叉表分析、多重响应分析和相关图形绘制。

3.1 基本描述统计量简介

描述统计量是指变量某一特征的统计量，SPSS 提供的基本统计量大致可以分为 3 类：描述集中趋势的统计量、描述离散程度的统计量和描述总体分布形态的统计量。下面分别介绍这 3 类基本统计量的定义及其计算。

3.1.1 描述集中趋势的统计量

集中趋势是指一组数据向某一中心值靠拢的倾向和程度，计算描述集中趋势的统计量就是要找到能反映数据一般水平的代表值或中心值。统计学中的集中趋势统计量是由样本值确定的值，在频率分布数列中，各观测值有一种向中心集中的趋势，中心附近的观测值较多，远离中心的观测值较少，这称为集中趋势。它所反映的是一组资料中各种数据所具有的共同趋势，即资料的各种数据所集聚的位置。常用的集中趋势统计量有均值、中位数、众数、总和及百分位数等。

1. 均值

均值（Mean）又称算术平均值，指一组数的平均值，其数据定义为

$$\bar{x} = \frac{1}{n}\sum_{i=1}^{n} x_i \qquad (3\text{-}1)$$

式中，n 为样本量；x_i 为样本点的数值。样本均值反映了变量取值的集中趋势或平均水平，是最常用的基本统计量。

均值适用于数值型数据，不能用于定类数据和定序数据，其缺点是容易受极值或异常值的干扰。

2. 中位数

一组样本数据按升序或降序排列后，如果样本量为奇数，则中位数取中间位置的数值；如果样本量为偶数，则取中间两个数值的平均值。中位数受数据变化的影响比均值大，但不易受

极值或异常值的干扰。

中位数主要用于定序数据，也可用于数值型数据，但不能用于定类数据。

3．众数

众数的值是一组数据中出现频数最多的变量值，可能有多个众数，多用于定类数据，也可用于定序数据和数值型数据，不易受极值或异常值的干扰。

众数的计算只适用于单位数较多且存在明显集中趋势的情况，否则众数是没有意义的。

4．总和

总和表示某变量所有值的和。

5．百分位数

百分位数（Percentile Value）类似随机变量分位点的概念。将样本数据按升序排列后，排在前面 p% 的数据的右端点的值称为样本的 p 分位数。常用的有四分位数（Quartile），指将数据进行 4 等分，分别位于 25%、50%和 75%处的分位数。百分位数适用于定序数据及度量尺度更高的数据，也可用于数值型数据，但不能用于定类数据。

百分位数同中位数一样，不易受极值或异常值的干扰。

3.1.2 描述离散程度的统计量

离散程度是指一组数据远离其中心值的程度。仅仅利用描述集中趋势的统计量不能反映整个数据集合的分布状况，具有不同分布的数据可能具有相同的均值、中位数或众数等，因此还需要另外的统计量来反映数据与集中趋势统计量之间的离散程度。统计学中描述离散程度的统计量是样本值远离集中趋势统计量程度的定量化描述，比较重要的描述离散程度的统计量有样本方差、样本标准差、均值标准误差、极差等。

1．样本方差

样本方差的数学定义为

$$\mathrm{Var} = \frac{1}{n-1} \sum_{i=1}^{n} (x_i - \overline{x})^2 \tag{3-2}$$

式中，n 为样本量；x_i 为样本点的数值。样本方差是刻画样本数据关于均值的平均偏差的平方的一个量，是描述样本离散趋势的最常用的基本统计量。样本方差越大，表明样本偏离样本均值的可能性越大。

各变量值对均值的方差小于对任意值的方差。

2．样本标准差

由于样本方差的计算单位是样本值的平方，所以将样本方差开方后可以得到与样本值相同量纲的统计量，称为样本标准差。样本标准差和样本方差一样，也是度量样本离散程度的重要统计量。

3．均值标准误差

均值标准误差即样本均值的标准差，其数学定义式为

$$\mathrm{S.E.Mean} = \frac{\sigma}{\sqrt{n}} \tag{3-3}$$

式中，n 为样本量；σ 为总体分布的标准差。均值标准误差是描述样本均值和总体值平均偏差程度的统计量。

4. 极差

一种简单的度量数据离散程度的方法就是找出其极差（Range），即最大与最小观测值的差：

$$极差 = 最大观测值 - 最小观测值$$

极差很容易计算，而且它常常是一个很有用的数。数据的均值和它的极差可以告诉我们很多被观测量的信息。如果数据不包含一些极端值，那么均值就会更准确。极差有一个缺点，即对极端值十分敏感。

在现实生活中，可以用极差对产品质量进行检验。在正常条件下，一组产品质量稳定，极差应该在一定范围内波动，若极差超过给定的范围，则说明产品质量出现异常。

3.1.3 描述总体分布形态的统计量

集中趋势和离散程度是数据分布的重要特征，但要从整体上全面把握样本数据的分布，仅有集中趋势和离散程度统计量是不够的，还需要掌握数据分布的形态，如直方图的对称性、偏斜程度及陡缓程度等。描述总体分布形态的统计量主要有偏度和峰度。

1. 偏度

偏度是描述变量取值分布形态对称性的统计量，其数学定义式为

$$\text{Skewness} = \frac{\mu_3}{\text{Var}^{3/2}} \quad (3-4)$$

式中

$$\mu_3 = \frac{1}{n-1}\sum_{i=1}^{n}(x_i - \bar{x})^3$$

在式（3-4）中，Var 为样本方差。偏度大于 0，表示其数据分布形态有一条长尾拖在右边，称为右偏或正偏；偏度小于 0，表示其数据分布形态有一条长尾拖在左边，称为左偏或负偏。偏度的绝对值越大，表示数据分布形态与正态分布相比越偏斜。来自正态总体的样本偏度近似为 0。

2. 峰度

峰度是描述变量取值分布形态陡缓的统计量，其数学定义式为

$$\text{Kurtosis} = \frac{1}{n-1}\sum_{i=1}^{n}(x_i - \bar{x})^4 / S^4 - 3 \quad (3-5)$$

式中，S 为样本标准差。当峰度等于 0 时，表明数据分布的陡峭程度与正态分布相同；当峰度大于 0 时为尖峰分布，表明数据分布的陡峭程度比正态分布大；当峰度小于 0 时为扁平峰分布，表明数据分布的陡峭程度比正态分布小。

因此，可以利用偏度和峰度的值是否接近 0 作为检验数据是否为正态分布的重要依据。

偏态与峰态分布的形状如图 3-1 所示。

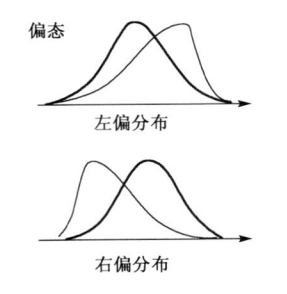

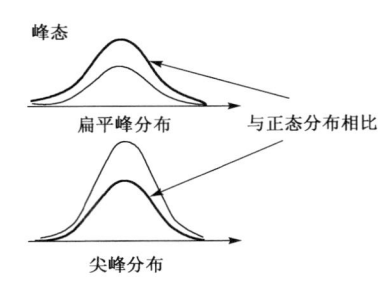

图 3-1 偏态与峰态分布的形状

3.2 频率分析

3.2.1 基本概念及统计原理

频率就是一个变量在各个取值上的个案数,分析时不考虑其实际取值。基本统计分析往往从频率分析开始,通过频率分析能够了解变量的取值状况,对把握数据的分布特征是非常有用的。

例如,调查消费者拥有健身产品的数量,首先分析被调查者的总人数、家庭收入情况、受教育程度、性别等,以及获取样本是否具有总体代表性、抽样是否存在系统偏差等信息。这些可以通过频率分析来实现,经过频率分析可以得到如下结果。

（1）频率表:包含频率,以及各频率占总样本数的百分比、有效百分比、累计百分比。

（2）统计图:用统计图展示变量的取值状况。频率分析中提供的统计图可以是条形图、饼图或直方图。

3.2.2 SPSS 实例分析

【例 3-1】 以下是问卷中针对被调查者设置的两个问题。

（1）您的家庭月收入（包括所有工资、奖金、津贴等在内,以元为单位）是:（单选）

500 以下………..1 　　500～1000……..1 　　1000～1999……2 　　2000～2999……3
3000～3999……4 　　4000～4999……5 　　5000～5999……6 　　6000～6999……7
7000～7999……8 　　8000～8999……9 　　9000～9999……10 　　10000 及以上……11

（2）您的受教育程度（指您受过的最高的或正在接受的教育程度）:（单选）

没有受过正式教育/小学……….1 　　初中………..2 　　高中/中专/技校……3
大专/大学非本科/高职高专……4 　　大学本科……5 　　研究生及以上……..6

从问卷中收集的数据如表 3-1 所示。

表 3-1　从问卷中收集的数据

收入	教育
3	5
1	5
2	5
1	5
1	5
⋮	⋮
6	4
10	5
4	5

试对收集的数据进行频率分析。（参见数据文件 data3-1.sav。）

对该数据文件中的两个变量进行频率分析的具体步骤如下。

☞ 第 1 步　数据组织。

生成 SPSS 数据文件,建立两个变量,分别为"收入""教育",保存为数据文件 data3-1.sav。

第 3 章 描述统计与图形绘制

☞ 第 2 步 频率分析设置。

(1) 选择"分析"→"描述统计"→"频率"选项,打开"频率"对话框,并按图 3-2 进行设置。

该对话框主要由以下几部分组成。

① 候选变量列表框:图 3-2 左侧的列表框,存放文件中所有的变量。

② "变量"列表框:存放待分析的变量。将要分析的变量从左侧的候选变量列表框移入右侧的"变量"列表框。

③ "显示频率表"复选框:设置是否显示频率表,系统默认为选中状态,表示在分析结果中显示分析变量的频率表。

(2) 确定要输出的统计量。

单击图 3-2 中的"统计"按钮,出现"频率:统计"对话框,按图 3-3 进行设置。

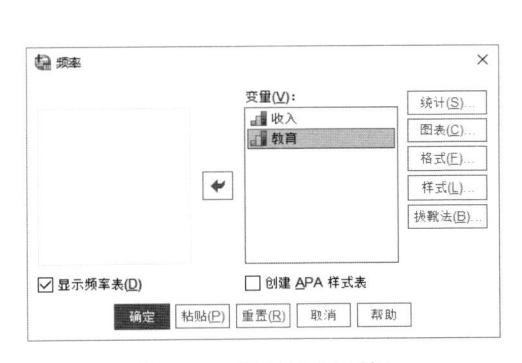

图 3-2 "频率"对话框

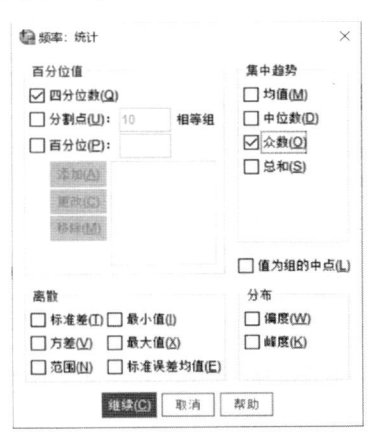

图 3-3 "频率:统计"对话框

该对话框主要由以下几部分组成。

① "百分位值"选区:设定在频率分析结果中输出哪些百分位数。

- 四分位数:设置是否显示分析变量的四分位数。
- 分割点:设定将数据平均分为所设定的相等组,并在结果中显示。
- 百分位:显示用户自定义的百分位数,在其后的数值框中输入数值的范围为 0~100,输入数值后单击"添加"按钮,将其加入列表框中,可重复输入。

② "集中趋势"选区:设定在频率分析结果中输出哪些集中趋势统计量。"离散"和"分布"选区的功能与之类似,其中,"离散"选区中的"范围"即离散统计量极差。

③ "值为组的中点"复选框:分组计算中位数和百分位数。选中该复选框,在计算百分位数和中位数时,如果数据已经分组,就按已经分组的数据计算各组数据的中位数和百分位数。

(3) 确定要输出的统计图。

单击图 3-2 中的"图表"按钮,打开"频率:图表"对话框,按图 3-4 进行设置。

该对话框主要由以下几部分组成。

① "图表类型"选区:设置输出的图表类型。

- 无:默认选项,不生成图形。
- 条形图:生成条形图。

- 饼图：生成饼图。
- 直方图：生成直方图。
- 在直方图中显示正态曲线：选中"直方图"单选按钮后才能激活该复选框，选中该复选框后，频率分析结果中将输出数据的直方图，并在直方图上绘制出正态曲线，用于推断数据是否服从正态分布。

② "图表值"选区：设定图表的取值。
- 频率：默认选项，选择该单选按钮，表示按照频率作图。
- 百分比：按照百分比作图。

（4）确定要输出的数据格式。

单击图 3-2 中的"格式"按钮，打开"频率:格式"对话框，按图 3-5 进行设置。

图 3-4 "频率:图表"对话框　　　　图 3-5 "频率:格式"对话框

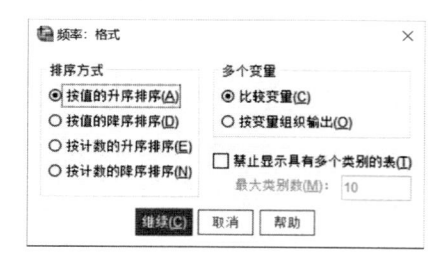

该对话框主要由以下几部分组成。

① "排序方式"选区：定义输出频率表的数据排列次序。
- 按值排序：表示按照数据的升序或降序排列频率表。
- 按计数排序：表示按照频数的升序或降序排列频率表。

② "多个变量"选区：设置多个变量的结果是否在同一表格中输出。
- 比较变量：将各变量的统计结果在同一统计量表中输出。
- 按变量组织输出：将各变量的统计结果在各自的统计量表中输出。

③ "禁止显示具有多个类别的表"复选框：表示当频率表的分组大于在"最大类别数"数值框中设定的数值时，禁止其在结果中输出，这样可以避免产生巨型表格。

☞ 第 3 步　主要结果及分析。

本例运行结果如表 3-2～表 3-4 及图 3-6 和图 3-7 所示。

（1）表 3-2 展示的是两个变量的变量值基本信息：有效的个案数、缺失值个数、众数等。因为在格式设置中选择了"比较变量"单选按钮，所以"教育"和"收入"两个变量的统计结果显示在同一表格中。

表 3-2　统计量表

		收入	教育
个案数	有效	835	835
	缺失	0	0
众数		3	5
偏度		.983	−1.020

		收入	教育
	偏度标准误差	.085	.085
	峰度	.682	.638
	峰度标准误差	.169	.169
百分位数	25	2.00	4.00
	50	4.00	5.00
	75	6.00	5.00

（2）表3-3是变量"教育"的频率表，即每个变量值的频率、百分比、有效百分比、累积百分比。从表3-3中可以看出，变量值为5的个案数最多，即被调查者中受教育程度为"大学本科"的人最多。

表3-3 变量"教育"的频率表

		频率	百分比	有效百分比	累积百分比
有效	1	8	1.0	1.0	1.0
	2	39	4.7	4.7	5.6
	3	114	13.7	13.7	19.3
	4	165	19.8	19.8	39.0
	5	456	54.6	54.6	93.7
	6	53	6.3	6.3	100.0
	总计	835	100.0	100.0	

（3）表3-4是变量"收入"的频率表，即每个变量值的频率、百分比、有效百分比、累积百分比。从表3-4中可以看出，变量值为3的个案数最多，即被调查者中家庭月收入为"2000～2999"（单位为元）的人最多。

表3-4 变量"收入"的频率表

		频率	百分比	有效百分比	累积百分比
有效	0	2	.2	.2	.2
	1	87	10.4	10.4	10.7
	2	152	18.2	18.2	28.9
	3	156	18.7	18.7	47.5
	4	137	16.4	16.4	64.0
	5	88	10.5	10.5	74.5
	6	85	10.2	10.2	84.7
	7	52	6.2	6.2	90.9
	8	27	3.2	3.2	94.1
	9	9	1.1	1.1	95.2
	10	8	1.0	1.0	96.2
	11	32	3.8	3.8	100.0
	总计	835	100.0	100.0	

（4）图3-6和图3-7是两个变量的直方图，从图上看，被调查者的受教育程度同正态分布相比左偏，被调查者的家庭月收入右偏，都不具有明显的正态分布。由表3-2中的统计量偏度的计算也可以验证其分布情况，受教育程度的偏度为-1.020，小于0，分布左偏；家庭月收入的偏度为0.983，大于0，分布右偏。

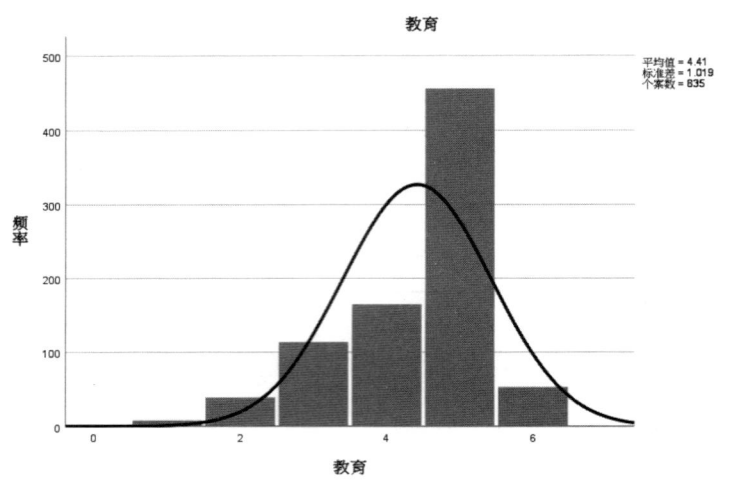

图 3-6 变量"教育"的直方图

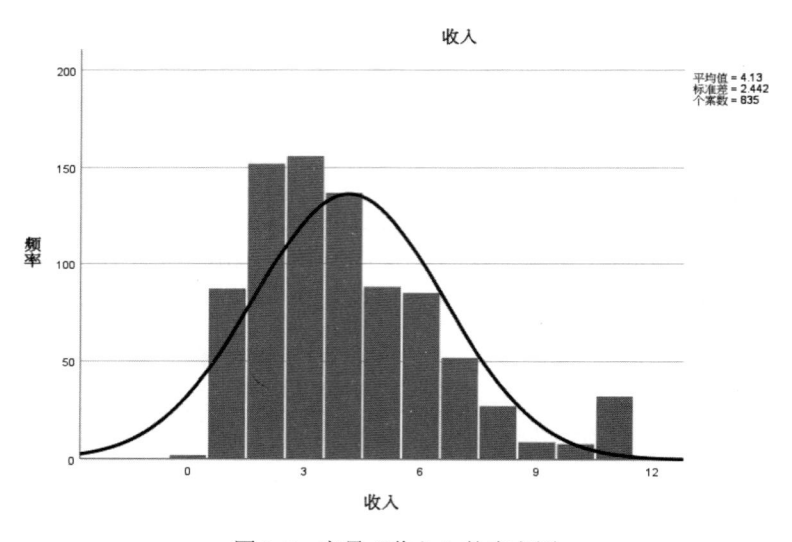

图 3-7 变量"收入"的直方图

3.3 描述性分析

3.3.1 基本概念及统计原理

描述性分析主要用于计算并输出变量的各类描述统计量的值,通过 3.2 节的学习可知,频率分析同样可以做到,两者都以计算数值型变量的统计量为主。描述性分析没有图形功能,也不能生成频率表,但描述性分析可以将原始数据标准化为 Z 分数,在当前数据文件中添加新变量,用于保存相应的 Z 标准分数,其变量名为在相应变量名前加字母 Z,以便后续分析时应用。Z 标准分数是一个变量值和该变量的均值之差与标准差的比值,标准化处理后,可以保证数据服从标准正态分布。

第 3 章 描述统计与图形绘制

Z 变换的公式为

$$Z_i = \frac{x_i - \overline{x}}{S} \tag{3-6}$$

式中，x_i 是变量的样本值；$\overline{x}$ 是样本均值；S 是样本标准差。

3.3.2 SPSS 实例分析

【例 3-2】 数据文件中有 5 岁儿童的体重、身高、胸围 SPSS 数据，试对儿童身高做描述性分析。（参见数据文件 data3-2.sav。）

对该数据文件中的变量进行描述性分析的具体步骤如下。

☞ 第 1 步 打开数据文件 data3-2.sav。

☞ 第 2 步 描述性分析设置。

（1）选择"分析"→"描述统计"→"描述"选项，打开"描述"对话框，确定要进行描述性分析的变量，按图 3-8 进行设置。

该对话框主要由以下几部分组成。

① 候选变量列表框：图 3-8 中左侧的列表框，列出数据文件包含的所有变量。

② "变量"列表框：从候选变量列表框中选择要进行描述性分析的变量并移入此列表框，可同时选择多个变量，此时，SPSS 将分别产生多个变量的描述性分析结果。

③ "将标准化值另存为变量"复选框：用于确定是否在当前数据文件中生成 Z 标准分数。

（2）确定要输出的统计量。在图 3-8 中单击"选项"按钮，打开"描述:选项"对话框，并按图 3-9 进行设置。该对话框与频率分析的"频率:统计"对话框（见图 3-3）中统计量的选择类似。

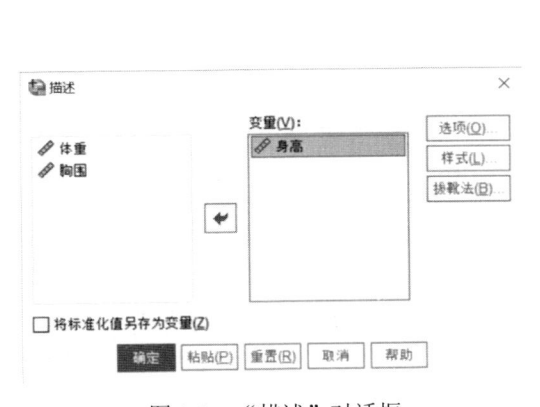

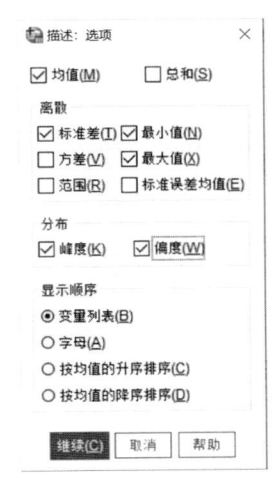

图 3-8 "描述"对话框   图 3-9 "描述:选项"对话框

☞ 第 3 步 运行结果及分析。

运行结果如表 3-5 所示，该结果包括有效个案数、极值（最小值、最大值）、平均值、标准差、偏度和峰度信息。在输出统计量中，标准差越小越好，它越小，说明该组数据越趋于稳定。

表 3-5 描述性分析输出结果

	N	最小值	最大值	平均值	标准差	偏度		峰度	
	统计	统计	统计	统计	统计	统计	标准误差	统计	标准误差
身高	96	99.3	125.0	109.891	5.9633	.350	.246	-.446	.488
有效个案数（成列）	96								

3.4 探索性分析

3.4.1 基本概念及统计原理

探索性分析是一种在对资料的性质、分布特点等完全不清楚的情况下，对变量进行更深入研究的描述性统计方法。与前面介绍的两种分析方法相比，探索性分析的功能更加强大，增加了有关数据文字与图形的描述，可以对变量进行更为深入、详尽的统计分析。在进行统计分析前，通常需要寻求和确定适合所研究问题的统计方法，SPSS 提供的探索性分析是解决此类问题的有效方法。

探索性分析提供了很多关于数据的概括分析和图表直观描述的方法，不仅对个案数据有效，还可以针对分组个案进行分析。在输出常用描述统计量的基础上，探索性分析增加了有关数据详细分布特征的文字与图形表述，如茎叶图、箱图等，更加详细、完整，还可以提供正态分布检验和方差齐性检验，有助于用户制定进一步的分析方案。

3.4.2 SPSS 实例分析

【例 3-3】 表 3-6 是某班 3 个科目对应成绩的统计数据，试对其进行探索性分析并做是否服从正态分布的检验。（参见数据文件 data3-3.sav。）

表 3-6 某班 3 个科目对应成绩的统计数据

科目	1	1	1	1	1	1	2	2	2
成绩	83	74	73	30	60	95	73	11	16
科目	2	2	2	3	3	3	3	3	3
成绩	75	56	19	85	91	11	55	32	56

对该数据文件中的两个变量进行探索性分析和正态分布检验的具体步骤如下。

☞ 第 1 步 数据组织。

根据表 3-6 生成 SPSS 数据文件，建立两个变量，分别为"科目""成绩"。其中，"科目"的度量标准为"名义"，"成绩"的度量标准为"标度"，数据文件的格式与表 3-6 类似，保存为数据文件 data3-3.sav。

☞ 第 2 步 探索性分析设置。

（1）选择"分析"→"描述统计"→"探索"选项，打开"探索"对话框，按图 3-10 进行设置。

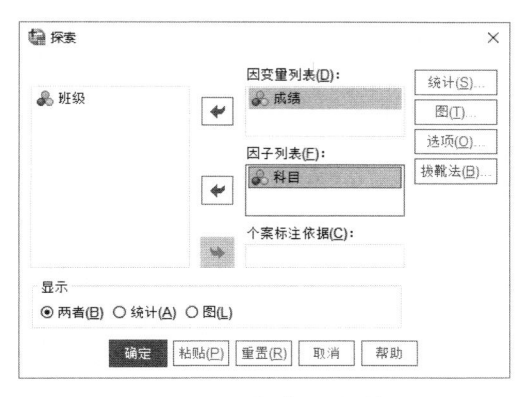

图 3-10 "探索"对话框

该对话框主要由以下几部分组成。

① 候选变量列表框：图 3-10 中左侧的列表框，列出数据文件中的所有变量。

② 因变量列表：用于存放待分析的变量，可以同时选择多个变量（选择的变量必须是数值型变量）。

③ 因子列表：用于选择分组变量，根据该变量的不同取值，分组分析因变量列表中的变量，可以没有因子变量，也可以有多个因子变量。

④ "个案标注依据"文本框：用于选择标签变量，只能选择一个。该文本框中的变量作为标识符，在输出诸如异常值时，用该变量进行标识，如果该选项缺选，则系统自动寻找"id"变量作为变量标签。

⑤ "显示"选区：用于设定在探索性分析结果中输出的内容。

- 两者：同时输出统计量和图。
- 统计：只输出统计量，不输出图。
- 图：只输出图，不输出统计量。

（2）确定探索性分析结果中将要输出的统计量。

单击图 3-10 中的"统计"按钮，打开"探索:统计"对话框，按图 3-11 进行设置。

该对话框主要由以下几部分组成。

① "描述"复选框：系统默认选项，用于输出基本的描述统计量，包括均值、中位数、5%的调整均值、标准误差、极差、最大值、最小值、四分位数、峰度和偏度及其标准误差等。

在选择该复选框时，需要在下方的"均值的置信区间"数值框中输入 1~99 间的任意值，系统根据该值计算出置信区间的上下限。系统默认为 95%。

② "M-估计量"复选框：用于输出 4 种稳健极大似然估计量，对于长尾对称分布或数据有极端异常值的情况，利用稳健极大似然估计量估计总体均值比用样本均值或中位数有更好的稳定性；根据样本值的权重不同，可以得到不同的估计量，主要有 4 种，包括 Huber 稳健估计量、Hampel 非降稳健估计量、Andrew 波估计量、Turkey 复权估计量。

③ "离群值"复选框：用于输出数据的离群点，将输出 5 个最大值和 5 个最小值，在结果输出窗口中加以显示。

④ "百分位数"复选框：用于输出百分数，包括 5%、10%、25%、30%、75%、90%和 95%。

（3）确定探索性分析输出的统计图形。

单击图 3-10 中的"图"按钮，打开"探索:图"对话框，按图 3-12 进行设置。

图 3-11　"探索:统计"对话框　　　　图 3-12　"探索:图"对话框

该对话框主要由以下几部分组成。

① "箱图"选区：设置箱图。
- 因子级别并置：为每个因变量生成一个箱图，用于比较同一因变量在分组变量值的不同水平上值的分布情况，同一因变量的不同分组显示在同一个箱图中。
- 因变量并置：所有因变量生成一个箱图，用于比较同一分组水平下不同因变量的值的分布情况，同一分组的不同因变量显示在同一个箱图中。
- 无：不显示箱图。

② "描述图"选区：用于设置图形输出时的种类，选中其中的复选框表示输出结果中将显示对应的图形，可不选择。

③ "含检验的正态图"复选框：选中此复选框，表示将进行正态分布检验，并生成标准Q-Q 图和趋降标准 Q-Q 图，同时输出 K-S 统计量中的显著性水平检验，如果观测数目不超过20，就用 S-W 统计量代替 K-S 统计量。

④ "含莱文检验的分布-水平图"选区：用于对数据转换所得散布水平图进行设置。对于所有的散布水平图，显示数据转换后回归曲线的斜率和方差齐性的莱文（Levene）稳健检验，有如下 4 项设置。
- 无：系统默认选中，表示不进行方差齐性检验。
- 功效估算：对每组数据产生一个中位数范围的自然对数与四分位范围的自然对数的散点图，同时在每组中数据方差相等的条件下对数据进行幂变换的估计。
- 转换后：对原始数据进行转换。选择转换函数后，可以产生转换后的数据散布水平图。
- 未转换：不对原始数据进行转换。

（4）确定分析过程中对缺失值的处理方式。

单击图 3-10 中的"选项"按钮，打开"探索:选项"对话框，按图 3-13 进行设置。

该对话框主要由以下几部分组成。

① "成列排除个案"单选按钮：系统默认选中，表示排除所有含缺失值的个案后进行分析。

② "成对排除个案"单选按钮：排除当前分析变量中有缺失值的个案及与缺失值有成对关系的个案。

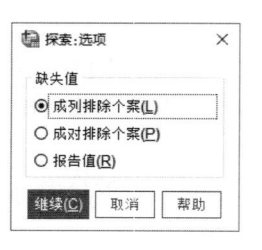

图 3-13　"探索:选项"对话框

③ "报告值"单选按钮：将分组变量的缺失值单独分为一组，并在频率表中输出。

本例中直接使用默认设置。

第 3 章 描述统计与图形绘制

☞ 第 3 步 运行结果及分析。

完成以上操作后，单击图 3-10 中的"确定"按钮，运行结果如表 3-7～表 3-10 及图 3-14～图 3-16 所示。

（1）表 3-7 是探索性分析的数据摘要，很多 SPSS 统计分析过程都会自动给出一个这样的数据摘要，表中给出了参与分析的变量或变量分组的个案数、缺失信息等。在本例中，每个变量分组有 6 个个案参与分析，无缺失值。

表 3-7 探索性分析的数据摘要

	科目	有效		缺失		总计	
		个案数	百分比	个案数	百分比	个案数	百分比
成绩	语文	6	100.0%	0	0.0%	6	100.0%
	数学	6	100.0%	0	0.0%	6	100.0%
	英语	6	100.0%	0	0.0%	6	100.0%

（2）表 3-8 中输出的是描述统计量。在本例中，输出了"成绩"按"科目"分组的各组描述统计量。除 3.1 节介绍的基本描述统计量之外，表 3-8 中还多生成了几个特殊的统计量，分别是平均值的 95%置信区间、5%剪除后平均值、四分位距（3/4 分位点与 1/4 分位点之差）。

表 3-8 描述统计量

	科目		统计	标准误差
成绩	语文	平均值	69.17	9.156
		平均值的 95%置信区间 下限	45.63	
		平均值的 95%置信区间 上限	92.70	
		5%剪除后平均值	69.91	
		中位数	73.50	
		方差	502.967	
		标准差	22.427	
		最小值	30	
		最大值	95	
		全距	65	
		四分位距	34	
		偏度	−1.085	.845
		峰度	1.617	1.741
	数学	平均值	41.67	12.126
		平均值的 95%置信区间 下限	10.50	
		平均值的 95%置信区间 上限	72.84	
		5%剪除后平均值	41.52	
		中位数	37.50	
		方差	882.267	
		标准差	29.703	
		最小值	11	
		最大值	75	
		全距	64	
		四分位距	59	
		偏度	.153	.845
		峰度	−2.812	1.741

	科目		统计	标准误差
成绩	英语	平均值	55.00	12.466
		平均值的95%置信区间 下限	22.96	
		平均值的95%置信区间 上限	87.04	
		5%剪除后平均值	55.44	
		中位数	55.50	
		方差	932.400	
		标准差	30.535	
		最小值	11	
		最大值	91	
		全距	80	
		四分位距	60	
		偏度	−.250	.845
		峰度	−1.002	1.741

（3）表 3-9 给出了数据的 M-估计量。在 SPSS 中，根据加权常量的不同，共提供了 4 种估计方法。表 3-9 下方的注释分别给出了 4 种估计方法的加权常量。通常，对于有异常值或极值的数据，M 均值估计法有很好的稳定性，用 M-估计量替代均值或中位数，结果更准确。因此，如果探索性分析的描述统计量中的均值和 M-估计量有较大的差距，那么用户就应当注意数据中是否有异常值。

表 3-9 M-估计量

	科目	休伯 M-估计量[a]	图基双权[b]	汉佩尔 M-估计量[c]	安德鲁波[d]
成绩	语文	72.54	75.78	72.88	76.05
	数学	41.42	41.13	41.67	41.13
	英语	56.68	55.60	55.00	55.60

a. 加权常量为 1.339。
b. 加权常量为 4.685。
c. 加权常量为 1.700、3.400 和 8.500。
d. 加权常量为 1.340*pi。

（4）表 3-10 是探索性分析的正态性检验结果表。分别利用柯尔莫戈罗夫-斯米尔诺夫（Kolmogorov-Smirnov，K-S）检验和夏皮罗-威尔克（Shapiro-Wilk，S-W）检验两种方法来确定变量是否服从正态分布。一般来说，显著性 P 值大于 0.05 表示变量服从正态分布的显著性强。正常情况下，两种方法的检验结论应该一致；在某些时候，当以上两种方法的检验结论矛盾时，大样本以 K-S 检验为准，小样本（样本数 < 30 为小样本）以夏皮罗-威尔克检验为准。

本例中，3 个分组的两种方法的显著性 P 值均大于 0.05，因此 3 个分组均服从正态分布。

表 3-10 探索性分析的正态性检验结果表[①]

	科目	柯尔莫戈洛夫-斯米尔诺夫[a]			夏皮罗-威尔克		
		统计	自由度	显著性	统计	自由度	显著性
成绩	语文	.235	6	.200*	.929	6	.573
	数学	.277	6	.165	.827	6	.102
	英语	.170	6	.200*	.946	6	.706

*. 这是真显著性的下限。
a. 里利氏显著性修正。

① 软件生成表中的"柯尔莫戈洛夫-斯米尔诺夫"的正确写法为"柯尔莫戈罗夫-斯米尔诺夫"。

（5）图 3-14 所示为成绩按科目分组后各分组的箱图，由于在分析过程中，在"探索:图"对话框中选择的是"因子级别并置"单选按钮，所以成绩按科目分成的 3 个分组的箱图绘制在同一个箱图中。每个箱体上方那条线的取值代表最大值，下方那条线的取值代表最小值，箱体自身的 3 条线从上到下分别代表 3/4 分位点、中位点、1/4 分位点的取值。从图 3-14 中还可以看出，成绩的 3 个分组中均没有离群值，若有离群值，则会在图中用小圆点标注出来。

（6）探索性分析的正态 Q-Q 图和去趋势正态 Q-Q 图。

在前面的章节中介绍了直方图，直方图可以大致判断数据满足的分布类型，但是这种判断完全依赖统计工作者的实际经验，难免有偏差。正态 Q-Q 图和去趋势正态 Q-Q 图可以检验数据是否服从某种分布。在正态 Q-Q 图和去趋势正态 Q-Q 图中，检验数据是否较好地服从给定分布的标准有两个：①看正态 Q-Q 图上的数据点与直线的重合度；②看去趋势正态 Q-Q 图上的点是否关于直线 $y = 0$ 在较小的范围内上下波动。

探索性分析中生成的正态 Q-Q 图及去趋势正态 Q-Q 图用于检验数据是否服从正态分布。在本例中，变量"成绩"按科目"语文"、"英语"和"数学"分组，分别生成正态 Q-Q 图、去趋势正态 Q-Q 图。图 3-15、图 3-16 所示分别为成绩按科目"语文"分组的正态 Q-Q 图、去趋势正态 Q-Q 图，从图中可以看出，两个变量的数据都很好地服从正态分布，这也与表 3-10 中的检验结果相吻合。

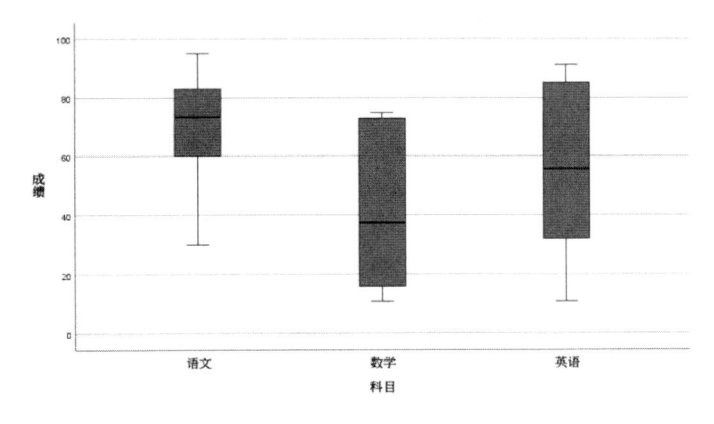

图 3-14　成绩按科目分组后各分组的箱图

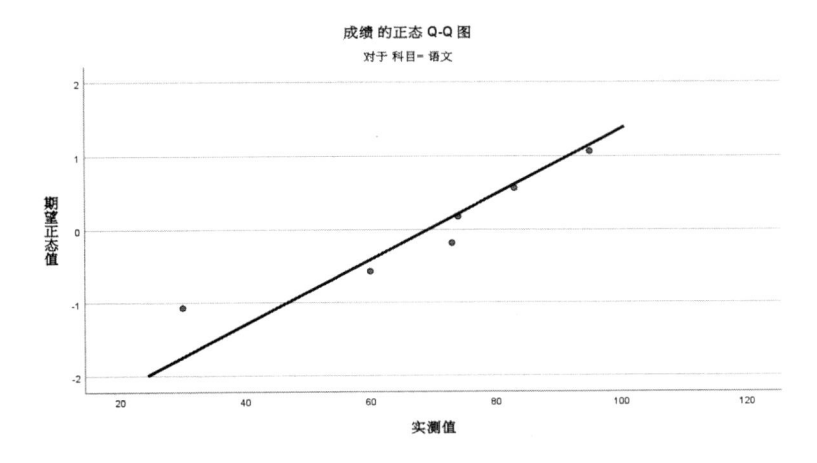

图 3-15　科目=语文的成绩的正态 Q-Q 图

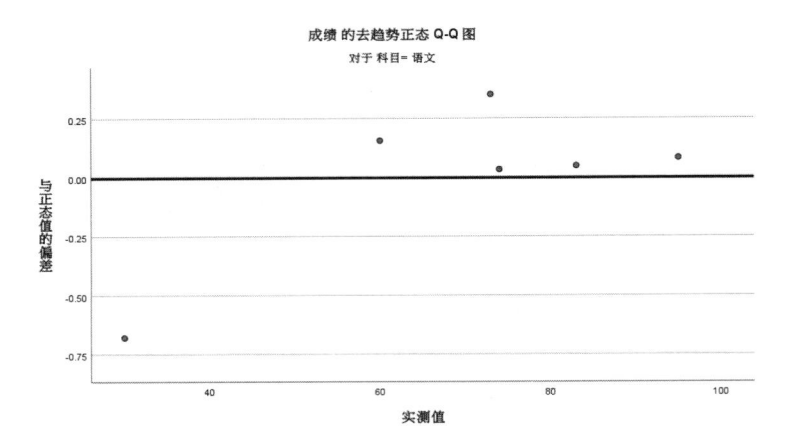

图 3-16 科目=语文的成绩的去趋势正态 Q-Q 图

3.5 交叉表分析

3.5.1 基本概念及统计原理

1. 交叉表分析的概念

前面学习的频率分析、描述性分析及探索性分析都是针对单变量自身的数据分布情况进行的。在实际分析中，常需要分析在多个变量之间，一个变量是否对其他变量的取值存在影响，分析变量之间是否存在关系，这种分析就称为交叉表分析。在分析变量之间的关系时，通常分析变量之间的相关性。对于数值型变量，分析相关性通常是计算相关系数或进行回归分析，这在后面的章节中有较为详细的介绍。而对于定类变量，通常进行交叉表分析。

交叉表是两个或多个变量交叉分组后形成的频率表，主要用于研究定类变量之间有无相关性，给出了变量在不同取值下的数据分布。交叉表分析根据样本数据产生二维或多维交叉表，并在产生交叉表的基础上对两变量之间是否存在一定的相关性进行分析。

交叉表分析的应用极为广泛，它可以分析研究总体中个体的属性之间是否相关，称为独立性检验。

2. 交叉表分析的相关关系的主要检验方法

在分析中，难以在交叉表中直接发现行、列变量之间的关系及关系强度，需要借助非参数检验方法和度量变量之间相关性的统计量进行分析，通常采用 χ^2（卡方）检验和相关性检验。

在交叉表分析中，SPSS 提供的相关关系的检验方法主要有以下几种。

（1）卡方检验：常用于检验行、列变量之间是否相关，计算公式为

$$\chi^2 = \sum \frac{(f_0 - f_e)}{f_e} \tag{3-7}$$

式中，f_0 为实际观察频数；f_e 为期望频数。

卡方统计量服从(行数-1)×(列数-1)个自由度的卡方统计。SPSS 在计算卡方统计量后，会给出相应的相伴概率，通过比较相伴概率及显著性水平来判断行、列变量之间是否相关。

（2）列联系数：用于名义变量之间的相关系数的计算，计算公式为

$$C = \sqrt{\frac{\chi^2}{\chi^2 + N}} \qquad (3\text{-}8)$$

式中，C 为列联系数；N 为样本数。

由式（3-8）可见，列联系数 C 由卡方统计量修正而来，其取值为 0～1。C 越接近 1，表明卡方值足够大而使得样本数起的作用极小，应拒绝原假设，认为行、列变量之间有较强的相关关系；C 越接近 0，表明卡方值足够小而使得样本数起的作用极大，因此不应拒绝原假设。

（3）V 系数：常用于名义变量之间的相关系数的计算，计算公式为

$$V = \sqrt{\frac{\chi^2}{N(K-1)}} \qquad (3\text{-}9)$$

式中，N 为样本数；K 为行数和列数较小的实际数。

由式（3-9）可见，V 系数也由卡方统计量修正而来，在考虑了样本数影响的同时，还考虑了交叉表的单元格数，其取值也为 0～1。

3.5.2 SPSS 实例分析

【例 3-4】 在设置学生评价实验教学的调查表中，为分析实验准备情况与评价结果之间的关系，建立了"实验准备"和"评价结果"两个变量，具体数据参见数据文件 data3-4.sav。变量值标签如表 3-11 所示。

表 3-11 变量值标签

变量	实验准备		评价结果	
值与值标签	1	差	1	差
	2	一般	2	一般
	3	准备充分	3	优

对该数据文件中的两个变量进行交叉表分析的具体步骤如下。

☞ 第 1 步 数据组织。

在数据文件中建立两个变量，分别为"实验准备""评价结果"，两个变量均为数值型或字符型的定类变量，其度量标准为"名义"。根据表 3-11 定义各变量的值标签，保存为 SPSS 数据文件 data3-4.sav。

☞ 第 2 步 交叉表分析设置。

（1）选择"分析"→"描述统计"→"交叉表"选项，打开"交叉表"对话框，按图 3-17 进行设置。

该对话框主要由以下几部分组成。

① 候选变量列表框：对话框左侧的列表框，列出数据文件中的所有变量。

② "行""列"列表框：分别用于选择交叉表的行、列变量，行、列变量必须是数值型或字符型等定类变量。

③ "层 1/1"选区：用于选择分层变量，如果除行、列变量外，还有其他变量参与分析，则将其加入"层 1/1"选区的列表框中，用于生成多维交叉表，用"上一个""下一个"按钮控制分层的层数。

④ "显示簇状条形图"复选框：用于确定是否在输出文件中显示簇状条形图。

⑤ "禁止显示表"复选框：用于确定是否在输出文件中显示分析结果的交叉表。

（2）精确选择："精确检验"对话框提供了 3 种不同条件的检验方式来检验行、列变量之间的相关性。

单击图 3-17 中的"精确"按钮，打开"精确检验"对话框，按图 3-18 进行设置。

图 3-17 "交叉表"对话框 图 3-18 "精确检验"对话框

该对话框主要由以下几部分组成。

① "仅渐进法"单选按钮：默认选中，适用于具有渐进分布的大样本数据，不适用于小样本和非渐进分布方式的检验。

② "蒙特卡洛法"单选按钮：用于指定个案数的检验，该选项允许非渐进分布方式的检验，需要设置置信度级别和样本数，置信区间一般为 90%、95%、99%。

③ "精确"单选按钮：为进行精确计算，需要设置每次精确检验所花费的最大时间限度，若超过 30 分钟，则使用蒙特卡洛法。

一般情况下，此对话框的选项使用系统默认值，本例中使用系统默认值。

（3）确定检验方法及要输出的统计量。

单击图 3-17 中的"统计"按钮，打开"交叉表:统计"对话框，并按图 3-19 进行设置。

该对话框主要由以下几部分组成。

① "卡方"复选框：用于对行、列变量的独立性进行卡方检验，包括皮尔逊（Pearson）卡方、似然比、线性和线性组合 3 种检验。这几种检验的作用是不同的，皮尔逊卡方常用在二维表中对行变量和列变量进行独立性假设检验，似然比用于对数据线性模型的检验。

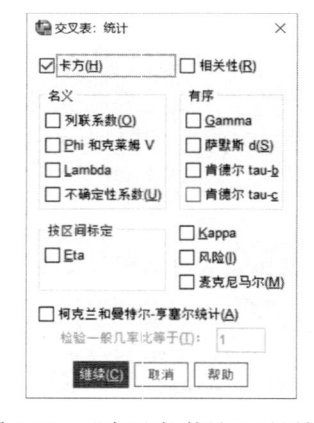

图 3-19 "交叉表:统计"对话框[①]

② "相关性"复选框：用于选择是否计算相关系数，检验两个变量的线性相关程度，包括皮尔逊相关系数和斯皮尔曼（Spearman）相关系数两种检验结果。

③ "名义"选项组：用于定义定类变量的相关性指标，共有 4 个指标。

- 列联系数：表征变量之间相关性的强弱，取值为 0～1，取值为 0 表示行、列变量之间不相关；其值越靠近 1，表示两变量之间的相关性越强。

---

① 软件图中的"检验一般几率比等于"的正确写法为"检验一般概率比等于"。

- Phi 和克莱姆 V：用来刻画变量之间的 Phi 相关性。在不同的卡方检验中，它的取值范围不同，但是其绝对值越大，变量之间的相关性越强。
- Lambda：反映自变量对因变量的预测效果。它的取值为 1 表示自变量可以很好地预测因变量，取值为 0 表示自变量和因变量之间没有可预测的关系。
- 不确定性系数：以熵为标准反映一个变量对另一个变量的确定程度。它的取值为 1 表示可由一个变量的信息完全确定另一个变量的信息，取值为 0 表示两个变量之间的信息没有关系。

④ "有序"选区：用于定义定序变量的相关系数，包括以下 4 个指标。
- Gamma：反映两个有序变量之间的对称相关性，取值为-1～1，取 1 或-1 代表两个变量完全一致或不一致，取值为 0 表示两个变量完全不相关。
- 萨默斯：取值为-1～1，结果解释与 Gamma 一样。
- 肯德尔 tau-b：取值为-1～1，结果解释与 Gamma 一样。
- 肯德尔 tau-c：取值为-1～1，结果解释与 Gamma 一样。

⑤ "按区间标定"选区：适用于一个名义变量和一个等距变量的相关性检验。
- Eta：反映行、列变量之间的关联程度，取值为 0～1，其值越接近 1 表示变量之间的关联程度越高，越接近 0 表示关联程度越低。

⑥ "Kappa"复选框：用于设定 Kappa 系数，检验两名评估者对同一对象进行评估时是否具有相同的态度，系数为 1 表示两名评估者的态度完全相同，为 0 表示两名评估者的评估没有共同点。Kappa 系数只适用于正方表，即两个变量有相同数量的分类。

⑦ "风险"复选框：用于设定相对风险比率系数，检验某事件发生和某因子之间的关联性，此统计量的置信区间包含 1，表示因素与事件无关联。

⑧ "麦克尼马尔"复选框：主要用于检验成对的资料，相对于成对卡方检验；在"验前-验后"的因素设计中，该检验对探测由于实验干扰而产生反应的变化十分有效。

⑨ "柯克兰和曼特尔-亨塞尔统计"复选框：用于进行一个二值因素变量和二值响应变量的独立性检验与齐次性检验，在下面的"检验一般几率比等于"数值框中只能输入正数，系统默认值为 1。

本例中选择"卡方"复选框，对两个变量的独立性进行卡方检验。

（4）指定要输出的统计量。

单击图 3-17 中的"单元格"按钮，打开"交叉表:单元格显示"对话框，按图 3-20 进行设置。

该对话框主要由以下几部分组成。

① "计数"选区：用于选择交叉表单元格中的频数输出格式，包含 3 个选项。
- 实测：显示实际观测值的频数，此项是系统默认的选项。
- 期望：输出为理论值。
- 隐藏较小的计数：当期望值小于设定的值时，在输出结果中不显示。

② "百分比"选区：用于选择交叉表单元格中的百分比显示格式，包括 3 个选项。

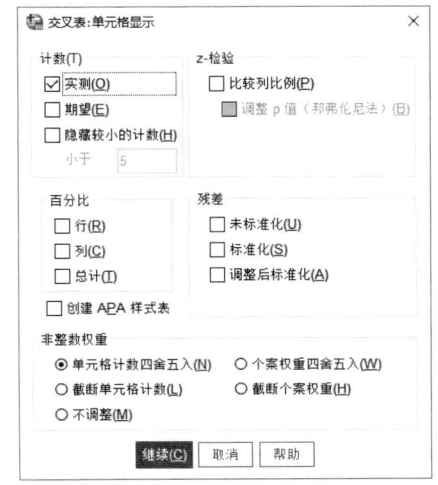

图 3-20 "交叉表:单元格显示"对话框

- 行：以行为单位，统计行变量的百分比。
- 列：以列为单位，统计列变量的百分比。
- 总计：行、列变量的百分比都进行输出。

③ "残差"选区：用于选择交叉表单元格中的残差显示格式，包括 3 个选项。
- 未标准化：残差为单元格中的观测值与预测值之差。
- 标准化：残差=(观测值-预测值)/ 观测值。
- 调整后标准化：残差=(观测值-预测值)/ 标准差。

④ "非整数权重"选区：用于当频数由于加权而变成小数时，有 5 种调整频数的方法。
- 单元格计数四舍五入：对频数进行四舍五入取整操作。
- 个案权重四舍五入：对加权样本在使用前进行四舍五入取整操作。
- 截断单元格计数：对频数进行取整操作。
- 截断个案权重：对加权样本在使用前进行取整操作。
- 不调整：不对计数数据进行调整。

本例中使用默认的"实测"及"单元格计数四舍五入"选项。

☞ 第 3 步 主要结果及分析。

在执行了以上操作后，运行结果如表 3-12～表 3-14 和图 3-21 所示。

（1）表 3-12 所示为个案处理摘要，给出了数据基本信息，包括参与分析的个案数、缺失信息等。在本例中，每个变量有 50 个个案参与分析，无缺失值。

表 3-12 个案处理摘要

	有效		缺失		总计	
	N	百分比	N	百分比	N	百分比
实验准备 * 评价结果	50	100.0%	0	0.0%	50	100.0%

（2）表 3-13 给出了数据的 3×3 交叉表，与原始数据在形式上基本一致。

表 3-13 数据的 3×3 交叉表（实验准备 * 评价结果交叉表）

		评价结果			总计
		差	一般	优	
实验准备	差	12	3	0	15
	一般	9	8	1	18
	准备充分	0	13	4	17
总计		21	24	5	50

（3）表 3-14 是行、列变量通过卡方检验给出的独立性检验结果，共使用了 3 种检验方法。表 3-14 中的注释主要用于决定选择何种卡方检验方法。从表 3-14 中可知，各种检验方法的显著性水平都远小于 0.05，即"实验准备与评价结果是独立的"不具有显著性，认为实验准备这一评价指标与评价结果是相关的。

表 3-14 独立性检验结果

	值	自由度	渐进显著性（双侧）
皮尔逊卡方	22.907[a]	4	<.001
似然比	29.897	4	<.001
线性关联	20.357	1	<.001
有效个案数	50		

a. 3 个单元格（33.3%）的期望计数小于 5，最小期望计数为 1.50。

在本例中，各类卡方检验的结果是一致的，因此避免了选择何种检验方法这一问题。在实际问题中，对于检验方法的选择是不能回避的。通常，交叉表中不应有期望频数小于 1 的单元格，或者不应有大量的期望频数小于 5 的单元格，如果交叉表中 20%以上的单元格的期望频数小于 5，则不宜使用皮尔逊卡方检验。从皮尔逊卡方统计量的数学定义中可知，如果期望频数偏小的单元格大量存在，那么皮尔逊卡方统计量无疑会存在偏大的趋势，会易于拒绝原假设。在这种情况下，可以采用似然比检验等方法进行修正。

（4）图 3-21 所示的各组状况的分组条形图相当于表 3-13 的直观表示，用图形表示可直观地进行各种情况的比较。

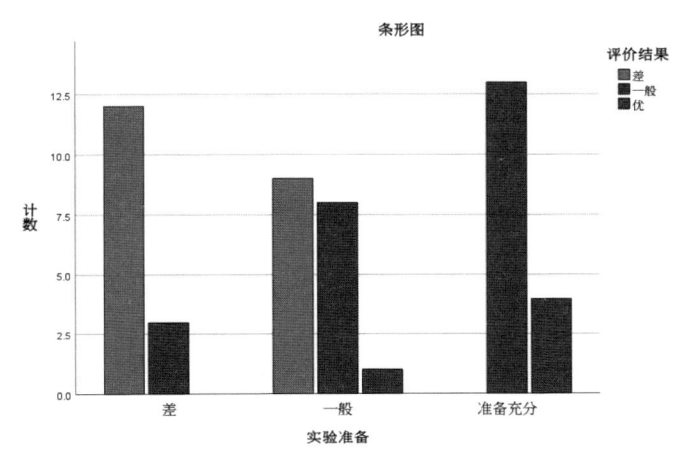

图 3-21　各组状况的分组条形图

3.6　多重响应分析

3.6.1　基本概念及统计原理

1. 基本概念

多重响应分析（多选项分析）是针对多选项问题的分析方法。多选项问题要求答案都是有序变量或名义变量，并且允许答案可以有多个。多选项问题在问卷调查中普遍存在，要求被调查者从问卷给出的若干可选答案中选择一个以上的答案。

例如，调查消费者拥有健身器材的种类，有如下选项：①踏步机；②划船机；③跑步机；④动感单车。

显然，该问题的可选答案有一个以上。通常，在 SPSS 中处理此类问题包括以下两个步骤。

（1）将多选项问题分解。
（2）利用频率分析或列联表分组下的频率分析方法进行分析。

2. 多重响应问题的分解方法

SPSS 变量中的每个变量值只能代表一个单选项的值，无法处理多选项问题中多个答案的问题，对于此类问题，SPSS 的处理方法是将一个多选项问题分解成若干问题，对应设置若干 SPSS 可识别的变量，分别存放描述这些问题的几个可能被选择的答案。这样，对一个多选项问题的分析就可以转化成对多个问题的分析，即对多个 SPSS 变量的分析。可见，多选项问题的分解在进行数据分析的过程中是非常关键的。

多选项问题的分解通常有以下两种方法。

(1) 多选项二分法 (Multiple Dichotomies Method)。

多选项二分法将多选项问题中的每个答案都视为一个 SPSS 变量,每个变量只取 0 或 1,分别表示选择该答案或没有选择该答案。

例如,对于前面提到的调查消费者拥有健身器材种类的例子,根据提供的答案,对应设置 4 个 SPSS 变量,其取值为 1 或 0,1 表示拥有该产品,0 表示没有该产品,具体如表 3-15 所示。

表 3-15 多选项二分法

SPSS 变量名	变量名标签	变量值
V1	踏步机	0/1
V2	划船机	0/1
V3	跑步机	0/1
V4	动感单车	0/1

如果消费者拥有踏步机和跑步机,则变量 V1 和 V3 的取值为 1,其余变量的取值为 0,经过这样的分解后,就为以后的统计分析做好了准备。

(2) 多选项分类法 (Multiple Category Method)。

多选项分类法分解的基本思想是先估计多选项问题最多可能出现的答案个数,然后为每个答案定义一个 SPSS 变量值,变量取值为多选项问题中的可选答案。

例如,某部门推选优秀人员,有 5 个候选人,分别为:①郑一;②王二;③张三;④李四;⑤赵五。

从这 5 个候选人中推选 3 个,可设置 3 个 SPSS 变量,分别表示优秀人选一、优秀人选二、优秀人选三,变量取值为 1~5,依次对应 5 个候选人,具体如表 3-16 所示。

表 3-16 多选项分类法

SPSS 变量名	变量名标签	变量值
V1	优秀人选一	1/2/3/4/5
V2	优秀人选二	1/2/3/4/5
V3	优秀人选三	1/2/3/4/5

如果某人推选了王二、李四、赵五,则表 3-16 中的 3 个变量的取值分别对应 2、4、5。

3.6.2 SPSS 实例分析

【例 3-5】 对 50 个消费者进行调查,调查其拥有健身器材的种类,有如下选项:①踏步机;②划船机;③跑步机;④动感单车。

可多选,试按性别统计消费者拥有各种健身器材的数量。(参见数据文件 data3-5.sav。)

这是一个多选项问题,按照处理多选项问题的方法来处理。

☞ 第 1 步 分解多选项问题,定义多重响应集。

(1) 分解多选项问题。

按照多选项二分法分解该多选项问题,表 3-17 所示为此多选项问题的二分法记录表,其中,"性别"选项 1 为男性,2 为女性;其他选项中的 1 表示拥有该产品,0 表示没有该产品。根据表 3-17 建立 SPSS 数据文件,所建立变量的标签与表 3-17 的表头相同,保存为文件 data3-5.sav。

表 3-17　二分法记录表（前 10 组数据）

编号	性别	踏步机	划船机	跑步机	动感单车
1	1	0	1	1	1
2	2	0	0	1	1
3	2	0	0	1	1
4	1	1	1	1	0
5	1	0	1	1	0
6	1	0	0	0	1
7	1	1	1	1	1
8	2	1	0	0	0
9	2	1	0	1	1
10	1	1	0	1	0

（2）定义多重响应集。

① 打开数据文件 data3-5.sav。

② 选择"分析"→"多重响应"→"定义变量集"选项，打开"定义多重响应集"对话框，按图 3-22 进行设置。

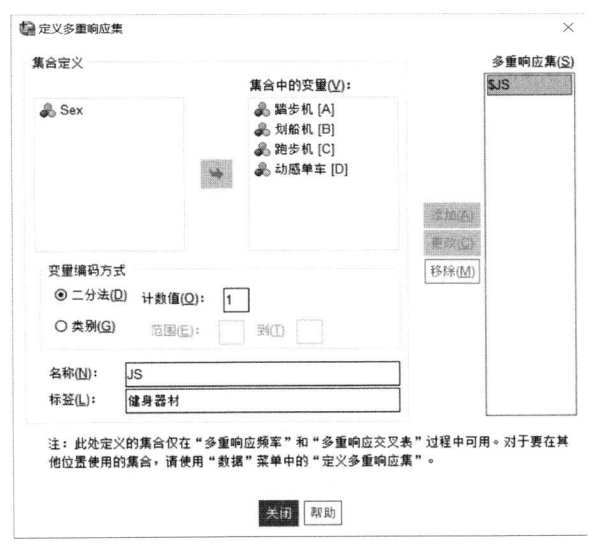

图 3-22　"定义多重响应集"对话框

该对话框主要包括以下几部分。

- 候选变量列表框：对话框中左侧的列表框，列出数据文件中的所有变量。
- "集合中的变量"列表框：用于存放要加入集合的变量；从候选变量列表框中选择要加入集合的变量，添加到"集合中的变量"列表框中。
- "变量编码方式"选区：用来选择变量分解方法。"二分法"选项表示只有两种分类，"类别"选项表示有多种分类。默认的变量分解方法为"二分法"。计数值表示后续将对哪组值（1 或 0）进行分析。
- "名称"文本框：为多重响应集命名。
- "标签"文本框：对多重响应集的变量名进行说明，该选项可选。

③ 做好以上准备后,"添加"按钮被激活,单击该按钮,将定义好的数据集添加到"多重响应集"列表框中,系统会自动在多重响应集的名称前加字符$。本例在该列表框中将出现名为"$JS"的多重响应集。

只有在定义好多重响应集以后,"分析"→"多重响应"的下级菜单"频率"和"交叉表"两项才能被激活,如图 3-23 所示。此两项功能分别表示多重响应下的频率分析及交叉表分析。

☞ 第 2 步 进行多重响应交叉分组下的交叉表分析。

选择"分析"→"多重响应"→"交叉表"选项,弹出"多重响应交叉表"对话框,按图 3-24 进行设置。

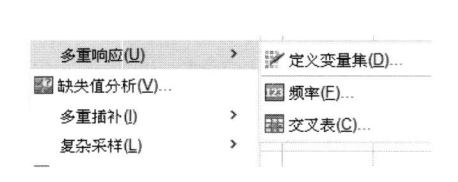

图 3-23 "多重响应"子菜单

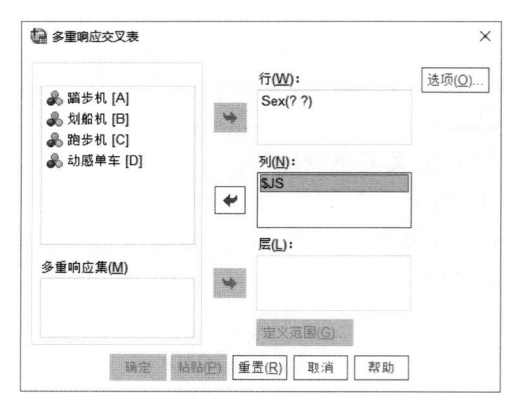

图 3-24 "多重响应交叉表"对话框

该对话框主要由以下几部分组成。

① 候选字段列表框:存放文件中的所有字段。

② "列"列表框:存放的是第 1 步中产生的多重响应集。选中"多重响应集"列表框中的"$JS"选项,单击"列"列表框旁边的向右的箭头按钮,将其添加到"列"列表框中。

③ "定义范围"按钮:设置非集合变量 Sex 的取值范围。

选中如图 3-24 所示的"行"列表框中设置好的变量"Sex(??)",单击图中的"定义范围"按钮,定义 Sex 变量的取值范围,在弹出的对话框中设定最小值为 1、最大值为 2。

④ "选项"按钮:设置交叉表的输出内容和计算方法。

☞ 第 3 步 主要结果及分析。

经过前两步的分析,运行结果如表 3-18 和表 3-19 所示。

(1) 表 3-18 是多重响应分析的个案摘要,给出了参与分析的个案数和缺失值的信息,在多重响应分析中,将个案值全部为 0 的个案认定为缺失值,即这种个案属于没有健身器材的个案,在本例中,有 4 个个案没有健身器材。

表 3-18 多重响应分析的个案摘要

	有效		缺失		总计	
	个案数	百分比	个案数	百分比	个案数	百分比
Sex*$JS	46	92.0%	4	8.0%	50	100.0%

(2) 表 3-19 是多重响应交叉表分析的结果表。从表 3-19 中可以看出,男性拥有健身器材的数量高于女性,在各种健身器材中,拥有跑步机的人数最多。

表 3-19 多重响应交叉表分析的结果表

| | | | 健身器材[a] | | | | 总计 |
			踏步机	划船机	跑步机	动感单车	
Sex	男	计数	16	16	24	13	30
	女	计数	10	6	14	8	16
总计		计数	26	22	38	21	46

百分比和总计基于响应者。
a. 使用了值 1 对二分组进行制表。

3.7 相关图形绘制

大量的统计数据显得纷繁复杂，研究者很难看出其中所蕴含的信息，而借助图表，研究者很容易看出图表所体现的数据的分布规律、发展趋势、数量多少和相互关系等信息。图表中包含的信息极多，因为大量数据都能被概括在图表中，并且一眼就能被理解。作图有两个主要目的：帮助研究者从数据中提取信息，把信息传给其他人。

SPSS 的制图功能很强，可以绘制许多种统计图形，包括条形图、线图、饼图、箱图、直方图及三维图等，这些图形可以由各种统计分析过程生成，也可以直接由图形菜单中所包含的一系列图形过程直接生成。

利用 SPSS 绘制图形一般有如下步骤。
（1）建立数据文件，在数据窗口录入数据，或者从其他数据文件中读取数据。
（2）利用 SPSS 的图形模块或其他过程生成图形。
（3）编辑修饰生成的图形，新生成的图形往往不符合统计图要求，如图形题目、标尺的单位等，可对其做调整修饰。

3.7.1 图表构建器的基本操作

使用图表构建器创建图表是 SPSS 制作图形的一种操作方式，该方式使用预览模式，通过图库或基本元素设计图表，用户所见即所得，可以提高创建图形的效率，减少一些不可预见的错误。

为介绍使用图表构建器创建图表的操作方法，下面以创建条形图为例来演示，其他类型图表创建的创建方法与之类似，只需按照图表的统计学意义设置相应选项即可。

【例 3-6】 表 3-20 是国民经济与社会发展总量指标中第一、二、三产业在几年中的产值，试绘制条形图来对比几年中国民经济与社会发展总量指标中各产业产值的发展趋势及比重。（参见数据文件 data3-6.sav。）

表 3-20 国民经济与社会发展总量指标　　　　　　　　　　　　　　　　单位：亿元

指标	1978 年	1990 年	2000 年	2006 年	2007 年
第一产业	1027.5	5062.0	14944.7	24040.0	28095.0
第二产业	1745.2	7717.4	45555.9	103162.0	121381.3
第三产业	872.5	5888.4	38714.0	84721.4	100053.5

创建条形图的具体步骤如下。

☞ 第 1 步 数据组织。

建立数据文件，定义 3 个变量："指标""年份""指标值"。整理后的数据保存为数据文件 data3-6.sav。

☞ 第 2 步 打开"图表构建器"对话框。

选择"图形"→"图表构建器"选项，弹出如图 3-25 所示的对话框，提示用户正确设置数据类型。单击"定义变量属性"按钮，弹出"定义变量属性"对话框，用于设置变量的度量尺度。勾选"图表构建器"对话框中的"不再显示此对话框"复选框，表示以后在选择图表构建器时，将不会再出现该对话框。

单击图 3-25 中的"确定"按钮进行图表定义，弹出如图 3-26 所示的对话框，该对话框由以下几部分组成。

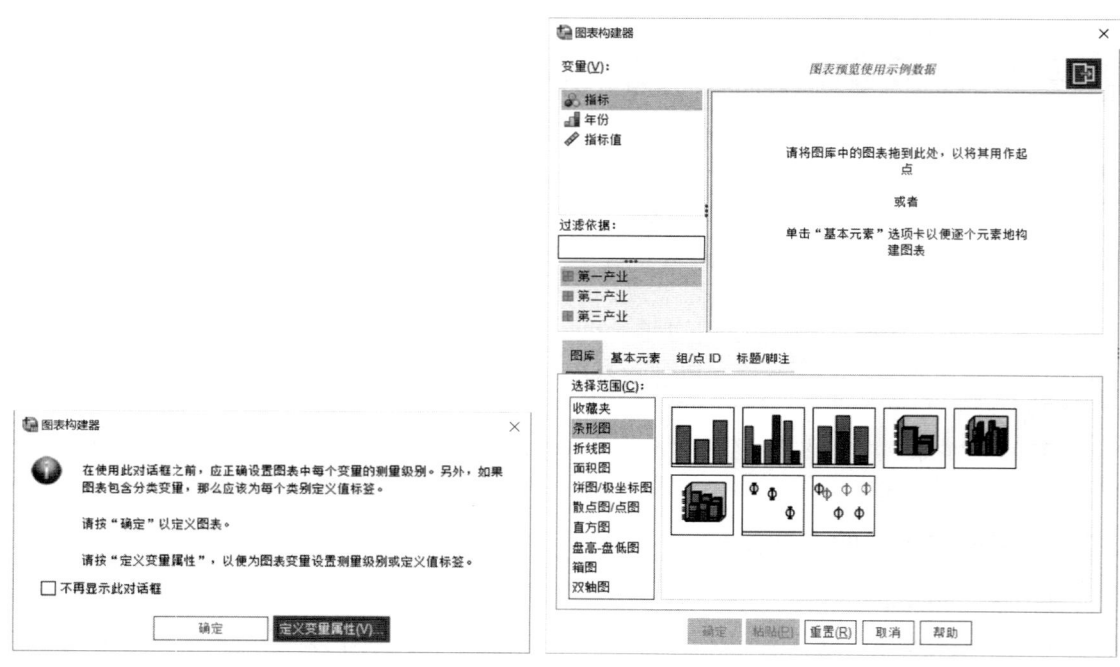

图 3-25　"图表构建器"对话框

图 3-26　图表构建器设置对话框

① "变量"列表框：如果所选的变量为分类变量，则其类别列表中会显示该变量的已定义类别。右击"变量"列表框中的某一变量，可以临时更改其测量级别、排序规则、显示变量名称或标签名称。

② 画布：对话框的右侧空白区域，是生成和预览图表的区域。需要注意的是，画布里的图表不是数据视图里的数据，而是随机产生的数据。

③ "图库"选项卡：预定义了各种常见类型图表，或者用户收藏的图表，是常用、高效的作图选择。图库里有条形图、折线图、面积图、饼图/极坐标图、直方图、箱图、双轴图等类别，每一类别又包含了多种图表，通过双击或拖曳操作，可将图表放置在画布中，供用户进一步添加轴变量或分类变量。

④ "基本元素"选项卡：当"图库"选项卡提供的图表不能满足用户的特殊需求时，"基本元素"选项卡中提供了最基本的图表元素，如图 3-27 所示，包括一维、二维、三维坐标轴，

极坐标轴，双纵轴坐标轴等，以及点、条、线、区、箱图等元素。

⑤ "组/点 ID"选项卡：如图 3-28 所示，该选项卡对变量进行聚类/分组设置、行/列面板变量设置及总 ID 标签指定等。行/列面板变量设置就是在行/列上展示多个图表，以便进行对比。

图 3-27 "基本元素"选项卡　　　　　图 3-28 "组/点 ID"选项卡

⑥ "标题/脚注"选项卡：如图 3-29 所示，该选项卡对图表进行各级标题、子标题和脚注的设置。

⑦ 元素属性：单击画布上方"展开侧面板"按钮，打开"元素属性"面板，如图 3-30 所示。当最初从图库或基本元素中将图表放入画布中时，"元素属性"面板也会自动打开。在该面板中对图表元素（轴、条、线等）的属性进行设置，如统计量、标签、排序、样式等。

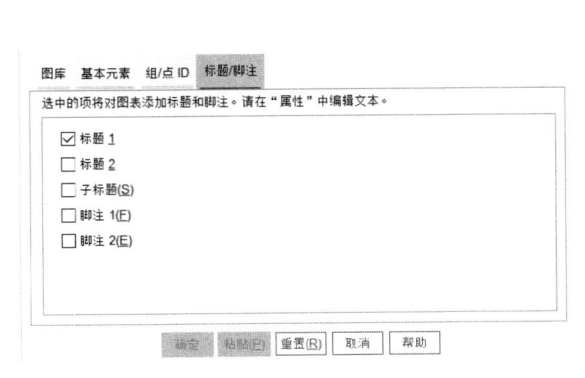

图 3-29 "标题/脚注"选项卡　　　　　图 3-30 "元素属性"面板

☞ 第 3 步　选择图库。

选择图 3-26 中的"图库"选项卡，单击"条形图"类别中的第二项"群集条形图"图标，或者直接将"群集条形图"图标拖到画布区域。图库中的每种图表都是预定义的由基本元素组成的集合体，因此通过"基本元素"选项卡同样可以创建各种图表，而且它比"图库"选项卡更灵活，但通过"图库"选项卡创建图表的速度更快、更简便。

☞ 第 4 步 设置图表变量。

尽管画布上有图表，但图表并不完整，因为没有变量或统计量来控制条形的高度，以及指定每个条形对应的变量类别。图表中需要设置变量和统计量。

本例要分析的是几年的产业值比较，因此应按"年份"分类，在"变量"列表框中选择"年份"变量，将其拖到画布中"X 轴"蓝色虚线框中，作为条形图的 X 轴，并作为分类变量。

因为要比较产业值，所以条形图条形的高度（Y 轴）就是产业的指标值，故将"指标值"变量拖到"计数"蓝色虚线框中（当 X 轴确定后，Y 轴默认统计量为"计数"，当放入具体变量时，系统会根据变量的度量尺度自动设置一个统计量）。

由于每年又有不同指标的统计值，所以将"指标"变量作为复合分类变量，即在"年份"分类的基础上再做分类，将"指标"变量拖放到画布右上角的"X 轴上的聚类：设置颜色"蓝色虚线框中。复合分类元素还可以通过"组/点 ID"选项卡来添加或取消。

☞ 第 5 步 设置元素属性。

图表及变量设置好后，由于各图表元素属性都是系统默认值，所以还要根据图表实际需求来修改元素属性，如统计量、图形样式、排序方式、刻度类型等。选择需要编辑的元素，对于不同类别的元素，对话框下面显示不同的属性值或选项。

本例元素属性全部采用默认值，不做修改。

☞ 第 6 步 设置标题。

到目前为止，图表基本设置完毕，有了坐标及坐标标题、分类标题等，但为了帮助用户理解图表，增强图表的描述语言功能，还可以增加图表的标题和脚注。选择图表构建器设置对话框中的"标题/脚注"选项卡，先根据需要选中相应的标题或脚注，然后在"元素属性"面板中选择相应的元素，设置文本内容，单击"应用"按钮。

本例选中"标题 1"复选框，设置文本内容为"第一、二、三产业各年产值比较图"。

☞ 第 7 步 运行结果及说明。

单击图 3-26 中的"确定"按钮，完成条形图的绘制，得到如图 3-31 所示的结果。

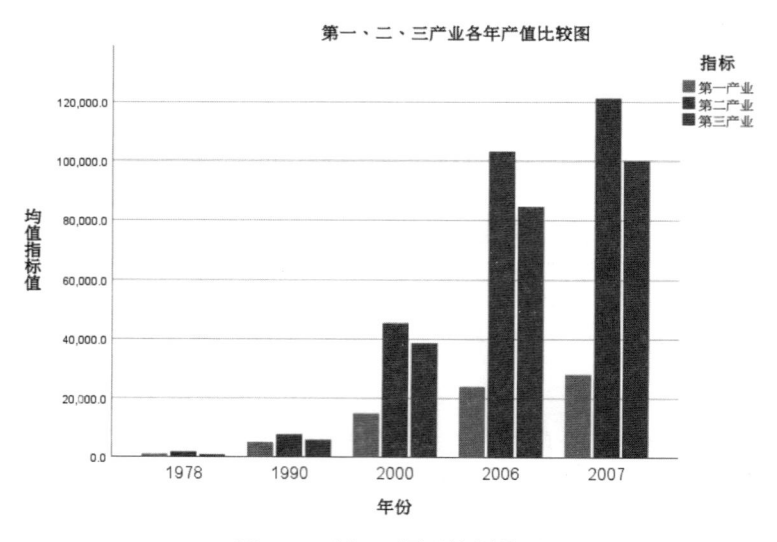

图 3-31 例 3-6 图形绘制结果

3.7.2 常见图形的创建和编辑

SPSS 的 "图形" 菜单除提供了图表构建器来创建图形外，还提供了另外的方式创建图形，该方式将每类图形的创建对应于一个菜单项，通过菜单项打开对应的对话框，进行图形子类、参数和选项等的设置，创建相应的图形，如条形图、折线图等，选择对应的图形模板即可创建对应的图形。同用图表构建器创建图形的方式相比，该方式缺少直观性，但可以通过对生成图形的进一步编辑得到改进。

"图形" 菜单中提供的统计图形有很多种，包括条形图、折线图、饼图、箱图、直方图及三维图等，每种图形的创建方法大同小异，关键是理解每种统计图形的统计学意义，因此，本节采用综合案例的形式来介绍图形的创建和编辑。

【例 3-7】 对大学生网络使用情况进行调查，调查所得部分数据如表 3-21 所示，分别用条形图和三维条形图绘制大学生最常用的上网方式全方位比较图。（参见数据文件 data3-7.sav。）

表 3-21 大学生网络使用情况调查数据（部分）

编号	性别	年龄	学院	年级	方式
1	1	19	1	3	1
2	2	20	3	1	1
3	1	19	2	1	1
4	2	22	5	1	1
5	2	20	2	4	3
6	2	20	1	4	2
7	2	21	5	2	2
⋮	⋮	⋮	⋮	⋮	⋮
99	2	22	5	3	3
100	1	23	5	2	1

调查数据中各变量的值标签如表 3-22 所示。

表 3-22 各变量的值标签

变量	值标签	变量	值标签
性别	1—男 2—女	年级	1—大一 2—大二 3—大三 4—大四
学院	1—经管学院 2—通信学院 3—计算机学院 4—外语学院 5—其他	方式	1—手机 2—局域网 3—宽带 4—其他

三维条形图允许用户绘制具有两个分类轴的条形图。例如，不同性别和学历的人员的收入水平可以表示在一个三维条形图中，其中性别和学历可以作为两分类变量，而相应人群的平均收入水平作为条形图中条形的大小。

创建大学生最常用的上网方式全方位比较三维条形图的步骤如下。

☞ 第 1 步 数据组织。

建立数据文件，定义 6 个变量，分别为 "编号"、"性别"、"年龄"、"学院"、"年级" 和 "方式",并按照表 3-22 建立各变量的值标签。

☞ 第 2 步 打开"三维条形图"对话框。

选择"图形"→"三维条形图"选项,弹出如图 3-32 所示的对话框,该对话框提供了两个选区:"X 轴表示"选区中给出了横轴模式的 3 个选项,"Z 轴表示"选区给出了相同的 3 个选项,分别在两个选区中选择相应模式即可组成不同的三维条形图类型。本例中均选择默认的"个案组"模式。

☞ 第 3 步 确定分类变量。

单击图 3-32 中的"定义"按钮,弹出如图 3-33 所示的"定义三维条形图:个案组摘要"对话框,按照图中所示设置分类变量和堆积/聚类依据,生成如图 3-34 所示的三维条形图。

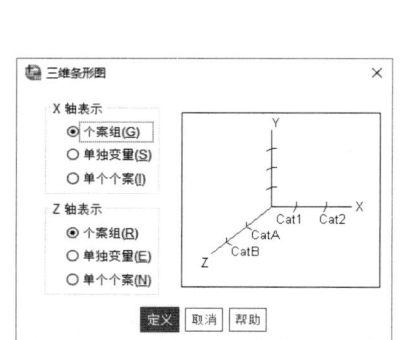

图 3-32　"三维条形图"对话框　　　　图 3-33　"定义三维条形图:个案组摘要"对话框

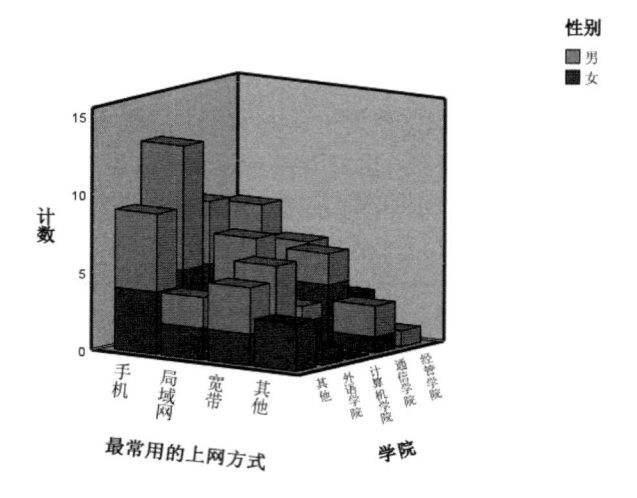

图 3-34　大学生最常用的上网方式三维条形图

第 3 章　描述统计与图形绘制

本例中的三维条形图用"最常用的上网方式"和"学院"两个变量作为分类变量，用"最常用的上网方式"的计数值为条形的高度，同时用"性别"变量为分类堆积条形图。图 3-34 可以从 3 个维度反映不同学院、不同性别的大学生最常用的上网方式。

创建大学生最常用的上网方式全方位比较条形图的步骤如下。

☞ 第 1 步　数据组织。

同创建三维条形图的数据组织相同。

☞ 第 2 步　打开"条形图"对话框。

选择"图形"→"条形图"选项，弹出如图 3-35 所示的"条形图"对话框，选择"简单"条形图，图表中的数据为"个案组摘要"。

☞ 第 3 步　设置类别轴和面板数据。

单击图 3-35 中的"定义"按钮，弹出如图 3-36 所示的"定义简单条形图:个案组摘要"对话框，按照图中所示设置类别变量和面板划分依据，得到如图 3-37 所示的图形。

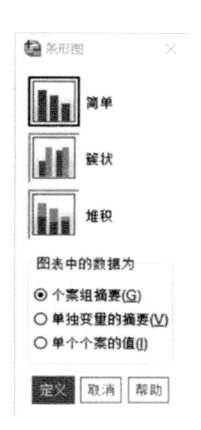

图 3-35　"条形图"对话框

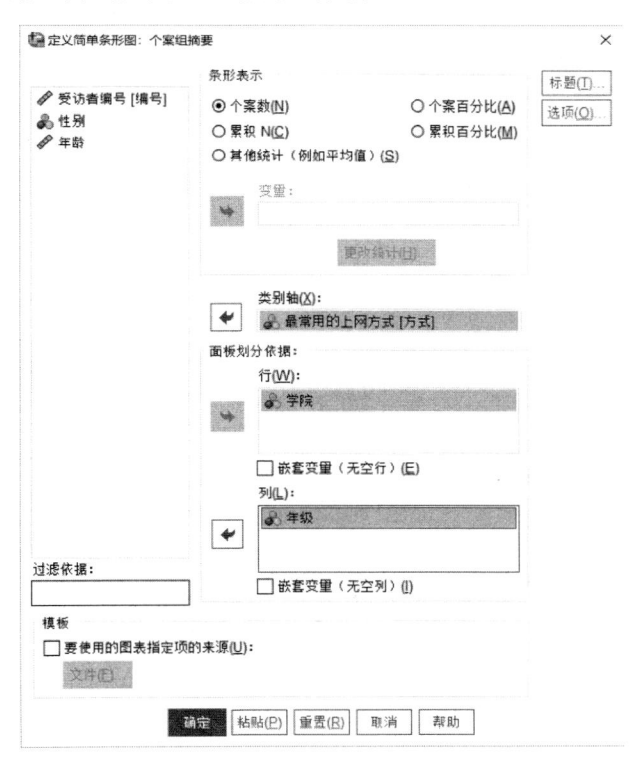

图 3-36　"定义简单条形图:个案组摘要"对话框

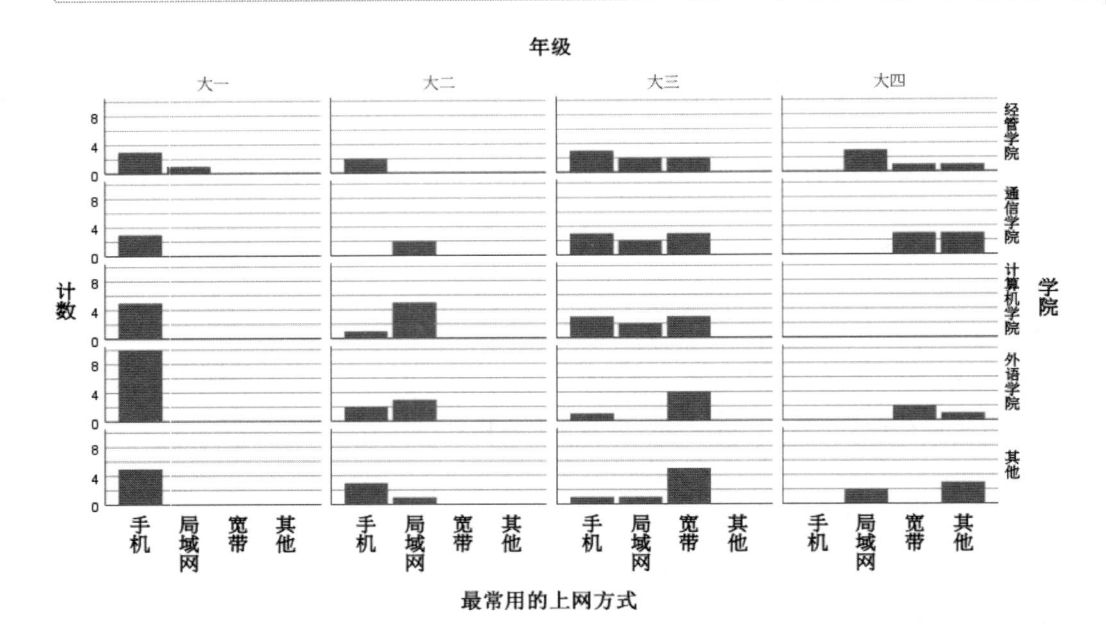

图 3-37 大学生最常用的上网方式简单条形图

图 3-37 是简单条形图的绘制结果,但在绘制简单条形图时,设置了行、列面板值,"学院"作为行面板值,"年级"作为列面板值,增加了两个维度来绘制条形图,可以更直观地反映不同学院、不同年级大学生上网方式的情况。

【例 3-8】 表 3-23 是北京、哈尔滨、广州 3 座城市 1～12 月的气温统计数据,请绘制 3 座城市的气温变化折线图。(参见数据文件 data3-8.sav。)

表 3-23 1～12 月城市气温统计表   单位:℃

月份	北京	哈尔滨	广州
1	-1.6	-20.5	15.4
2	0.8	-13.5	15.3
3	5.6	-4.7	16.66
4	17.3	8.7	24.3
5	21	14.3	27.2
6	26.8	22.3	27.7
7	27.7	24.1	28.4
8	26.5	22	28.2
9	21.1	15.4	27.4
10	14.1	6.6	24.4
11	6.4	-2.4	22.4
12	-1.4	-15.9	17.2

创建折线图的步骤如下。

☞ 第 1 步 数据组织。

根据表 3-23 中的数据定义 4 个变量,分别为"月份"、"北京"、"哈尔滨"和"广州",并录入表中数据。

☞ 第 2 步 打开"折线图"对话框。

选择"图形"→"折线图"选项，弹出如图 3-38 所示的对话框，由于要绘制 3 座城市的气温变化折线图，因此图形类型选择"多线"；根据数据组织的形式，本例图表中的数据应为"单独变量的摘要"。

☞ 第 3 步 定义多折线图。

单击图 3-38 中的"定义"按钮，弹出如图 3-39 所示的"定义多线折线图:单独变量的摘要"对话框，按照图中所示设置类别轴和折线表示，生成如图 3-40 所示的 3 座城市的气温变化折线图。

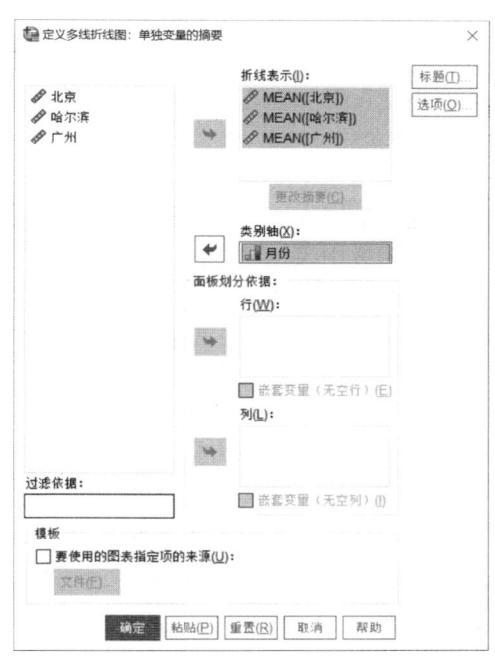

图 3-38 "折线图"对话框　　　　图 3-39 "定义多折线图:单独变量的摘要"对话框

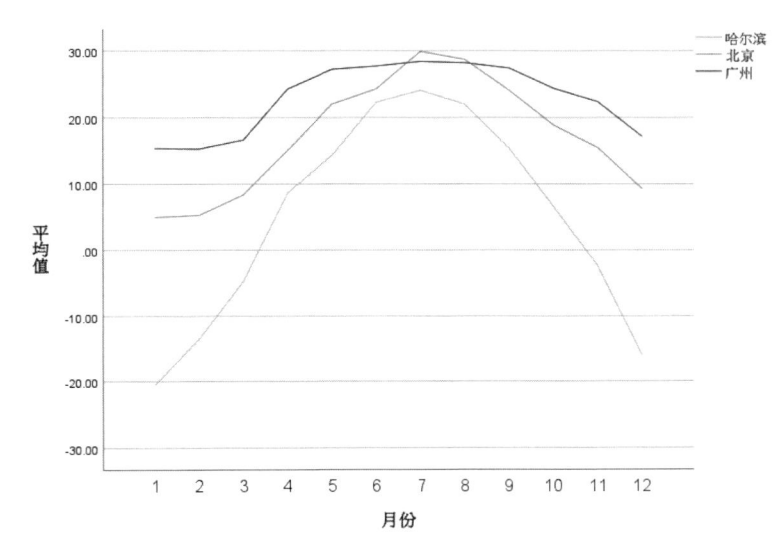

图 3-40 3 座城市的气温变化折线图

☞ 第 4 步 编辑生成的图形。

通常，按照以上设置生成的图形为默认格式的图形，如果需要修改图形的格式，如改变填充颜色、增加标题、调整坐标轴格式等，就需要对图形做进一步的编辑。在生成图形的输出文件中，双击要编辑的图形，弹出图表编辑器。

在该图表编辑器中，常用的编辑功能如下。

（1）更改图表的外观。

首先，在修改图表中的任何元素之前，都必须先选择这些元素。选择图表元素主要通过单击来完成，有时需要多次单击，逐次缩小选择范围来完成，也可以通过菜单来完成。除此之外，用 Tab 键进行轮换选择，用 Ctrl 键+鼠标进行多个元素的选择等也能实现图表元素的选择。

其次，在选择某个元素后，可弹出对应元素的"属性"面板，在该面板中对该元素的所有可用选项进行设置。更改图表的外观包括很多繁杂的项目：文本的内容、大小、字体、颜色和布局；填充和边框样式，如外框、数据框、图注框、文本框与条形图的线宽和边框样式；标记样式，如数据标记（点）的形状及其大小、颜色、边框宽度；各种线、条、饼等图形元素的样式，轴标题、刻度标记和刻度标记标签；网格线、数字、日期格式等。

（2）在图表中添加和更改文本。

在图表中添加的文本包括文本框、标题、脚注、注释、数据标签等，前 4 项主要通过"选项"菜单和工具栏来完成，其菜单项和工具栏按钮都相邻放着。当添加这 4 种对象时，光标会在默认文本中闪烁，此时就可以直接输入文本。如果要输入多行文本，则可用 Shift+Enter 组合键换行。数据标签由"元素"菜单下的"显示数据标签"选项进行添加和取消。

按照上述编辑图表的方法，对图 3-40 中的图形进行编辑。这里做了以下几方面的编辑：取消图表的网格线；修改折线的粗细和线型，一些折线用实线表示，一些折线用虚线表示；显示哈尔滨气温变化折线图的数据标签。

经过编辑后，得到如图 3-41 所示的折线图，该图形较默认生成的图形更美观，图形的数据表现力更强。

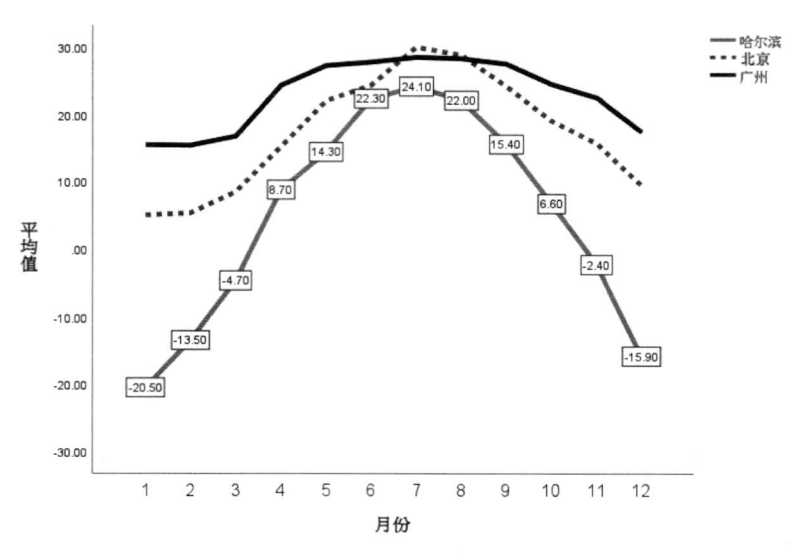

图 3-41　修改后的折线图

3.8 典型案例

3.8.1 城市平均气温基本特征分析

为了研究城市平均气温的基本特征，现记录了天津及济南两座城市一年的平均气温，数据中有 24 个观测样本，分别代表两座城市的 12 个月；有 3 个属性变量，分别为 Month（月份）、Tj（天津）、Jn（济南），具体数据如表 3-24 所示。（参见数据文件 data3-9.sav。）

案例分析：要了解一批数据的基本特征，可以从这批数据的离散趋势、集中趋势及分布形态入手，现研究两座城市平均气温的基本特征，可以分别求出每座城市的平均气温、众数、最大值、最小值、方差、标准差、峰度、偏度等，通过对天津及济南对应的数据分别进行频率分析、描述性分析或探索性分析。

表 3-24 天津、济南两座城市各月的平均气温　　　　　　　　　单位：℃

Month（月份）	Tj（天津）	Jn（济南）
1	-2.8	0.0
2	3.3	7.0
3	5.9	8.8
4	14.7	16.0
5	22.0	23.3
6	25.8	26.2
7	27.2	26.6
8	26.4	25.4
9	22.1	21.8
10	13.2	14.7
11	5.6	8.3
12	0	2.3

3.8.2 商场电视品牌满意度调查

为了掌握各品牌电视的客户认知状况，某商场对 6 种品牌的电视进行消费者满意度调查，随机调查了 20 位消费者，让他们选出 3 种最满意的电视品牌，具体数据如表 3-25 所示，答案中的 1~6 分别代表康佳、长虹、索尼、TCL、东芝、创维 6 种品牌。（参见数据文件 data3-10.sav。）

案例分析：本案例是对最满意电视品牌问题的调查，数据文件 data3-10.sav 中问题的答案都是名义变量，并且选择的答案有 3 个，是一个多选项问题，因此采取多重响应分析；本案例的数据组织形式采用 3.6.1 节中的多选项分类法。

首先定义多重响应集，将答案 1、答案 2、答案 3 定义为一个多重响应集；然后进行多重响应分析中的频率分析，分析出每种品牌被选择的频率及其在所有选择中所占的百分比；最后采用多重响应分析中的交叉表分析得出不同性别的消费者对不同电视品牌的选择情况。

表 3-25 20 位消费者电视品牌满意度调查情况

ID	答案1	答案2	答案3	性别	ID	答案1	答案2	答案3	性别
1	1	5	3	1	11	3	1	2	0
2	1	3	4	0	12	3	6	1	1
3	4	5	6	0	13	3	2	4	1
4	1	4	3	0	14	4	3	1	0
5	1	4	6	0	15	6	3	4	0
6	3	4	5	1	16	2	3	1	0
7	2	3	4	1	17	2	1	3	0
8	5	6	1	1	18	2	3	3	1
9	5	3	4	0	19	3	2	4	1
10	4	2	3	0	20	2	1	4	1

3.9 思考与练习

1．打开数据文件 data3-11.sav，完成以下统计分析。

（1）计算各科成绩的描述统计量：平均成绩、中位数、众数、标准差、方差、极差、最大值和最小值。

（2）生成一个新变量"成绩段"，其值为各科成绩的分段：90～100 分为 1，80～89 分为 2，70～79 分为 3，60～69 分为 4，60 分以下为 5，其值标签为 1—优，2—良，3—中，4—及格，5—不及格。分段以后进行频数分析，统计各分数段的人数，并生成条形图和饼图。

2．打开数据文件 data3-12.sav，完成以下统计分析。

（1）对身高进行考察，分析四分位数，并生成茎叶图和箱图。

（2）考察身高、体重和胸围的正态性。

3．表 3-26 是对吸烟与患气管炎的调查表，试分析吸烟与患气管炎之间的关系。（用交叉列联表分析，参见数据文件 data3-13.sav。）

表 3-26 吸烟人群健康状况调查表

是否吸烟	是否患气管炎	人数
是	患病	43
是	健康	162
否	患病	13
否	健康	121

4．为分析某中学学生填报志愿的倾向，设计了一道问卷调查题，每名学生可填报 3 个志愿，请按顺序依次选择打算报考的大学：

第一志愿

第二志愿

第三志愿

①北京大学 ②清华大学 ③复旦大学 ④中国人民大学 ⑤北京交通大学 ⑥四川大学

问卷调查的结果存放在 SPSS 数据文件 data3-14.sav 中，按如下要求进行统计分析。

（1）对第一、二、三志愿填报情况进行统计分析。

（2）对各学校填报志愿的情况进行统计分析，包括人数、百分比等。

5．打开数据文件 data3-15.sav，按以下要求进行操作。

（1）对变量"资讯1"～"资讯5"进行多重响应集的频率分析。

（2）对"性别"与"资讯"变量进行交叉列联分析。

6．表 3-27 是各地区某年人口数及人口自然变动情况，根据表中的数据在 SPSS 中绘制如下图形。（参见数据文件 data3-16.sav。）

（1）各地区人口的出生率、死亡率对比复式条形图。

（2）各地区人口的自然增长率折线图。

（3）各地区的年末人口饼图。

表 3-27　各地区某年人口数及人口自然变动情况

地区	出生率（‰）	死亡率（‰）	自然增长率（‰）	年末人口（万人）
北京	6.26	4.97	1.29	1581
天津	7.67	6.07	1.60	1075
河北	12.82	6.59	6.23	6898
山西	11.48	5.73	5.75	3375
内蒙古	9.87	5.91	3.96	2397

第 4 章　均值比较与 T 检验

在学习本章之前，需要先理解统计学中推断统计、参数估计和假设检验等的相关概念。

统计学中常用的统计方法分为描述统计和推断统计两大类。描述统计仅仅针对样本数据进行处理，而推断统计则要从样本数据出发推断其总体特征。如果掌握了所研究总体的全部数据，那么只需做一些简单的统计描述，就可得到有关总体的数据特征，如方差、总体均值等，但在现实情况中，很多时候不可能或不必对总体中的每个单位都进行测定，此时就需要从总体中抽取一部分单位进行测定，通过样本提供的信息对总体特征进行推断。

利用样本数据对总体特征进行推断通常有以下两种情况。

（1）在总体分布已知（如总体为正态分布）的情况下，对总体包含的参数进行推断的问题称为参数检验。通常，当样本量很大时，由中心极限定理可知，样本均数的抽样分布仍然是正态的，因此研究者很少考虑参数检验的适用条件。

（2）在总体分布未知的情况下，根据样本数据对总体的分布形式或特征进行推断，通常采用的统计推断方法是非参数检验方法，这部分内容将在第 5 章进行介绍。

对总体特征进行推断一般采用参数估计和假设检验两种方式来实现。例如，对储户一次取钱的金额进行测定，得到一批数据，由此求出储户一次取钱的平均金额，这就是参数估计问题。经过长期积累，知道了储户一次取钱金额的平均值和标准差，现在对某一储蓄点某天的取钱次数及每次取钱的金额进行监控，又得到一批数据。比较该储蓄点当天一次取钱的平均金额与已知的储户一次取钱金额的平均值是否有显著性差异，这就是假设检验的均值比较问题。假设检验的基本思路是先对总体特征做出某种假设，然后利用样本提供的信息判断前面提出的假设是否成立，应该拒绝还是接受。参数估计和假设检验两者关系较为密切，在 SPSS 中，两者的结果常常会在输出窗口中同时给出。

在统计分析中，经常需要对两个总体的样本进行均值比较，从而推断总体存在的差异。在 SPSS 29 中，主要用 T 检验的方法来对两个样本进行比较。T 检验属于参数检验，要求样本来自的总体服从正态分布。T 检验的方法都包含在"分析"菜单的"比较平均值和比例"子菜单中。

（1）均值：计算各种基本描述统计量。

（2）单样本 T 检验：检验单个变量的均值与假设检验值之间是否存在差异。

（3）独立样本 T 检验：检验两个来自独立总体的样本的均值是否存在显著性差异。

（4）成对样本 T 检验：检验两个相关的样本是否来自具有相同均值的总体。

（5）单因素 ANOVA 检验：推断控制变量的不同水平对观测变量是否有显著性影响，这将在第 6 章中介绍。

4.1 假设检验

在做均值比较及后续章节的各种统计分析之前，必须要理解假设检验的原理，这里对其做进一步的介绍。假设检验也叫"显著性检验"(Test of Statistical Significance)，是统计学中根据一定的假设条件，由样本推断总体的一种方法。具体做法：先对所研究的总体做出某种假设，然后通过抽样研究推断出应该对此假设做出拒绝还是接受的结论。

4.1.1 基本概念及统计原理

对于假设检验，如果样本数据不能充分证明和支持假设的成立，则在一定的概率条件下，应拒绝该假设；反之，如果样本数据不能充分证明和支持假设是不成立的，则不能推翻该假设。

假设检验涉及的几个概念如下。

1. 统计假设

要做出某些决策，常常要对总体先做出某些假设，这些假设可能正确也可能不正确，称为统计假设。它们一般是关于总体概率分布的某些陈述。

统计假设包括原假设和备择假设。

原假设：被检验的假设，通过检验可能被接受，也可能被拒绝。例如，若要判断一个质量均匀的正常硬币抛出后为正面和反面的概率是否相同，则假设概率是相同的（$P=0.5$，其中 P 是正面出现的概率）。类似地，如果要判断一种方法是否优于其他方法，则假设两种方法之间没有差异。这样的假设通常称为原假设或零假设，记为 H_0。

备择假设：H_0 对应的假设，只有在原假设被拒绝后才可接受的假设，无充分理由是不能接受的。任何不同于原假设的假设都称为备择假设。例如，若原假设是 $P=0.5$，则备择假设是 $P \neq 0.5$。备择假设记为 H_1。

原假设与备择假设相互排斥，且同时只有一个正确。

拒绝域、临界点：当检验统计量取某个区域中的值时，拒绝原假设，称该取值区域为拒绝域，称拒绝域的边界点为临界点。

2. 假设检验的两类错误

（1）第一类错误：在假设检验中拒绝了本来正确的原假设。

H_0 本身是成立的，但通过检验拒绝了它，称这类错误为 α 错误或第一类错误，即当原假设正确时却认为它错了，拒绝了原假设，也称为"弃真"错误。

（2）第二类错误：在假设检验中没有拒绝错误的原假设。

H_0 本身是不成立的，但通过检验接受了它，这就犯了另一类错误，称为 β 错误或第二类错误，也称为"取伪"错误。

3. 显著性水平与置信水平

在做假设检验时，可以接受的犯第一类错误的最大概率称为检验的显著性水平，这个概率常记为 α。显著性水平 α 对假设检验的结论有直接影响，通常抽样前就指定好，只有这样，得到的结果才不会影响我们的选择。$1-\alpha$ 为置信度或置信水平。

在实际问题中，显著性水平可以有多种选择，最普通的是 0.05 或 0.01。到底选择哪个显著性水平，应根据试验的要求或试验结论的重要性而定。如果试验中对精度的要求较高或试验结论的应用事关重大，如药物的毒性试验，则所选显著性水平应高些，即 α 值应小些。例如，如果设计一个决策法则选择的显著性水平是 0.05（5%），那么在 100 次中可能有 5 次机会使我们拒绝本该接受的假设，即大约有 95%的把握做出正确的决策。此时，拒绝原假设的显著性水平为 0.05，即犯第一类错误的概率是 0.05。

4．概率 P 值

概率 P 值是当原假设正确时，观测到的样本信息出现的概率。如果这个概率很小，以至于几乎不可能在原假设正确时出现目前的观测数据，就拒绝原假设。概率 P 值越小，拒绝原假设的理由就越充分。但怎样的概率 P 值才算"小"呢？通常是与预先设定的显著性水平 α 值进行比较，若 α 值为 0.05，则当概率 P 值小于 0.05 时，认为该概率值足够小，可以理解为原假设很不"显著"，应拒绝原假设。在 SPSS 的统计结果中，"显著性"列的值就是统计出的概率 P 值。

5．单侧检验与双侧检验

（1）单侧检验也称单尾检验，是指当要检验的是样本所取自的总体的参数值大于或小于某个特定值时采用的一种单方面的统计检验方法。

单侧检验包括左单侧检验和右单侧检验。如果所要检验的是样本所取自的总体的参数值大于某个特定值的情况，则采用右单侧检验。

（2）双侧检验也称双尾检验，是指当统计分析的目的是检验样本平均数和总体平均数，或者样本成数（样本中满足某个条件的样本数与样本总数的比）与总体成数是否存在显著性差异，而不问差异的方向是正差还是负差时采用的一种统计检验方法。

应根据实际问题选择单侧检验或双侧检验。应该用单侧检验的问题若使用了双侧检验，则其结果可能是结论由"显著"变为"不显著"，也可能增大 β 错误；而应该用双侧检验的问题若使用了单侧检验，则会使无方向性的问题变为错误的单方向问题。

4.1.2 小概率原理

在概率论中，把发生概率接近 0 的事件称为小概率事件（在大量重复试验中出现的频率非常低）。日常生活中的小概率事件是非常多的，如买彩票中大奖、雷电伤人等。虽然小概率事件发生的概率很小，但是一旦发生，常具有很大的影响力，因此小概率事件是不可忽视的。统计学上一般把 $P \leqslant 0.01$ 或 $P \leqslant 0.05$ 的事件（事件发生的概率在 0.01 以下或 0.05 以下的事件）称为小概率事件，将 0.05 或 0.01 这两个阈值称为小概率标准。对于某些一旦发生后果特别严重的小概率事件，其阈值需要选得更小。

设 H_0 为原假设，H_1 为与原假设对立的备择假设（对立假设），构造一个随机事件 A，当原假设成立时，随机事件 A 以很小的概率发生，事件 A 称为小概率事件。

在统计学中，把小概率事件看作在一次特定的抽样中不可能发生的事件，称为"小概率原理"。这是统计学中进行假设检验（显著性检验）的基本依据。根据这一原理，如果某事件在理论上被认为在原假设成立的情况下是个小概率事件，它不会发生，而在实际中发生了，就推翻原假设，即认为原假设不成立，从而接受备择假设。这个原理要在抽样理论的基础上进行理解，为了更好地理解假设检验的问题，举个例子来说明：某人声称一个口袋里的 20 个乒乓球中，有红球 10 个和白球 10 个，另一个人为了检验这种说法的正确性，便从口袋中随机抽取 10 个乒乓球，发现有 2 个红球和 8 个白球。请根据随机抽取结果检验口袋里是否有红球和白球各 10 个。

首先，提出原假设与备择假设。由题目可知，原假设 H_0 为口袋中红球和白球各 10 个。显然，备择假设是红球和白球的个数不相等。其次，计算概率 P 值，即当原假设为真时，随机抽样事件发生的概率值。在本例中，如果红球和白球各 10 个，则从中抽取 2 个红球和 8 个白球的概率为 $P = C_{10}^2 C_{10}^8 / C_{20}^{10} = 0.01096$。最后，给定显著性水平，做出统计决策。给定显著性水平 $\alpha = 0.05$，由于 $P < 0.05$，所以应拒绝原假设（认为两种颜色的球个数相等的假设不正确）。因为如果原假设成立，那么本例中的抽样就是一个小概率事件。而根据小概率原理（认为小概率事件在一次随机抽样中是不会发生的，如果发生了，则应拒绝原假设，此时拒绝原假设犯错误的概率很小，在本例中为 1.096%），应该拒绝原假设，即认为两种颜色的球个数不相等，而且白球比红球多。

4.1.3 假设检验的一般步骤

假设检验依据"小概率事件实际不可能原理"，如果发生了小概率事件，则有理由怀疑原假设的正确性，从而拒绝假设检验的原假设。在具体操作中，要进行假设检验，首先应定义所谓的小概率，一般取 0.01 或 0.05，即显著性水平。显著性水平取值太小，容易发生取伪（β）错误；取值太大容易发生弃真（α）错误。

根据以上对假设检验原理及小概率事件的讨论，可归纳出假设检验的基本步骤如下。

☞ 第 1 步 给出检验问题的原假设、备择假设。

根据检验问题的要求，将需要检验的最终结果作为原假设。例如，需要检验某学校的高考数学平均成绩是否同往年的平均成绩一样，都为 75 分，由此可做出原假设 H_0，即 $\mu = 75$。

☞ 第 2 步 选择检验统计量。

在统计推断中，总是通过构造样本的统计量并计算统计量的概率值进行推断的，一般构造的统计量应服从或近似服从常用的已知分布，如均值检验中最常用的 T 分布和 F 分布等。

☞ 第 3 步 规定显著性水平。

这里的显著性水平指的是当假设正确时被拒绝的概率，即弃真概率，一般取 0.01 或 0.05。

☞ 第 4 步 计算检验统计量的观测值及其发生的概率值。

在给定原假设的前提下，计算统计量的观测值和相应概率 P 值。该概率值间接地给出了样本值在原假设成立前提下出现的概率，对此可以依据一定的标准来判断其发生的概率是否为小概率。

☞ 第 5 步 在给定显著性水平条件下做出统计推断。

当检验统计量的概率 P 值小于显著性水平时，认为拒绝原假设而犯弃真错误的概率小于显著性水平，即低于预先给定的容忍水平。也就是说，犯弃真错误的概率小到能容忍的范围，这时可以拒绝原假设。反之，当检验统计量的概率 P 值大于显著性水平时，认为拒绝原假设而犯弃真错误的概率大于预先给定的容忍水平，这时不应该拒绝原假设。

因此，在 SPSS 29 的检验问题中，都是利用概率 P 值和显著性水平进行比较而做出拒绝或接受原假设的结论的。在 SPSS 中，系统会自动计算概率 P 值，但显著性水平是由用户事先设定的。

4.2 平均值分析

4.2.1 基本概念及统计原理

与第 3 章中的描述统计计算某一样本总体均值相比，平均值分析可以对样本进行分组计算，比较指定变量的描述统计量包括平均值、标准差、总和、观测量数、方差等一系列单变量描述统计量，还可以给出方差分析表和线性检验结果。如果分组变量为多个，则还应指定这些分组变量之间的层次关系。

在求平均值的过程中，系统默认的描述统计量可按分组给出指定变量的平均值、标准差、观测量数等，对话框中的选项可以给出其他更加丰富的描述统计量。

平均值的计算公式为

$$\overline{\chi_1} = \frac{\sum_{i=1}^{n} \chi_{1i}}{n} \tag{4-1}$$

4.2.2 SPSS 实例分析

【例 4-1】 表 4-1 是几个地区分性别受教育程度的人口数量，利用平均值分析比较受教育程度是否受性别的影响。（参见数据文件 data4-1.sav。）

表 4-1 几个地区分性别受教育程度的人口数量

地区	小学		初中		高中	
	男	女	男	女	男	女
北京	885	1002	2138	1920	1550	1638
天津	924	1060	1803	1583	1076	1042
河北	8563	9960	15323	12862	3846	2954
山西	3785	4161	7287	6572	2394	1885
内蒙古	3060	3265	4617	3736	1722	1371

☞ 第 1 步 数据组织。

根据表 4-1 生成 SPSS 数据文件，建立 3 个变量："性别"、"教育"和"人口数量"。建立的数据文件存入文件 data4-1.sav 中。

☞ 第 2 步 平均值分析设置。

（1）选择"分析"→"比较平均值和比例"→"均值"选项，打开"平均值"对话框，按图 4-1 进行设置。

- 候选变量列表框：列出数据文件中的所有变量。
- 因变量列表：从左侧的候选变量列表框中选择待分析的变量，可选择一个或多个。
- 自变量列表：从左侧的候选变量列表框中选择分组变量，可选择一个或多个。还可单击"下一个"按钮定义多层分组变量，每层分组变量中也可以有多个变量。

（2）"平均值分析:选项"对话框设置。单击图 4-1 中的"选项"按钮，弹出如图 4-2 所示的"平均值:选项"对话框，在"第一层的统计"选区中勾选"Anova 表和 Eta"与"线性相关度检验"复选框。该对话框由如下几部分组成。

- "统计"列表框：列出可以选择的描述统计量，这些统计量的具体含义在第 3 章中已经介绍过了，此处不再详细描述。
- "单元格统计"列表框：列出要输出的统计量。默认输出平均值、个案数和标准差。
- "第一层的统计"选区：定义是否进行分组第一层变量的方差分析（Anova 表和 Eta）和线性相关度检验。

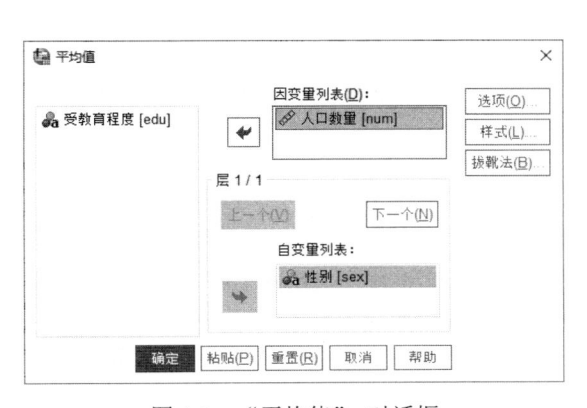

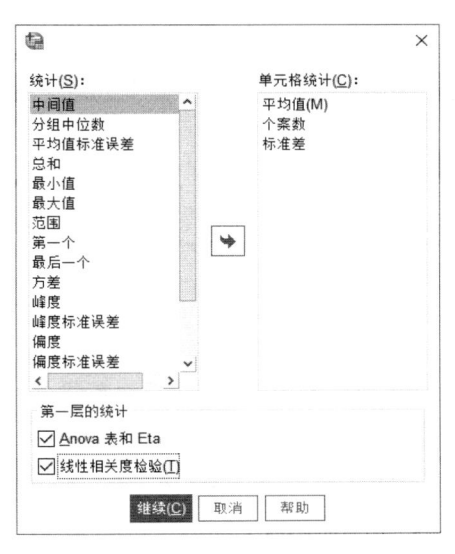

图 4-1　"平均值"对话框　　　　　　图 4-2　"平均值:选项"对话框

☞ 第 3 步　主要结果及分析。

完成以上操作后，单击图 4-1 中的"确定"按钮，在输出文件中得到平均值分析的结果，如表 4-2～表 4-5 所示，具体分析如下。

（1）表 4-2 给出了样本的个案处理摘要，可以看出，30 组数据全部有效。

表 4-2　样本的个案处理摘要

	个案					
	包括		排除		总计	
	个案数	百分比	个案数	百分比	个案数	百分比
人口数量 * 性别	30	100.0%	0	0.0%	30	100.0%

（2）表 4-3 显示的是按性别分组的受教育（从小学到高中的教育）的人口数量的基本信息，从表中可以看出，不同性别受教育的人口数量的均值和标准差都比较接近。

表 4-3　按性别分组的平均值报告

报告			
人口数量			
性别	平均值	个案数	标准偏差
男	3931.53	15	3881.083
女	3667.40	15	3528.010
总计	3799.47	30	3646.720

（3）表 4-4 是性别的单因素（第一层变量）方差分析，在第 6 章会详细介绍方差分析。表 4-4 中的显著性概率 P 值远大于 0.05，说明不同性别受教育的人口数量没有显著性差异。

表 4-4 第一层变量方差分析

			平方和	自由度	均方	F	显著性
		Anova 表 a					
人口数量 * 性别	组间	（组合）	523248.133	1	523248.133	.038	.847
	组内		385135243.333	28	13754830.119		
	总计		385658491.467	29			

a. 分组变量"性别"是字符串，因此无法进行线性相关度检验。

（4）表 4-5 是人口数量与性别的相关性度量表。此时的 Eta 和 Eta 平方的取值都很小，说明性别和受教育的人口数量的相关性很差，这与表 4-4 中的结论是一致的。

表 4-5 人口数量与性别的相关性度量表

	Eta	Eta 平方
人口数量 * 性别	.037	.001

以上的分析结果是按性别进行分组得到的，在平均值分析中，可以选择分层变量对变量进行分层分析，如果在图 4-1 中单击"下一个"按钮，将"受教育程度"变量选为第二层变量，那么分析结果还会按照"受教育程度"进行分类，输出结果如表 4-6 所示，读者可自行分析。

表 4-6 按"性别*受教育程度"分组的输出结果

性别	受教育程度	人口数量		
		平均值	个案数	标准偏差
男	初中	6233.60	5	5539.503
	高中	2117.60	5	1075.565
	小学	3443.40	5	3137.147
	总计	3931.53	15	3881.083
女	初中	5334.60	5	4649.796
	高中	1778.00	5	728.246
	小学	3889.60	5	3662.595
	总计	3667.40	15	3528.010
总计	初中	5784.10	10	4844.783
	高中	1947.80	10	884.248
	小学	3666.50	10	3223.575
	总计	3799.47	30	3646.720

4.3 单样本 T 检验

4.3.1 基本概念及统计原理

1. 单样本 T 检验的概念

单样本 T 检验利用来自某总体的样本数据推断该总体的均值与指定的检验值之间是否存在显著性差异，它是对总体均值的假设检验。为此，给出检验均值 μ_0，原假设为 $\mu = \mu_0$，其中 μ 为总体均值，即认为总体均值与检验均值 μ_0 之间无显著性差异。

例如，从新生入学成绩的抽样数据推断平均成绩是否为 75 分；在人口普查中，某地区职工今年的平均收入是否与往年的平均收入有显著性差异。

单样本 T 检验涉及的是单个总体，并采用 T 检验的方法，因此称为单样本 T 检验。

单样本 T 检验的前提是样本来自的总体应服从或近似服从正态分布，如果总体不服从正态分布或不清楚总体的分布情况，则不能用单样本 T 检验。

2．单样本 T 检验的检验统计量

单样本 T 检验的前提是总体服从正态分布 $N(\mu,\sigma^2)$，其中，μ 为总体均值，σ^2 为总体方差。如果样本量为 n，样本均值为 $\bar{X}$，则 $\bar{X}$ 仍服从正态分布，即 $\bar{X} \sim N\left(\mu,\dfrac{\sigma^2}{n}\right)$。

在原假设成立的条件下，均值检验使用 t 统计量。构造的 t 统计量为

$$t = \frac{\bar{X}-\mu}{S/\sqrt{n}} \tag{4-2}$$

式中，μ 用 μ_0 代入；t 统计量服从自由度为 $n-1$ 的 T 分布；S 为样本标准差。

SPSS 的操作结果中还显示均值标准误差，计算公式为 $\dfrac{S}{\sqrt{n}}$，即统计量的分母部分。

在给定原假设的前提下，SPSS 将检验均值 μ_0 代入 t 统计量，得到检验统计量观测值，以及根据 T 分布的分布函数计算出的概率 P 值。

3．单样本 T 检验的步骤

在给定样本来自正态总体的假设下，单样本 T 检验作为假设检验的一种方法，其基本步骤与假设检验的步骤一样。

4.3.2 SPSS 实例分析

【例 4-2】 某生产食盐的生产线，其生产的袋装食盐的标准质量为 500g，现随机抽取 10 袋，其质量分别为 495g、502g、510g、497g、506g、498g、503g、492g、504g、501g。假设数据呈正态分布，请检验生产线的工作情况。（参见数据文件 data4-2.sav。）

这是一个典型的比较样本均值和总体均值的 T 检验问题，进行单样本 T 检验的具体步骤如下。

☞ 第 1 步　数据组织。

首先建立 SPSS 数据文件，只需建立一个变量"weight"，并录入相应的数据即可，建立的数据文件存入文件 data4-2.sav 中。

☞ 第 2 步　单样本 T 检验分析设置。

（1）选择"分析"→"比较平均值和比例"→"单样本 T 检验"选项，打开"单样本 T 检验"对话框，确定要进行 T 检验的变量并输入检验值，按图 4-3 进行设置。

① 候选变量列表框：列出了数据文件中所有可以进行 T 检验的变量。

② "检验变量"列表框：用来存放要进行 T 检验的变量。从候选变量列表框中选择需要的变量并移入此框中，可同时选择多个变量，此时，SPSS 将分别产生多个变量的 T 检验分析结果。

③ "检验值"数值框：在其中输入待检验的值，用来检验产生的样本均值与检验均值有无显著性差异。

（2）"单样本 T 检验:选项"对话框设置：指定置信水平和缺失值的处理方法。

在图 4-3 中单击"选项"按钮，打开"单样本 T 检验:选项"对话框，按图 4-4 设置本次检验的置信水平并选择对缺失值的处理方式。该对话框主要包含以下几部分。

① "置信区间百分比"数值框：设置样本均值与总体均值之差的置信区间，其中可以输入 1~99 之间的任意值，一般取为 90、95、99 等数值，系统默认值为 95。

② "缺失值"选区：可以选择对缺失值的处理方式，包括以下两个选项。

- 按具体分析排除个案：在检验过程中，仅排除参与分析的缺失值。
- 成列排除个案：排除所有含有缺失值的个案。

本例中设置置信水平为 95%，为了保留更多数据样本，缺失值的处理方式都选择了"按具体分析排除个案"。

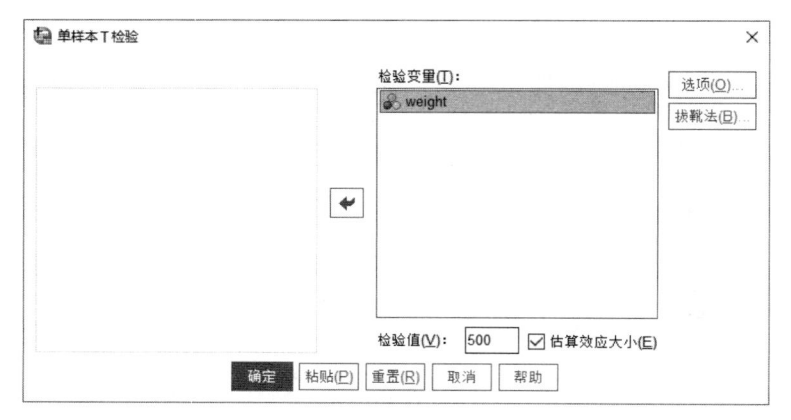

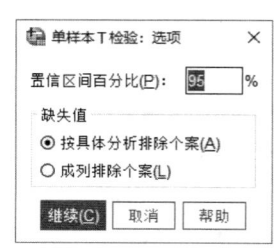

图 4-3 "单样本 T 检验"对话框   图 4-4 "单样本 T 检验:选项"对话框

☞ 第 3 步 主要结果及分析。

完成以上操作后，单击图 4-3 中的"确定"按钮，运行结果如表 4-7 和表 4-8 所示，具体分析如下。

（1）表 4-7 给出了单样本 T 检验的描述统计量，包括个案数、平均值、标准差、标准误差平均值。

表 4-7 单样本 T 检验的描述统计量

	N	平均值	标准差	标准误差平均值
weight	10	500.8000	5.39135	1.70489

（2）表 4-8 是单样本 T 检验结果表，用于比较的检验平均值为 500，并依次给出了检验统计量（t）、自由度（df）、单/双侧检验概率 P 值、样本平均值与检验平均值的差（平均值差值）、差值 95%置信区间。

表 4-8 单样本 T 检验结果表

	检验值 = 500					
	t	自由度	显著性		平均值差值	差值 95%置信区间	
			单侧 P	双侧 P		下限	上限
weight	.469	9	.325	.650	.80000	-3.0567	4.6567

当置信水平为 95%时，显著性水平为 0.05，从表 4-8 中可以看出，双侧检验概率 P 值为 0.650，大于 0.05，故原假设成立。也就是说，抽样袋装食盐的质量与 500g 无显著性差异，故有理由相信生产线工作正常。

4.4 独立样本 T 检验

4.4.1 基本概念及统计原理

1. 独立样本 T 检验的概念

单样本 T 检验用来检验样本平均值和总体平均值是否有显著性差异,而独立样本 T 检验利用来自某两个总体的独立样本推断两个总体的平均值是否存在显著性差异。因此,其原假设 H_0 为 $\mu_1 = \mu_2$,即假设两个总体的平均值相等;备择假设为 $\mu_1 \neq \mu_2$,即假设两个总体的平均值不相等。

例如,为比较两种牧草对奶牛的饲养效果,随机从奶牛群中选取喂养不同牧草的奶牛各 10 头,记录奶牛每日平均产奶量,根据记录的数据推断两种牧草对奶牛的饲养效果有无显著性差异。

独立样本 T 检验采用 T 检验的方法,涉及两个总体,要求两个样本相互独立,即从一个总体中抽取的一个样本对从另一个总体中抽取的一个样本没有任何影响,两个样本的个案数可以不相等。因此,独立样本 T 检验的前提是样本来自的总体应服从或近似服从正态分布,且两个样本相互独立。

2. 独立样本 T 检验的检验统计量

独立样本 T 检验的前提是两个独立的总体分别服从(或近似服从)$N(\mu_x, \sigma_x^2)$ 和 $N(\mu_y, \sigma_y^2)$。在原假设成立的条件下,独立样本 T 检验使用 t 统计量。构造独立样本 T 检验的 t 统计量分为以下两种情况。

(1) 当样本方差相等时,t 统计量定义为

$$t = \frac{\bar{X}_1 - \bar{X}_2 - (\mu_1 - \mu_2)}{S_\omega \sqrt{\frac{1}{n_1} + \frac{1}{n_2}}} \tag{4-3}$$

式中,n_1 和 n_2 分别为两样本的容量;$S_\omega^2 = \frac{(n_1-1)S_1^2 + (n_2-1)S_2^2}{n_1 + n_2 - 2}$,$S_1$ 和 S_2 分别为两样本的标准差。该统计量服从自由度为 $n_1 + n_2 - 2$ 的 T 分布。

(2) 当样本方差不相等时,t 统计量定义为

$$t = \frac{\bar{X}_1 - \bar{X}_2 - (\mu_1 - \mu_2)}{\sqrt{\frac{S_1^2}{n_1} + \frac{S_2^2}{n_2}}} \tag{4-4}$$

可见,独立样本 T 检验的结论在很大程度上取决于两个总体的方差是否相等。这就要求在检验两个总体的平均值是否相等之前,首先应对两个总体的方差是否相等进行检验,称为方差齐性检验。

SPSS 中利用莱文 F 方差齐性检验方法检验两个总体的方差是否存在显著性差异。要进行莱文 F 方差齐性检验,首先提出原假设 H_0:$\sigma_1^2 = \sigma_2^2$。在检验过程中,若概率 P 值小于给定的显著性水平(一般为 0.05),则拒绝原假设,认为两个总体的方差不相等;否则认为两个总体的方差无显著性差异。

在给定原假设的前提下,SPSS 将检验值 0 代入 t 统计量的 $\mu_1 - \mu_2$ 部分,得到检验统计量

观测值，并根据 T 分布的分布函数计算出概率 P 值。

3．独立样本 T 检验的一般步骤

在两样本来自正态总体且相互独立的假设下，独立样本 T 检验作为假设检验的一种方法，其基本步骤与假设检验的步骤是一样的。

4.4.2 SPSS 实例分析

【例 4-3】 为比较两种不同品种玉米的产量，分别统计了 8 个地区的单位面积产量，具体数据如表 4-9 所示。假定样本服从正态分布，且两个样本相互独立，试比较在置信度为 95% 的情况下，两种玉米的产量是否有显著性差异。（参见数据文件 data4-3.sav。）

表 4-9 两品种玉米的单位面积产量　　　　　　　　　　　　　　　单位：kg

品种 A	425	435	280	450	420	470	375	395
品种 B	400	395	290	450	385	410	375	325

进行独立样本 T 检验的具体步骤如下。

☞ 第 1 步　数据组织。

根据表 4-9，在 SPSS 数据文件中建立两个变量，分别为"品种"和"产量"，度量标准分别为"名义"和"度量"，变量"品种"的值标签为 a—品种 A 和 b—品种 B，录入数据后，保存名为 data4-3.sav 的 SPSS 数据文件。

☞ 第 2 步　独立样本 T 检验设置。

（1）选择"分析"→"比较平均值和比例"→"独立样本 T 检验"选项，打开"独立样本 T 检验"对话框，确定要进行 T 检验的变量，并确定分组变量，按图 4-5 进行设置。

该对话框主要由以下几部分组成。

① 候选变量列表框：列出数据文件中可以进行 T 检验的变量。

② "检验变量"列表框：从候选变量列表框中选择要进行 T 检验的变量移入此列表框，可同时选择多个变量，此时，SPSS 将分别产生多个变量的 T 检验分析结果。

③ "分组变量"列表框：选择分组变量，在选择变量进入"分组变量"列表框后，"定义组"按钮将被激活。

④ "定义组"按钮：定义变量的分组方法，单击该按钮，会弹出如图 4-6 所示的对话框。

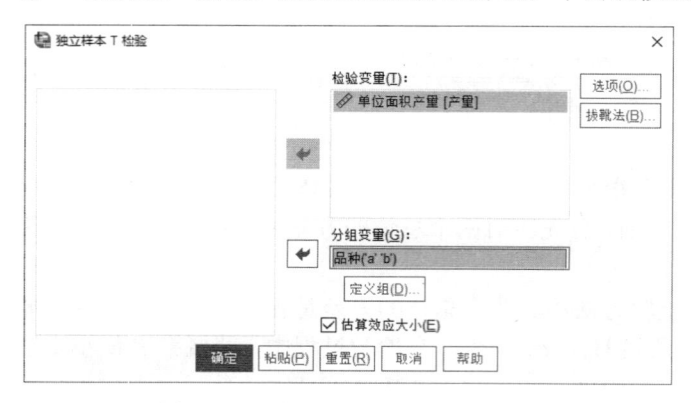

图 4-5　"独立样本 T 检验"对话框　　　　　图 4-6　"定义组"对话框

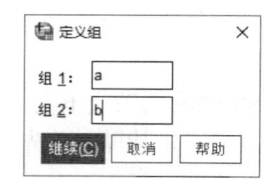

用特定的变量值来分组，当变量的取值等于"组 1"文本框中的值时，将其划为第 1 组；

当变量的取值等于"组2"文本框中的值时,将其划为第 2 组。

(2)"独立样本 T 检验:选项"对话框设置:指定置信水平和对缺失值的处理方法。

在图 4-5 中单击"选项"按钮,打开"独立样本 T 检验:选项"对话框,具体选项内容及设置与单样本 T 检验相同。

☞ 第 3 步 运行结果及分析。

完成以上操作后,单击图 4-5 中的"确定"按钮,运行结果如表 4-10 和表 4-11 所示,具体意义分析如下。

(1)表 4-10 是本例独立样本 T 检验按组统计的基本描述统计量,包括两个样本的均值、标准差和标准误差平均值。

表 4-10 独立样本 T 检验按组统计的基本描述统计量

	组统计				
	玉米品种	N	均值	标准差	标准误差平均值
单位面积产量	品种 A	8	406.2500	59.02481	20.86842
	品种 B	8	378.7500	50.12484	17.72181

(2)表 4-11 是独立样本 T 检验的均值检验结果。表 4-11 中给出了两种 T 检验的结果,分别为在样本方差相等情况下的一般 T 检验结果和在样本方差不相等情况下的校正 T 检验结果。数理统计学中检查不同样本的总体方差是否相等即方差齐性检验(Homogeneity of Variance Test),通常采用 Hartley 检验、Bartlett 检验或莱文检验方法。两种 T 检验结果到底应该选择哪一种取决于表 4-11 中的"莱文方差等同性检验"一项,即用莱文检验方法检验的方差齐性结果。对于齐性,这里采用的是 F 检验,F 统计量的值为 0.104,对应的概率 P 值为 0.752。如果显著性水平为 0.05,则由于概率 P 值大于 0.05,所以可以认为两个总体的方差无显著性差异,即方差具有齐性。

在方差具有齐性的情况下,独立样本 T 检验的结果应该看表 4-11 中的"假定等方差"一行,相应的双侧检验概率 P 值为 0.332,在显著性水平为 0.05 的情况下,t 统计量的概率 P 值大于 0.05,故不应拒绝原假设,因此认为两样本的均值是相等的,即在本例中,不能认为两种玉米品种的产量有显著性差异。

表 4-11 独立样本 T 检验的均值检验结果

		莱文方差等同性检验		平均值等同性 T 检验							
		F	显著性	t	自由度	显著性		平均值差值	标准误差差值	差值 95%置信区间	
						单侧 P	双侧 P			下限	上限
单位面积产量	假定等方差	.104	.752	1.004	14	.166	.332	27.50000	27.37798	-31.21992	86.21992
	不假定等方差			1.004	13.642	.166	.333	27.50000	27.37798	-31.36483	86.36483

4.5 成对样本 T 检验

4.5.1 基本概念及统计原理

1. 成对样本 T 检验的概念

成对样本 T 检验用于检验两组相关样本是否来自均值相同的正态总体,即推断两个总体的均值是否存在显著性差异。它的原假设为 H_0，即 $\mu_1 - \mu_2 = 0$，其中，μ_1 和 μ_2 分别为第一个总体和第二个总体的均值。

成对的概念是指两个样本的各样本值之间存在着对应关系，成对样本的两个样本值之间的成对是一一对应的，并且两个样本的容量相同。成对样本 T 检验与独立样本 T 检验的差别之一是它要求样本是成对的。所谓成对样本，可以是个案在"前""后"两种状态下某属性的两种状态，也可以是对某事物的两个不同侧面或方面的描述。成对样本 T 检验与独立样本 T 检验的差别之二是其抽样不是相互独立的，而是相互关联的。

例如，考察同一组人在参加一年的长跑锻炼前后的心率是否有显著性差异。这时，每个人一年前的心率和一年后的心率是相关的。再如，为研究某种减肥茶是否有显著的减肥效果，需要对肥胖人群喝茶前与喝茶后的体重进行分析，通常采用成对的抽样方式：首先从肥胖人群中随机抽取部分人，记录他们喝茶前的体重，喝茶一段时间后重新测量他们的体重，这样获得的两个样本均是成对样本。

2．成对样本 T 检验的数学思想

成对样本 T 检验必须求出每对样本观测值之差，所有样本观测值之差形成一个新的单样本。显然，如果两个样本的均值没有显著性差异，那么样本观测值之差的均值应该接近零，这实际上转换成了一个单样本 T 检验。因此，成对样本 T 检验就是检验样本观测值之差来自的总体均值是否为零，这就要求差值来自的总体服从正态分布。

3．成对样本 T 检验的检验统计量

在成对样本 T 检验中，设 x_{1i} 和 x_{2i}（$i=1,2,\cdots,n$）为成对样本，其样本观测值之差 $d_i = x_{1i} - x_{2i}$，此时检验统计量为

$$t = \frac{\bar{d} - (\mu_1 - \mu_2)}{S/\sqrt{n}} \tag{4-5}$$

式中，$\bar{d}$ 为 d_i 的均值；S 为 d_i 的标准差；n 为样本量。当 $\mu_1 - \mu_2 = 0$ 时，t 统计量服从自由度为 $n-1$ 的 T 分布。

SPSS 将计算两个样本观测值之差，并将相应数据代入式（4-5）中，计算出 t 统计量的观测值和对应的概率 P 值。

4．成对样本 T 检验的主要步骤

成对样本 T 检验作为假设检验的一种方法，其基本步骤与假设检验的步骤是一样的。

4.5.2 SPSS 实例分析

【例 4-4】 以下是某大学 15 位跆拳道选手进行平衡训练的数据，检验实验前、后平衡训练成绩是否有显著性差异。（参见数据文件 data4-4.sav。）

训练前：86，77，59，79，90，68，85，94，66，72，75，72，69，85，88。
训练后：78，81，76，92，88，76，93，87，62，84，87，95，88，87，80。

对该数据文件中的两个变量进行成对样本 T 检验的具体步骤如下。

☞ 第 1 步 数据组织。

首先建立 SPSS 数据文件，建立两个变量，分别为"训练前""训练后"，录入相应数据，保存为文件 data4-4.sav。

☞ 第 2 步 成对样本 T 检验设置。

（1）选择"分析"→"比较平均值和比例"→"成对样本 T 检验"选项，弹出"成对样本 T 检验"对话框，确定要成对分析的变量，按图 4-7 进行设置。

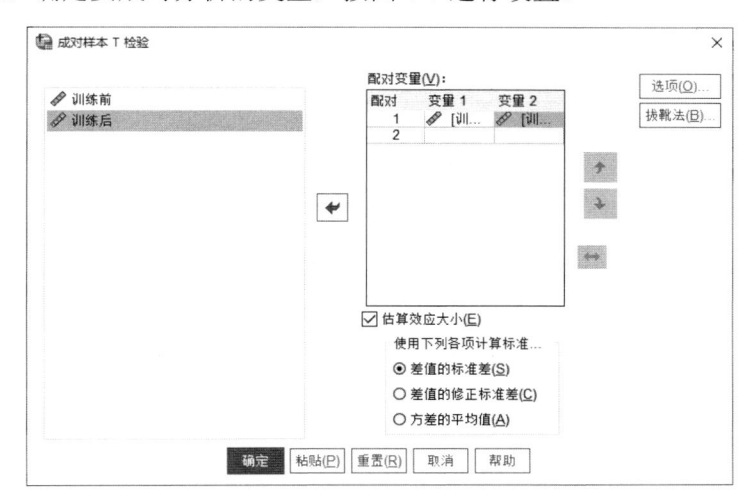

图 4-7 "成对样本 T 检验"对话框

该对话框主要由以下几部分组成。
- 候选变量列表框：列出数据文件中可以进行成对样本 T 检验的变量。
- "配对变量"列表框：其中的变量作为分析变量，总是成对出现的，可以有多对分析变量。

（2）"成对样本 T 检验:选项"对话框设置：指定置信水平和对缺失值的处理方法。

☞ 第 3 步 运行结果及分析。

完成以上操作后，单击图 4-7 中的"确定"按钮，运行结果如表 4-12～表 4-14 所示，具体意义分析如下。

（1）表 4-12 是成对样本 T 检验的基本描述统计量，包括每个样本的均值、样本量、标准差和标准误差平均值。从样本的均值变化情况可以看出，均值都有一定量的变化，但是否存在显著性差异还必须通过计算相应的 t 统计量来确定。

表 4-12 成对样本 T 检验的基本描述统计量

		均值	N	标准差	标准误差平均值
配对 1	训练前	77.67	15	10.104	2.609
	训练后	83.60	15	8.433	2.177

（2）表 4-13 是成对样本 T 检验的简单相关关系检验结果。

表 4-13 成对样本 T 检验的简单相关关系检验结果

		N	相关性	显著性	
				单侧 P	双侧 P
配对 1	训练前 & 训练后	15	.407	.066	.132

从表 4-13 中可以看出，在显著性水平为 0.05 时，概率 P 值（双侧）为 0.132，大于 0.05，接受原假设，可以认为训练前后的成绩没有明显的线性关系。

（3）表 4-14 是成对样本 T 检验的最终结果。训练前后成对样本差值的均值为 −5.933，差值的标准差为 10.187，差值的标准误差平均值为 2.630，置信度为 95%时差值的置信下限和置信上限共同构成了该差值的置信区间(-11.575, -0.292)，统计量的观测值 t 为-2.256，自由度 df 为 14，显著性概率 P 值为双侧检验概率 P 值，在显著性水平为 0.05 时，由于概率 P 值为 0.041，小于 0.05，所以拒绝原假设，即认为 $\mu_1-\mu_2 \neq 0$，故可以认为训练对成绩有显著效果。

表 4-14 成对样本 T 检验的最终结果

		配对差值					t	自由度	显著性	
		均值	标准差	标准误差平均值	差值 95%置信区间				单侧 P	双侧 P
					下限	上限				
配对 1	训练前 - 训练后	-5.933	10.187	2.630	-11.575	-.292	-2.256	14	.020	.041

4.6 典型案例

4.6.1 蛋白饲料对小白鼠体重的影响分析

为了研究动物体重受蛋白饲料的影响情况，采用完全随机设计的方法，将 19 只体重、出生日期等相仿的小白鼠随机分为两组，其中一组喂养高蛋白饲料，另一组喂养低蛋白饲料，喂养 8 周后观察各小白鼠所增体重（mg）的情况，数据中含有 19 个观测样本，代表了 19 只小白鼠。本案例有两个属性变量：group（分组）、weight（体重）。具体数据如表 4-15 所示。（参见数据文件 data4-5.sav。）

案例分析： 因为研究的是两组喂养不同饲料的小白鼠的体重，所以两组数据应该是独立的，在进行数据组织时，每个个案的存放位置可以随意变动，对分析结果没有影响，并且两组数据的个案数不相同，因此可先用探索性分析对两组数据进行正态性检验，得到两组数据都是正态分布的，故采用独立样本 T 检验；如果两组数据不是正态分布的，那么应采用后续要介绍的独立样本非参数检验来分析两组数据来自的两个总体的均值差异的显著性。

表 4-15 小白鼠体重数据

group（分组）	weight（体重）(mg)	group（分组）	weight（体重）(mg)
1	134	2	70
1	146	2	118
1	104	2	101
1	119	2	85
1	124	2	107
1	161	2	132
1	107	2	94
1	83	2	97
1	113	2	123
1	129	—	—

4.6.2 健康教育对儿童血红蛋白水平的影响分析

某地区随机抽取 12 名贫血儿童，实行健康教育干预 3 个月，干预前后儿童血红蛋白（%）的测量结果如表 4-16 所示，试问干预前后该地区贫血儿童血红蛋白（%）平均水平有无变化？

（参见数据文件 data4-6.sav。）

案例分析：两个样本值之间是一一成对的，每对是在一名儿童"前""后"两种状态下的两种结果，并且两个样本的容量相同，因此应该采用成对样本 T 检验。

表 4-16　干预前后儿童血红蛋白的测量结果

序号	干预前（%）	干预后（%）	序号	干预前（%）	干预后（%）
1	36	45	7	42	70
2	46	64	8	45	45
3	53	66	9	25	50
4	57	57	10	55	80
5	65	70	11	51	60
6	60	55	12	59	60

4.6.3　储户的储蓄金额的差异分析

某银行调查了 400 名储户的性别、年龄、受教育年限、储蓄金额等信息，部分数据如表 4-17 所示，请分析储蓄金额在各类别的储户上有无差异？（参见数据文件 data4-7.sav。）

表 4-17　储户信息调查表（部分）

性别	年龄	年龄段	受教育年限	储蓄金额（元）
男	79	65 +	12	305100
男	32	<35	17	111875
女	50	45～64	6	135600
女	56	45～64	8	149160
女	51	45～64	17	237300
男	48	45～64	12	152550
女	29	<35	13	211875
女	40	35～44	13	110175
⋮	⋮	⋮	⋮	⋮

案例分析：很明显，本案例要对样本进行分组均值比较，给出了性别、年龄段、受教育年限 3 个分组字段（3 个自变量），读者可以将这 3 个字段都选到第一层变量列表中，也可以分层进行更深入的分析：如性别为第一层、年龄段为第二层。注意：如果对受教育年限进行分组比较，那么最好先对其进行离散化处理，然后创建新的分组变量。

4.7　思考与练习

1．什么是弃真错误？怎样判断接受还是拒绝原假设？

2．进行参数检验的前提条件是什么？

3．试分析表 4-17 中 400 名储户的平均年龄是否为 50 岁？大于或等于 50 岁和小于 50 岁的储户的储蓄金额是否存在显著性差异？

4．某公司经理宣称其雇员的英语水平很高，如果参加英语六级考试，那么一般平均得分为 75 分（转化为百分制）。现从其雇员中随机选出 11 人参加考试，得分如下：80，81，72，60，78，65，56，79，77，87，76。

请问该经理宣称的内容是否可信？（参见数据文件 data4-8.sav。）

5．试对山东省某班学生的高考数学成绩做独立样本 T 检验，研究该班不同性别的学生之间成绩有无明显的差别。（参见数据文件 data4-9.sav。）

6．表 4-18 是对促销人员进行培训前后某种商品的销售数据。

表 4-18　商品销售数据

培训前	440	500	580	460	490	480	600	590	430	510	320	470
培训后	620	520	550	500	440	540	500	640	580	620	590	620

试分析该培训是否产生了显著效果。（参见数据文件 data4-10.sav。）

7．为了比较甲、乙两种安眠药的疗效，将 20 名失眠患者分成两组，每组 10 人，设服药后延长睡眠时间 X_1 和 X_2 分别服从正态分布 $N(\mu_1,4)$ 与 $N(\mu_2,3.24)$。患者服用这两种安眠药的监测数据如下。

甲：5.4，4.7，4.3，3.5，1.9，1.8，1.6，0.9，0.6，-0.2。

乙：3.6，3.5，2.0，2.1，0.7，0.7，0.0，-0.2，-0.2，-1.5。

根据样本数据，能否认为甲药比乙药的疗效更好（显著性水平为 0.02）？（参见数据文件 data4-11.sav。）

第 5 章 非参数检验

由于种种原因,在数据分析过程中经常无法获知总体分布形态,也很难对总体分布形态做出较为准确的假设,但又希望能根据样本数据对总体分布形态或特征进行推断,获得尽可能多的总体信息。此时,参数检验方法已不再适用,通常采用非参数检验方法。非参数检验是在总体分布形态未知的情况下,利用样本数据对总体分布形态等进行推断的方法,推断过程中可以不涉及有关总体分布形态的参数,而检验总体某些有关的性质,如总体的分布位置、分布形态之间的比较等。以均值比较为例,参数检验比较的是各样本的均值是否相等,而非参数检验比较的是各样本的中位数(中位数是分布位置的一种衡量)是否相等。

与参数检验的原理相同,非参数检验也是先根据问题提出原假设,然后利用统计学原理构造出适当的统计量,最后利用样本数据计算统计量的概率 P 值并与显著性水平 α 进行比较,从而得出拒绝或接受原假设的结论。

在 SPSS 29 中进行非参数检验可由"分析"→"非参数检验"菜单中的 3 个 3 级子菜单,即"单样本"、"独立样本"和"相关样本"来实现,在另一个 3 级子菜单"旧对话框"中保留了 SPSS 29 之前的低版本的菜单供用户使用,包括"卡方"、"二项"、"游程"、"单样本 K-S"、"2 个独立样本"、"独立样本"、"2 个相关样本"和"K 个相关样本"8 个 4 级子菜单,这 8 个 4 级子菜单也都包含在前面新的 3 个 3 级子菜单中。这 8 个 4 级子菜单中的前 4 种方法通常用来做分布的拟合优度检验,即检验样本所在的总体是否服从某个已知的理论分布;后 4 种方法通常用于分布位置检验,即检验样本所在总体的分布位置或形态是否相同。

5.1 参数检验与非参数检验

5.1.1 参数检验与非参数检验的区别

参数检验与非参数检验最本质的区别是参数检验需要事先确定或假定总体的分布,而非参数检验则不需要假定总体的分布,直接用样本来推断总体的分布。

可以通过是否假定总体的分布来区分参数检验和非参数检验,除此之外,还可以从很多方面来区分两者。

(1)研究的对象和目标不同。参数检验研究的是总体的参数,不涉及总体的分布检验,一旦总体的参数确定,总体的分布也就确定了;非参数检验的目标是直接根据样本推导总体的分布或判断两个总体的分布是否相同。

(2)研究的统计量有所不同。参数检验中很少用到秩来构造统计量,无论样本量大还是小,都能对总体进行推断;非参数检验中常用秩、秩和等来构造统计量,且常要求样本量较大。

5.1.2 非参数检验的优点

与参数检验相比，非参数检验具有以下优点。

（1）它对总体分布一般不做过多的限制性假设，任何分布都可以用非参数检验进行研究，从应用范围来看，其应用范围大于参数检验。

（2）由于非参数检验不依赖总体分布形态，因而它天然具有稳健性特征。

（3）它对资料的测量水平要求不高，这给资料的搜集带来了很大的方便，可以大大减轻统计资料的搜集工作量，同时为属性资料研究提供了广泛的基础。

（4）非参数检验比较直观，很容易理解，不需要太多数学知识和统计理论。

多数非参数检验的运算比较简单，可以较快地获得统计结果。

非参数检验的上述优点表明，在实际问题的研究中，它是一种比较有用的统计方法。

5.1.3 非参数检验的缺点

有些人主张用非参数检验取代参数检验，这种主张有点儿偏激，因为非参数检验也存在着一些自身难以克服的不足，表现为以下几方面。

（1）两者的效率有差距。非参数检验主要处理定序资料，这类资料的测量尺度比较低，如果把那些能够用参数检验处理的资料转化为定类和定序资料，那么必然会丢失检验数据的一部分信息，因此非参数检验的有效性或检验效率不如参数检验。

（2）当样本量比较大时，非参数检验的计算比较繁杂、困难。

（3）参数检验与非参数检验各有各的特点，并非所有的参数检验都能转用非参数检验。

总之，参数检验和非参数检验应该结合起来使用，做到互相补充。如果条件允许，那么最好使用参数检验。

5.2 单样本非参数检验

5.2.1 基本概念及设置

单样本非参数检验使用一种或多种非参数检验方法来识别单个总体的分布情况，不需要待检验的数据呈正态分布。

SPSS 的单样本非参数检验方法包括卡方检验、二项分布检验、游程检验、K-S 检验及 Wilcoxon 符号检验 5 种。SPSS 29 提供了两种方法进行单样本非参数检验，一种是"旧对话框"，提供了 SPSS 29 以前版本的界面供老用户使用；另一种是新版本中新增的"单样本"菜单，将卡方检验、二项分布检验、游程检验等单样本非参数检验集中在一起，各种检验方法的设置相较于低版本有不小的变化。

在 SPSS 29 中，单样本非参数检验的对话框有 3 个选项卡，分别为"目标"、"字段"和"设置"。所有单样本非参数检验有一些共同的设置，下面以例 5-1 的前部分操作为共同设置的例子。打开数据文件 data5-1.sav，具体设置如下。

选择"分析"→"非参数检验"→"单样本"选项，打开"单样本非参数检验"对话框，根据要进行的具体分析进行相应的设置。

（1）"目标"选项卡：用于设置单样本非参数检验的目标，每个不同的选项对应"设置"选项卡中不同的默认配置，如图 5-1 所示。

图 5-1 "单样本非参数检验"对话框的"目标"选项卡

① 自动比较实测数据和假设数据：选中此单选按钮，"设置"选项卡中的"选择检验"选项将自动设置为"根据数据自动选择检验"，系统将根据"字段"选项卡中的相应字段自动选择二项检验、卡方检验或柯尔莫戈罗夫-斯米尔诺夫检验进行假设检验。如果待检验变量是具有两个不同取值的分类变量，则将用二项检验；对所有其他分类字段用卡方检验；对连续字段用 K-S 检验。

② 检验序列的随机性：选中此单选按钮，"设置"选项卡中的"选择检验"选项将自动设置为"检验序列的随机性（游程检验）"。

③ 定制分析：选中此单选按钮，"设置"选项卡中的"选择检验"选项将允许手动选择要执行的检验及对选项进行设置。

（2）"字段"选项卡：用于设定待检验变量。

单击"字段"选项卡，按图 5-2 进行设置。该选项卡主要由以下几部分组成。

① 使用预定义角色：不需要对检验字段进行设置，系统自动将数据文件"变量视图"窗口中定义为"输入"、"目标"和"两者都"角色的变量加入"检验字段"列表框中，定义为其他角色的变量将不会自动进入。

② 使用定制字段分配：手工设定检验字段。

- "字段"列表框：列出数据文件中的所有字段。
- "检验字段"列表框：其中的字段作为检验字段，将待检验字段从"字段"列表框中移入"检验字段"列表框。

（3）"设置"选项卡：用于设定检验方法及对应的选项，如图 5-3 所示。

① 选择检验：设置所进行的检验及其属性。

- 根据数据自动选择检验：该设置对具有两个不同取值的分类变量，将用二项检验，对所有其他分类字段用卡方检验，对连续字段用 K-S 检验。
- 定制检验：允许手动设置要执行的待定检验，其中每项的含义在后面会进行具体分析。

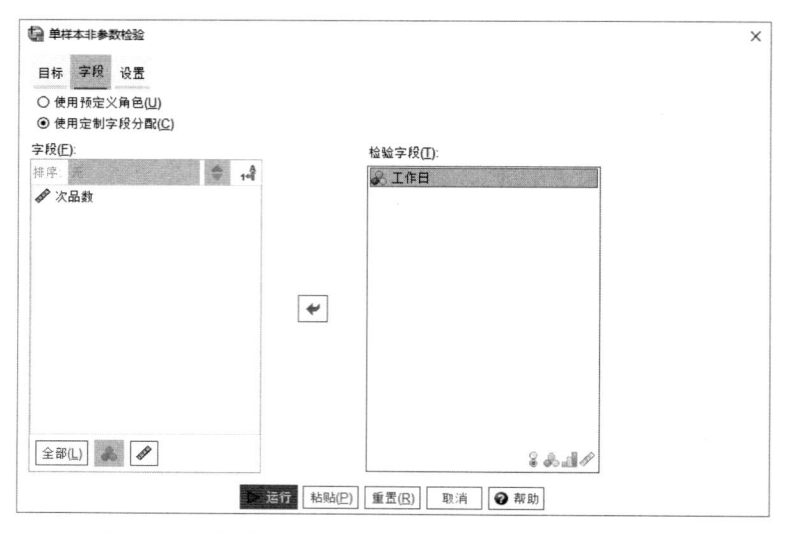

图 5-2 "单样本非参数检验"对话框的"字段"选项卡

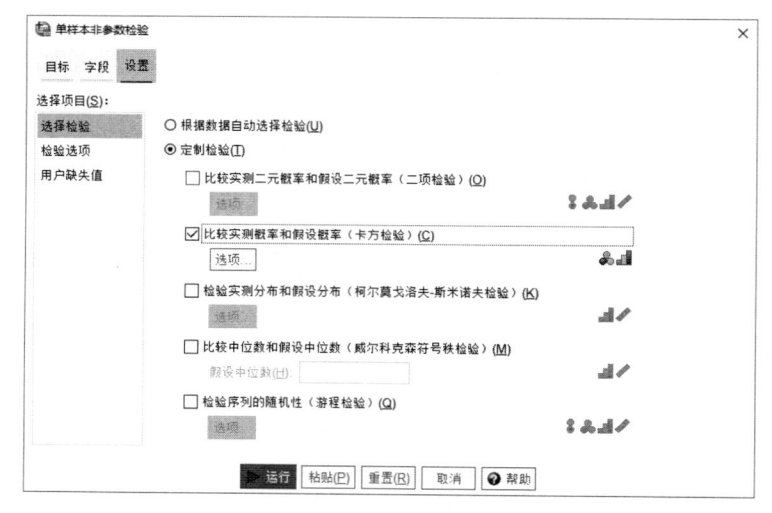

图 5-3 "单样本非参数检验"对话框的"设置"选项卡[1]

② 检验选项：设置置信区间、显著性水平及缺失值的处理方式，按图 5-4 进行设置。
- 按检验排除个案：只有当检验变量中含缺失值时才删除该观测量。
- 成列排除个案：凡含有缺失值的观测量全部从分析中将其排除。

③ 用户缺失值：设置分类字段缺失值的处理方式。
- 排除：分析过程中将含有缺失值的样本排除，不参与非参数检验分析。
- 包括：缺失值将作为一个类别参与非参数检验分析。

---

[1] 软件图中的"柯尔莫戈洛夫-斯米诺夫检验"的正确写法为"柯尔莫戈罗夫-斯米尔诺夫检验"。

图 5-4　检验选项设置

☆说明☆
以上设置为所有单样本非参数检验的共同设置。

5.2.2　卡方检验

1．卡方检验的概念

卡方检验（Chi-Square Test）也称卡方拟合优度检验，是 K.Pearson 给出的一种最常用的非参数检验方法，用于检验观测数据是否与某种概率分布的理论数值相符合，进而推断观测数据是否为来自该分布的样本。例如，根据掷骰子试验中出现的点数检验骰子是否均匀，即各点出现的概率是否均为 1/6。卡方检验的原假设 H_0 为总体服从某种理论分布。此外，卡方检验还可对定性行列表资料的行、列变量的独立性及线性相关性（线性趋势）进行分析，这部分内容可参见 3.5 节的内容。

2．统计原理

如果从一个变量 X 中随机抽取若干观测样本，这些观测样本落在 X 的 k 个互不相交的子集中的观测频数服从一个多项分布，那么当 k 趋于无穷时，这个多项分布就近似服从 X 的总体分布。

基于上述基本思想，对变量 X 总体分布的检验就应该从对各个观测频数的分析入手。在卡方检验中，原假设给出了在假想总体中归入每一类别的对象所占的比例，即可以从原假设中推出期望频数。卡方检验可以判断出观测频数是否充分地接近原假设成立时可能出现的期望频数。

为检验实际分布是否与理论分布（期望分布）一致，可采用卡方统计量，典型的卡方统计量是皮尔逊卡方统计量，其公式为

$$\chi^2 = \sum_{i=1}^{k} \frac{(n_i - np_i)^2}{np_i} \tag{5-1}$$

式中，k 为子集个数；n_i 为第 i 个子集的频数；n 为样本量；p_i 为第 i 个子集的理论频率。

若卡方值较大，则说明期望频数分布与观测频数分布差距较大，没有证据支持原假设；若卡方值较小，则说明期望频数分布与观测频数分布比较接近，不能拒绝原假设。

3. 分析步骤

卡方检验也属于假设检验，具体步骤如下。

☞ 第 1 步 提出原假设。

卡方检验的原假设 H_0 为总体服从某种理论分布，备择假设 H_1 为总体不服从某种理论分布。

☞ 第 2 步 选择检验统计量。

卡方分布选择的是皮尔逊卡方统计量。已证明：当 n 充分大时，皮尔逊卡方统计量近似服从自由度为 k-1 的卡方分布 $\chi^2(k-1)$。

☞ 第 3 步 计算检验统计量的观测值和概率 P 值。

SPSS 会根据式（5-1）自动计算 χ^2 统计值，并依据 χ^2 分布表给出相应的相伴概率 P 值。

☞ 第 4 步 给出显著性水平 α，做出决策。

如果显著性概率 P 值小于显著性水平 α，则拒绝原假设，认为样本来自的总体不服从期望分布；反之，认为样本来自的总体服从期望分布。

☆说明☆

卡方检验过程要求检验变量的数据类型是度量标准为"名义"或"有序"的分类变量。

4. SPSS 实例分析

【例 5-1】 某企业质检负责人想了解企业一年内出现的次品数是否均匀分布在一周的 5 个工作日中，随机抽取了 90 件次品的原始记录，结果如表 5-1 所示，问该企业一周内出现的次品数是否均匀分布在一周的 5 个工作日中（$\alpha = 0.05$）？（参见数据文件 data5-1.sav。）

表 5-1 某企业产品次品抽样数据

工作日	1	2	3	4	5
次品数	25	15	8	16	26

☞ 第 1 步 分析。

由于考虑的是次品数是否服从均匀分布的问题，故用卡方检验。

☞ 第 2 步 数据组织。

建立 SPSS 数据文件，建立两个变量，分别为"工作日""次品数"，录入相应数据并保存。（注意："工作日"字段的类型是度量标准为"有序"或"名义"的字符型或数值型，"次品数"字段的类型是度量标准为"标度"的数值型。）

☞ 第 3 步 "次品数"字段加权处理。

通过分析"工作日"和"次品数"两个字段的含义及度量标准，确定"工作日"为被分析字段，而"次品数"则表示各工作日出现的频数，因此应该对"次品数"进行加权处理。执行"数据"→"个案加权"命令，打开"个案加权"对话框，按图 5-5 进行设置。

☞ 第 4 步 单样本的非参数检验设置。

选择"分析"→"非参数检验"→"单样本"选项，打开"单样本非参数检验"对话框，按下面的步骤进行设置。

（1）在"目标"选项卡中选择"定制分析"单选按钮。

（2）在"字段"选项卡中选择"使用定制字段分配"单选按钮，并将"工作日"字段选入"检验字段"列表框。

（3）在"设置"选项卡中选择"定制检验"单选按钮，并选中"比较实测概率和假设概率（卡方检验）"复选框，"检验选项"及"用户缺失值"选项保持默认设置。

☞ 第 5 步 卡方检验的选项设置。

在图 5-3 中单击"比较实测概率和假设概率（卡方检验）"复选框对应的"选项"按钮，打开"卡方检验选项"对话框，按图 5-6 进行设置。

图 5-5 "个案加权"对话框　　　　图 5-6 "卡方检验选项"对话框

（1）所有类别的概率相等：表示每个分类的期望值都相同，检验变量值服从均匀分布。

（2）定制期望概率：每个分类的期望值是不同的，需要用户自己将计算好的期望值输入"期望概率"列表框。

☞ 第 6 步 运行结果及分析。

完成以上操作后，单击图 5-4 中的"运行"按钮，运行结果如表 5-2 和图 5-7 所示，具体意义分析如下。

表 5-2 所示为假设检验数据摘要表，根据前面的设置，给出了卡方检验的原假设为"工作日的类别以同等概率出现。"，其显著性概率 $P = 0.014 < 0.05$，说明应拒绝原假设，即认为该企业一周内出现的次品数不是均匀分布在一周的 5 个工作日中的。

表 5-2　假设检验数据摘要表

	原假设	检验	显著性[a,b]	决策
1	工作日的类别以同等概率出现。	单样本卡方检验	.014	拒绝原假设。

a. 显著性水平为.050。
b. 显示了渐进显著性。

图 5-7 是实测频率与假设频率对比图，由此可以更直观地看出工作日的次品数不是均匀分布在每一天的，其中星期一和星期五的次品数明显较其他工作日高，工作效率较低。

☆说明☆

如果实际情况不是均匀分布，则必须将分布数列输入"期望概率"列表框，在列表框中自定义期望概率值时，所有的期望概率值相加应该为 1。也可以输入整数值，系统会自动计算输入的每个整数值在所有输入的整数值中所占的比例，并将这个比例值视为所对应每一类别的期望概率值（系统会自动做归一化处理）。

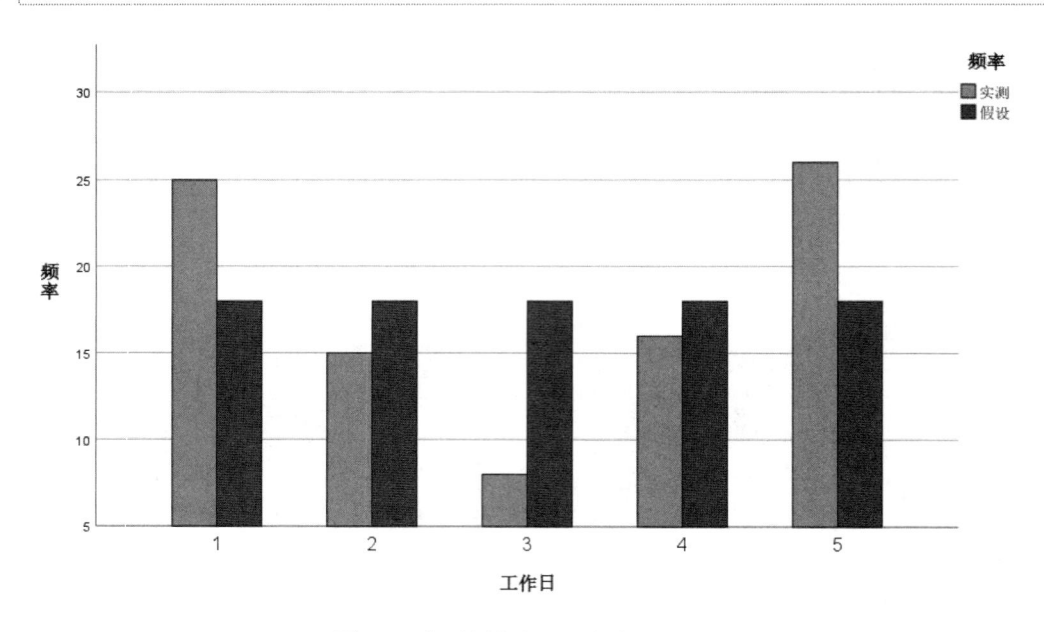

图 5-7　实测频率与假设频率对比图

【例 5-2】　长期以来，一批教员对某一特殊课程所给出的平均成绩等级 A：B：C：D：E 的比例都是 12：18：40：18：12。现有一名新教员，两个学期以来对这门课程给出了 22 个 A、34 个 B、66 个 C、16 个 D 和 12 个 E，如表 5-3 所示，试在显著性水平为 0.05 的前提下确定新教员的评分形式是否与其他人一样。（参见数据文件 data5-2.sav。）

表 5-3　新教员所打成绩等级分布

成绩等级	A	B	C	D	E
人数	22	34	66	16	12

☞ 第 1 步　分析。

由于要判断新教员所打成绩等级分布是否服从其他教员的等级分布，因此采用卡方检验。

☞ 第 2 步　数据组织。

将数据分成两列，一列是成绩等级，其变量名为"grade"；另一列是人数，其变量名为"persons"，输入数据并保存。

☞ 第 3 步　加权设置。

将变量"persons"定义为加权变量，设置方法与例 5-1 类似。

☞ 第 4 步　单样本非参数检验设置。

这里的设置方法与例 5-1 类似，入选为检验字段的是"成绩等级"。

☞ 第 5 步　卡方检验的选项设置。

这里的方法与例 5-1 相同，但在图 5-6 的"选择检验选项"选区中选择"定制期望概率"单选按钮，按图 5-8 进行设置。

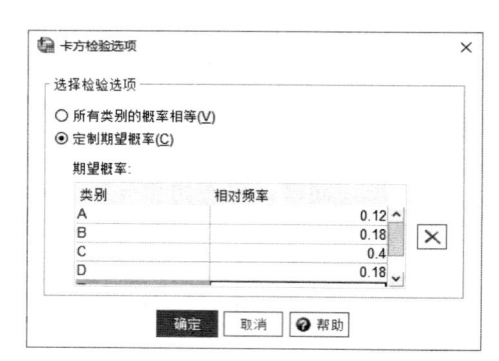

图 5-8　"卡方检验选项"对话框

☞ 第 6 步 主要结果及分析。

完成以上操作后,单击图 5-8 中的"确定"按钮,运行结果如表 5-4 所示,具体意义分析如下。

表 5-4 单样本卡方检验的假设检验结果

	原假设	检验	显著性 a,b	决策
1	成绩等级的类别以指定概率出现。	单样本卡方检验	.066	接受原假设。

a. 显著性水平为.050。
b. 显示了渐进显著性。

表 5-4 所示为单样本卡方检验的假设检验结果,根据前面的设置,给出了卡方检验的原假设"成绩等级的类别以指定概率出现。",即认为新教员给出的成绩等级分布与其他教员相同,其显著性概率 $P=0.066>0.05$,说明应接受原假设,因此表 5-4 给出了"接受原假设。"的决策。

前面讲到,在"非参数检验"的子菜单"旧对话框"中保留了 SPSS 29 之前的低版本的菜单供用户使用,旧对话框的设置和新对话框的区别比较大,下面在例 5-3 中采用旧对话框进行卡方检验。

【例 5-3】 为了调查某校学生对英语的学习态度,抽取部分学生做如下问卷调查:
你认为当前大学生对英语的学习态度如何?
①很好 ②较好 ③一般 ④较差 ⑤很差
调查结果(见表 5-5)(部分数据)直接记录了每名学生的选题编号,请从该调查结果中判断学生的学习态度有无显著性差异。(参见数据文件 data5-3.sav。)

表 5-5 大学生对英语的学习态度调查结果

选题编号	3	1	3	4	4	2	3	2	4	4	…

☞ 第 1 步 分析。

该例实际判断的是学生的选项是否服从均匀分布的问题,故用卡方检验。

☞ 第 2 步 数据组织。

对于表 5-5 的数据组织形式,无法使用前面的新对话框,因为新对话框要求有两个字段(频率数和检验字段),只填一个字段在运行时将会报错。对于此例,要么先重新组织类似表 5-1 的数据,然后加权,用新对话框进行分析;要么直接对该数据用旧对话框进行分析。下面用旧对话框进行分析。

☞ 第 3 步 检验变量设置。

选择"分析"→"非参数检验"→"旧对话框"→"卡方"选项,按图 5-9 进行设置。

(1)"期望范围"选区:用于设定待检验变量的取值范围,在此范围之外的取值将不参与分析。它包含以下两个选项。

① 从数据中获取:表示检验变量的取值范围使用数据文件的最大值和最小值确定的范围。

② 使用指定范围:自行制定检验变量的取值范围,选择该单选按钮后,可在"上限"和"下限"文本框中分别输入取值范围的上限与下限。

(2)"期望值"选区:指定已知总体的各分类构成比。它包含以下两个选项。

① 所有类别相等:设定各类别构成比例相等,即检验的总体是服从均匀分布的。

② 值:用于自行定义类别构成比例,每输入一个值后单击"添加"按钮,系统自动将其输入按钮右边的列表框。注意:输入数值必须大于 0,重复以上操作直到输完。如果在输入中

出现了错误,则可以选中已输入的值,单击"更改"按钮进行修正,或者单击"删除"按钮将其删除,并重新输入。输入值时注意输入顺序一定要与变量递增的顺序一致。

☞ 第 4 步 检验精度设置。

在图 5-9 中单击"精确"按钮,打开"精确检验"对话框并保持默认设置。

☞ 第 5 步 选项设置。

在图 5-9 中单击"选项"按钮,打开"卡方检验:选项"对话框,按图 5-10 进行设置。

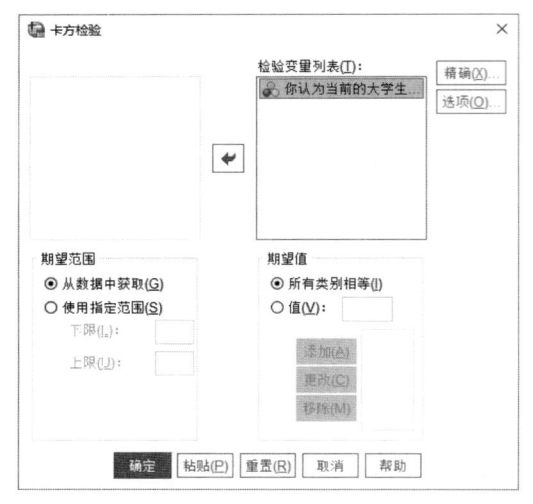

图 5-9 "卡方检验"对话框   图 5-10 "卡方检验:选项"对话框

(1)"统计"选区:如果勾选"描述"和"四分位数"复选框,那么结果将输出平均值、标准差、四分位数等描述统计量。

(2)"缺失值"选区。

① 按检验排除个案:只排除检验变量中含有缺失值的个案。

② 成列排除个案:排除所有含有缺失值的个案。

☞ 第 6 步 主要结果及分析。

完成以上操作后,单击图 5-9 中的"确定"按钮,运行结果如表 5-6 和表 5-7 所示。

表 5-6 大学生对英语的学习态度卡方频率分析表

你认为当前大学生对英语的学习态度如何?			
	实测个案数	期望个案数	残差
1	3	33.4	-30.4
2	8	33.4	-25.4
3	84	33.4	50.6
4	52	33.4	18.6
5	20	33.4	-13.4
总计	167		

表 5-6 中的第二列为学生实际选择的频率,第三列为期望频率,而"残差"列则是第二列与第三列的差值。残差为正,说明实际频率高于期望频率,为负则反之。残差的绝对值越大,表示实际频率和期望频率的差距越大。

表 5-7 大学生对英语的学习态度卡方检验结果

	你认为当前大学生对英语的学习态度如何？
卡方	139.377[a]
自由度	4
渐近显著性	<.001

a. 0 个单元格(0.0%)的期望频率低于 5。期望的最低单元格频率为 33.4。

表 5-7 所示为本次卡方检验的结果。在图 5-9 的"期望值"选区中，选择的是"所有类别相等"单选按钮，即原假设为"各项实际频率为均匀分布"。这里，渐进显著性 P 值小于 0.001，故拒绝原假设，说明大学生对英语的学习态度的 5 个选项的勾选频率与期望值的差异非常显著，即大学生对英语的学习态度有显著性差异。

【例 5-4】 现要比较试验组（药物 A）和对照组（药物 B）对维持人体正常血压值的疗效，总共 180 人，随机分为两组，得到的药物结果数据如表 5-8 所示。

表 5-8 药物结果数据

组别	有效（人）	无效（人）
试验组	97	5
对照组	67	11

提问：试验组药物 A 的有效性与对照组药物 B 的有效性有无明显差别？（参见数据文件 data5-4.sav。）

☞ 第 1 步 分析。

"有效"还是"无效"，这是个问题，更是一个典型的二分类结局指标，我们关注的重点是两种药物治疗后"有效"还是"无效"的分布（或者说有效性）有无差别，因此采用四格表卡方检验，由此组成的 2×2 列联表就是 χ^2 检验中经典的四格表。

四格表卡方检验要求样本量大于 40 且格子中的 4 个格子的理论频数不应小于 5。当样本量大于 40 但 1≤理论频数<5 时，卡方值需要校正；当样本量小于 40 或理论频数小于 1 时，只能用确切概率法计算概率。

☞ 第 2 步 数据组织。

将以上四格表的数据输入软件，包括组别和有效性条件列及频数列。其中，对于组别，1=试验组，2=对照组；对于有效性，0=无效，1=有效，输入数据并保存。

☞ 第 3 步 加权设置。

将变量"频数"定义为加权变量，设置方法与例 5-1 类似。

☞ 第 4 步 卡方检验的选项设置。

（1）选择"分析"→"描述统计"→"交叉表"选项，在弹出的对话框中，将"组别"属性选入"行"列表框，将"有效性"属性选入"列"列表框，如图 5-11 所示。

（3）单击"统计"按钮，在出现的对话框中勾选"卡方"复选框，单击"继续"按钮，如图 5-12 所示。

☞ 第 5 步 主要结果及分析。

完成以上操作后，单击图 5-11 中的"确定"按钮，运行结果如表 5-9 和表 5-10 所示，具体意义分析如下。

图 5-11 "交叉表"对话框　　　　图 5-12 "交叉表:统计"对话框

表 5-9　卡方检验表

	值	自由度	渐进显著性（双侧）	精确显著性（双侧）	精确显著性（单侧）
皮尔逊卡方	4.620[a]	1	.032		
连续性修正[b]	3.554	1	.059		
似然比	4.615	1	.032		
费希尔精确检验				.037	.030
线性关联	4.594	1	.032		
有效个案数	180				

a. 0 个单元格(0.0%)的期望计数小于 5。最小期望计数为 6.93。
b. 仅针对 2×2 表进行计算。

在输出结果中，主要查看卡方检验表和组别*有效性交叉表。首先，读取表 5-9，皮尔逊卡方值为 4.620，对应的显著性 P 值=0.032<0.05，即拒绝原假设，说明原假设"试验组和对照组的有效性不存在显著性差异"不成立，即表明药物 A 和药物 B 的疗效存在显著性差异。

表 5-10　组别*有效性交叉表

		计数		
		有效性		总计
		0	1	
组别	1	5	97	102
	2	11	67	78
总计		16	164	180

其次，可以根据表 5-10 中的数值计算两组的有效性，试验组有效性=97/102≈95.10%，对照组有效性=67/78≈85.90%，说明试验组药物 A 的有效性高于对照组药物 B 的有效性。

5.2.3　二项分布检验

1. 基本概念

现实生活中有很多数据是二值的，如男性与女性、生与死、患病的是与否、产品的合格与不合格等。对于这种情况，从总体中抽取的所有可能结果要么是对立分类中的一类，要么是另一类，通常将这样的二值用 1 和 0 表示。如果进行 n 次相同的试验，则出现两类（1 或 0）的次数可以用离散型随机变量 X 来描述。如果随机变量 X 的值为 1 的概率为 P，则 X 的值为 0 的概率 q 等于 $1-P$，这样的分布为二项分布。

二项分布检验正是通过样本数据来检验样本来自的总体是否服从指定概率为 P 的二项分布的，其原假设 H_0 为样本来自的总体与指定的二项分布无显著性差异。

2．统计原理

二项分布检验在样本量≤30 时，按式（5-2）计算概率值：

$$P\{X \leqslant x\} = \sum_{i=1}^{x} C_n^i p^i q^{n-i} \quad (5\text{-}2)$$

表示 n 次试验中某类出现的次数 ≤ x 的概率。在大样本情况下，计算的是 Z 统计量，认为在原假设下，Z 统计量服从正态分布，其计算公式为

$$Z = \frac{x \pm 0.5 - np}{\sqrt{np(1-p)}} \quad (5\text{-}3)$$

式中，当 x 小于 $n/2$ 时，取加号，反之取减号；p 为检验概率；n 为样本量。

3．分析步骤

二项分布检验也是假设检验问题，其检验步骤同假设检验步骤。SPSS 会自动计算上述精确概率和近似概率值。如果概率值小于显著性水平 α，则拒绝原假设，认为样本来自的总体与指定的二项分布有显著性差异；反之，样本来自的总体与指定的二项分布无显著性差异。

4．SPSS 实例分析

【例 5-5】 有 20 名学生经过新型教学法后，测试成绩如表 5-11 所示，以 90 分及以上为优秀，请检验这 20 名学生的优秀率是否达到了 10%。（参见数据文件 data5-5.sav。）

表 5-11 20 名学生的测试成绩

| 成绩 | 78 | 75 | 84 | 76 | 89 | 93 | 94 | 88 | 95 | 87 | 88 | 73 | 84 | 82 | 80 | 84 | 87 | 91 | 95 | 83 |

☞ 第 1 步 分析。

由于成绩仅分为优秀与非优秀两种状态，而且测试的是优秀率是否达到了 10%，故应用二项分布检验。

☞ 第 2 步 数据组织。

将数据组织成一列，变量名为"成绩"，输入数据并保存。

☞ 第 3 步 单样本非参数检验设置。

选择"分析"→"非参数检验"→"单样本"选项，打开"单样本非参数检验"对话框，按以下步骤进行设置。

（1）在"目标"选项卡中选择"定制分析"单选按钮。

（2）在"字段"选项卡中选择"使用定制字段分配"单选按钮，并将"成绩"字段选入"检验字段"列表框。

（3）在"设置"选项卡中选择"定制检验"单选按钮，并选中"比较实测二元概率和假设二元概率（二项检验）"复选框，"检验选项"及"用户缺失值"选项保持默认设置。

☞ 第 4 步 进行二项分布检验选项设置。

单击"比较实测二元概率与假设二元概率（二项检验）"复选框对应的"选项"按钮，打开"二项选项"对话框，按图 5-13 进行设置。

图 5-13 "二项选项"对话框[①]

该对话框主要由以下几部分组成。

（1）假设比例：指定检验的原假设。输入一个 0.001～0.999 之间的数值，作为待检测的第一组的概率。

（2）定义分类字段的成功值：当检验变量是二元变量时使用。

① 使用在数据中找到的第一个类别：将检验字段中出现的第一个分类作为"成功"组。

② 指定成功值：指定检验字段中的某一个特定分类为"成功"组。

（3）定义连续字段的成功值：当检验变量不是二元变量而是连续变量时使用。

① 样本中点：取样本的中点作为分组标准，小于或等于中点的样本为"成功"组，大于中点的样本为"失败"组。

② 定制分割点：在"分割点"数值框内输入分割点值，系统自动将变量值小于或等于分割点值的样本分为"成功"组，其余为"失败"组。

☞ 第 5 步　主要结果及分析。

按以上步骤设置后，运行二项分布检验，得到的检验结果如表 5-12 所示。

表 5-12　二项分布检验数据摘要

	原假设	检验	显著性 [a,b]	决策
1	成绩<=89 和>89 所定义的类别的出现概率分别为.900 和.100。	单样本二项检验	.043[c]	拒绝原假设。

a. 显著性水平为.050。
b. 显示了渐进显著性。
c. 对于此检验，显示了精确显著性。

表 5-12 所示为二项分布检验数据摘要，给出了二项分布检验的原假设"成绩<=89 和>89 所定义的类别的出现概率分别为.900 和 0.100"，其显著性水平默认设置为 5%，显著性概率 P 值 = 0.043<0.05，因此给出"拒绝原假设。"的决策。

双击输出文件中如表 5-12 所示的二项分布检验数据摘要，打开图 5-14，可以更直观地看

---

① 软件图中的"克洛珀-皮尔森"的正确写法为"克洛珀-皮尔逊"。

出:"成功"组堆积在"失败"组的底部;相对于假设的分布,在实际观察的分布中,成绩>89的学生比例更高一些,但由于其显著性概率低于显著性水平,所以仍不能认为"优秀率达到10%"具有显著性。

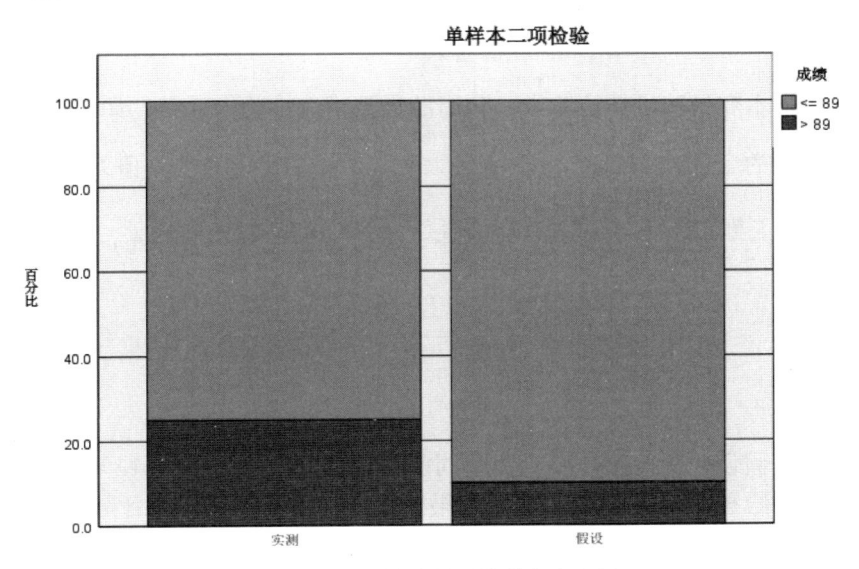

图 5-14 二项检验结果的堆积条形图

☆说明☆

(1)二项分布检验中把检验字段第 1 组的类别称为"成功",把检验字段剩下组的类别称为"失败",因此二项分布检验设置检验字段的成功值即设置检验字段的第 1 个分类组。

(2)这里"优秀"是指变量"成绩"大于或等于 90,因此定义分割点值时不能取 90,而应取 89。在"假设比例"数值框中输入的数值是"成绩"小于或等于 89 的概率,因此应输入 0.9,而不是 0.1。

(3)此例还有另一种求解方法,就是先对变量的原始数据执行"转换"→"重新编码为其他变量"命令,重新赋值产生一个二元变量,然后对这个二元变量进行检验,请读者自己完成。

5.2.4 游程检验

1. 基本概念

一个游程(Run)就是某序列中位于一种符号之前或之后的另一种符号持续的最大主序列,或者说一个游程是指某序列中同类元素的一个持续的最大主集。游程检验(Runs Test)又称变量的随机性检验,主要用于检验一个变量的两个值的分布是否呈随机分布,即检验前一个个案是否影响下一个个案的值,如果没有影响,那么这一组个案便是随机的。对于连续变量的随机性检验,也可转化为只有两个取值的分类变量的随机性检验,其原假设 H_0 为变量值的分布是随机的。

例如,30 次掷硬币出现正反面的序列为 000011100000110000011111100000,如果称连在一起的 0 或连在一起的 1 为一个游程,则此序列共有 4 个 0 游程和 3 个 1 游程,共 7 个游程($R=7$)。可以直观地理解为,如果硬币的正反面出现是随机的,那么在该数据序列中,许多个

1 或 0 出现的可能性将不太大，同时，1 和 0 频繁交叉出现的可能性也会很小。因此，游程数太大或太小都表明变量值存在不随机的现象。

利用游程检验可以对次序统计量进行随机性检验，还可以对不同的两个总体进行显著性检验。

2．统计原理

在 SPSS 单样本变量随机性检验中，利用游程数构造检验统计量。如果设 n_1 为出现 1 的个数，n_2 为出现 0 的个数，那么当 n_1 和 n_2 较大时，游程抽样分布的均值为 $\mu_r = \dfrac{2n_1 n_2}{n_1 + n_2}$，方差为 $\sigma_r^2 = \dfrac{2n_1 n_2 (2n_1 n_2 - n_1 - n_2)}{(n_1 + n_2)^2 (n_1 + n_2 - 1)}$。在大样本条件下，游程近似服从正态分布，即

$$Z = \dfrac{r - \mu_r}{\sigma_r} \tag{5-4}$$

式中，r 为游程数。

3．分析步骤

游程检验也是假设检验问题，检验步骤同前。SPSS 会根据式（5-4）自动计算 Z 统计量，并依据正态分布表给出对应的概率 P 值。如果概率 P 值小于显著性水平 α，则拒绝原假设，认为变量的分布不是随机的，反之则认为变量值的出现是随机的。

4．SPSS 实例分析

【例 5-6】 某股票连续 20 天的收盘价如表 5-13 所示，在显著性水平为 0.05 的条件下，判断此价格是否是随机的？（参见数据文件 data5-6.sav。）

表 5-13　某股票连续 20 天的收盘价　　　　　　　　　　　　　　　单位：元

10.375	11.125	10.875	10.625	11.500	11.625	11.250	11.375	10.750	11.000
10.875	10.750	11.500	11.250	12.125	11.875	11.375	11.875	11.125	11.750

☞ 第 1 步　分析。

由于判断的是价格是否为随机分布，所以可用游程检验对统计量进行随机性检验。该检验的原假设 H_0 为样本是随机的。

☞ 第 2 步　数据组织。

将这些数据组织成一列，变量名为"price"，输入数据并保存。

☞ 第 3 步　单样本非参数检验设置。

选择"分析"→"非参数检验"→"单样本"选项，打开"单样本非参数检验"对话框，按以下步骤进行设置。

（1）在"目标"选项卡中选择"定制分析"单选按钮。

（2）在"字段"选项卡中选择"使用定制字段分配"单选按钮，并将"股价"字段选入"检验字段"列表框或采用默认设置。

（3）在"设置"选项卡中选择"定制检验"单选按钮，并选中"检验序列的随机性（游程检验）"复选框，"检验选项"及"用户缺失值"选项保持默认设置。

☞ 第 4 步　游程检验的选项设置。

在"单样本非参数检验"对话框中单击"检验序列的随机性（游程检验）"复选框对应的"选项"按钮，打开"游程检验选项"对话框，如图 5-15 所示，保持默认设置。

该对话框主要由以下几部分组成。

（1）定义分类字段的组：当检验字段为分类字段时使用。

① 样本中只有 2 个类别：当检验字段为分类字段，且只有 2 个类别时使用，如投硬币时用 0 和 1 分别表示正、反面。

② 将数据重新编码为 2 个类别：当检验字段为分类字段，且有 2 个以上类别时使用，将检验字段中的类别重新定义为 2 个类别。在"定义第一个类别"列表框中输入要定义在新的第一个类别中的多个原有类别值，类别之间用逗号隔开。

如用 1、2、3、4、5 分别表示某件次品是在工作日的哪一天生产的，这是一个分类字段，且该字段超过了 2 个类别。如果将 5 个类别重新编码，则原有的 1、2 为一个类别，3、4、5 为另一个类别，这样便将原有的 5 个类别重新定义为了 2 个类别。

图 5-15　"游程检验选项"对话框

（2）定义连续字段的分割点：当检验字段为连续字段时设置分割点值。

① 样本中位数：以样本的中位数为分割点值。

② 样本平均值：以样本的平均值为分割点值。

③ 定制：用户自定义分割点值。

④ 分割点：选中"定制"单选按钮后才可使用，在对应的数值框中输入自定义的分割点值。

本例中的数据为连续数据，以样本中位数为分割点，将各样本值重新编码为 0 或 1 的有 2 个类别的数据序列。

☞ 第 5 步　主要结果及分析。

完成以上操作后，单击图 5-3 中的"运行"按钮，运行结果如表 5-14 所示，具体意义分析如下。

表 5-14 所示为单样本游程检验的数据摘要，给出了本例游程检验的原假设"股价<=11.250 和>11.250 所定义的值序列是随机序列。"，其显著性水平为 0.05，显著性概率 P 值=0.041<0.05，因此给出"拒绝原假设。"的决策，认为由股价≤11.250 和>11.250 所定义的值序列不是随机序列。

表 5-14　单样本游程检验的数据摘要

	原假设	检验	显著性 [a,b]	决策
1	股价<=11.250 和>11.250 所定义的值序列是随机序列	单样本游程检验	.041	拒绝原假设。

a. 显著性水平为.050。
b. 显示了渐进显著性。

双击输出文件中如表 5-14 所示的单样本游程检验的数据摘要，打开图 5-16，显示了游程检验的结果，其中检验统计量为 6.000，标准误差为 2.153，显著性概率 P 值为 0.041，图表显示了以垂直线标记观察到的游程数的正态分布。

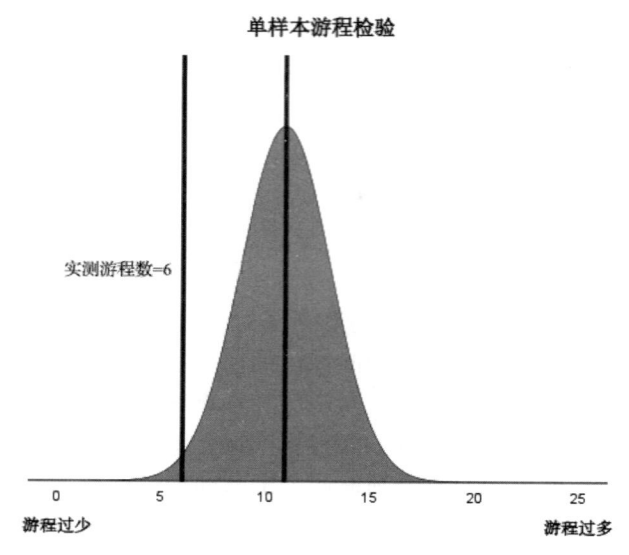

图 5-16 游程检验结果图 1

☆说明☆

（1）这种题检验的过程是先以中位数为标准，将这 20 个数分成由 0 和 1 组成的序列，小于中位数的为 0，大于或等于中位数的为 1，此时该序列为 00001111000011111101，SPSS 是根据这个序列求出其中的游程后做检验的。

（2）上例的分割点选择的是中位数，也可选择均值或众数，请读者自己完成。

【例 5-7】 用甲、乙两台机床生产同一型号的滚珠，今从甲、乙两台机床生产的滚珠中分别抽取 8 个和 7 个，测得的直径数据如表 5-15 所示，问这两台机床生产的滚珠在显著性水平为 0.05 的条件下是否有差别？（参见数据文件 data5-7.sav。）

表 5-15 两台机床生产滚珠的直径数据　　　　　　　　　　　　　　　单位：mm

机床甲	9.9	9.6	10	9.6	9.8	10.1	9.5	9.7
机床乙	9.3	9.4	10.2	10.2	10.1	9.7	9.4	—

☞ 第 1 步　分析。

由于不知道两台机床生产的滚珠直径的分布，所以本问题相当于检验原假设 H_0 "两个总体（机床甲和机床乙）有相同的分布"，用游程检验可以处理这个问题，对不同的两个总体进行显著性检验。

☞ 第 2 步　数据组织。

分成两列数据，其一是所有滚珠的直径，变量名为"diameter"；其二是机床，变量名为"machine"（变量值 1 表示机床甲，2 表示机床乙），度量标准为"序号"，输入数据并保存。

☞ 第 3 步　数据排序。

执行"数据"→"个案排序"命令，打开"个案排序"对话框，选择变量"diameter"，移入"排序依据"列表框，按照升序排序。

☞ 第 4 步　单样本非参数检验设置。

选择"分析"→"非参数检验"→"单样本"选项，打开"单样本非参数检验"对话框，按以下步骤进行设置。

(1) 在"目标"选项卡中选择"定制分析"单选按钮。

(2) 在"字段"选项卡中选择"使用定制字段分配"单选按钮,并将"机床"字段选入"检验字段"列表框。

(3) 在"设置"选项卡中选择"定制检验"单选按钮,并选中"检验序列的随机性(游程检验)"复选框,"检验选项"及"用户缺失值"选项保持默认设置。

☞ 第 5 步　游程检验的选项设置。

在图 5-3 中单击"检验序列的随机性(游程检验)"复选框对应的"选项"按钮,打开"游程检验选项"对话框,因为检验字段"机床"的度量标准为"序号",且"机床"字段中仅有 2 个类别"1"和"2",故选择"定义分类字段的组"选区中的"样本中只有 2 个类别"单选按钮,设置结果同图 5-15。

☞ 第 6 步　主要结果及分析。

完成以上操作后,单击图 5-3 中的"运行"按钮,运行结果如表 5-16 所示,具体意义分析如下。

表 5-16 所示为单样本游程检验的假设检验数据摘要,给出了本例游程检验的原假设"机床=(2)和(1)所定义的值序列是随机序列。",即原假设认为两机床生产的滚珠无显著性差异。本例的显著性水平为 0.05,显著性概率 P 值 = 0.110 > 0.05,因此,给出"保留原假设。"的决策,认为两机床生产的滚珠无显著性差异。

表 5-16　单样本游程检验的假设检验数据摘要

	原假设	检验	显著性 [a,b]	决策
1	机床= (2)和(1)所定义的值序列是随机序列。	单样本游程检验	.110	保留原假设。

a. 显著性水平为.050。
b. 显示了渐进显著性。

双击输出文件中如表 5-16 所示的单样本游程检验的假设检验数据摘要,打开如图 5-17 和表 5-17 所示的游程检验结果图/表,具体分析同例 5-5。

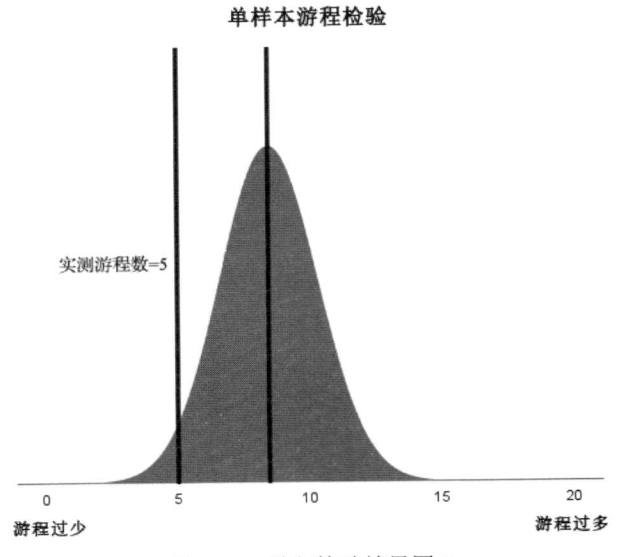

图 5-17　游程检验结果图 2

表 5-17 游程检验结果表

总计 N	15
检验统计	5.000
标准误差	1.857
标准化检验统计	-1.597
渐进显著性（双侧检验）	.110

☆说明☆

本题在"单样本"菜单中检验两样本总体的差异：假设容量为 m 和 n 的两个样本，其元素分别为 $a_1, a_2, \cdots, a_m$ 及 $b_1, b_2, \cdots, b_n$，为了判断两个样本是否取自同一个总体，首先合并两个样本，并排序，使其成为一个递增序列，序列长度为 $m+n$；再检验序列是否是随机的，若序列是随机的，则可知两个样本间不存在显著性差异，即它们来自同一个总体，否则来自不同的总体。

5.2.5 K-S 检验

1．基本概念

K-S 检验利用样本数据推断样本来自的总体是否服从某一指定分布，是一种拟合优度的检验方法，适用于探索连续性随机变量的分布。

单样本 K-S 检验可以将一个变量的实际频数分布与正态分布、均匀分布、泊松分布和指数分布进行比较。

2．统计原理

单样本 K-S 检验的原假设 H_0 为样本来自的总体与指定的理论分布无显著性差异，其检验的基本思路是：首先，在原假设成立的前提下，查分布表得到相应的理论累计概率分布函数 $F(x)$；其次，利用样本数据计算各样本数据点的累计概率，得到检验累计概率分布函数 $S(x)$；再次，计算 $F(x)$ 和 $S(x)$ 的差值序列 $D(x)$；最后，计算差值序列中的最大绝对差值，即 $D = \max(|S(x_i) - F(x_i)|)$。显而易见，如果样本总体的分布与理论分布差异不明显，则 D 不应该较大；否则样本总体的分布与理论分布差异较大。

3．分析步骤

单样本 K-S 检验也是假设检验问题，SPSS 会自动计算 $\sqrt{n}D$ 统计量（这是大样本下的统计量）的显著性概率 P 值。如果 P 小于显著性水平 α，则应拒绝原假设，认为样本来自的总体与指定的分布有显著性差异；如果 P 大于显著性水平 α，则应接受原假设，认为样本来自的总体与指定的分布无显著性差异。

4．SPSS 实例分析

【例 5-8】 在一批相同型号的电子元件中随机抽取 10 个做寿命试验，测得它们的使用寿命（单位：h）如下：420、500、920、1380、1510、1650、1760、2100、2320、2350。检验在显著性水平 $\alpha = 0.05$ 的条件下，该批电子元件的寿命是否服从指数分布。（参见数据文件 data5-8.sav。）

☞ 第 1 步 分析。

由于是检验样本来自的总体是否服从指数分布的问题，故应该用单样本 K-S 检验。

☞ 第 2 步 数据组织。

将以上寿命数据设置为一列，变量名为"life"，标签为"寿命"，将以上数据输入并保存。

第 5 章 非参数检验

☞ 第 3 步 单样本非参数检验设置。

选择"分析"→"非参数检验"→"单样本"选项，打开"单样本非参数检验"对话框，按以下步骤进行设置。

（1）在"目标"选项卡中选择"定制分析"单选按钮。

（2）在"字段"选项卡中选择"使用定制字段分配"单选按钮，并将"寿命"字段选入"检验字段"列表框，系统将对"寿命"字段进行相应的检验。

（3）在"设置"选项卡中选择"定制检验"单选按钮，并选中"检验实测分布和假设分布（柯尔莫戈洛夫-斯米诺夫检验）"复选框，"检验选项"及"用户缺失值"选项保持默认设置。

☞ 第 4 步 K-S 检验的选项设置。

在图 5-3 中单击"检验实测分布和假设分布（柯尔莫戈洛夫-斯米诺夫检验）"复选框对应的"选项"按钮，打开"柯尔莫戈洛夫-斯米诺夫检验选项"对话框，按图 5-18 进行设置。

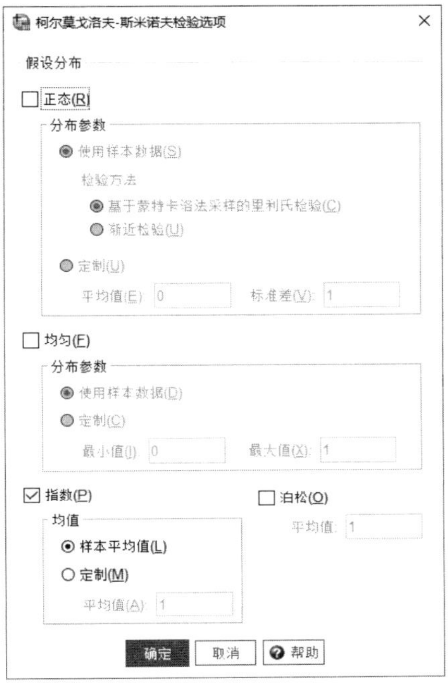

从图 5-18 中可以看出，K-S 检验可以检验正态分布、均匀分布、泊松分布和指数分布，在每种分布的设置中，需要设置其分布参数或平均值，可以使用样本数据，也可以自己定制。

本例中检验的是"样本来自的总体是否服从指数分布"问题，因此选择指数假设分布，并且选择样本平均值作为指数分布的平均值。

图 5-18 "柯尔莫戈洛夫-斯米诺夫检验选项"对话框

☞ 第 5 步 运行结果及分析。

完成以上操作后，单击图 5-3 中的"运行"按钮，运行的主要结果如表 5-18 和表 5-19 所示，具体意义分析如下。

表 5-18 所示为单样本 K-S 检验摘要表，给出了本例 K-S 检验的原假设"寿命的分布为指数分布，均值为 1491."，其显著性水平为 0.05，显著性概率 P 值 = 0.086> 0.05，因此给出"保留原假设。"的决策，即认为寿命的分布服从指数分布。

表 5-18 单样本 K-S 检验摘要表

	原假设	检验	显著性[a]	决策
1	寿命的分布为指数分布，均值为 1491。	单样本柯尔莫戈洛夫-斯米诺夫检验	.086	保留原假设。

a. 显著性水平为.050。基于 10000 蒙特卡洛样本且起始种子为 299883524 的里利氏法。

表 5-19 所示为单样本 K-S 指数检验摘要表，可以看出，显示总数为 10 个同类型的电子元件；"最极端差值"表示样本数据与理论数据的最大差值，最大绝对值之差为 0.304，最大正差值为 0.207，最大负差值为-0.304，最大正、负差值的大小可以判别理论分布与经验分布的差距，为计算检验统计量提供了直观的分析；"检验统计"为 K-S 正态统计量的值，这里为 0.304；"蒙特卡洛显著性（双侧检验）"的下限值为 0.079，上限值为 0.093，大于给定的显著性水平

0.05，因此应接受原假设，认为这 10 个电子元件的使用寿命分布与指数分布无显著性差异，即这 10 个电子元件的寿命服从指数分布。

表 5-19　单样本 K-S 指数检验摘要表

	总计 N		10
最极端差值	绝对		.304
	正		.207
	负		-.304
	检验统计		.304
蒙特卡洛显著性（双侧检验）[a]	显著性		.086
	99%置信区间	下限	.079
		上限	.093

a. 基于 10000 蒙特卡洛样本且起始种子为 299883524 的里利氏法。

5.3　独立样本非参数检验

5.3.1　基本概念及统计原理

1．基本概念

独立样本非参数检验通过对两组或多组独立样本的分析推断来自两个或多个总体的分布是否存在显著性差异。之所以称它为非参数检验，是因为检验过程不需要已知总体的分布，也不需要已知总体的参数。

2．统计原理

SPSS 提供了多种独立样本非参数检验方法，主要包括曼-惠特尼 U 检验、柯尔莫戈罗夫-斯米尔诺夫（2 个样本）检验、检验序列的随机性检验（针对 2 个样本的瓦尔德-沃尔福威茨检验）、摩西极端反应（2 个样本）检验、克鲁斯卡尔-沃利斯单因素 ANOVA 检验（k 个样本）、中位数检验（k 个样本）、有序备用项检验（针对 k 个样本的约克海尔-塔帕斯特拉检验），前 4 种检验是针对 2 个独立样本的非参数检验，后 3 种检验是针对 k 个独立样本的非参数检验。

（1）曼-惠特尼 U 检验。

曼-惠特尼 U 检验即 Mann-Whitney U 检验，也称为威尔科克森（Wilcoxon W）等级之和检验，是一种检验平均秩的差的检验，可用来检验两个独立样本是否来自同一个总体。它是能力最强的非参数检验之一，在用该法进行检验时，首先将两个样本混合在一起，并对所有个案做升序排列，计算样本 1 的每个观测值大于样本 2 的每个观测值的次数，再计算样本 2 的每个观测值大于样本 1 的每个观测值的次数，分别用 U_1 和 U_2 表示，若 U_1 和 U_2 比较接近，则说明两个样本是来自相同分布的总体；若 U_1 和 U_2 差异较大，则说明两个样本来自不同的总体。检验的样本数据要求是连续的数据。

（2）柯尔莫戈罗夫-斯米尔诺夫（2 个样本）检验。

对于柯尔莫戈罗夫-斯米尔诺夫（K-S）检验，5.2 节中进行了单样本 K-S 检验，这里用该方法检验两个样本秩分累计频数和累计频率的差异。要计算两个样本的秩分累计频数和每个点上的累计频数，首先将两个样本的累计频率相减，得到一组差值序列，然后通过检验该差值序列总的大小来检验两个独立样本分布的差异性。检验的样本数据要求是比率数据，如果数据文件中的数据不是比率数据,那么 SPSS 将视其为比率数据。

(3)检验序列的随机性检验(针对 2 个样本的瓦尔德-沃尔福威茨检验)。

检验序列的随机性检验即 Wald-Wolfwitz Runs 检验,简称 W-W 游程检验,是一种对两个样本秩分进行排列的游程检验。两个独立样本的游程检验与单样本游程检验的基本思想是一致的,不同之处在于如何得到游程数据,其方法是首先将两个独立样本的各个个案依据其分组号分别用"0"和"1"进行编号("0"表示第一个,"1"表示第二个);然后混合成为一个样本,并按每个个案观测值从小到大的顺序将个案重新排列;最后按每个个案分组的编号计算游程数。通过对该序列游程的检验,判断两个样本是否来自同一个总体。如果游程数相当大,则说明两个样本的排列是随机的,它们之间的大小是交叉出现的,即可认为两个样本来自同一个总体;反之,如果游程数太小,则两个样本不来自同一个总体。

(4)摩西极端反应检验(2 个样本)。

摩西极端反应检验即 Moses Extreme Reaction 检验。该检验将两个样本混合后排序,求出全部数据的秩分变量,以一个样本为控制样本,另一个样本为实验样本,以控制样本做对照,检验实验样本是否存在极端反应。首先将两个样本混合并按升序排列,然后找出控制样本最低秩和最高秩之间(跨度)所包含的实验样本的个案数。为控制极端值对分析结果的影响,也可以先去掉样本的两个极端的观测值后求跨度。如果跨度很小,则表明两个样本无法充分混合,可以认为实验样本存在极端反应。检验的样本数据要求是连续的数据。

(5)克鲁斯卡尔-沃利斯单因素 ANOVA 检验(k 个样本)。

克鲁斯卡尔-沃利斯单因素 ANOVA 检验即 Kruskal-Wallis H 检验。该检验用来检验 k 个独立样本是否来自不同总体,若这 k 个样本服从相同的分布,则在样本量不太小的情况下,式(5-5)所表示的统计量 H 服从自由度为 $k-1$ 的 χ^2 分布:

$$H = \frac{12}{N(N+1)} \sum_{j=1}^{k} \frac{R_i^2}{n_j} - 3(N+1) \tag{5-5}$$

式中,k 为样本数;n_j 为第 j 个样本中的个案数;N 为所有样本的个案数;R_j 为第 j 个样本(列)中的秩和。该检验是 Mann-Whitney U 检验的推广,它不要求数据服从正态分布,因此在一定情况下可以代替 F 检验。

(6)中位数检验(k 个样本)。

中位数检验即 Median 检验。该检验用来检验 k 个独立样本是否来自同一个总体,或者来自具有相同中位数的一些总体,进行检验时,根据式(5-6)计算统计量 χ^2 值:

$$\chi^2 = \sum_{i=1}^{r} \sum_{j=1}^{k} \frac{(O_{ij} - E_{ij})^2}{E_{ij}} \tag{5-6}$$

式中,O_{ij} 为第 j 列第 i 行的个案数;E_{ij} 为假设成立时第 j 列第 i 行的个案数。如果 k 个独立样本来自同一个总体,则统计量近似服从自由度为 $k-1$ 的 χ^2 分布。当个案具有很多相同等级或数据具有二分特性时,用该检验方法较为合适。

(7)有序备用项检验(针对 k 个样本的约克海尔-塔帕斯特拉检验)。

有序备用项检验即 Jonckheere-Terpstra 检验,它与 Mann-Whitney U 检验相似,也用来计算一个样本观测值小于其他样本观测值的个数,其统计公式为

$$J - T = \sum_{i<k} U_{ij} \tag{5-7}$$

式中，U_{ij} 为第 i 个样本观测值小于第 j 个样本观测值的个数。

3．分析步骤

独立样本非参数检验同样属于假设检验问题，如果所计算的显著性概率 P 值小于显著性水平 α，则应拒绝原假设（H_0 假设：几个样本所来自的独立分布总体无显著性差异），认为几个样本来自同一个总体；否则应拒绝原假设，认为几个样本所来自的独立分布总体有显著性差异，即不是同一分布。

5.3.2 SPSS 实例分析

【例 5-9】 某公司希望了解两种品牌汽油 A 和 B 每加仑（1 加仑≈3.79L）的行驶里程是否有区别，表 5-20 是两种品牌汽油每加仑的行驶里程数，在显著性水平 α = 0.05 的条件下判断两种品牌汽油是否存在显著性差异。（参见数据文件 data5-9.sav。）

表 5-20　两种品牌汽油每加仑的行驶里程数　　　　　　　　单位：英里

A	30.4	28.7	29.2	32.5	31.7	29.5	30.8	31.1	30.7	31.8
B	33.5	29.8	30.1	31.4	33.8	30.9	31.3	29.6	32.8	33.0

注：1 英里（mile）=1609.344m。

☞ 第 1 步　分析。

由于是两种品牌的汽油，所以可以认为是两组独立样本，但行驶里程数不知道服从何种分布，可用两独立样本的非参数检验进行分析。

☞ 第 2 步　数据组织。

由于独立样本非参数检验所检验的数据只有一列，故应将 A、B 数据组织成一列，其变量名为"mileage"，定义其度量标准为"度量"，角色为"目标"；另外定义一列来区分 A 和 B，作为分组变量，变量名为"kind"，度量标准为"序号"，角色为"输入"，设置该字段的值标签用 1 表示 A 的数据，用 2 表示 B 的数据，设置"milege"及"kind"字段的标签分别为"行驶里程"及"汽油品种"，将数据输入并保存。

☞ 第 3 步　进行独立样本非参数检验设置。

选择"分析"→"非参数检验"→"独立样本"选项，打开"非参数检验：两个或两个以上的独立样本"对话框。该对话框包括 3 个选项卡，具体设置如下。

（1）"目标"选项卡：设置独立样本非参数检验的目标，每个目标对应"设置"选项卡中的一个不同的默认设置。本例按图 5-19 进行设置。

① 在各个组之间自动比较分布：根据文件中的数据选择 2 个样本或 k 个样本对应的检验自动比较不同组间的分布。选择此单选按钮，"设置"选项卡中默认选择"根据数据自动选择检验"单选按钮。

② 在各个组之间比较中位数：自动用 k 个样本中位数检验比较不同组间的中位数。选择此单选按钮，"设置"选项卡中默认选择"在各个组之间比较中位数"选区中的"中位数检验（k 个样本）"复选框。

③ 定制分析：允许在"设置"选项卡中对执行的检验及其选项重新进行设置。

图 5-19 "目标"选项卡

（2）"字段"选项卡：用于设定待检验变量。具体设置如图 5-20 所示。

其中，"使用预定义角色"及"使用定制字段分配"单选按钮与单样本非参数检验中的含义相同。

因为独立样本非参数检验针对的是多组（2 组或 k 组）独立样本，在进行数据组织时，将多个样本组织在同一字段中，另增加一分组字段，所以，在具体设置中将增加的分组字段移入图 5-20 中的"组"列表框。

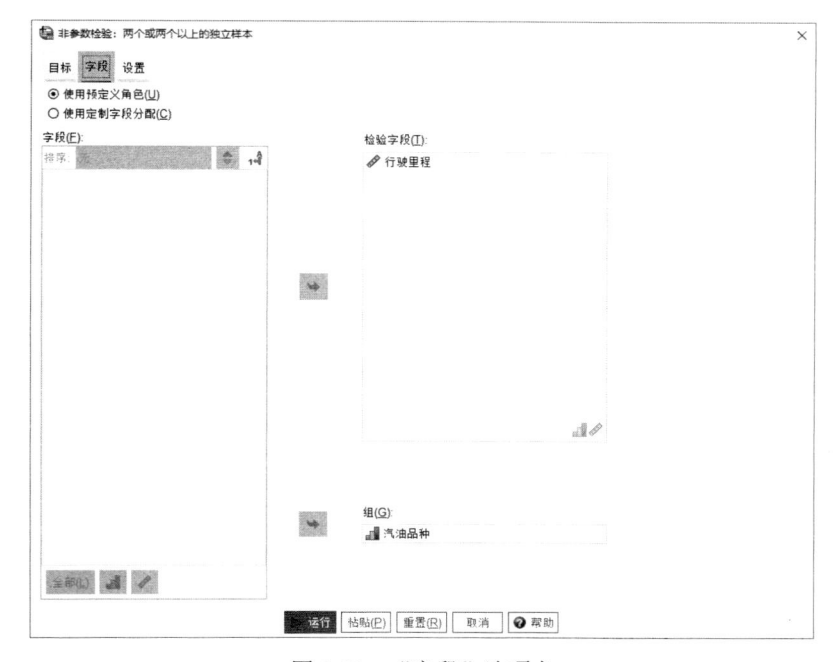

图 5-20 "字段"选项卡

（3）"设置"选项卡：用于设定检验方法及其对应的属性，具体设置如图 5-21 所示。

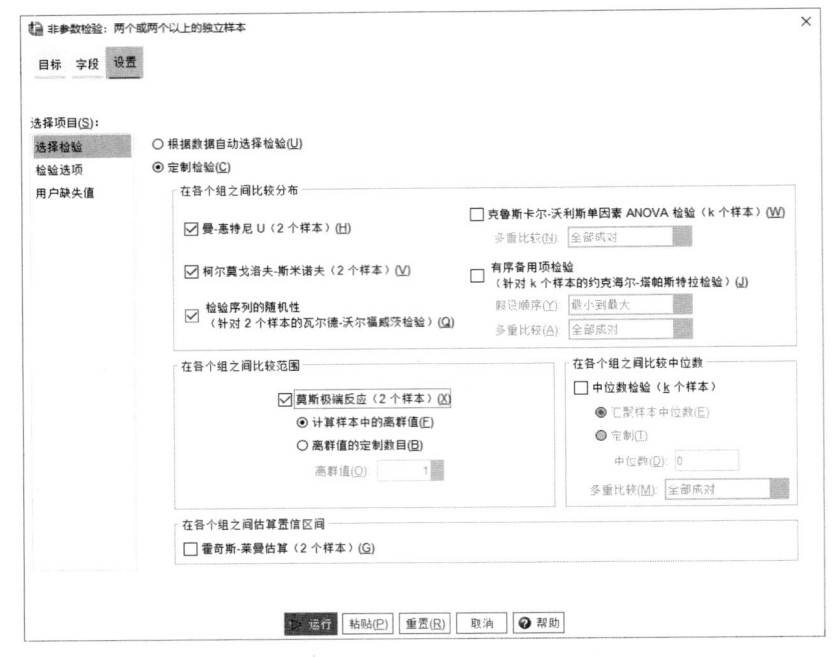

图 5-21 "设置"选项卡

① 根据数据自动选择检验：当待检验变量是具有两个不同取值的分类变量时，将用两独立样本非参数检验；对具有多个不同取值的分类变量，将用 k 独立样本非参数检验，并结合"目标"选项卡的设置自动选择具体的检验方法。

② 定制检验：允许手动设置要执行的待定检验。本例的待检验变量只有两个不同的分类，故采用两独立样本非参数检验方法，将 4 种检验方法都选上，表示分别用以上 4 种方法做检验。

☞ 第 4 步 主要结果及分析。

完成以上操作后，单击图 5-21 中的"运行"按钮，运行结果如表 5-21 和表 5-22 所示，具体意义分析如下。

表 5-21 所示为两独立样本非参数假设检验摘要表，因为在"设置"选项卡中选择了 4 种检验方法，所以此表列出了 4 种检验方法的摘要。这里主要分析曼-惠特尼 U 检验，其他检验的分析类似。

表 5-21 两独立样本非参数假设检验摘要表

	原假设	检验	显著性 [a,b]	决策
1	在汽油品种的类别中，行驶里程的分布相同。	独立样本瓦尔德-沃尔福威茨游程检验	.128[c]	保留原假设。
2	在汽油品种的类别中，行驶里程的范围相同。	独立样本莫斯极端反应检验	.500[c]	保留原假设。
3	在汽油品种的类别中，行驶里程的分布相同。	独立样本曼-惠特尼 U 检验	.165[c]	保留原假设。
4	在汽油品种的类别中，行驶里程的分布相同。	独立样本柯尔莫戈洛夫-斯米诺夫检验	.400	保留原假设。

a. 显著性水平为.050。
b. 显示了渐进显著性。
c. 对于此检验，显示了精确显著性。

由表 5-21 可知，因为显著性水平为 0.05，而显著性概率 P 值 = 0.165 > 0.05，所以接受原假设，可以得知两种品牌汽油每加仑的行驶里程无显著性差异。

表 5-22 所示为独立样本曼-惠特尼 U 检验摘要表，可以看出，曼-惠特尼 U 的统计量值等于 69.000；威尔科克森 W 的统计量值为 124.000；标准误差为 13.229；标准化检验统计量为 1.436；双侧检验的相伴概率为 0.151，大于 0.05，说明两种品牌汽油无显著性差异；精确检验的显著性概率为 0.165，也说明两种品牌汽油无显著性差异。

表 5-22 独立样本曼-惠特尼 U 检验摘要表

总计 N	20
曼-惠特尼 U	69.000
威尔科克森 W	124.000
检验统计	69.000
标准误差	13.229
标准化检验统计	1.436
渐进显著性（双侧检验）	.151
精确显著性（双侧检验）	.165

☆说明☆

以上 4 种方法均为两独立样本非参数检验方法，从例 5-8 分析的结果来看，检验结果是一致的，都说明两种品牌汽油无显著性差异。当然，对于有些数据，4 种方法得到的结论可能不一致，这就应根据不同的领域选择该领域通用的处理方法来分析。

5.4 相关样本非参数检验

5.4.1 基本概念及统计原理

1. 基本概念

相关样本非参数检验在对总体分布不了解的情况下，对样本所在的相关成对总体的分布是否存在显著性差异进行检验。该检验一般用于对同一研究对象（或成对对象）分别给予 k 种不同的处理或处理前后的效果比较，前者推断 k 种效果有无显著性差异，后者推断某种处理是否有效。例如，5 个人同时分析同一种物质中某种化学成分的含量，使用两台台秤称 N 件物品的质量，一批运动员训练前和训练后的成绩比较等。

相关样本非参数检验对单个总体的分布不做要求，但必须是成对数据，通过比较对应样本观测值之间的差异来检验总体的差异。

在 SPSS 中，相关样本非参数检验包括威尔科克森匹配对符号秩检验、符号检验、麦克尼马尔检验和边际齐性检验、傅莱德曼双因素按秩 ANOVA 检验、肯德尔协同系数检验和柯克兰 Q 检验，前 4 种检验是针对两相关样本的非参数检验，后 3 种检验是针对 k 相关样本的非参数检验。

2. 统计原理

（1）威尔科克森匹配对符号秩检验：Wilcoxon 符号平均秩检验。该检验方法要求检验变量为两个连续变量，首先将一个样本观测值减去另一个样本相应的观测值，记下差值的符号和绝对值，将绝对值按升序排列，给出秩分；然后分别计算正值秩分的平均值及总和、负值秩分的平均值及总和。比较正值秩分和负值秩分的平均值与总和的差异，计算公式为

$$Z = \frac{T - \mu_T}{\sigma_T} \tag{5-8}$$

式中，T 为检验统计量；$\mu_T = \frac{n(n+1)}{4}$；$\sigma_T = \sqrt{\frac{n(n+1)(2n+1)}{24}}$（$n$ 为样本量）。

(2) 符号检验：Sign 检验。该检验对不适合用定量测量而需要将每一对数据分出等级的测量最为适用，测量特征是用正、负号而不是用定量测量。符号检验将两个样本中对应的观测值相减，分别得出正差值和负差值，比较正差值和负差值的个数的差异。这是一种针对正、负差值的二项分布检验。

(3) 麦克尼马尔检验：McNemar 检验，也称为变量显著性检验。该检验用于检验变量前后变化的显著性，要求数据是二分变量，基本方法采用二项分布检验。它通过两个样本前后变化的频率计算二项分布的概率值，使用 χ^2 值判断两相关样本前后变化的差异。

(4) 边际齐性检验：Marginal Homogeneity 检验，也称为边缘一致性检验。该检验是对 McNemar 检验的推广。它检验的两个数据变量不再为二分变量，而可以是多值的分类变量，方法是对先后测量的两相关样本进行卡方检验。

(5) 傅莱德曼双因素按秩 ANOVA 检验：Friedman 双向等级方差分析，将各样本从大到小并排排序，得到 k 个样本的 k 列数据，然后对每行的 k 个观测值求秩分，通过各样本的总秩分和平均秩分判断各样本分布是否存在显著性差异，其计算公式为

$$\chi^2 = \frac{12}{bk(k+1)} \sum_{i=1}^{k} \left(R_i - \frac{b(k+1)}{2} \right)^2 \tag{5-9}$$

式中，b 表示样本观测值的数目；k 表示样本个数；R_i 表示第 i 个样本的总秩分。

(6) 肯德尔协同系数检验：Kendall's W 检验。该检验用于计算协同系数 W，以分析 k 个相关样本是否来自同一个总体或具有相同的分布。W 值介于 0 和 1 之间，$W=0$ 表明极度不一致，$W=1$ 表明完全一致。Kendall's W 检验的样本必须是定序变量。

与 Friedman 双向等级方差分析一样，它先对每个样本的 k 个观测值求秩分，然后计算各个变量的平均秩分，并由此计算 W 值及其相应的 χ^2 值。

(7) 柯克兰 Q 检验：Cochran's Q 检验，也称为 Cochran 二分变量检验。该检验计算 Cochran Q 系数，以分析 k 个相关样本是否来自同一个总体或具有相同分布。该检验是 McNemar 检验的推广，检验的变量应该是二分变量（如"是"或"否"），用于检验多个二分变量取值的分布是否相同。

3. 分析步骤

相关样本非参数检验同样属于假设检验问题，如果所计算的显著性概率 P 值小于显著性水平 α，则应拒绝原假设（H_0 假设：几个样本来自的独立分布总体无显著性差异），认为几个样本来自同一个总体；否则应拒绝原假设，认为几个样本来自的独立分布总体有显著性差异，即不是同一分布。

5.4.2 SPSS 实例分析

【例 5-10】 某企业提出了一项新工艺，为了检验新工艺是否能降低单位成本，随机抽取 16 名工人，分别用新、旧工艺生产产品，测得单位成本数据如表 5-23 所示，请在显著性水平为 0.05 的条件下检验新工艺是否降低了单位成本？（参见数据文件 data5-10.sav。）

第 5 章 非参数检验

表 5-23 单位成本数据 单位：元

new	25	12	14	22	21	17	22	16	17	18	19	24	22	15	22	23
old	18	17	16	19	24	19	28	18	22	24	22	30	25	20	24	21

☞ 第 1 步 分析。

由于是同一批工人和同一批机器，只不过是采用新、旧不同的两种工艺，所以对某工人来讲，其先后的成本是相关的；同时不知道数据的分布情况，故应用两相关样本非参数检验。

☞ 第 2 步 数据组织。

将数据分成两列，第一列为新工艺的成本，变量名为"new"，定义其度量标准为"度量"，角色为"两者都"；第二列为旧工艺的成本，变量名为"old"，定义其度量标准为"度量"，角色为"两者都"，将数据输入并保存。

☞ 第 3 步 进行相关样本非参数检验设置。

选择"分析"→"非参数检验"→"相关样本"选项，打开"非参数检验：两个或两个以上的相关样本"对话框，该对话框包括 3 个选项卡，具体设置如下。

（1）"目标"选项卡：用于设置相关样本非参数检验的目标，每个目标对应"设置"选项卡中一种不同的默认设置，本例中选择"定制分析"单选按钮。

① 自动比较实测数据和假设数据：自动根据数据文件中的数据选择不同的检验方法。

② 定制分析：允许在"设置"选项卡中对执行的检验及其选项进行调控。

（2）"字段"选项卡：用于设定待检验变量，其中"使用预定义角色"及"使用定制字段分配"单选按钮与单样本非参数检验中的含义相同，这里可以使用默认设置，即选择"使用预定义角色"单选按钮。

（3）"设置"选项卡：用于设定检验方法及其对应的属性。本例具体设置如图 5-22 所示。

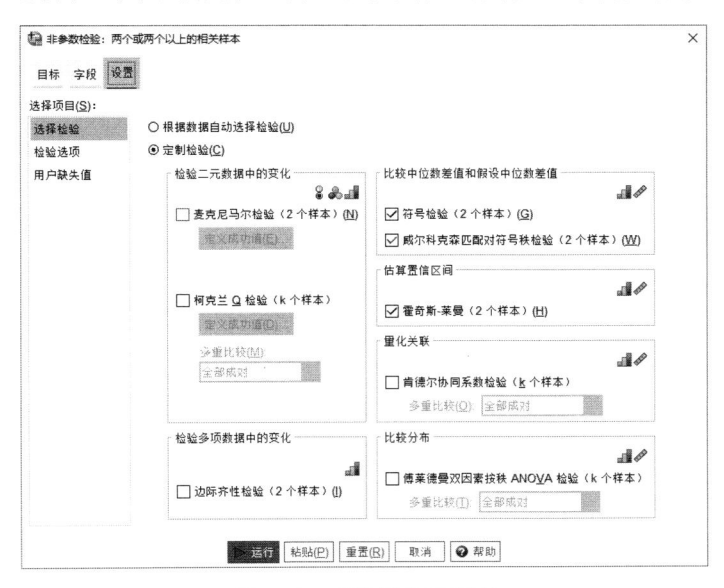

图 5-22 "设置"选项卡

① 根据数据自动选择检验：根据待检验变量的度量标准、个数并结合"目标"选项卡中的设置，自动选择对应的检验方法。当待检验变量为两个时，若为分类变量则用麦克尼马尔检验，若为连续变量则用威尔科克森匹配对符号秩检验；当待检验变量超过两个时，若为分类变量则

用柯克兰 Q 检验，若为连续变量则用肯德尔协同系数检验及傅莱德曼双因素按秩 ANOVA 检验。

② 定制检验：允许手动设置要执行的检验。选中要执行的检验，运行后，在输出结果中可看到对应的检验结果，每种检验的具体用法前面已经基本给出，这里只给出每种检验的检验条件。

- 麦克尼马尔检验（2 个样本）：要求数据为两个二分类字段。
- 柯克兰 Q 检验（k 个样本）：要求数据为两个或更多个分类字段。
- 边际齐性检验（2 个样本）：要求数据为两个有序字段。
- 符号检验（2 个样本）及威尔科克森匹配对符号秩检验（2 个样本）：要求数据为两个连续变量。
- 霍奇斯-莱曼（2 个样本）：用于估计统计量的置信区间，要求待检验变量为连续变量。
- 肯德尔协同系数检验（k 个样本）：要求数据为两个或更多个连续字段。
- 傅莱德曼双因素按秩 ANOVA 检验（k 个样本）：要求数据为两个或多个连续字段。

本例待检验变量为两个连续变量，故采用两相关样本非参数检验方法，选择符号检验和威尔科克森匹配对符号秩检验。

☞ 第 4 步 主要结果及分析。

完成以上操作后，单击图 5-22 中的"运行"按钮，运行结果如表 5-24 和表 5-25 所示，具体意义分析如下。

表 5-24 所示为相关样本非参数假设检验摘要表，因为在"设置"选项卡中选择了"比较中位数差值和假设中位数差值"选区中的两种检验方法，所以此表给出了两种检验方法的检验摘要。这里主要分析符号检验的结果，其他检验的分析类似。由表 5-24 可知，因为显著性水平为 0.05，而显著性概率 P 值 = 0.021 < 0.05，所以拒绝原假设，可以得知新、旧工艺之间差异的中位数不等于 0，即新、旧工艺的单位成本有显著性差异。

表 5-24 相关样本非参数假设检验摘要表

	原假设	检验	显著性 [a,b]	决策
1	新工艺与旧工艺之间的差值的中位数等于 0。	相关样本符号检验	.021[c]	拒绝原假设。
2	新工艺与旧工艺之间的差值的中位数等于 0。	相关样本威尔科克森符号秩检验	.031	拒绝原假设。

a. 显著性水平为.050。
b. 显示了渐进显著性。
c. 对于此检验，显示了精确显著性。

通过如表 5-25 所示的相关样本符号检验摘要表可以看到更详细的信息，其中，检验统计量等于 13.000；标准误差为 2.000；标准化检验统计量为 2.250，双侧渐进显著性为 0.024，小于 0.05，说明新、旧工艺在单位成本上有显著性差异；精确显著性为 0.021，小于 0.05，也说明新、旧工艺在单位成本上有显著性差异。

表 5-25 相关样本符号检验摘要表

总计 N	16
检验统计	13.000[a]
标准误差	2.000
标准化检验统计	2.250
渐进显著性（双侧检验）	.024
精确显著性（双侧检验）	.021

a. 由于个案数不超过 25 个，因此精确 P 值根据二项分布进行计算。

5.5 典型案例

5.5.1 判断某产品的需求量是否服从泊松分布

某产品在过去 200 个营业日里每天的需求量，即日需求量如表 5-26 所示，试在显著性水平 $\alpha = 0.05$ 的要求下，判断该产品的日需求量是否服从泊松分布。（参考数据文件 data5-11.sav。）

案例分析：本题最简单的方法是使用单样本 K-S 检验，也可以用卡方检验做分布的拟合优度检验，但卡方检验需要先获取泊松分布的期望频数。

表 5-26 某产品的日需求量

日需求量	0	1	2	3	4	5	6	7	8	9	10
天数	11	28	43	47	32	27	7	1	2	1	1

由于泊松分布的期望频数未知，所以下面介绍一种用 SPSS 获取其泊松分布的期望概率值的方法。

（1）将数据分成两列，一列是日需求量，变量名为"demand"；另一列是天数，变量名为"days"，输入数据并保存，将变量"days"定义为加权变量。

（2）利用描述统计分析得到样本的均值为 3，将该值作为泊松分布参数 $\hat{\lambda}$ 的无偏估计值。

（3）执行"转换"→"计算变量"命令，弹出如图 5-23 所示的"计算变量"对话框，在"目标变量"文本框中输入 p（建立一个新变量 p），在"数字表达式"文本框中输入泊松分布的求解函数"CDF.POISSON(demand, 3)-CDF.POISSON(demand-1, 3)"，单击"确定"按钮之后，变量 p 中的值就是日需求量介于 0 到 1 之间的期望概率值，分别为 0.0498、0.1494、0.2240、0.2240、0.1680、0.1008、0.0504、0.0216、0.0081、0.0027、0.0008。

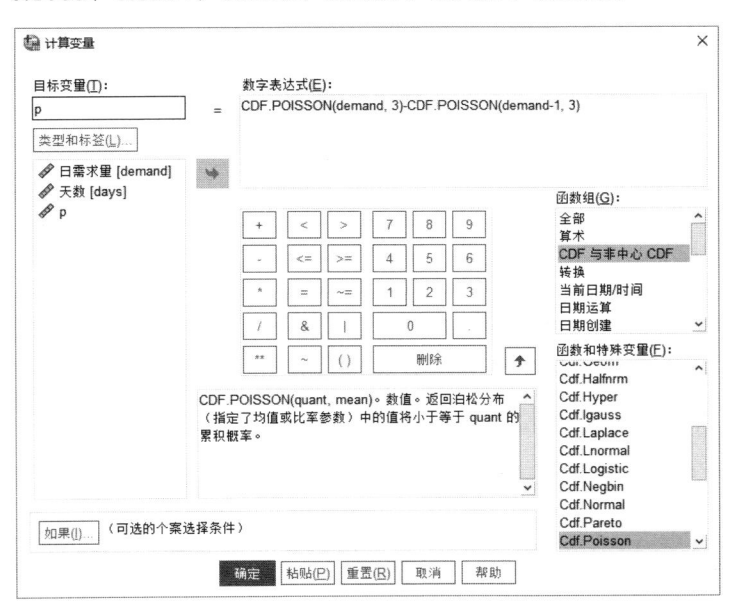

图 5-23 "计算变量"对话框

（4）参照例 5-2，利用卡方检验可得出产品的日需求量是否服从泊松分布。

5.5.2 保健品对高血压患者的效果分析

在临床试验中，往往通过疗效来检验某种药物是否具有成效。现为研究一种保健品对高血压是否有改善效果，记录了 16 位高血压患者服用同一种保健品一个疗程前后的血压水平数据，如表 5-27 所示，试分析这种保健品有无降血压的作用。（参见数据文件 data5-12.sav。）

案例分析：因为本案例研究的是高血压患者使用同一种保健品一个疗程前后的血压变化情况，所以可以用探索性分析或单样本 K-S 检验对样本中的两组数据进行正态分布检验，若两组数据均为正态分布，则可以采用成对样本 T 检验进行分析；若样本中的两组数据不为正态分布，则应采用相关样本非参数检验进行分析。

表 5-27　16 位高血压患者服用同一种保健品一个疗程前后的血压水平数据

测试编号	疗程初始血压	疗程末血压	测试编号	疗程初始血压	疗程末血压
1	180	100	9	107	174
2	139	92	10	156	92
3	152	118	11	97	121
4	112	82	12	107	150
5	156	97	13	145	159
6	167	171	14	186	101
7	138	132	15	112	148
8	160	123	16	104	130

5.5.3 某行业企业盈利比例判断

对于一个行业，行业中企业的盈利比例是一个非常重要的指标，如果一个行业中大多数企业都能盈利，即企业盈利比例大，则说明这个行业的发展性好，是一个朝阳行业；相反，如果企业盈利比例小，则说明行业前景堪忧。据统计，某地区某行业调查的 505 家企业中盈利的有 382 家，亏损的有 123 家，检验该行业企业盈利比例是否低于 0.8。数据组织及具体数据如表 5-28 所示。（参见数据文件 data5-13.sav。）

表 5-28　某行业企业盈利与亏损统计

盈利类型（type）	企业个数（num）
1	382
2	123

案例分析：因为本案例中企业盈利类型的取值只有两个，即 1 和 2，题目中要求企业盈利比例，即求盈利类型值为 1 的概率，所以本案例应采用二项分布检验进行分析。

5.5.4 棉条棉结杂质粒数分析

为了检验某纺织厂的生产情况是否正常，对该纺织厂连续 15 天生产的 28 号梳棉棉条的棉结杂质粒数进行了监控，数据中含有 15 个观测样本，代表 15 天，有两个属性变量，分别为 id（天数编号）、x_1（棉结杂质粒数），具体数据如表 5-29 所示。（参见数据文件 data5-14.sav。）

案例分析：本案例要检验的是某纺织厂生产情况正常与否，如果其生产情况正常，那么其生产的棉条的棉结杂质粒数应该是比较稳定的，即围绕某一个固定的常数在小范围内波动，而不应该是一组随机数。因此可以通过分析这个样本是否为一组随机数来判断该纺织厂生产情况是否正常。如果该样本为一组随机数，就说明该纺织厂生产情况不正常；如果该样本不是一组随机数，就认为该纺织厂生产情况正常，故本案例可以采用游程检验进行分析。

表 5-29　某企业连续 15 天的棉结杂质粒数

天数编号	棉结杂质粒数（粒/g）	天数编号	棉结杂质粒数（粒/g）
001	71	009	77
002	69	010	69
003	68	011	68
004	75	012	64
005	74	013	70
006	67	014	63
007	70	015	61
008	76	—	—

5.6　思考与练习

1. 掌握各种非参数检验的基本概念和思想，并掌握它们的应用场合。
2. 独立样本和相关样本的区别，以及它们的使用场合是什么？
3. 某地一周内各日忧郁症人数分布如表 5-30 所示，请在显著性水平为 0.05 的条件下检验一周内各日忧郁症人数是否满足 1∶1∶2∶2∶1∶1∶1 的分布。（参见数据文件 data5-15.sav。）

表 5-30　忧郁症人数分布

星期	1	2	3	4	5	6	7
患者人数	31	38	70	80	29	24	31

4. 某厂质检部门对该厂的尼龙纤维进行检测，随机抽取 100 个样品，测得结果如表 5-31 所示，在显著性水平 $\alpha = 0.01$ 的条件下，试判断尼龙纤维度是否与正态分布相吻合。（参见数据文件 data5-16.sav。）

表 5-31　尼龙纤维度数据

纤维度	1.28	1.31	1.34	1.37	1.4	1.43	1.46	1.49	1.52	1.55
频数	1	4	7	22	23	25	10	6	1	1

5. 为了研究紧张对人的影响，实验者让 18 名大学生用两种方法打同样的结。其中，一半受试者先学 A 方法，后学 B 方法；另一半受试者先学 B 方法，后学 A 方法。在一天夜里，突然要求每个受试者打这样的结。结果选择用先学方法打结的有 16 人，选择用后学方法打结的有 2 人。在显著性水平 $\alpha = 0.05$ 的条件下检验紧张时用先学方法打结的概率和用后学方法打结的概率是否有显著性差异。（参见数据文件 data5-17.sav。）

6. 投掷一枚硬币 30 次，得到由正面（H）和反面（T）组成的序列如下：HTTHTHHHTHHTTHTHTHHTHTTTHTHHTHT。

请在显著性水平 $\alpha = 0.05$ 的条件下检验此序列是否随机。（参见数据文件 data5-18.sav。）

7. 某农民想了解两种小麦的产量是否有显著区别，其产量数据如表 5-32 所示，分别在显著性水平为 0.05 和 0.01 的条件下检验两种小麦的产量是否有显著性差异。（参见数据文件 data5-19.sav。）

表 5-32　两种小麦的产量数据　　　　　　　　　　　　　　　　　　　　单位：kg

小麦 1	556	535	574	521	535	665	511	535	507	581	560
小麦 2	574	588	598	591	630	560	633	602	539	—	—

8．为研究长跑运动对增强普通高校学生心脏功能的效果，对某校 15 名男生进行测试，经过 5 个月的长跑锻炼后看其晨脉是否减少。锻炼前后的晨脉数据如表 5-33 所示。

表 5-33　锻炼前后的晨脉数据

锻炼前	70	76	56	63	63	56	58	60	65	65	75	66	56	59	70
锻炼后	48	54	60	64	48	55	54	45	51	48	56	48	64	50	54

试问锻炼前后的晨脉在显著性水平为 0.05 的条件下有无显著性差异。（参见数据文件 data5-20.sav。）

9．某公司培训部门为了解 4 种训练员工方案的效果，决定将新招收的 30 名大学应届毕业生随机分成 4 个组，分别按不同的训练方案进行培训，训练结束后进行测试，所得数据如表 5-34 所示，在显著性水平分别为 0.05 和 0.01 的条件下检验训练方案之间是否有显著性差异。（参见数据文件 data5-21.sav。）

表 5-34　30 名受试者的测试成绩

A	66	74	82	75	73	97	87	—
B	72	51	59	62	74	64	78	—
C	61	60	57	60	81	55	70	71
D	63	61	76	84	58	65	69	80

10．使用 4 种不同的容器存放果汁，经过半年，请 8 位品尝员品尝，每位品尝员给这 4 种容器的果汁味道打分，得到的数据如表 5-35 所示，在显著性水平为 0.05 的条件下检验存放果汁的容器之间是否有显著性差异。（参见数据文件 data5-22.sav。）

表 5-35　4 种容器的果汁味道分数表

人员	容器 1	容器 2	容器 3	容器 4
1	4.81	5.54	6.55	6.14
2	5.09	5.61	6.29	5.72
3	6.61	6.6	7.4	6.9
4	5.03	5.7	6.4	5.8
5	5.15	5.31	6.28	6.23
6	5.05	5.58	6.26	6.06
7	5.77	5.57	6.22	5.42
8	6.17	5.84	6.76	6.04

11．用药物 A 治疗急性心肌梗死患者 198 例，24 小时内死亡 11 例，病死率为 5.56%；另 42 例治疗时采用药物 B，24 小时内死亡 6 例，病死率为 14.29%，全部数据在表 5-36 中给出，试分析两组药物治疗的病死率有无显著性差别？（参见数据文件 data5-23.sav。）

表 5-36　两种药物治疗急性心肌梗死患者 24 小时内的死亡情况

治疗药物	生存人数	死亡人数	合计	病死率（%）
药物 A	187	11	198	5.56
药物 B	36	6	42	14.29
合计	223	17	240	—

第 6 章 方差分析

第 4 章介绍的 T 检验用于解决两样本间均值比较的问题，但在研究中经常遇到两个以上样本均值比较的问题。例如，在农作物的种植过程中，产量会受品种、施肥量、土地质量等众多因素的影响，而每种因素的影响大小是不同的，因此找到其中的关键（重要）因素就很重要。进一步，在掌握了关键因素，如品种、施肥量等以后，还需要对不同的品种、不同的施肥量进行对比分析，研究究竟哪个品种的产量高，施肥量多少合适，哪个品种与哪种施肥量搭配最优等。对于多个总体，两两进行独立样本 T 检验是一种处理方法，但随着总体数目的增多，这种方法的弊端会越来越明显，这就需要引入另一种统计分析方法——方差分析。

本章主要介绍方差分析的基本概念和常用的方差分析方法：单因素方差分析、多因素方差分析、协方差分析和多元方差分析。

6.1 方差分析简介

6.1.1 方差分析的概念

方差分析（Analysis of Variance）最早是由英国统计学家 R.A.Fisher 于 1923 年提出的，是用于两个及两个以上样本均数差别的显著性检验。由于它可以由较少的试验有效地获得大量的信息，所以已广泛应用于工业、商业、生物、医学等众多领域。

方差分析中的常用术语如下。
- 观测变量：也叫因变量，如上面提到的农作物产量。
- 控制变量：影响试验结果的自变量，也称因子，如上面提到的品种、施肥量等。
- 水平：控制变量的不同类别，如 A 品种、B 品种，10kg 化肥、20kg 化肥、30kg 化肥等。
- 随机因素：因素的水平与试验结果的关系是随机的，即不确定因素。

由于受考察因素及各种随机因素的影响，试验所得的数据呈现波动状。造成波动的原因可分为两类，一类是试验中施加的对观测变量形成影响的控制变量，另一类是不可控制的随机因素。方差分析认为，如果控制变量的不同水平对观测变量产生了显著性影响，那么它和随机变量共同作用必然使得观测变量的值有显著波动；反之观测变量值的波动就不明显，其波动可以归结为由随机因素的变动造成的。进一步，如何判断控制变量不同水平上观测变量的值是否发生了显著波动呢？判断的原则是，如果在控制变量各水平下，观测变量总体的分布出现了显著性差异，则认为观测变量的值发生了显著波动，意味着控制变量的不同水平对观测变量产生了显著性影响；反之，如果观测变量总体的分布没有出现显著性差异，则认为观测变量的值没有发生显著波动，说明控制变量的不同水平对观测变量没有产生显著性影响。

方差分析对观测变量各总体的分布还有两个基本假设：①观测变量各总体应服从正态分布 $N(\mu_i, \sigma_i^2)$；②观测变量总体的方差应相等，即方差具有齐性，$\sigma_1^2 = \sigma_2^2 = \cdots = \sigma_k^2$。基于上述两个基本假设，方差分析对各总体分布是否有显著性差异的推断就转化为对各总体均值是否存在显著性差异的推断了。

根据控制变量的个数可以将方差分析分成单因素方差分析、多因素方差分析及协方差分析。根据观测变量的个数还可以将方差分析分为一元多因素方差分析和多元多因素方差分析。

6.1.2 方差分析的一般步骤

方差分析通常按如下基本步骤进行。

☞ 第 1 步 方差分析条件检测。

这一步即前面提出的两个基本假设：服从正态分布和方差具有齐性，还有一个就是控制变量的类别（水平数量）有限，用 SPSS 术语来说就是控制变量是取值有限的名义尺度或顺序尺度变量。

☞ 第 2 步 提出原假设。

原假设：控制变量在不同水平下，观测变量各总体均值无显著性差异，对应协方差分析，就是排除协变量影响后，控制变量在不同水平下，观测变量各总体均值无显著性差异。

☞ 第 3 步 构造检验统计量。

针对不同分析方法的数学模型，计算平方和、均方差，并计算检验统计量（F）。

☞ 第 4 步 统计决策。

如果 F 值对应的显著性概率 P 值小于给定的显著性水平 α，则拒绝原假设，认为控制变量在不同水平下，各总体均值有显著性差异；反之则认为控制变量在不同水平下，各总体均值没有显著性差异。

6.2 单因素方差分析

6.2.1 基本概念及统计原理

1. 基本概念

试验中要考察的指标称为试验指标，影响试验指标的条件称为因素，因素所处的状态称为水平，若试验中只有一个因素改变，则称为单因素试验；若有多个因素改变，则称为多因素试验。方差分析就是指对试验数据进行分析，检验方差相等的多个正态总体均值是否相等，进而判断各因素对试验指标的影响是否显著。单因素方差分析用来研究一个控制变量的不同水平是否给观测变量造成了显著性差异和变动。例如：培训是否给学生成绩造成了显著性影响；不同学历是否对工资收入造成了影响；不同地区考生的成绩是否有显著性差异等。

2. 统计原理

方差分析认为，观测值的变动受控制变量和随机因素两方面的影响。因此，单因素方差分析将观测变量总离差平方和 SST 分解为两部分：一部分是由控制变量引起的离差，记为 SSA，也称组间离差平方和；另一部分是由随机变量引起的离差，记为 SSE，也称组内离差平方和。于是有

$$SST=SSA+SSE \tag{6-1}$$

式中

$$\mathrm{SSA} = \sum_{i=1}^{k} n_i (\overline{x_i} - \overline{x})^2 \tag{6-2}$$

式中，k 为水平数；n_i 为第 i 个水平下的样本量；$\overline{x_i}$ 为控制变量第 i 个水平下观测变量的样本均值；$\overline{x}$ 为观测变量的均值。可见，组间离差平方和是各水平组均值和总体均值离差的平方和，反映了控制变量的不同水平对观测变量的影响。

$$\mathrm{SSE} = \sum_{i=1}^{k} \sum_{j=1}^{n_i} (x_{ij} - \overline{x_i})^2 \tag{6-3}$$

式中，x_{ij} 为控制变量在第 i 个水平下的第 j 个样本值。组内离差平方和是每个数据与本水平组均值离差的平方和，反映了数据抽样误差的大小。

方差分析采用的统计推断方法是计算 F 统计量，进行 F 检验。在单因素方差分析中，F 统计量的计算公式为

$$F = \frac{\mathrm{SSA}/(k-1)}{\mathrm{SSE}/(n-k)} = \frac{\mathrm{MSA}}{\mathrm{MSE}} \tag{6-4}$$

式中，n 为总样本量；$k-1$ 和 $n-k$ 分别为 SSA 与 SSE 的自由度；MSA 为平均组间平方和，也称为组间方差；MSE 为平均组内平方和，也称为组内方差。除以自由度的目的是消除水平数和样本量对计算结果的影响。

从 F 值的计算公式可以看出，如果控制变量的不同水平对观测变量有显著性影响，那么观测变量的组间离差平方和就较大，F 值也就较大；反之，如果控制变量的不同水平没有对观测变量造成显著性影响，那么组内离差平方和的影响就较小，F 值也就较小。

3. 分析步骤

方差分析问题属于统计推断中的假设检验问题，其基本步骤与假设检验一致，具体如下。

☞ 第 1 步 提出原假设。

单因素方差分析的原假设 H_0 为控制变量在不同水平下，观测变量各总体均值无显著性差异，控制变量在不同水平下的效应同时为 0，记为 $\mu_1 = \mu_2 = \cdots = \mu_k$，即控制变量的不同水平对观测变量没有产生显著性影响。

☞ 第 2 步 选择检验统计量。

方差分析采用的是 F 统计量，计算公式如式（6-4）所示，服从 $(k-1, n-k)$ 个自由度的 F 分布。

☞ 第 3 步 计算检验统计量的观测值和概率 P 值。

SPSS 会根据式（6-4）自动计算 F 统计量，并依据 F 分布表给出相应的显著性概率 P 值。不难理解，如果控制变量对观测变量造成了显著性影响，那么观测变量变差，控制变量的影响所造成的比例相对于随机变量就会较大，F 值显著大于 1；反之，观测变量变差应归结为由随机变量造成的，F 值接近 1。

☞ 第 4 步 给出显著性水平 α，做出决策。

如果显著性概率 P 值小于显著性水平 α，则拒绝原假设，认为控制变量在不同水平下，各总体均值有显著性差异；反之则认为控制变量在不同水平下，各总体均值没有显著性差异。

6.2.2 SPSS 实例分析

【例 6-1】 用 4 种饲料喂猪，共 19 头猪，将其分为 4 组，每组用一种饲料。一段时间后称重，猪的体重增加数据如表 6-1 所示，比较 4 种饲料对猪的体重增加的作用有无不同。（参

见数据文件 data6-1.sav。）

表 6-1 猪的体重增加数据　　　　　　　　　　　单位：kg

饲料 A	饲料 B	饲料 C	饲料 D
133.8	151.2	193.4	225.8
125.3	149.0	185.3	224.6
143.1	162.7	182.8	220.4
128.9	143.8	188.5	212.3
135.7	153.5	198.6	—

☞ 第 1 步　分析。

由于考虑的是一个控制变量（饲料）对一个观测变量（猪的体重）的影响，而且是 4 种饲料，所以不适宜用独立样本 T 检验（仅适用于两组数据），应采用单因素方差分析。

☞ 第 2 步　数据组织。

将数据分成两列，一列是猪的体重，变量名为"weight"；另一列是饲料品种（变量值分别为 1、2、3、4），变量名为"fodder"，并将标签设成对应的中文名称，输入数据并保存。

☞ 第 3 步　方差相等的齐性检验。

由于方差分析的前提是各个水平下（这里是不同的饲料 fodder 影响下的体重 weight）的总体服从方差相等的正态分布，且各组方差具有齐性。其中正态分布的要求并不是很严格，但对于方差相等的要求是比较严格的，因此必须对方差相等的前提进行检验。选择"分析"→"比较平均值和比例"→"单因素 ANOVA 检验"选项，打开如图 6-1 所示的"单因素 ANOVA 检验"对话框。

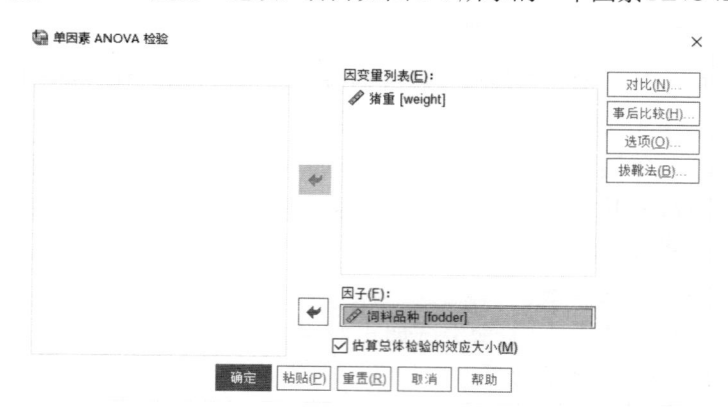

图 6-1　"单因素 ANOVA 检验"对话框

该对话框主要由以下几部分组成。

（1）候选变量列表框：对话框中左侧的列表框。

（2）因变量列表：选择单因素方差分析的观测变量，可以同时选择多个观测变量，此时 SPSS 将分别对各观测变量做单因素方差分析。本例中选择"猪重[weight]"变量作为因变量。

（3）"因子"列表框：选择因素变量（也称控制变量），由于进行的是单因素方差分析，所以此时只能选择一个因素变量。本例中选择"饲料品种[fodder]"变量作为因素变量。

（4）"对比"按钮：单击该按钮，弹出如图 6-2 所示的"单因素 ANOVA 检验:对比"对话框。本例无须设置。

该对话框主要用于对组间平方和划分趋势成分，或者指定先验对比，主要包括如下几项。

- "多项式"复选框：选择是否对方差分析的组间离差平方和进行分解并进行趋势检验。
- "等级"下拉列表：选中"多项式"复选框之后，该下拉列表被激活，用于选择进行趋势检验的曲线类型，主要有线性、二次、立方、四次、五次多项式。如果选择了高次方曲线类型，那么系统会给出所有相应各低次方曲线的拟合优度检验结果以供选择。
- "系数"数值框：精确定义某些组间平均值的比较。一般按照分组变量顺序赋予每组一个系数值，但所有系数值之和为 0。列表框中第一个系数对应分类变量的最小值，最后一个系数对应最大值。输入方法是在"系数"数值框中输入一个系数，单击"添加"按钮，使之进入按钮右面的列表框中。因变量分几组，就输入几个系数，超出的无意义。

（5）"事后比较"按钮：单击该按钮，会打开进行事后比较选项设置的对话框，将在第 4 步进行介绍。

（6）"选项"按钮：单击该按钮，弹出如图 6-3 所示的"单因素 ANOVA 检验:选项"对话框。本例选择 "方差齐性检验"复选框。

图 6-2 "单因素 ANOVA 检验:对比"对话框　　图 6-3 "单因素 ANOVA 检验:选项"对话框

该对话框主要包括如下几项。

① "统计"选区：可以选择需要输出的统计量，主要有以下几种。
- 描述：要求输出描述统计量，包括观测量数目、均值、最小值、最大值、标准差、标准误差，以及各组中每个因变量的95%置信区间。
- 固定和随机效应：输出不变效应模型和随机效应模型的标准差、标准误差及 95%置信区间。
- 方差齐性检验：要求用莱文统计量进行方差一致性检验。该方法不依赖正态假设，即不要求样本一定服从正态分布。
- 布朗-福塞斯检验：计算分组均值相等的布朗-福塞斯统计量，当不能把握方差齐性假设时，此统计量比 F 统计量更优。
- 韦尔奇检验：计算分组均值相等的韦尔奇统计量，当不能把握方差齐性假设时，此统计量比 F 统计量更优。

② "均值图"复选框：选中该复选框，表示输出均值分布图，根据因素变量的值所确定的各组均值描绘出因变量的均值分布情况。

③ "缺失值"选区：选择缺失值的处理方式。此处默认选中"按具体分析排除个案"单选按钮。

设置好选项后，运行结果如表 6-2 和表 6-3 所示。

表 6-2 不同饲料的方差齐性检验结果（猪重）

	莱文统计	自由度 1	自由度 2	显著性
基于平均值	.024	3	15	.995
基于中位数	.011	3	15	.998
基于中位数并具有调整后自由度	.011	3	14.478	.998
基于剪除后平均值	.024	3	15	.995

表 6-3 几种饲料的方差检验（ANOVA）结果（猪重）

	平方和	自由度	均方	F	显著性
组间	20538.698	3	6846.233	157.467	<.001
组内	652.159	15	43.477		
总计	21190.858	18			

方差齐性检验的 H_0 假设是方差具有齐性。从表 6-2 中可看出，显著性概率 P 值=0.995>α（0.05），说明应该接受 H_0 假设（方差具有齐性），故下面就用方差具有齐性的检验方法。表 6-3 就是几种饲料的方差检验结果，组间平方和为 20538.698，自由度（df）为 3，均方为 6846.233；组内平方和为 652.159，自由度为 15，均方为 43.477；F 统计量为 157.467。由于组间比较的显著性概率 P 值<0.001，故应拒绝 H_0 假设（4 种饲料的喂猪效果无显著性差异），说明 4 种饲料的喂猪效果有显著性差异。

☞ 第 4 步 多重比较分析。

通过上面的步骤，判断出了 4 种饲料的喂猪效果有显著性差异。如果想进一步了解竟是哪种饲料与其他组有显著性的均值差别（哪种饲料更好）等细节问题，就需要在多个样本均值间进行两两比较。在图 6-1 中单击"事后比较"按钮，结果如图 6-4 所示。

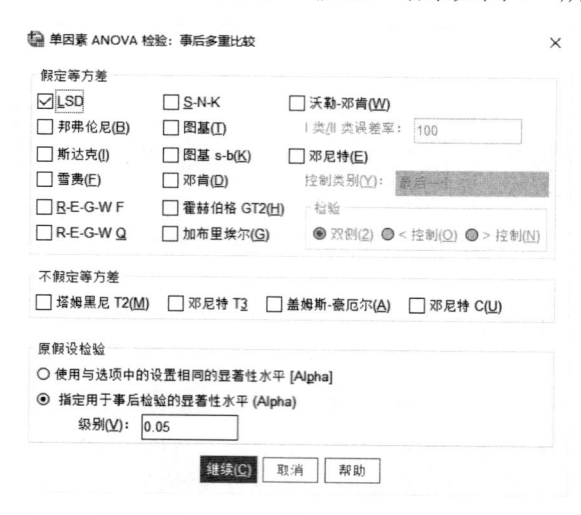

图 6-4 "单因素 ANOVA 检验:事后多重比较"对话框

该对话框主要用于定义多重比较的检验方法。例如，方差分析的结果认为因素 A 各水平之间的差异会对观测变量 X 造成显著性影响，但这并不意味着任意两个水平之间的差异都会对 X 造成显著性影响。要解决这个问题，就有必要将各水平的均值进行两两比较，这种两两比较的方法就称为多重比较。该对话框中各项的意义如下。

① "假定等方差"选区：给出方差相等时的多重比较方法，具体有 14 种，其中常用的方法如下。

- LSD：Least-Significant Difference 检验法，用 T 检验完成各组间的成对比较，检验的敏感性高，各水平间的均值存在微小的差异也有可能被检验出来，但此方法对弃真错误的概率不进行控制和调整。α 可指定为 0～1 之间的任何值，默认值为 0.05。
- S-N-K：Student-Newman-Keuls 检验法，用 Student-Range 分布进行各组均值间的成对比较。如果各样本量相等或选择了 Harmonic Average of All Groups（各样本量的调和平均值），即用各样本量的调和平均值进行样本量估计，那么系统还将用逐步过程进行齐次子集（差异较小的子集）的均值成对比较。在该过程中，各组均值按从大到小的顺序排列，最先比较最极端的差异。α 只能取 0.05。
- 邦弗伦尼：Bonferron 检验法，即修正最小显著性差异，用 T 检验完成各组间的成对比较，同时通过设置每个检验的误差率来控制弃真错误的概率。α 可指定为 0～1 之间的任何值，默认值为 0.05。
- 邓肯：Duncan 检验法，指定一系列 Range 值，逐步计算、比较，得出结论。α 可取 0.01、0.05 和 0.1，默认值为 0.05。
- 图基 s-b：Tukey's Honestly Significant Difference 方法，即 Tukey 显著性差异法。用 Student-Range 统计量进行所有组间均值的成对比较，用所有成对比较误差率作为实验误差率。α 只能取 0.05。
- 雪费：Scheffe 差别检验法，使用 F 统计量作为检验统计量，对所有可能的组合进行同步成对比较，可用于检验分组均值所有可能的线性组合，但灵敏度不太高。α 可取 0～1 之间的任何值，默认值为 0.05。

② "不假定等方差"选区：给出方差不相等时的多重比较方法，包括 4 项，其中邓尼特（Dunnett's C）方法较常用。

- 塔姆黑尼 T2：Tamhane's T2 检验法，用 T 检验进行各组均值的成对比较。
- 邓尼特 T3：Dunnett's T3 检验法，用基于 Student 最大模数的成对比较检验。
- 盖姆斯-豪厄尔：Games-Howell 检验法，指方差不齐时的成对比较检验，该方法较灵活。
- 邓尼特 C：Dunnett's C 检验法，用 Student-Range 极差统计量进行成对比较检验。

③ "级别"数值框：设定各种多重比较检验的显著性水平，系统默认值为 0.05，α 可取的值一般为 0.01、0.05 和 0.1。

多重比较检验法以矩阵的形式输出检验结果，在确定的显著性水平下，将那些组均值有显著性差异的分组用"*"标记出来。

由于第 3 步检验出方差具有齐性，故选择一种方差相等的方法，这里选择 LSD 方法；显著性水平取 0.05。之后，返回图 6-1，单击"选项"按钮，弹出如图 6-3 所示的对话框，选中"描述"和"均值图"复选框，对数据进行整体描述并绘制几种饲料作用下猪重的均值分布图。

☞ 第 5 步　运行结果及分析。

完成以上操作后，生成表 6-4、表 6-5 及图 6-5，具体意义分析如下。

（1）描述统计量表。

表 6-4 所示为描述统计量表，给出了 4 种饲料分组的样本量，以及观测变量的平均值、标准差、标准误差、平均值的 95%置信区间、最小值和最大值。

表 6-4　描述统计量表

	N	平均值	标准差	标准误差	平均值的 95%置信区间		最小值	最大值
					下限	上限		
1	5	133.3600	6.80794	3.04460	124.9068	141.8132	125.30	143.10
2	5	152.0400	6.95723	3.11137	143.4015	160.6785	143.80	162.70
3	5	189.7200	6.35035	2.83996	181.8350	197.6050	182.80	198.60
4	4	220.7750	6.10594	3.05297	211.0591	230.4909	212.30	225.80
总计	19	171.5105	34.31137	7.87157	154.9730	188.0481	125.30	225.80

（2）多重比较结果表。

表 6-5 是方差分析的多重比较结果，分别进行了饲料品种的两两比较，以第 1 种饲料分别与第 2、3、4 种饲料的比较为例，对猪的体重影响的均值分别相差 18.68000，56.36000 和 87.41500，而且所有的显著性概率 P 值<0.001，这说明第 1 种饲料与其他 3 种饲料均具有显著性差异，而且体重均值均低于其他 3 种饲料，这说明第 1 种饲料的喂养效果没有其他 3 种饲料好。"*"表示不同饲料之间存在显著性差异。整个表反映出 4 种饲料之间均存在显著性差异，从喂养效果来看，第 4 种饲料的喂养效果最好，其次是第 3 种，第 1 种最差。

表 6-5　方差分析的多重比较结果

(I)饲料品种	(J)饲料品种	平均值差值(I-J)	标准误差	显著性	95%置信区间	
					下限	上限
1	2	−18.68000*	4.17024	<.001	−27.5687	−9.7913
	3	−56.36000*	4.17024	<.001	−65.2487	−47.4713
	4	−87.41500*	4.42321	<.001	−96.8428	−77.9872
2	1	18.68000*	4.17024	<.001	9.7913	27.5687
	3	−37.68000*	4.17024	<.001	−46.5687	−28.7913
	4	−68.73500*	4.42321	<.001	−78.1628	−59.3072
3	1	56.36000*	4.17024	<.001	47.4713	65.2487
	2	37.68000*	4.17024	<.001	28.7913	46.5687
	4	−31.05500*	4.42321	<.001	−40.4828	−21.6272
4	1	87.41500*	4.42321	<.001	77.9872	96.8428
	2	68.73500*	4.42321	<.001	59.3072	78.1628
	3	31.05500*	4.42321	<.001	21.6272	40.4828

*. 平均值差值的显著性水平为 0.05。

（3）均值折线图。

图 6-5 所示为几种饲料作用下的猪重均值折线图，可以看出均值分布比较陡峭，均值差异较大。

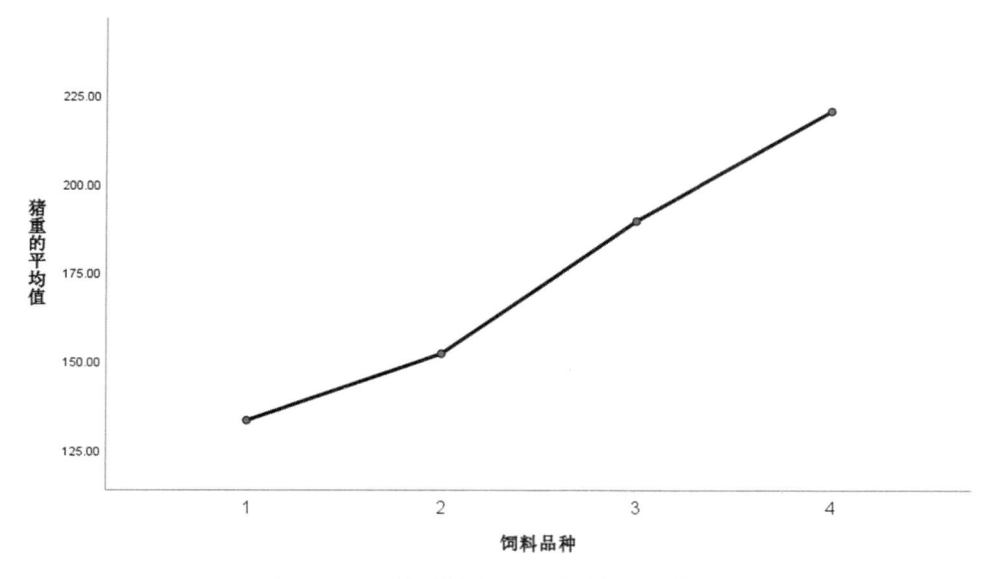

图 6-5 几种饲料作用下的猪重均值折线图

☆说明☆

（1）在方差分析中，要求每组资料都服从正态分布，并不是要求各组资料都服从一个正态分布（因为这意味着各组的总体均值相同，失去了统计检验的必要性），因此不能把各组的资料合在一起做正态性检验。总体来讲，方差分析对正态性具有稳健性，即偏态分布对方差分析的结果影响不会太大。当样本量较大时，方差分析对正态性的要求大大降低（根据中心极限定理可知，大样本均值近似服从正态分布）。而且，由于在大多数情况下，样本资料只近似服从正态分布而不完全服从正态分布。因此，在大样本情况下，用正态性检验只能检验样本是否服从正态分布，而不能检验是否是近似正态分布。在考察资料的近似正态性时，应用频数图。当然，在大多数情况下，也可不做正态性检验。

（2）前面讲了方差具有齐性是方差分析的前提条件，那为何又有"未假定方差齐性"下的几种分析方法呢？原因是方差齐性的假定是在最小二乘估计的框架下来讲的，在广义最小二乘法的框架下，这已经不是方差分析的条件了。从 SPSS 开始把菜单名字转换为一般线性模型就可以看出这种变化，即 SPSS 已经把方差分析放在了广义最小二乘法的框架下。其实，在多数情况下用两类方法进行分析的结果是一致的。

（3）当然，也可将方差齐性检验和多重比较一起进行，只不过在不知道方差是否具有齐性的情况下，可分别同时选择一到两种方差具有齐性和方差不具有齐性的多重比较方法。分析结果出来后，先根据方差齐性分析表分析方差是否一致，再选择相应的分析方法。例如，本节例子可同时选择 LSD 和邓尼特 C 两种方法，当分析出方差具有齐性时，选择 LSD 方法的分析结果；当方差不一致时，选择邓尼特 C 方法的分析结果。

6.3 多因素方差分析

6.3.1 基本概念及统计原理

多因素方差分析用来研究两个及两个以上的控制变量是否对观测变量产生显著性影响。

在多因素方差分析中,把因素单独对因变量产生的影响称为"主效应";把因素之间共同对因变量产生的影响,或者当因素的某些水平同时出现时,除主效应之外的附加影响称为"交互效应"。多因素方差分析不仅要考虑每个因素的主效应,往往还要考虑因素之间的交互效应,进而最终找到利于观测变量的最优组合。此外,多因素方差分析往往假定因素与因变量之间的关系是线性关系。从这个方面来说,方差分析的模型也是一般化线性模型(General Linear Model)的延续:因变量=因素 1 主效应+因素 2 主效应+⋯+因素 n 主效应+因素交互效应 1+因素交互效应 2+⋯+因素交互效应 m+随机误差。因此,多因素方差分析往往选用一般化线性模型进行参数估计。

1. 基本概念

例如,在分析不同品种、不同施肥量对农作物产量的影响时,可将农作物产量作为观测变量,将品种和施肥量作为控制变量。利用多因素方差分析法,研究不同品种、不同施肥量是如何影响农作物产量的,并进一步研究哪个品种与哪种水平的施肥量是提高农作物产量的最优组合。

多因素方差分析不仅需要分析多个控制变量的独立作用对观测变量的影响,还要分析多个控制变量的交互作用对观测变量的影响,以及其他随机变量对结果的影响。因此,需要将观测变量的总离差平方和分解为以下 3 部分。

(1)多个控制变量单独作用引起的离差平方和。

(2)多个控制变量交互作用引起的离差平方和。

(3)其他随机因素引起的离差平方和。

2. 统计原理

以两个控制变量为例,多因素方差分析将观测变量的总离差平方和分解为

$$SST=SSA+SSB+SSAB+SSE \tag{6-5}$$

式中,SST 为观测变量的总离差平方和;SSA、SSB 分别为控制变量 A、B 独立作用的离差平方和;SSAB 为控制变量 A 和 B 交互作用的离差平方和;SSE 为随机变量引起的误差。通常称 SSA+SSB 为主效应(Main Effects)、SSAB 为多向交互效应(N-Way Effects)、SSE 为剩余(Residual)。

在双因素方差分析中,SST 的定义同式(6-5)。设控制变量 A 有 k 个水平,控制变量 B 有 r 个水平,则 SSA 的定义为

$$SSA = \sum_{i=1}^{k}\sum_{j=1}^{r} n_{ij}(\overline{x_i^A} - \overline{x})^2 \tag{6-6}$$

式中,n_{ij} 为控制变量 A 在第 i 个水平下和控制变量 B 在第 j 个水平下的样本观测值个数;$\overline{x_i^A}$ 为控制变量 A 在第 i 个水平下的观测变量均值。SSB 的定义与 SSA 的定义类似。SSE 定义为

$$SSE = \sum_{i=1}^{k}\sum_{j=1}^{r}\sum_{l}^{n_{ij}}(x_{ijl} - \overline{x_{ij}^{AB}})^2 \tag{6-7}$$

式中,$\overline{x_{ij}^{AB}}$ 为控制变量 A、B 分别在第 i、j 个水平下的观测变量均值。于是交互作用可解释的离差平方和为

$$SSAB=SST-SSA-SSB-SSE \tag{6-8}$$

在多因素方差分析中,控制变量可进一步划分为固定效应模型和随机效应模型。其中,固定效应通常指控制变量的各水平是可以严格控制的,它们给观测变量带来的影响是固定

的，如温度、品种等；随机效应是指无法对控制变量的各水平做严格的控制，它们给观测变量带来的影响是随机的，如城市规模、受教育水平等。两种效应的主要差别体现在统计量的构造上。

在固定效应模型中，各 F 统计量为

$$F_B = \frac{\text{SSB}/(r-1)}{\text{SSE}/kr(l-1)} = \frac{\text{MSB}}{\text{MSE}} \quad (6\text{-}9)$$

$$F_A = \frac{\text{SSA}/(k-1)}{\text{SSE}/kr(l-1)} = \frac{\text{MSA}}{\text{MSE}} \quad (6\text{-}10)$$

$$F_{AB} = \frac{\text{SSAB}/(k-1)(r-1)}{\text{SSE}/kr(l-1)} = \frac{\text{MSAB}}{\text{MSE}} \quad (6\text{-}11)$$

在随机效应模型中，F_{AB} 统计量不变，其他两个 F 统计量分别为

$$F_A = \frac{\text{SSA}/(k-1)}{\text{SSAB}/(k-1)(l-1)} = \frac{\text{MSA}}{\text{MSAB}} \quad (6\text{-}12)$$

$$F_B = \frac{\text{SSB}/(r-1)}{\text{SSAB}/(k-1)(l-1)} = \frac{\text{MSB}}{\text{MSAB}} \quad (6\text{-}13)$$

3．分析步骤

多因素方差分析问题也属于统计推断中的假设检验问题，其基本步骤与假设检验一致，具体如下。

☞ 第 1 步　提出原假设。

多因素方差分析的原假设 H_0 为各控制变量在不同水平下的观测变量各总体均值无显著性差异，控制变量各主效应和交互效应同时为 0，记为 $a_1=a_2=\cdots=a_k=0$，$b_1=b_2=\cdots=b_r=0$，$(ab)_{11}=(ab)_{12}=\cdots=(ab)_{kr}=0$，即控制变量和它们的交互作用对观测变量没有产生显著性影响。

☞ 第 2 步　构造检验统计量。

多因素方差分析采用的是 F 统计量，根据效应模型的选择情况，计算公式如式（6-9）～式（6-13）所示。

☞ 第 3 步　计算检验统计量的观测值和概率 P 值。

SPSS 会自动将相关数据代入各式，计算出检验统计量的观测值的显著性概率 P 值（也称相伴概率值）。

☞ 第 4 步　给出显著性水平 α，做出决策。

给定显著性水平 α（系统默认为 0.05），并与各个检验统计量的概率 P 值进行比较。在固定效应模型中，如果 F_A 的概率 P 值小于显著性水平 α，则应拒绝原假设，认为控制变量 A 的不同水平对观测变量的均值产生了显著性影响；反之则应接受原假设，认为控制变量 A 的不同水平对观测变量没有产生显著性影响。同理，可对 B 的显著性及 A 和 B 的交互作用的显著性进行推断。

6.3.2　SPSS 实例分析

【例 6-2】　研究一个班 3 组不同性别的学生分别接受了 3 种不同的教学方法后，在数学成绩上是否有显著性差异，数据如表 6-6 所示。（参见数据文件 data6-2.sav。）

表 6-6 3 组不同性别和不同教学方法学生的数学成绩

姓名	数学	组别	性别	姓名	数学	组别	性别
张青华	99	0	m	蔡春江	67	1	m
王洁云	88	0	f	武佳琪	56	1	f
吴凌风	99	0	m	陈雪吟	56	1	m
刘行	89	0	m	罗超波	79	2	m
马萌	94	0	f	尹珣	56	2	f
单玲玲	90	0	m	张敏	89	2	m
宋丽君	55	1	f	郭晓艳	99	2	f
辛瑞晶	50	1	m	李福利	70	2	f
王滢滢	67	1	f	罗帆	89	2	m

☞ 第 1 步 分析。

研究不同教学方法和不同性别对数学成绩的影响。这是一个多因素（双因素）方差分析问题。

☞ 第 2 步 数据组织。

按表 6-6 的变量名组织成 4 列数据，数据文件为 data6-2.sav。

☞ 第 3 步 变量设置。

选择"分析"→"一般线性模型"→"单变量"选项，打开"单变量"对话框，并按图 6-6 进行设置。

该对话框主要由以下几部分组成。

（1）候选变量列表框：对话框中左侧的列表框。

（2）"因变量"列表框：选择多因素方差分析的观测变量，从左侧的候选变量列表框中移入。只能选择一个且是数值型的变量。

（3）"固定因子"列表框：选择控制变量，由于进行的是多因素方差分析，所以可选择多个控制变量（数值型和字符型均可）。

（4）"随机因子"列表框：选择随机因素变量。

（5）"协变量"列表框：选择协变量，此功能将在 6.4 节用到。

（6）"WLS 权重"列表框：选择加权最小二乘法的权重系数的变量。

☞ 第 4 步 设置方差齐性检验。

单击图 6-6 中的"选项"按钮，弹出"单变量:选项"对话框，并按图 6-7 进行设置。

该对话框主要由以下几部分组成。

（1）"显示"选区：定义输出的统计量。由于方差分析要求不同组别数据方差具有齐性，故应进行方差齐性检验。本例选中"齐性检验"复选框。

（2）"异方差性检验"选区：所谓异方差性，即相对于不同的样本点，随机误差项具有不同的方差。检验异方差性的基本思路就是检验随机误差项。

（3）"具有稳健标准误差的参数估算值"复选框：稳健标准误差是指其标准误差对于模型中可能存在的异方差或自相关问题不敏感，基于稳健标准误差计算的稳健 t 统计量仍然服从渐进 T 分布。

显著性水平设为默认值 0.05。

第 6 章 方差分析

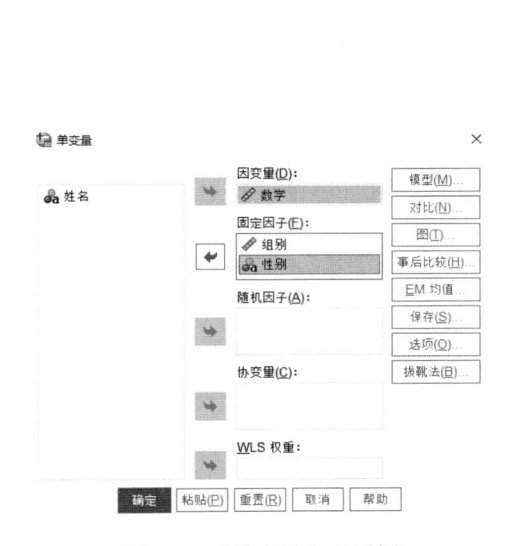

图 6-6 "单变量"对话框

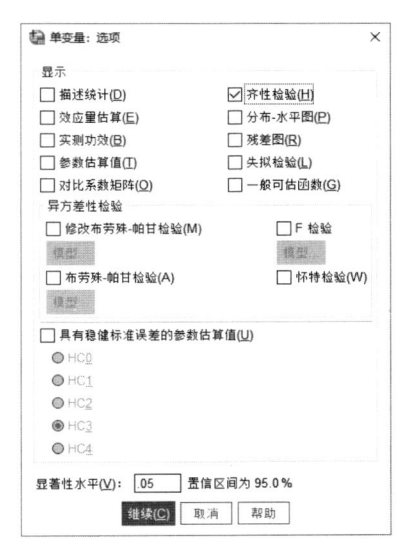

图 6-7 "单变量:选项"对话框

☞ 第 5 步 设置控制变量的多重比较分析。

通过以上步骤只能判断两个控制变量的不同水平是否对观察变量产生了显著性影响。如果想进一步了解究竟是哪个组与其他组有显著的均值差别，就需要进行控制变量的多重比较分析（这与前面的单因素方差分析一致）。单击图 6-6 中的"事后比较"按钮，弹出如图 6-8 所示的对话框，在其中选出需要进行比较分析的控制变量，这里选择"组别"控制变量，并选择一种方差相等时的检验模型，如 LSD。

☞ 第 6 步 选择建立多因素方差分析的模型种类。

单击图 6-6 中的"模型"按钮，弹出如图 6-9 所示的对话框。

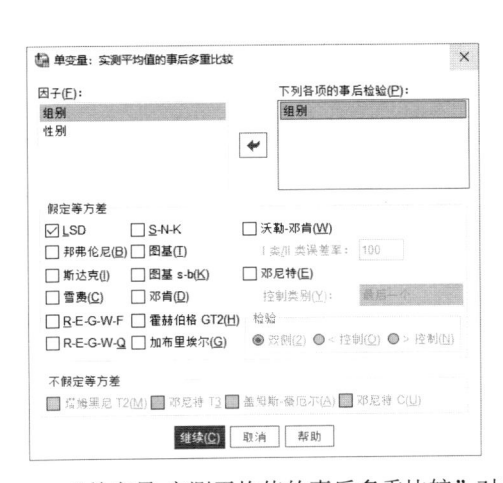

图 6-8 "单变量:实测平均值的事后多重比较"对话框

图 6-9 "单变量:模型"对话框

该对话框主要用来定义方差分析的模型，主要包括以下几部分。

(1)"全因子"单选按钮：系统默认选项，包含所有因子主效应、所有协变量主效应及所有因子间的交互效应，不包含协变量交互效应。

（2）"构建项"单选按钮：指定其中一部分的交互或指定因子协变量交互。选择该单选按钮后，激活"构建项"选区的"类型"下拉列表，可以在此处选择感兴趣的主体内效应和交互，以及主体间效应和交互。

（3）"构建定制项"单选按钮：用于更加专业的构建项定制。

（4）"平方和"下拉列表：选择计算主体间模型平方和的方法，一般默认选择"III类"。

本例采用默认的全因子模型。

☞ 第 7 步 以图形方式展示交互效果。

如果各因素间无交互作用，则各个水平对应的图形应趋于平行，否则相交。单击图 6-6 中的"图"按钮，弹出"单变量:轮廓图"对话框，如图 6-10 所示，设置控制变量的交互效应，将"组别"和"性别"变量分别移入"水平轴"和"单独的线条"列表框后，单击"添加"按钮，将其添加到"图"列表框中。

☞ 第 8 步 对控制变量各水平下的观测变量的差异进行对比检验。

单击图 6-6 中的"对比"按钮，弹出"单变量:对比"对话框，如图 6-11 所示，对两种因子水平进行对比分析，采用"简单"方法，并以"最后一个"水平的观测变量均值为标准。

图 6-10 "单变量:轮廓图"对话框

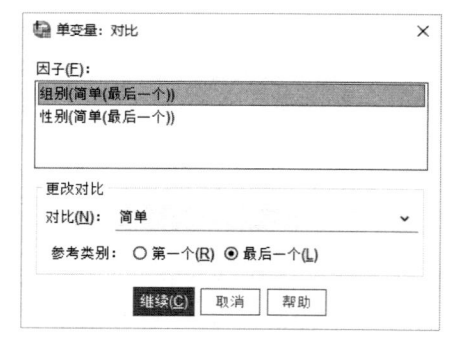

图 6-11 "单变量:对比"对话框

☞ 第 9 步 主要结果及分析。

完成以上设置后单击图 6-6 中的"确定"按钮，运行结果如表 6-7～表 6-12 及图 6-12 所示，各图表的具体分析如下。

（1）分组描述。

表 6-7 所示为各控制变量的分组情况。

表 6-7 各控制变量的分组情况

		N
组别	0	6
	1	6
	2	6
性别	f	7
	m	11

(2) 方差齐性检验结果。

表 6-8 是误差方差的莱文等同性检验的计算结果，显著性概率 P 值=0.879>0.05，因此可以认为各个组的总体方差是相等的，满足方差检验的前提条件。

表 6-8 误差方差的莱文等同性检验的计算结果 [a,b]

	莱文统计	自由度 1	自由度 2	显著性
基于平均值	.339	5	12	.879
基于中位数	.208	5	12	.953
基于中位数并具有调整后自由度	.208	5	7.005	.949
基于剪除后平均值	.329	5	12	.886

检验"各个组中的因变量误差方差相等"这一原假设。
a. 因变量：数学
b. 设计：截距+组别+性别+组别*性别

(3) 多因素方差分析及交互检验结果。

表 6-9 是多因素方差分析的主要部分。由于指定建立饱和模型，因此总的离差平方和分为 3 部分：多个控制变量对观测变量的独立作用、多个控制变量的交互作用及随机变量的影响。关于多个控制变量的独立作用部分，不同组别（教学方法）贡献的离差平方和为 3295.577、均方为 1647.788，不同性别贡献的离差平方和为 351.157、均方为 351.157，说明教学方法比性别对学生数学成绩的影响大。从显著性概率来看，上述两者均小于 0.05，说明两者均对数学成绩有显著性影响。"组别*性别"多个（两个）控制变量的交互作用分析类似，也对数学成绩具有显著性影响。误差部分是随机变量影响部分。

表 6-9 主体间效应的检验（因变量：数学）

源	III 类平方和	自由度	均方	F	显著性
修正模型	4605.917[a]	5	921.183	17.163	<.001
截距	95235.260	1	95235.260	1774.340	<.001
组别	3295.577	2	1647.788	30.700	<.001
性别	351.157	1	351.157	6.542	.025
组别 * 性别	599.843	2	299.922	5.588	.019
误差	644.083	12	53.674		
总计	112898.000	18			
修正后总计	5250.000	17			

a. R 方 = .877（调整后 R 方 = .826）

(4) "组别"变量的均值比较。

表 6-10 是不同组别的均值比较结果（对比对话框中的设置），可以看出，不同组别之间的显著性概率不同，且都小于 0.05，因此不同组别之间的均值具有显著性差异。

表 6-10 不同组别的均值比较结果（K 矩阵）

组别 简单对比[a]			因变量
			数学
级别 1 与级别 3	对比估算		16.625
	假设值		0
	差值（估算 - 假设）		16.625
	标准误差		4.486
	显著性		.003
	差值的 95%置信区间	下限	6.850
		上限	26.400
级别 2 与级别 3	对比估算		-17.500
	假设值		0
	差值（估算 - 假设）		-17.500
	标准误差		4.360
	显著性		.002
	差值的 95%置信区间	下限	-27.000
		上限	-8.000

a. 参考类别 = 3

（5）"性别"变量的均值比较。

表 6-11 是不同性别的均值比较结果，由于显著性概率小于 0.05，所以不同性别之间的均值有显著性差异。

表 6-11 不同性别的均值比较结果（K 矩阵）

性别 简单对比[a]			因变量
			数学
级别 1 与级别 2	对比估算		-9.194
	假设值		0
	差值（估算 - 假设）		-9.194
	标准误差		3.595
	显著性		.025
	差值的 95%置信区间	下限	-17.026
		上限	-1.362

a. 参考类别 = 2

（6）"组别"变量的多重比较结果。

表 6-12 是对组别进行多重比较的结果，由于前面分析方差具有齐性，从 LSD 结果可以看出 3 个水平的显著性概率均小于 0.05，说明 3 个组之间均存在显著性差异，表格中也用*标出了显著性差异，同时可以看出其均值的比较结果为第 0 组>第 2 组>第 1 组。

表 6-12 对组别进行多重比较的结果（因变量：数学 LSD）

(I)组别	(J)组别	平均值差值(I-J)	标准误差	显著性	95%置信区间	
					下限	上限
0	1	34.6667*	4.22980	<.001	25.4507	43.8826
	2	12.8333*	4.22980	.010	3.6174	22.0493
1	0	-34.6667*	4.22980	<.001	-43.8826	-25.4507
	2	-21.8333*	4.22980	<.001	-31.0493	-12.6174

续表

(I)组别	(J)组别	平均值差值(I-J)	标准误差	显著性	95%置信区间	
					下限	上限
2	0	−12.8333*	4.22980	.010	−22.0493	−3.6174
	1	21.8333*	4.22980	<.001	12.6174	31.0493

基于实测平均值。
误差项是均方（误差）= 53.674。
*. 平均值差值的显著性水平为.05。

（7）交互影响折线图。

图 6-12 是两控制变量对观测变量的交互作用图，即交互影响折线图，由于两因素相交，所以有交互作用的影响（这与表 6-9 的分析结果一致）。

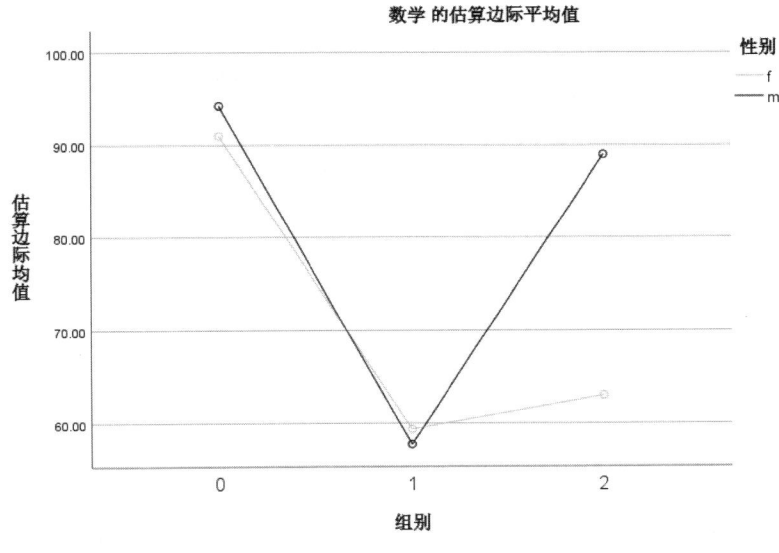

图 6-12　交互影响折线图

☆说明☆
当只有一个控制变量时，执行单变量过程等价于进行单因素方差分析。

6.4　协方差分析

6.4.1　基本概念及统计原理

1. 基本概念

无论是单因素方差分析还是多因素方差分析，都有一些可以人为控制的变量。在实际问题中，有些随机因素是很难进行人为控制的，但它们又会对结果产生显著性影响。如果忽略这些因素的影响，则有可能得不到正确的结论。

例如，研究某种药物对病症的治疗效果，如果仅仅分析药物本身的作用，而不考虑患者的身体素质，那么很可能得不到结论或得到的结论是错误的。

再如，前面的例子，研究 3 种不同教学方法教学效果的好坏，检查教学效果是通过学生的考试成绩来体现的，而学生现在的考试成绩受他们自身知识基础的影响，在分析时就应排除这种影响。

为了更加准确地研究控制变量的不同水平对结果的影响，应该尽量排除其他因素对结果的影响。例如，在上面的例子中，应尽量排除患者体质、学生数学基础的好坏等影响。为此就会用到协方差分析。

协方差分析将很难控制的因素作为协变量，在排除协变量影响的条件下分析控制变量对观测变量的影响，从而更加准确地对控制因素进行分析和评价。协方差分析仍然沿袭方差分析的思想，并在分析观测变量离差时考虑协变量的影响，认为观测变量的波动受 4 方面因素的影响，即控制变量的独立作用、控制变量的交互作用、协变量的作用和随机因素的作用，并在剔除协变量的作用后分析控制变量对观测变量的影响。

☆说明☆

协方差分析要求协变量类型是连续数值型，多个协变量之间相互独立，且与控制变量之间无交互影响。

2．统计原理

以单因素协方差分析为例，总离差平方和表示为

$$Q_{总} = Q_{控制变量} + Q_{协变量} + Q_{随机因素} \tag{6-14}$$

协方差仍采用 F 检验，F 统计量的计算公式为

$$F_{控制变量} = \frac{S^2_{控制变量}}{S^2_{随机因素}} \tag{6-15}$$

$$F_{协变量} = \frac{S^2_{协变量}}{S^2_{随机因素}} \tag{6-16}$$

式中，S^2 表示相应变量的均方。

显而易见，如果相对于随机因素引起的离差平方和，协变量带来的离差平方和比较大，即 $F_{协变量}$ 的值较大，则说明协变量是引起观测变量波动的主要因素之一，观测变量的波动可以部分地由协变量来线性解释；反之则说明协变量没有给观测变量带来显著的线性影响。在排除了协变量的线性影响后，控制变量对观测变量的影响分析同方差分析。

3．分析步骤

协方差分析问题也属于统计推断中的假设检验问题，其基本步骤与假设检验一致。

☞ 第 1 步 提出原假设。

协方差分析的原假设 H_0 为协变量对观测变量的线性影响是不显著的；在排除协变量影响的条件下，控制变量各水平下观测变量的总体均值无显著性差异，控制变量各水平对观测变量的效应同时为零。也就是说，控制变量和协变量对观测变量均无显著性影响。

☞ 第 2 步 选择检验统计量。

协方差分析采用的是 F 统计量，计算公式如式（6-15）和式（6-16）所示。

☞ 第 3 步 计算检验统计量的观测值和概率 P 值。

SPSS 会根据式（6-15）和式（6-16）自动计算 F 统计值，并依据 F 分布表给出相应的显著性概率 P 值。协变量和控制变量对观测变量的显著性影响情况分析方法同前。

☞ 第 4 步 给出显著性水平 α，做出决策。

如果显著性概率 P 值小于显著性水平 α，则拒绝原假设，即认为控制变量的不同水平的总体均值有显著性差异；反之则认为控制变量的不同水平的总体均值没有显著性差异。

6.4.2 SPSS 实例分析

【例 6-3】 已知一个班 3 组学生的入学成绩和分别接受了 3 种不同教学方法后的数学成绩，如表 6-13 所示，试研究这 3 组学生在接受了不同的教学方法后，数学成绩是否有显著性差异。（参见数据文件 data6-3.sav。）

表 6-13 3 组学生的数学成绩

姓名	数学成绩	入学成绩	组别	姓名	数学成绩	入学成绩	组别
张青华	99	98	0	蔡春江	67	98	1
王洁云	88	89	0	武佳琪	56	78	1
吴凌风	99	80	0	陈雪吟	56	89	1
刘行	89	78	0	罗超波	79	87	2
马萌	94	78	0	尹珣	56	76	2
单玲玲	90	89	0	张敏	89	56	2
宋丽君	55	99	1	郭晓艳	99	76	2
辛瑞晶	50	89	1	李福利	70	89	2
王滢滢	67	88	1	罗帆	89	89	2

☞ 第 1 步 分析。

入学成绩肯定会对最后的成绩有影响，这里着重分析不同教学方法的影响，故应将入学成绩（数学基础）的影响排除，考虑用协方差分析。

☞ 第 2 步 数据组织。

将姓名、数学成绩、入学成绩和组别分别定义为"name"、"math"、"entrance"与"group"，并设置其标签为中文名称，将数据输入并保存为文件 data6-3.sav。

☞ 第 3 步 检验协方差分析的前提条件。

与多因素方差分析操作一样，选择"分析"→"一般线性模型"→"单变量"选项。该例的前提条件是各组方差具有齐性和协变量"入学成绩[entrance]"与控制变量"分组[group]"没有交互作用。因此将"数学成绩[math]"移入"因变量"列表框作为观测变量，将"分组[group]"移入"固定因子"列表框作为控制变量，将"入学成绩[entrance]"移入"协变量"列表框作为协变量，如图 6-13 所示。单击图 6-13 中的"模型"按钮，打开"单变量:模型"对话框，选中"构建项"单选按钮，自定义方差分析模型，并将"entrance"、"group"和"entrance*group"移入"模型"列表框（"entrance*group"的移入方法是先同时选中"entrance"和"group"两个变量，再选择"构建项"选区的"类型"下拉列表中的"交互"选项，这样就可通过向右的箭头将其移入"模型"列表框），如图 6-14 所示。

单击图 6-13 中的"选项"按钮，打开如图 6-7 所示的对话框，选中"齐性检验"复选框，进行方差齐性检验，结果如表 6-14 和表 6-15 所示。

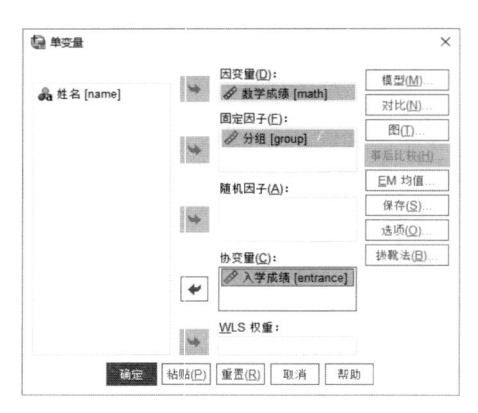

图 6-13　协方差分析设置　　　　　　　　图 6-14　交互影响设置

表 6-14 是方差齐性检验结果，由于其显著性概率 P 值=0.131>0.05，因此认为各组的方差具有齐性。

表 6-14　方差齐性检验结果（误差方差的莱文等同性检验 [a]）（因变量：数学成绩）

F	自由度 1	自由度 2	显著性
2.337	2	15	.131

检验"各个组中的因变量误差方差相等"这一原假设。
a. 设计：截距 + group + entrance + group * entrance

表 6-15 主要用来反映控制变量与协变量是否具有交互作用，可以看出，"group"与"entrance"的交互作用的显著性概率 P 值=0.784>0.05，因此认为它们之间没有交互作用。

表 6-15　主体间效应的检验（观察交互作用）（因变量：数学成绩）

源	III 类平方和	自由度	均方	F	显著性
修正模型	3757.122[a]	5	751.424	6.040	.005
截距	862.817	1	862.817	6.935	.022
group	104.163	2	52.082	.419	.667
entrance	.467	1	.467	.004	.952
group * entrance	61.932	2	30.966	.249	.784
误差	1492.878	12	124.406		
总计	112898.000	18			
修正后总计	5250.000	17			

a. R 方 = .716（调整后 R 方 = .597）

从以上分析可知，本例是满足协方差分析中具有方差齐性和协变量与控制变量之间没有交互作用这两个基本条件的，因此可用协方差分析来处理。

☞ 第 4 步　执行协方差分析。

变量的选择同第 3 步，只是在"单变量:模型"对话框中不再选择 group*entrance。

☞ 第 5 步　主要结果及分析。

经过以上几个步骤的分析，得到协方差分析的主要结果，如表 6-16 所示。

表 6-16　主体间效应的检验（不观察交互作用）（因变量：数学成绩）

源	III 类平方和	自由度	均方	F	显著性
修正模型	3695.190ª	3	1231.730	11.091	<.001
截距	1387.824	1	1387.824	12.496	.003
group	3364.083	2	1682.041	15.146	<.001
entrance	8.857	1	8.857	.080	.782
误差	1554.810	14	111.058		
总计	112898.000	18			
修正后总计	5250.000	17			

a. R 方 = .704（调整后 R 方 = .640）

从表 6-16 中可以看出，"group"所对应的显著性概率 P 值<0.001，说明分组情况（不同的教学方法）对数学成绩具有显著性影响；而"entrance"所对应显著性概率 P 值=0.782>0.05，说明入学成绩对数学成绩无显著性影响。

☆说明☆
在做协方差分析前，需要对模型满足协方差分析的基本条件做检验。同时需要注意一点，在正式进行协方差分析时，一定不要将协变量和控制变量的交互作用纳入分析模型，否则可能产生完全相反的结论，因为协变量的作用是被排除在外的，不能与控制变量产生交互作用。

6.5　多元方差分析

6.5.1　基本概念及统计原理

1. 基本概念

多元方差分析是研究多个控制因素（自变量）与多个因变量相互关系的一种统计分析方法，又称为多变量分析。多元方差分析实质上是单变量统计方法的发展和推广，适用于研究控制因素同时对两个或两个以上的因变量产生影响的情况，用来分析控制因素取不同水平时因变量的均值是否存在显著性差异。

2. 统计原理

多元方差分析的基本原理与单因素方差分析相似，是将总离差平方和按照其来源（或实验设计）分为多个部分，从而检验各个控制因素对因变量的影响，以及各个控制因素之间的交互作用的。在这个过程中，可以分析每个控制因素的作用，也可以分析控制因素之间的交互作用、协方差，以及各个控制因素与协变量之间的交互作用。

多元方差分析的优点是可以在一次研究中同时检验具有多个水平的多个控制因素各自对因变量的影响，以及各个控制因素之间的交互作用。

在方差分析中，要求样本必须满足独立、正态、等方差的总体，而对多元方差分析而言，由于涉及多个因变量，所以除要求每个因变量满足以上条件外，还要求它们必须满足以下条件。

（1）各因变量之间具有相关性。
（2）每组都有相同的方差——协方差矩阵。
（3）各因变量为多元正态分布。

多元方差分析的目的在于检验控制变量如何影响一组因变量。SPSS 中用于多元方差分析假设检验的统计量有比莱（Pillai）轨迹、威尔克斯（Wilks）Lambda 值、霍特林（Hotelling）

轨迹和罗伊（Roy）最大根。

（1）比莱轨迹：该检验的值恒为正值，其值越大，表明该效应对模型的贡献越大。

（2）威尔克 Lambda 值：该检验的取值范围为 0～1，其值越小，表明该效应对模型的贡献越大。

（3）霍特林轨迹：该值用于检验矩阵特征值之和，其值越大，表明该效应对模型的贡献越大。

（4）罗伊最大根：该值用于检验矩阵特征值中的最大值，其值越大，表明该效应对模型的贡献越大。

如果方差齐性检验结果为显著性概率 P 值大于 0.05，则方差齐性假设成立，就用威尔克 Lambda 值进行判断；反之则用其他几项检验数据进行判断。

3．分析步骤

多元方差分析的步骤与单因素方差分析和协方差分析比较相近，下面通过具体实例来说明。

6.5.2　SPSS 实例分析

【例 6-4】　某科研所研究某树种在不同海拔、不同施肥量情况下的苗高增加量和地径增加量的差别，将海拔设为 3 个水平，将施肥量也设为 3 个水平，将两个因素组合成 9 个组合，每个组合重复 3 次。试分析海拔与施肥量对苗高增加量和地径增加量的影响，并分析海拔与施肥量是否存在交互作用。某树种的生长数据如表 6-17 所示。（参见数据文件 data6-4.sav。）

表 6-17　某树种的生长数据

海拔	施肥量	苗高增加量（cm）	地径增加量（cm）	海拔	施肥量	苗高增加量（cm）	地径增加量（cm）
1	1	11.8	2.48	2	2	9.9	1.88
1	1	12.9	2.7	2	3	8.7	1.59
1	1	10.9	2.84	2	3	9	1.93
1	2	9.6	2.07	2	3	8.3	1.84
1	2	9.4	1.88	3	1	11.1	1.9
1	2	9.1	1.72	3	1	10.8	1.8
1	3	8.2	1.19	3	1	10.2	2.1
1	3	8.8	1.79	3	2	9.1	1.6
1	3	9.1	1.9	3	2	8.8	1.68
2	1	11.3	2.12	3	2	8.5	1.9
2	1	10.6	1.97	3	3	7.3	1.4
2	1	11.7	2.53	3	3	8.1	1.6
2	2	10.1	2.01	3	3	8.2	1.79
2	2	10.4	1.93	—	—	—	—

☞ 第 1 步　分析。

这是一个两个控制因素对两个因变量影响的分析，是一个多元方差分析问题。

☞ 第 2 步　数据组织。

按表 6-17 的变量名组织成 4 列数据，并将数据文件保存为 data6-4.sav。

☞ 第 3 步　分析过程设置。

选择"分析"→"一般线性模型"→"多变量"选项，在弹出的对话框中将"苗高增加量"和"地径增加量"移入"因变量"列表框，将"海拔"和"施肥量"移入"固定因子"列表框。单击"多变量"对话框中的"事后比较"按钮，在弹出的对话框中，将"海拔"和"施肥量"

移入"下列各项的事后检验"列表框,并勾选"假定等方差"选区中的"LSD"复选框。单击"选项"按钮,在弹出的对话框的"显示"选区中勾选"齐性检验"复选框。完成设置并运行。

☞ 第 4 步 主要结果及分析。

本例运行结果如表 6-18～表 6-22 所示,对各表的具体分析如下。

(1) 因变量的方差齐性检验结果。

从表 6-18 中可看出,苗高增加量和地径增加量的显著性概率 P 值分别为 0.344 与 0.166,均大于显著性水平 0.05,说明两者在各组总体方差上具有齐性,满足方差分析的前提条件。

表 6-18 误差方差的莱文等同性检验[a]

		莱文统计	自由度 1	自由度 2	显著性
苗高增加量	基于平均值	1.216	8	18	.344
	基于中位数	.666	8	18	.714
	基于中位数并具有调整后自由度	.666	8	9.672	.711
	基于剪除后平均值	1.178	8	18	.364
地径增加量	基于平均值	1.703	8	18	.166
	基于中位数	.373	8	18	.921
	基于中位数并具有调整后自由度	.373	8	7.378	.906
	基于剪除后平均值	1.561	8	18	.206

检验"各个组中的因变量误差方差相等"这一原假设。
a. 设计: 截距 + 海拔 + 施肥量 + 海拔 * 施肥量

(2) 多元方差分析结果。

表 6-19 是多变量检验结果,可以看出,海拔与施肥量两个主效应的 4 种检验显著性概率均小于 0.05,说明海拔与施肥量对苗高增加量和地径增加量有显著性影响;而海拔*施肥量的 4 种检验的显著性概率均大于 0.05,说明两者对苗高增加量和地径增加量的影响不存在交互作用。

表 6-19 多变量检验[a]结果

效应		值	F	假设自由度	误差自由度	显著性
截距	比莱轨迹	.998	4789.516[b]	2.000	17.000	<.001
	威尔克 Lambda	.002	4789.516[b]	2.000	17.000	<.001
	霍特林轨迹	563.472	4789.516[b]	2.000	17.000	<.001
	罗伊最大根	563.472	4789.516[b]	2.000	17.000	<.001
海拔	比莱轨迹	.580	3.673	4.000	36.000	.013
	威尔克 Lambda	.443	4.278[b]	4.000	34.000	.007
	霍特林轨迹	1.210	4.839	4.000	32.000	.004
	罗伊最大根	1.167	10.503[c]	2.000	18.000	<.001
施肥量	比莱轨迹	.902	7.395	4.000	36.000	<.001
	威尔克 Lambda	.106	17.666[b]	4.000	34.000	<.001
	霍特林轨迹	8.404	33.616	4.000	32.000	<.001
	罗伊最大根	8.396	75.560[c]	2.000	18.000	<.001
海拔 * 施肥量	比莱轨迹	.586	1.864	8.000	36.000	.097
	威尔克 Lambda	.491	1.814[b]	8.000	34.000	.109
	霍特林轨迹	.880	1.759	8.000	32.000	.123
	罗伊最大根	.632	2.843[c]	4.000	18.000	.055

a. 设计: 截距 + 海拔 + 施肥量 + 海拔 * 施肥量
b. 精确统计
c. 此统计是生成显著性水平下限的 F 的上限。

(3) 主体间效应的检验结果。

表 6-20 是两个因变量在不同影响因素上的差异分析，即主体间效应的检验结果。从表 6-20 中可以看出，苗高增加量在海拔和施肥量上的显著性概率均小于 0.05，说明苗高增加量在海拔和施肥量上均存在显著性差异；地径增加量在海拔和施肥量上的显著性概率也均小于 0.05，说明地径增加量在海拔和施肥量上也均存在显著性差异；而苗高增加量与地径增加量在海拔*施肥量上的显著性概率分别为 0.237 和 0.058，均大于 0.05，说明海拔与施肥量的交互作用在苗高增加量和地径增加量上均无显著性差异。这与表 6-19 的分析情况相吻合。

表 6-20 主体间效应的检验结果

源	因变量	III 类平方和	自由度	均方	F	显著性
修正模型	苗高增加量	43.447[a]	8	5.431	21.098	<.001
	地径增加量	2.687[b]	8	.336	7.293	<.001
截距	苗高增加量	2540.430	1	2540.430	9869.296	<.001
	地径增加量	100.688	1	100.688	2186.056	<.001
海拔	苗高增加量	4.509	2	2.254	8.758	.002
	地径增加量	.465	2	.232	5.047	.018
施肥量	苗高增加量	37.369	2	18.684	72.587	<.001
	地径增加量	1.710	2	.855	18.563	<.001
海拔 * 施肥量	苗高增加量	1.569	4	.392	1.524	.237
	地径增加量	.512	4	.128	2.781	.058
误差	苗高增加量	4.633	18	.257		
	地径增加量	.829	18	.046		
总计	苗高增加量	2588.510	27			
	地径增加量	104.205	27			
修正后总计	苗高增加量	48.080	26			
	地径增加量	3.516	26			

a. R 方 = .904（调整后 R 方 = .861）
b. R 方 = .764（调整后 R 方 = .659）

(4) 多重比较结果分析。

表 6-21 是海拔的多重比较结果，可以看出，苗高增加量在海拔 1 与 2、1 与 3、2 与 3 上的显著性概率分别为 0.927、0.002 和 0.002，说明苗高增加量在海拔 1 与 3、2 与 3 上存在显著性差异，在 1 与 2 上没有显著性差异；同理，可以看出地径增加量在海拔 1 与 3、2 与 3 上存在显著性差异，而在 1 与 2 上没有显著性差异。

表 6-21 海拔的多重比较结果（LSD）

因变量	(I)海拔	(J)海拔	平均值差值(I-J)	标准误差	显著性	95%置信区间	
						下限	上限
苗高增加量	1	2	−.022	.2392	.927	−.525	.480
		3	.856*	.2392	.002	.353	1.358
	2	1	.022	.2392	.927	−.480	.525
		3	.878*	.2392	.002	.375	1.380
	3	1	−.856*	.2392	.002	−1.358	−.353
		2	−.878*	.2392	.002	−1.380	−.375

续表

因变量	(I)海拔	(J)海拔	平均值差值(I-J)	标准误差	显著性	95%置信区间	
						下限	上限
地径增加量	1	2	.0856	.10117	.409	-.1270	.2981
		3	.3111*	.10117	.007	.0986	.5237
	2	1	-.0856	.10117	.409	-.2981	.1270
		3	.2256*	.10117	.039	.0130	.4381
	3	1	-.3111*	.10117	.007	-.5237	-.0986
		2	-.2256*	.10117	.039	-.4381	-.0130

基于实测平均值。

误差项是均方（误差）= .046。

*. 平均值差值的显著性水平为.05。

表 6-22 是施肥量的多重比较结果，可以看出，苗高增加量在施肥量 1 与 2、1 与 3 和 2 与 3 上均存在显著性差异；地径增加量在施肥量 1 与 2、1 与 3 上存在显著性差异，而在 2 与 3 上没有显著性差异。

表 6-22 施肥量的多重比较结果（LSD）

因变量	(I)施肥量	(J)施肥量	平均值差值(I-J)	标准误差	显著性	95%置信区间	
						下限	上限
苗高增加量	1	2	1.822*	.2392	<.001	1.320	2.325
		3	2.844*	.2392	<.001	2.342	3.347
	2	1	-1.822*	.2392	<.001	-2.325	-1.320
		3	1.022*	.2392	<.001	.520	1.525
	3	1	-2.844*	.2392	<.001	-3.347	-2.342
		2	-1.022*	.2392	<.001	-1.525	-.520
地径增加量	1	2	.4189*	.10117	<.001	.2063	.6314
		3	.6011*	.10117	<.001	.3886	.8137
	2	1	-.4189*	.10117	<.001	-.6314	-.2063
		3	.1822	.10117	.088	-.0303	.3948
	3	1	-.6011*	.10117	<.001	-.8137	-.3886
		2	-.1822	.10117	.088	-.3948	.0303

基于实测平均值。

误差项是均方（误差）= .046。

*. 平均值差值的显著性水平为.05。

6.6 典型案例

6.6.1 培训材料效果分析

为了研究 3 种不同培训材料对强化员工全面质量管理意识的作用是否有显著性差异，从某企业随机选择了 18 名员工，并将他们随机划分为 3 组，每组分别采用不同的培训材料进行培训。培训结束后进行考试，考试分数如表 6-23 所示，试分析使用不同培训材料的培训效果是否存在显著性差异。（参见数据文件 data6-5.sav。）

表 6-23　使用不同培训材料的员工的考试分数

材料 1	材料 2	材料 3
85	71	59
75	75	64
82	73	62
76	74	69
71	69	75
85	82	67

案例分析：要分析不同培训材料的培训效果是否存在显著性差异，就要检验使用不同培训材料后考试分数的均值是否有显著性差异。本例中只有一个因素（培训材料），即一个自变量，它有 3 个水平（自变量有 3 个值），分别是材料 1、2、3；因变量为考试分数。分析前，先进行方差齐性检验，然后使用单因素方差分析方法来判断。

6.6.2　火箭射程影响因素分析

为了研究火箭燃料和推进器对火箭射程的影响，选用了 4 种不同的燃料和 3 种型号的火箭推进器，将它们相互搭配并在每种搭配情况下做了两次试验，得到火箭射程数据，如表 6-24 所示。试分析燃料和推进器这两个因素对火箭射程的影响是否显著。（参见数据文件 data6-6.sav。）

案例分析：燃料和推进器是影响火箭射程的重要因素（双因素），但究竟哪种燃料、哪种推进器，或者哪种燃料和推进器的组合的影响最显著，就需要用双因素方差分析来解决。通过主效应效果检查表可以看出主效应及其交互效应是否显著，通过两两对比表可以看出具体哪种燃料和哪种推进器的效果显著，并通过轮廓图查看交互效应情况。

表 6-24　火箭射程数据　　　　　　　　　　　　　　　　单位：海里

燃料 A	推进器 B		
	B_1	B_2	B_3
A_1	58.20, 52.60	56.20, 41.20	65.30,60.80
A_2	49.10, 42.80	54.10,50.50	51.60,48.40
A_3	60.10, 58.30	70.90,73.20	39.20,40.70
A_4	75.80, 71.50	58.20,51.00	48.70,41.40

注：1 海里=1.852km。

6.6.3　身高与肺活量分析

表 6-25 所示为运动员（A）与大学生（S）的身高和肺活量数据，考虑到身高与肺活量有关，而一般运动员的身高高于大学生，为进一步分析肺活量的差异是否为体育锻炼所致，试做控制身高变量的协方差分析。（参见数据文件 data6-7.sav。）

表 6-25　运动员与大学生的身高和肺活量数据

身份	身高（cm）	肺活量（cm³）	身份	身高（cm）	肺活量（cm³）
A	184.9	4300	S	168.7	3450
A	167.9	3850	S	170.8	4100
A	171	4100	S	165	3800
A	171	4300	S	169.7	3300
A	188	4800	S	171.5	3450
A	179	4000	S	166.5	3250
A	177	5400	S	165	3600
A	179.5	4000	S	165	3200
A	187	4800	S	173	3950
A	187	4800	S	169	4000
A	169	4500	S	173.8	4150
A	188	4780	S	174	3450
A	176.7	3700	S	170.5	3250
A	179	5250	S	176	4100

案例分析：运动员与大学生的运动量肯定有所差异，但要分析他们的身高与肺活量的关系，必须先把运动量对其肺活量的影响排除，因此考虑用协方差分析法。先判断各组方差是否具有齐性，再判断协变量（肺活量）与因素（身份）之间有没有交互作用。只有在满足这两个条件后才可以用协方差分析法来处理。

6.7　思考与练习

1．方差分析是用来检验不同数据组的均值差异的，还是用来检验方差差异的？

2．如果单因素方差分析的结果是不同方案的效果均值有显著性差异，那么是否意味着两两方案之间的均值有显著性差异？

3．方差分析的前提条件有哪些？什么是主效应？什么是交互效应？

4．为了寻求适应某地区的高产油菜品种，今选择 5 种品种进行试验，每一品种在 4 块条件完全相同的试验田上试种，其他施肥等田间管理措施完全一样。表 6-26 所示为每一品种在每块试验田的亩产量，根据这些数据分析不同品种油菜的平均产量在显著性水平为 0.05 的条件下有无显著性差异。（参见数据文件 data6-8.sav。）

表 6-26　每一品种在每块试验田的亩产量　　　　　　　　　　　　　　单位：kg

品种	A_1	A_2	A_3	A_4	A_5
亩产量	256.0	244.0	250.0	288.0	206.0
	222.0	300.0	277.0	280.0	212.0
	280.0	290.0	230.0	315.0	220.0
	298.0	275.0	322.0	259.0	212.0

5．某公司希望检测 4 种类型轮胎 A、B、C、D 的寿命（由行驶的里程数决定），数据如表 6-27 所示（单位：千英里），其中每种轮胎应用在随机选择的 6 辆汽车上，在显著性水平为 0.05 的条件下判断不同类型轮胎的寿命是否存在显著性差异？（参见数据文件 data6-9.sav。）

表 6-27 4 种轮胎的寿命数据

A	B	C	D
33	32	31	29
38	40	37	34
36	42	35	32
40	38	33	30
31	30	34	33
35	34	30	31

6. 某超市将同一种商品做 3 种不同的包装（A）并摆放在 3 个不同的货架区（B）进行销售试验，随机抽取 3 天的销售量作为样本，具体数据如表 6-28 所示。要求检验：在显著性水平为 0.05 的条件下，商品包装、摆放位置及其搭配对销售情况是否有显著性影响。（参见数据文件 data6-10.sav。）

表 6-28 销售样本数据

	B_1	B_2	B_3
A_1	5,6,4	6,8,7	4,3,5
A_2	7,8,8	5,5,6	3,6,4
A_3	3,2,4	6,6,5	8,9,6

7. 研究杨树的一年生长量与施用氮肥和钾肥的关系。为了研究这种关系，共进行了 18 块样地的栽培试验，测定杨树苗的一年生长量、初始高度、全部试验条件（包括氮肥量和钾肥量）及试验结果（杨树苗的生长量），数据如表 6-29 所示，请在显著性水平为 0.05 的条件下检验氮肥量、钾肥量及树苗初始高度中的哪些对杨树的生长有显著性影响。（参见数据文件 data6-11.sav。）

表 6-29 杨树栽培试验数据

序号	氮肥量	钾肥量（kg）	树苗初始高度（m）	一年生长量（m）	序号	氮肥量	钾肥量（kg）	树苗初始高度（m）	一年生长量（m）
1	少	0	4.5	1.85	10	多	0	6.5	2.15
2	少	0	6	2	11	多	0	6	1.99
3	少	0	4	1.6	12	多	0	6.5	2.06
4	少	12.5	6.5	2	13	多	12.5	4	1.93
5	少	12.5	7	2.04	14	多	12.5	6	2.1
6	少	12.5	5	1.91	15	多	12.5	5.5	2.15
7	少	25	7	2.4	16	多	25	5	2.2
8	少	25	5	2.25	17	多	25	6	2.3
9	少	25	5	2.1	18	多	25	5.5	2.25

第 7 章 相关分析

在前面几章中，讲解的方法基本上都是一元统计分析方法，从本章开始，介绍多元统计分析的模型和方法。多元统计分析方法分析多个性质不同的 SPSS 变量、总体的多个特征，并分析这些特征的联系。相关分析是比较简单的多元统计分析方法，但也是经常使用的多元统计分析方法，能快速发现总体特征之间的关系，并检验这些特征的显著性。近年来，相关分析广泛应用于生物学、心理学、教育学、经济学、医学等各个领域。相关分析对于试验数据的处理、经验公式的建立、管理标准的测定、自然现象和经济现象的统计预报、自动控制中数学模型的确定等是一种极为有效且广泛使用的数理统计工具。

7.1 相关分析简介

7.1.1 相关分析的概念

客观世界是普遍联系的统一整体，事物之间存在相互依赖、相互制约、相互影响的关系。描述事物数量特征的变量之间自然也存在一定的关系。变量之间的关系可以分为两种：一种是函数关系，另一种是相关关系。

函数关系是一种一一对应的关系，即当一个变量 x 取一定值时，另一变量 y 可以按照确定的函数取一个确定的值，记为 $y = f(x)$，称 y 是 x 的函数，即 y 与 x 两变量之间存在函数关系。例如，在单价确定的条件下，给定销售量就能确定销售额；圆的周长和圆的半径的关系等。

因为函数关系是一一对应的确定性关系，所以比较容易分析和测度。可是在现实世界中，变量之间的关系往往并不是简单的确定性关系，即变量之间有着密切的关系，但又不能由一个或几个变量的值确定另一个变量的值。也就是说，当自变量 x 取某一值时，因变量 y 的值可能会有多个。这种变量之间不是一一对应的、不确定性的关系称为相关关系。例如，子女身高与父母身高之间的关系，虽然两者之间存在一定的关系，但这种关系不能像函数关系那样用一个确定的数学函数来描述。

7.1.2 相关关系的种类

1．按相关关系涉及的变量数量分类

相关关系按照涉及的变量个数可以分为简单相关和复相关两种。简单相关是指一个变量和另一个变量之间的相关关系，如人的身高与体重之间的相关关系。复相关是指一个变量和另一组变量之间的相关关系，如某种商品的需求量与商品的价格及居民的收入水平之间的相关关系。

2．按变量相关关系的表现形式分类

相关关系按照表现形式的不同分为线性相关和非线性相关两种。线性相关是指当一个变量变化时，其变化量与另一个变量的变化量有大致按比例的变化，两个变量的散点图近似落在

一条直线附近。当变量之间相关关系散点图中的点相连接近一条曲线时,称为非线性相关,又称为曲线相关。

3. 按变量相关关系变化的方向分类

相关关系按照相关方向的不同分为正相关和负相关两种。当两个变量趋于在同一个方向变化时,即同增或同减,称变量之间存在正相关。当两个变量趋于在相反方向变化时,即当一个变量增加时,另一个变量却减少,称变量之间存在负相关。

4. 按变量相关程度分类

相关关系按照相关程度分为不相关、低度相关、显著相关、高度相关和完全相关。当一个变量的变化完全由另一个变量的变化确定时,称变量之间完全相关。例如,在价格不变的条件下,某种商品的销售额与销售量之间的关系。在这种情况下,相关关系实际成了函数关系,因此可以把函数关系视为相关关系的特例。

当两个变量的变化之间完全没有关系,即彼此互不影响时,称两者不相关。低度相关、显著相关和高度相关介于完全相关和不相关之间,统称为不完全相关。

7.2 两变量相关分析

7.2.1 基本概念及统计原理

1. 相关系数

在各种相关分析中,只有两个变量的线性相关分析是最简单的。两个变量之间的线性相关程度可以用简单线性相关系数来度量,线性相关系数是反映变量之间相关关系密切程度的统计量,根据相关系数计算方法的不同,线性相关系数具体分为如下 3 种。

(1)皮尔逊相关系数。

皮尔逊相关系数是最简单、最常用的相关系数,用于衡量间隔尺度变量之间的线性关系,其计算公式如下:

$$r = \frac{\sum_{i=1}^{n}(x_i - \bar{x})(y_i - \bar{y})}{\sqrt{\sum_{i=1}^{n}(x_i - \bar{x})^2 \sum_{i=1}^{n}(y_i - \bar{y})^2}} \tag{7-1}$$

式(7-1)只代表了样本的相关系数,其中,n 为样本量,x_i 和 y_i 分别代表两个变量的样本观测值。r 有如下特点。

- 相关系数 r 的取值为 -1~1,当 $0 < |r| < 1$ 时,表明 X 和 Y 之间存在一定的线性相关关系。若 $r > 0$,则表明 X 和 Y 完全正相关;若 $r < 0$,则表明 X 和 Y 负相关。
- 当 $r = 0$ 时,表明 X 和 Y 没有线性相关关系。
- 当 $|r| = 1$ 时,表明 X 和 Y 完全线性相关。若 $r = 1$,则表明 X 和 Y 完全正相关;若 $r = -1$,则表明 X 和 Y 完全负相关。
- x 和 y 对称,x 和 y 变量互换位置后 r 不变,即 $r_{XY} = r_{YX}$。
- r 是标准化后计算得到的,因此是无量纲数。

☆说明☆

（1）皮尔逊相关系数适用于两变量的度量水平都是间隔尺度数据，且两变量的总体是正态分布或近似正态分布的情况，否则其反映的线性关系有可能失真。

（2）当相关系数为 0 或接近 0 时，只能说明两变量没有线性关系，不能说明两变量没有相关性，有可能存在其他非线性关系。

（2）斯皮尔曼相关系数。

在进行相关分析的过程中，我们经常会遇到一些不适宜用皮尔逊相关系数的数据，如变量的度量尺度不是间隔尺度而是顺序尺度，或者变量总体的分布不详，这时皮尔逊相关系数就不再适用了。

若两列变量值为顺序尺度数据（又称为定序数据），并且变量值所属的两个总体并不一定呈正态分布，样本量不一定大于 30，则这两个变量之间的相关性可以通过计算斯皮尔曼相关系数进行分析。斯皮尔曼相关系数的计算公式为

$$r = 1 - \frac{6\sum_{i=1}^{n} D_i^2}{n(n^2-1)} \qquad (7\text{-}2)$$

式中，n 为样本量；$\sum_{i=1}^{n} D_i^2 = \sum_{i=1}^{n}(U_i - V_i)^2$，这里的 (U_i, V_i) 是两变量的秩。

斯皮尔曼相关系数的适用条件如下。

- 两个变量的度量尺度是顺序尺度。
- 样本量 n 不一定大于 30，两个变量的总体不一定呈正态分布。

（3）肯德尔 tau-b 等级相关系数。

肯德尔 tau-b 等级相关系数的计算仍基于数据的秩，利用变量的秩计算一致对数目 U 和非一致对数目 V。例如，两变量 (x_i, y_i) 的秩对分别为 (2,3)、(4,4)、(3,1)、(5,5)、(1,2)，对变量 x 的秩按升序排列后的秩对为 (1,2)、(2,3)、(3,1)、(4,4)、(5,5)，于是，变量 y 的秩随变量 x 的秩同步增大的秩对（一致对）有 (2,3)、(2,4)、(2,5)、(3,4)、(3,5)、(1,4)、(1,5)、(4,5)，即一致对数目 U 等于 8；变量 y 的秩未随变量 x 的秩同步增大的秩对（非一致对）有 (2,1)、(3,1)，即非一致对数目 V 等于 2。于是，一致对数目定义为 $U = \sum_{i=1}^{n}\sum_{j>1}^{n} I(d_j > d_i)$，非一致对数目定义为 $V = \sum_{i=1}^{n}\sum_{j>1}^{n} I(d_j > d_i)$。显然，当一致对数目较大、非一致对数目较小时，两变量呈较强的正相关；当一致对数目较小、非一致对数目较大时，两变量呈较强的负相关；当一致对数目和非一致对数目接近时，两变量呈较弱的相关关系。

肯德尔 tau-b 等级相关系数的计算公式为

$$\tau = (U - V)\frac{2}{n(n-1)} \qquad (7\text{-}3)$$

2. 相关系数的显著性检验

样本相关系数是根据从总体中抽取的随机样本的观测值 x 和 y 计算出来的，它只是对总体相关系数 ρ 的估计。由于不同的样本可以计算出同一个样本相关系数，因此样本相关系数不是一个确定的值，而是随抽样变动的随机变量。那么，我们所估计的样本相关系数是否为抽样的偶然结果呢？为此，相关系数的统计显著性还有待检验。

对相关系数的显著性检验通常是检验总体相关系数是否等于零,对于不同的相关系数,其检验统计量也不相同,构建的假设检验也略有差异,下面分别介绍。

(1) 皮尔逊相关系数假设检验。

皮尔逊相关系数假设检验的原假设是总体相关系数 $\rho = 0$,即相关系数不显著,在原假设为真的条件下,与样本相关系数 r 有关的 t 统计量服从自由度为 $n-2$ 的 T 分布:

$$t = \frac{r\sqrt{n-2}}{\sqrt{1-r^2}} \tag{7-4}$$

SPSS 会自动计算 T 检验统计量的观测值和对应的显著性概率 P 值,根据 P 值来判断相关系数的显著性。

(2) 斯皮尔曼相关系数假设检验。

斯皮尔曼相关系数假设检验的原假设也是总体相关系数 $\rho = 0$,在小样本情况下,斯皮尔曼相关系数 r 就是检验统计量;在大样本情况下,采用正态检验 Z 统计量,即

$$Z = r\sqrt{n-1} \tag{7-5}$$

式中,Z 统计量服从标准正态分布。SPSS 将自动计算斯皮尔曼相关系数、Z 检验统计量的观测值和对应的概率 P 值。

(3) 肯德尔 tau-b 等级相关系数假设检验。

肯德尔 tau-b 等级相关系数假设检验的原假设也是总体相关系数 $\rho = 0$,在小样本情况下,肯德尔 tau-b 等级相关系数 τ 就是检验统计量;在大样本情况下采用的检验统计量为

$$Z = \tau\sqrt{\frac{9n(n-1)}{2(2n+5)}} \tag{7-6}$$

式中,Z 统计量近似服从标准正态分布。SPSS 将自动计算肯德尔 tau-b 等级相关系数、Z 统计量和对应的概率 P 值。

以上 3 种相关系数的显著性检验都可以根据 SPSS 计算出的显著性概率 P 值和显著性水平的比较来完成。

7.2.2 SPSS 实例分析

【例 7-1】 为了分析父亲与儿子身高之间的相关性,现抽样了 12 对父子的身高,数据如表 7-1 所示,请对其进行相关性分析(显著性水平取 $\alpha = 0.05$)。(参见数据文件 data7-1.sav。)

表 7-1 12 对父子的身高数据   单位:英寸

父亲身高	65	63	67	64	68	62	70	66	68	67	69	71
儿子身高	68	66	68	65	69	66	68	65	71	67	68	70

注:1 英寸(in)=2.54cm。

☞ 第 1 步 分析。

由于考虑的是父亲和儿子身高的相关性问题,故应用二元变量的相关性进行分析,同时,身高是定距变量,考虑用皮尔逊相关系数来衡量。

☞ 第 2 步 数据组织。

将数据分成两列,一列是父亲的身高,变量名为 "father";另一列是儿子的身高,变量名为 "son",输入数据并保存。

☞ 第 3 步 两变量的相关分析。

选择"分析"→"相关"→"双变量"选项，打开如图 7-1 所示的对话框，将"父亲身高[father]"和"儿子身高[son]"两变量移入"变量"列表框，在"相关系数"选区中选择"皮尔逊"复选框，在"显著性检验"选区中选择"双尾"单选按钮。单击"选项"按钮，弹出如图 7-2 所示的对话框，选中"统计"选区中的两个复选框，计算结果将输出均值和标准差、叉积偏差和协方差。

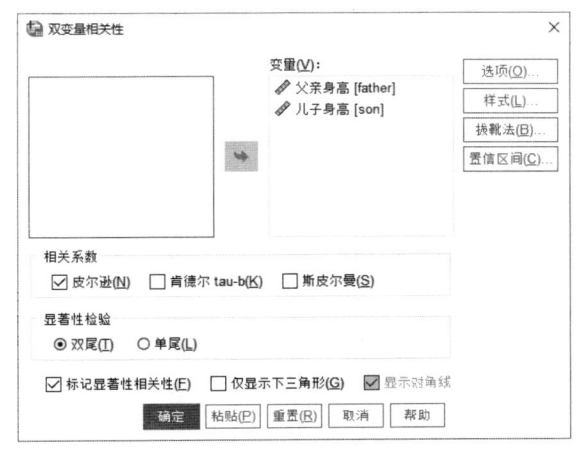

图 7-1 "双变量相关性"对话框　　图 7-2 "双变量相关性:选项"对话框

☞ 第 4 步 主要结果及分析。

本例的主要运行结果如表 7-2 和表 7-3 所示，具体分析如下。

（1）描述统计量表。

表 7-2 列出了描述统计量平均值、标准差和个案数。

表 7-2 描述统计量

	平均值	标准差	个案数
父亲身高	66.67	2.774	12
儿子身高	67.58	1.881	12

（2）相关分析结果表。

表 7-3 是相关分析的主要结果，其中包括平方和与叉积、协方差、皮尔逊相关系数及显著性概率 P 值。从表 7-3 中可以看出，皮尔逊相关系数为 $0.703 > 0$，说明两变量呈正相关，皮尔逊相关系数的显著性为 $0.011 < 0.05$，因此应拒绝原假设（H_0：两变量之间的相关系数为零），说明儿子身高受父亲身高的显著性正影响。从表 7-3 中的注释可以看出，两变量在 0.05 显著性水平下显著相关。

表 7-3 两变量相关分析检验结果

		父亲身高	儿子身高
父亲身高	皮尔逊相关性	1	.703*
	显著性（双尾）		.011
	平方和与叉积	84.667	40.333
	协方差	7.697	3.667
	个案数	12	12

续表

		父亲身高	儿子身高
儿子身高	皮尔逊相关性	.703*	1
	显著性（双尾）	.011	
	平方和与叉积	40.333	38.917
	协方差	3.667	3.538
	个案数	12	12

*. 在 0.05 级别（双尾），相关性显著。

☆说明☆

（1）对于单尾检验和双尾检验的选择，一般遵循的原则是：如果不清楚变量之间是正相关还是负相关，那么应选择双尾检验；如果了解变量之间是正相关或负相关，那么应选择单尾检验。

（2）可以看出，表 7-3 中的相关系数矩阵是一个对称矩阵，父亲身高与儿子身高和儿子身高与父亲身高的相关系数是一样的，从这里可以看出，对相关性来讲，两变量之间的地位是平等的，无主次之分。

【例 7-2】 在中国公众对待科学技术态度的问卷调查中列举了 12 种职业，要求被调查者对社会声望和值得信赖程度进行回答，据回收的答卷，按照公众对各种职业的态度的人数进行排序，取得的数据如表 7-4 所示，根据这些数据计算等级相关系数，并检验其显著性。（参见数据文件 data7-2.sav。）

表 7-4 公众对待 12 种职业的态度

职业	社会声望	值得信赖程度
科学家	1	1
医生	2	2
政府官员	3	7
工程师	6	4
大学教师	5	5
律师	8	6
记者	7	8
建筑设计人员	11	9
银行管理人员	10	10
会计师	12	11
企业管理人员	9	12
中小学教师	4	3

☞ 第 1 步 分析。

由于 12 种职业的社会声望及值得信赖程度均是定序数据，故考虑用斯皮尔曼相关系数进行分析。

☞ 第 2 步 数据组织。

将数据分成 3 列，第 1 列是职业，变量名为"job"；第 2 列是社会声望，变量名为"renown"；第 3 列是值得信赖程度，变量名为"confide"，输入数据并保存。

☞ 第 3 步 两元变量的相关性分析。

选择"分析"→"相关"→"双变量"选项，打开如图 7-1 所示的对话框，将"社会声望[renown]"和"值得信赖程度[confide]"两变量移入"变量"列表框；在"相关系数"选区中选择"斯皮尔曼"和"肯德尔tau-b"复选框；在"显著性检验"选区中选择"双尾"单选按钮。

☞ 第4步 主要结果及分析。

本例的主要运行结果如表7-5所示。

表7-5 两变量相关分析检验结果

			社会声望	值得信赖程度
肯德尔 tau-b	社会声望	相关系数	1.000	.697**
		显著性（双尾）	.	.002
		个案数	12	12
	值得信赖程度	相关系数	.697**	1.000
		显著性（双尾）	.002	.
		个案数	12	12
斯皮尔曼 Rho	社会声望	相关系数	1.000	.860**
		显著性（双尾）	.	<.001
		个案数	12	12
	值得信赖程度	相关系数	.860**	1.000
		显著性（双尾）	<.001	.
		个案数	12	12

**. 在0.01级别（双尾），相关性显著。

具体分析如下。

从表7-5的上半部分可看出，两变量的肯德尔 tau-b 等级相关系数为0.697>0，双尾检验的显著性概率为0.002<0.05，应拒绝两变量不相关的原假设，说明两变量具有显著的正相关性。

从表7-5的下半部分可看出，两变量的斯皮尔曼相关系数为0.860>0，同时双尾检测的显著性概率值 $P<0.001$，也说明两变量呈显著的正相关性。从表7-5的注释中可看出在双尾检测下，两变量在0.01的显著性水平上具有显著的正相关性。

7.3 偏相关分析

7.3.1 基本概念及统计原理

1. 基本概念

相关分析计算两个变量之间的相互关系，分析两个变量之间的线性相关程度，往往因为第3个变量所起的作用，使得相关系数不能真实地反映两个变量之间的线性相关程度，这就导致了二元变量相关分析的不精确性。例如，对于身高、体重与肺活量之间的关系，如果用皮尔逊相关分析计算其相关系数，则可以得出肺活量与身高、体重均存在较强的线性关系。但实际上，如果对体重相同的人分析其身高和肺活量之间的关系，是否身高越高，肺活量也越高呢？结论是否定的。正是因为身高与体重之间存在线性关系，体重与肺活量之间存在线性关系，而得出身高与肺活量之间存在线性关系的错误结论。

偏相关分析的任务就是在研究两个变量之间的线性相关关系时控制可能对其产生影响的

变量，这种相关系数称为偏相关系数。偏相关系数的数值和简单相关系数的数值常常是不同的，在计算简单相关系数时，所有其他自变量不予考虑；在计算偏相关系数时，要考虑其他自变量对因变量的影响，只不过是把其他自变量当作常数处理了。

根据观测资料，应用偏相关分析计算偏相关系数可以判断哪些自变量对因变量的影响较大，从而选择将其作为必须考虑的自变量。至于那些对因变量影响较小的自变量，可舍去。这样，在进行多元回归分析时，只需保留起主要作用的自变量，用较少的自变量描述因变量的平均变动量。偏相关分析在自然科学和社会科学的各个方面都有着非常广泛的应用。

2．统计原理

控制变量为 z，变量 x、y 之间的偏相关系数定义为

$$r_{xy,z} = \frac{r_{xy} - r_{xz}r_{yz}}{\sqrt{(1-r_{xz}^2)(1-r_{yz}^2)}} \tag{7-7}$$

式中，$r_{xy,z}$ 是在控制变量 z 的条件下，x、y 之间的偏相关系数；r_{xy} 是变量 x、y 之间的简单相关系数；r_{xz} 是变量 x、z 之间的简单相关系数；r_{yz} 是变量 y、z 之间的简单相关系数。

当控制变量为 z_1、z_2 时，变量 x、y 之间的偏相关系数计算公式为

$$r_{xy,z} = \frac{r_{xy,z_1} - r_{xz_1,z_2}r_{yz_2,z_1}}{\sqrt{(1-r_{xz_1,z_2}^2)(1-r_{yz_2,z_1}^2)}} \tag{7-8}$$

在利用样本研究总体的特性时，由于抽样误差的存在，样本中控制了其他变量的影响，有时可能出现样本中的两个变量之间的偏相关系数不为 0 的情况，但不能说总体中这两个变量之间的偏相关系数不为 0，因此必须进行检验。检验公式为

$$t = r\frac{\sqrt{n-k-2}}{\sqrt{1-r^2}} \tag{7-9}$$

式中，n 为观测量数；k 为控制变量的数目；$n-k-2$ 为自由度。

3．分析步骤

偏相关分析的步骤可分为以下两步。

☞ 第 1 步 根据公式计算偏相关系数。

☞ 第 2 步 对样本来自的两个总体是否存在显著性相关进行推断。

具体如下。

- 提出原假设 H_0：两个总体的偏相关系数与零无显著性差异。
- 选择检验统计量：偏相关分析选择的是 t 统计量。
- 计算 t 值及对应的概率 P 值：根据式（7-9）计算检验统计量 t，同时计算显著性概率 P 值。
- 决策：如果显著性概率 P 值小于给定的显著性水平 α，则应拒绝原假设，认为两个总体的偏相关系数与零有显著性差异；反之，如果检验统计量的显著性概率 P 值大于显著性水平 α，则不能拒绝原假设，认为两个总体的偏相关系数与零无显著性差异，即两样本间的偏相关性不显著。

7.3.2 SPSS 实例分析

【例 7-3】 表 7-6 是四川绵阳地区 3 年生中山柏的生长数据，分析月生长量与月平均气温、月降雨量、月平均日照时数、月平均湿度 4 个气候因素中的哪些因素有关。（参见数据文

件 data7-3.sav。）

表 7-6 四川绵阳地区 3 年生中山柏的生长数据

月份	月生长量（cm）	月平均气温（℃）	月降雨量（mm）	月平均日照时数	月平均湿度（%）	月份	月生长量（cm）	月平均气温（℃）	月降雨量（mm）	月平均日照时数	月平均湿度（%）
1	0.01	4.2	17	54.5	81	7	18	24.7	96.9	101.6	83
2	0.5	7.4	10.8	73.8	79	8	19.3	24.5	269.5	164.6	86
3	1.5	10	17.4	84.7	75	9	14.8	22	194.8	81.6	83
4	10.8	16.1	19.7	137	75	10	10.3	18	58.1	84	82
5	13	21.1	248.7	149.6	77	11	8	13.1	4.9	79.3	81
6	16.3	23.9	72.2	109.5	79	12	1	6.8	12.6	66.5	82

☞ 第 1 步 分析。

这 4 个气候因素彼此均有影响，分析时应首先对月生长量与 4 个气候因素分别求偏相关，如在求月生长量与气候因素的相关性时控制其他因素的影响；然后比较相关系数，按 4 个气候因素对中山柏的月生长量影响程度的大小排序，需要进行偏相关分析。

☞ 第 2 步 数据组织。

分别定义变量 "month"（月份）、"hgrow"（月生长量）、"temp"（月平均气温）、"rain"（月降雨量）、"hsun"（月平均日照时数）、"humi"（月平均湿度），输入数据并保存。

☞ 第 3 步 进行偏相关分析。

选择"分析"→"相关"→"偏相关性"选项，打开如图 7-3 所示的对话框，指定分析变量和控制变量，分析变量为"月生长量[hgrow]"和"月平均气温[temp]"，计算二者的偏相关系数，并将其他 3 个变量设为控制变量；使用系统默认的双尾检验，并显示实际显著性水平。

☞ 第 4 步 主要结果及分析。

本例运行结果如表 7-7 所示，可以看出，月降雨量、月平均日照时数和月平均湿度为控制变量，月生长量与月平均气温关系密切，偏相关系数为 0.977，双尾检测的显著性概率小于 0.001，明显小于显著性水平 0.05。故应拒绝原假设，说明中山柏的月生长量与月平均气温存在显著的相关性。

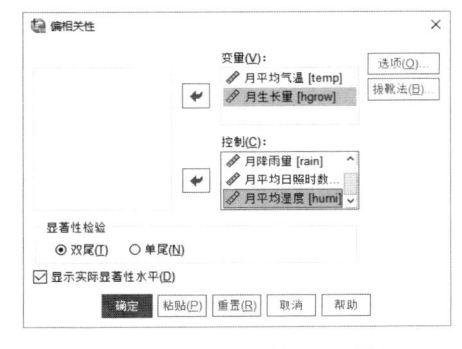

图 7-3 "偏相关性"对话框

表 7-7 偏相关性检验结果

控制变量			月平均气温	月生长量
月份&月降雨量&月平均日照时数&月平均湿度	月平均气温	相关性	1.000	.977
		显著性（双尾）	.	<.001
		自由度	0	6
	月生长量	相关性	.977	1.000
		显著性（双尾）	<.001	.
		自由度	6	0

7.4 距离分析

7.4.1 基本概念及统计原理

1. 基本概念

距离分析是对观测量之间（变量之间）相似或不相似程度的一种测量，是用来计算一对观测量之间的广义距离的。这些相似性或距离测量可以用于其他分析过程，如因子分析、聚类分析或多维定标分析，有助于分析复杂的数据集。例如，是否可以根据汽车的一些特性，如发动机的大小、MPG（每加仑汽油所行驶的距离）和马力来测量两种汽车的相似性？通过计算汽车间的相似性，可以对这些汽车获得一些认识，如哪些汽车彼此类似，哪些彼此不同，还可以考虑对相似性使用分层聚类分析或多元定标分析来探测其深层结构。

2. 统计原理

距离测量又分为非相似性测量和相似性测量两种。

（1）非相似性测量。

① 对于定距数据的非相似性（距离）测量，可以使用的统计量有欧氏距离（Euclidean Distance）、平方欧氏距离（Squared Euclidean Distance）、切比雪夫（Chebychev）距离、块（Block）距离、闵可夫斯基（Minkowski）距离等。

② 对于定序数据，主要使用卡方测量（Chi-Square Measure）和 Phi 平方测量（Phi-Square Measure）。

③ 对于二值（只有两种取值）数据变量之间的距离描述，使用欧氏距离、平方欧氏距离、大小差、模式差、形状、方差、兰斯-威廉姆斯等距离统计量。

（2）相似性测量。

两变量之间可以定义相似性测量统计量，用来对两变量之间的相似性进行数量化描述。相似性测量又分为以下两种。

① 对于定距数据，主要使用皮尔逊相关系数和夹角余弦（Cosine）距离。

② 对于二元数据的相似性测量，主要方法包括拉塞尔-拉奥（Russell-Rao）、简单匹配系数（Simple Matching）、杰卡德（Jaccard）相似性指数、哈曼（Hamann）相似性测量等 20 余种。

距离又分为个案（观测记录）之间的距离和变量之间的距离两种。

距离分析中不存在假设检验问题，主要通过 SPSS 自动计算变量或个案之间的相似性或不相似性距离，并根据其计算距离值的大小来确定变量或个案之间的相似性或不相似性的强弱。

7.4.2 SPSS 实例分析

【例 7-4】 已知我国 4 座城市某年各月的日照时数如表 7-8 所示，请分析各城市日照数是否相似。（参见数据文件 data7-4.sav。）

表 7-8 我国 4 座城市某年各月的日照时数 单位：小时

月份	北京	天津	石家庄	大连	月份	北京	天津	石家庄	大连
1	194.7	161.7	193.8	163.5	7	203.2	179.5	185.4	228.5
2	213.5	185.2	219.2	195.3	8	187.4	149.8	152.1	174
3	243.6	166.8	220.9	223.1	9	198.9	178.7	203.4	202.7
4	248.2	214.3	240.9	276.9	10	225.2	194.7	220.7	228.4
5	253.3	221	277.9	243.4	11	201.4	172.8	197.5	172.9
6	202	182.5	213.4	190	12	144	119.1	97.9	167

☞ 第1步 分析。

本例是4座城市的日照时数是否相似的问题，可用距离分析法实现，既可以计算其相似性测量，又可以计算其不相似性测量。

☞ 第2步 数据组织。

分别定义变量"月份"（用字符型变量）、"北京"、"天津"、"石家庄"和"大连"，输入数据并保存。

☞ 第3步 距离分析设置。

选择"分析"→"相关"→"距离"选项，弹出如图7-4所示的"距离"对话框，将4个变量（"北京"、"天津"、"石家庄"和"大连"）移入"变量"列表框进行相似性测量计算；在"计算距离"选区中选中"变量之间"单选按钮，进行变量之间的距离分析；在"测量"选区中选中"非相似性"单选按钮，求解其非相似性测量。

☞ 第4步 设置非相似性度量方法。

由于非相似性与相似性测量的方法不同，因此在单击图7-4中的"测量"按钮设置测量方法时会弹出不同的对话框。由于上面第2步设置的测量标准是"非相似性"，所以这里单击"测量"按钮后弹出如图7-5所示的"距离:非相似性测量"对话框。本例中，在"测量"选区中选择"区间"单选按钮，"测量"统计量选择"欧氏距离"来计算变量之间的非相似性距离。

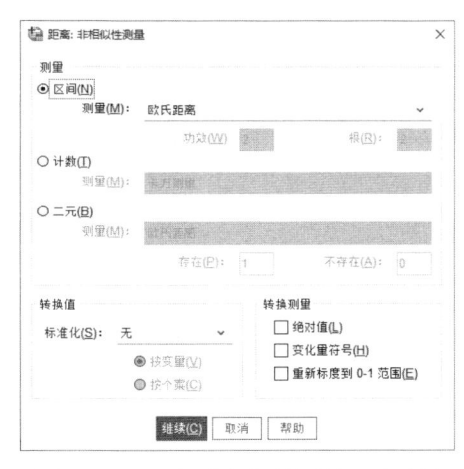

图7-4 "距离"对话框　　　　图7-5 "距离:非相似性测量"对话框

图7-5所示的对话框中提供了3种非相似性测量的测量标准，下面分别给予说明。

（1）区间：对于定距数据的非相似性测量，选择此类测量标准，选中"区间"单选按钮，其下的"测量"下拉列表被激活，单击右侧的下拉按钮，列出6种可以使用的统计量，这6种统计量的计算公式如表7-9所示。

表7-9 区间度量统计量计算公式

区间度量标准	公式
欧氏距离	$d(x, y) = \left[\sum_{i=1}^{n}(x_i - y_i)^2\right]^{1/2}$
平方欧氏距离	$d(x, y) = \sum_{i=1}^{n}(x_i - y_i)^2$
切比雪夫	$d(x, y) = \max_{i}|x_i - y_i|$

续表

区间度量标准	公式
块	$d(x,y) = \sum_{i=1}^{n}|x_i - y_i|$
闵可夫斯基	$d(x,y) = \left[\sum_{i=1}^{n}|x_i - y_i|^m\right]^{1/m}$，$m$ 为待定参数
定制	$d(x,y) = \left[\sum_{i=1}^{n}|x_i - y_i|^p\right]^{1/q}$，$p/q$ 为待定参数

（2）计数：计算分类变量的距离测量，选择该项，其下的"测量"下拉列表被激活，单击右侧的下拉按钮，列出两种可以使用的统计量，其计算公式如表 7-10 所示。

表 7-10　计数度量统计量计算公式

计数度量统计量	公式
卡方测量	$d_{chi}(x,y) = \sqrt{\sum_{i=1}^{n}\dfrac{(x_i - E(x_i))^2}{E(x_i)} + \sum_{i=1}^{n}\dfrac{(y_i - E(y_i))^2}{E(y_i)}}$
Phi 平方测量	$d_{chi}(x,y) = \dfrac{d_{chi}(x,y)}{\sqrt{n}}$

（3）二元：计算二元变量的距离测量，选择该项，其下的"测量"下拉列表被激活，单击右侧的下拉按钮，列出 7 种可以使用的统计量。

在对二元变量计算距离测量时，首先建立如表 7-11 所示的列联表。其中，Present 表示该变量具有某些特征，Absent 表示该变量不具有某些特征，a、b、c、d 分别表示满足条件的变量对个数。在 SPSS 中，默认变量取值为 1 代表 Present、取值为 0 代表 Absent，该取值可以通过"二元"下拉列表下方的"存在"数值框和"不存在"数值框进行调整。

"二元"下拉列表中主要包括如表 7-12 所示的几个指标。

表 7-11　二元变量列联表

1	2	
	Present	Absent
Present	a	b
Absent	c	d

表 7-12　二元度量统计量计算公式

统计量	公式
欧氏距离	$d(x,y) = \sqrt{b+c}$
平方欧氏距离	$d(x,y) = b+c$
大小差	$d(x,y) = \dfrac{(b-c)^2}{(a+b+c+d)^2}$
模式差	$d(x,y) = \dfrac{bc}{(a+b+c+d)^2}$
方差	$d(x,y) = \dfrac{b+c}{4(a+b+c+d)}$
形状	$d(x,y) = \dfrac{(a+b+c+d)(b+c) - (b-c)^2}{(a+b+c+d)^2}$
兰斯-威廉姆斯	$d(x,y) = \dfrac{b+c}{2a+b+c}$

☞ 第 5 步　主要结果及分析。

本例运行结果如表 7-13 和表 7-14 所示，具体分析如下。

（1）数据摘要。

表 7-13 给出了变量的个案数及其缺失值情况。

表 7-13　距离非相似性测量个案处理摘要

有效		缺失		总计	
个案数	百分比	个案数	百分比	个案数	百分比
12	100.0%	0	0.0%	12	100.0%

（2）距离分析结果。

表 7-14 给出了距离分析的结果。这是一个对称矩阵，两变量的欧氏距离越大，说明其差别越大，反之越小。从表 7-14 中可以看出，北京和大连的日照数最接近，而北京和天津的日照数相差最大。表 7-14 中的注释说明距离分析采用的是非相似性测量。

表 7-14　距离非相似性测量结果

近似值矩阵				
	欧氏距离			
	北京	天津	石家庄	大连
北京	.000	122.933	71.280	70.542
天津	122.933	.000	111.350	121.427
石家庄	71.280	111.350	.000	110.928
大连	70.542	121.427	110.928	.000

这是非相似性矩阵

以上例子使用的是非相似性测量方法，如果使用相似性测量方法，则在第 4 步设置测量方法时，单击"测量"按钮，会弹出如图 7-6 所示的"距离:相似性测量"对话框。注意：此对话框的度量标准与非相似性测量标准有所不同，相似性测量有以下两种度量标准。

- 区间：计算定距变量的相似性度量，主要包括皮尔逊相关性和余弦两项统计量供选择。
- 二元：计算二元变量的相似性度量。在 SPSS 中，共有 20 种二元变量的相似性测量方法，这里不再一一讲述。

在 SPSS 提供的距离分析中，不论是相似性测量还是非相似性测量，都可以对变量或个案数据进行某种标准化处理，并对结果进行转换。"转换值"选区可以对变量或个案数据进行标准化。可以选择的标准化方法如图 7-7 所示。

- 无：不进行数据转换，此项为系统默认选项。
- Z 得分：进行标准 Z 分值转换。
- 范围-1 到 1：将数据标准化为 0~1，方法是将原来的取值除以全距（最大值和最小值之差），如果全距为 0，则所有数据都变为 0.5。
- 范围 0 到 1：将数据标准化为 0~1，方法是将原来的取值减去最小值后除以全距，如果全距为 0，则所有数据都变为 0.5。
- 最大量级为 1：将数据标准化后使其最大值为 1，方法是将原来的取值除以最大值，如果最大值为 0，则值保持不变。
- 均值为 1：将数据标准化后使其均值为 1，方法是将原来的值除以均值，如果均值为 0，则所有数值加 1。
- 标准差为 1：将数据标准化后使其标准差为 1，方法是将原来的值除以标准差，如果标准差为 0，则值保持不变。

图 7-6 "距离:相似性度量"对话框　　　　图 7-7 标准化方法

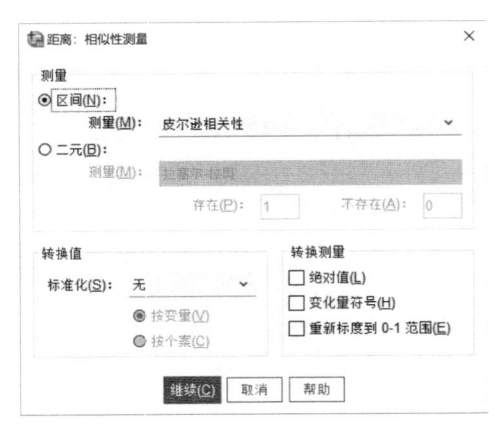

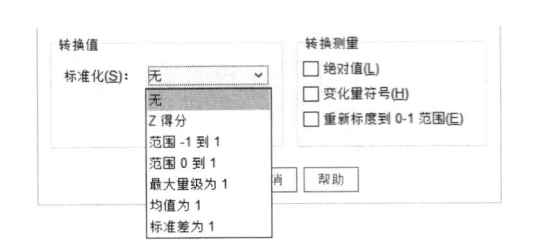

当选择了对数据进行标准化后,还应选择是对变量进行标准化还是对个案进行标准化。

如果要对距离分析的结果进行转换,则在图 7-6 的"转换测量"选区中进行设置,共有 3 种转换方法可以选择,每种方法转换之后都给出转换结果。可以同时选中多种方法,得到多种转换结果。

- 绝对值:将结果取绝对值。如果仅仅对距离相关分析的数值大小感兴趣,则可以选择这种方法。
- 变化量符号:改变结果的正负号。
- 重新标度到 0-1 范围:将结果做 0~1 之间的标准化转换。

本例中未对变量做标准化处理,也未对结果进行转换,因此没有做相应的设置,读者如果需要在距离分析时对变量或个案数据做标准化处理,并对结果进行转换,则可参照以上所述进行设置。

☆说明☆

在选择相似性测量和非相似性测量的方法时,要根据变量类型来选择。

【例 7-5】　某动物产下 3 个幼崽,现分别对 3 个幼崽的长、体重、四肢总长、头重进行测量,试根据这几个测量数据,用距离分析法分析 3 个幼崽的相似性,数据如表 7-15 所示。(参见数据文件 data7-5.sav。)

表 7-15　3 个幼崽的数据

序号	长(cm)	体重(kg)	四肢总长(cm)	头重(kg)
1	50	215	100	11
2	51	220	110	12
3	52	220	112	12

☞ 第 1 步　分析。

本例是个案间是否相似的问题,可用距离分析实现,计算其相似性就可以分析出 3 个幼崽是否相似。

☞ 第 2 步　数据组织。

建立 5 个变量,分别为"序号"、"长"、"体重"、"四肢总长"和"头重",录入表 7-15 中的数据即可。

☞ 第 3 步 距离分析设置。

选择"分析"→"相关"→"距离"选项,弹出"距离"对话框,在此进行个案间的相似性分析,其设置如图 7-8 所示。

☞ 第 4 步 设置相似性测量方法。

单击图 7-8 的"测量"选区中的"测量"按钮,弹出如图 7-6 所示的对话框,相似性测量只有两种标准:"区间"和"二元",由于要分析的 4 个变量均为连续变量,因此选择"区间"中的"皮尔逊相关性"测量计算个案之间的相似性。由于不对变量进行标准化处理,也不对结果进行转换,所以在"转换值"和"转换测量"选区中未做任何设置。

☞ 第 5 步 主要结果及分析。

本例运行结果如表 7-16 和表 7-17 所示,具体分析如下。

(1) 数据摘要。

表 7-16 给出了变量的个案数及其缺失值情况,该表说明 3 个个案数据都有效。

图 7-8 "距离"对话框设置

表 7-16 距离相似性测量个案处理摘要

有效		缺失		总计	
个案数	百分比	个案数	百分比	个案数	百分比
3	100.0%	0	0.0%	3	100.0%

(2) 距离分析结果。

表 7-17 列出了 3 个个案之间的相似性分析结果,可以看出,3 个个案(幼崽)的相似性非常高,分别为 0.999 和 1,其中第 2 个幼崽和第 3 个幼崽最相似。

表 7-17 距离相似性分析结果

近似值矩阵			
	值的向量之间的相关性		
	1	2	3
1	1.000	.999	.999
2	.999	1.000	1.000
3	.999	1.000	1.000

这是相似性矩阵

7.5 典型案例

7.5.1 有氧训练中的耗氧量研究

在有氧训练中,人的耗氧量 y((毫升/分)×千克体重)是衡量人的身体状况的重要指标,它与年龄 x_1(岁)、体重 x_2(千克)、1.5 英里跑所用时间 x_3(分)、静止时的心跳速率 x_4(次/分)、跑步时的心跳速率 x_5(次/分)、跑步时的最大心跳速率 x_6(次/分)有关。为了研究人的耗氧量与这些变量之间的关系,美国北卡罗来纳州立大学的健身中心对 31 名测试者进行了测试，得到的数据如表 7-18 所示，以人的耗氧量 y 为因变量，以 x_1、x_2、x_3、x_4、x_5、x_6 为自变量，分析因变量和自变量之间的相关关系。（参见数据文件 data7-6.sav。）

表 7-18 耗氧量及其相关数据

序号	x_1	x_2	x_3	x_4	x_5	x_6	y
1	44	89.47	11.37	62	178	182	44.609
2	40	75.07	10.07	62	185	185	45.313
3	44	85.84	8.65	45	156	168	54.297
4	42	68.15	8.17	40	166	172	59.571
5	38	89.02	9.22	55	178	180	49.874
6	47	77.45	11.63	58	176	176	44.811
7	40	75.98	11.95	70	176	780	45.681
8	43	81.19	10.85	64	162	170	49.091
9	44	81.42	13.08	63	174	176	39.442
10	38	81.87	8.63	48	170	186	60.055
11	44	73.03	10.13	45	168	168	50.514
12	45	87.66	14.03	56	186	192	37.338
13	45	66.45	11.12	51	176	176	44.754
14	47	79.15	10.6	47	162	164	47.273
15	54	83.12	10.33	50	166	170	51.855
16	49	81.42	8.95	44	180	185	49.156
17	51	69.63	10.95	57	168	172	40.836
18	51	77.91	10	48	162	168	46.672
19	48	91.63	10.25	48	162	164	46.774
20	49	73.37	10.08	67	168	168	50.388
21	57	73.37	12.63	58	174	176	39.407
22	54	79.38	11.17	62	156	165	46.08
23	52	76.32	9.63	48	164	166	45.441
24	50	70.87	8.92	48	146	155	54.625
25	51	67.25	11.08	48	172	172	45.118
26	54	91.63	12.88	44	168	172	45.118
27	51	73.71	10.47	59	186	188	45.79
28	57	59.08	9.93	59	148	155	50.545
29	49	76.32	9.4	56	186	188	48.673
30	48	61.24	11.5	52	170	176	47.92
31	52	82.78	10.5	53	170	172	47.467

案例分析：要分析因变量和自变量之间的相关关系，可以先做因变量与自变量之间的散点图，然后根据散点图做二元变量的相关分析，由于数据均为连续变量，所以可以通过计算皮尔逊相关系数来衡量二元变量之间的关系。

7.5.2 控制不良贷款

一家大型商业银行在多个地区设有分行，其业务主要是进行基础设施建设、国家重点项目建设、固定资产投资等项目的贷款。近年来，随着经济环境的变化，该银行的贷款额平稳增长，但不良贷款额也有较大比例的提高，这给银行业务的发展带来较大的压力。为弄清不良贷款形成的原因,银行行长除对经济环境进行了广泛的调研外,还希望利用银行业务的有关数据做定量分析,以便找出控制不良贷款的方法。表 7-19 中的数据就是该银行所属的 25 家分行某年的主要业务数据。(参见数据文件 data7-7.sav。)

表 7-19　银行所属的 25 家分行某年的主要业务数据

分行编号	不良贷款 (亿元)	各项贷款余额 (亿元)	本年累计应收贷款 (亿元)	贷款项目个数	本年固定资产投资额 (亿元)
1	0.9	67.3	6.8	5	51.9
2	1.1	111.3	19.8	16	90.9
3	4.8	173.0	7.7	17	73.7
4	3.2	80.8	7.2	10	14.5
5	7.8	199.7	16.5	19	63.2
6	2.7	16.2	2.2	1	2.2
7	1.6	107.4	10.7	17	20.2
8	12.5	185.4	27.1	18	43.8
9	1.0	96.1	1.7	10	55.9
10	2.6	72.8	9.1	14	64.3
11	0.3	64.2	2.1	11	42.7
12	4.0	132.2	11.2	23	76.7
13	0.8	58.6	6.0	14	22.8
14	3.5	174.6	12.7	26	117.1
15	10.2	263.5	15.6	34	146.7
16	3.0	79.3	8.9	15	29.9
17	0.2	14.8	0.6	2	42.1
18	0.4	73.5	5.9	11	25.3
19	1.0	24.7	5.0	4	13.4
20	6.8	139.4	7.2	28	64.3
21	11.6	368.2	16.8	32	163.9
22	1.6	95.7	3.8	10	44.5
23	1.2	109.6	10.3	14	67.9
24	7.2	196.2	15.8	16	39.7
25	3.2	102.2	12.0	10	97.1

案例分析:银行行长想知道不良贷款是否与各项贷款余额、应收贷款、贷款项目个数、固定资产投资额等因素有关?如果有关,那么它们之间是一种什么样的关系?关系强度如何?这一系列的问题都可以通过分析不良贷款和各项贷款余额、应收贷款、贷款项目个数、固定资产投资额之间的相关关系,并计算相关系数来了解它们之间的相关强度来解决。进一步,还可以将不良贷款与其他几个因素之间的关系用一定的数学关系式表达出来,这将用到第 8 章回归分析的内容。

7.5.3　学生身体状况指标的相似性分析

调查得到 19～22 岁年龄组男性城市学生身体状况指标,如表 7-20 所示,试分析身体状况指标之间的相似性。(参见数据文件 data7-8.sav。)

表 7-20　19～22 岁年龄组男性城市学生身体状况指标

编号	身高（cm）	坐高（cm）	体重（kg）	胸围（cm）	肩宽（cm）	骨盆宽（cm）
1	173.28	93.62	60.10	86.73	38.97	27.51
2	172.09	92.83	60.38	87.39	38.62	27.82
3	171.46	92.73	59.74	85.59	38.83	27.46
4	170.08	92.25	58.04	85.92	38.33	27.29
5	170.61	92.36	59.67	87.46	38.38	27.14
6	171.69	92.85	59.44	87.45	38.19	27.10
7	171.46	92.93	58.70	87.06	38.58	27.40
8	171.60	93.28	59.75	88.03	38.68	27.22

案例分析：各身体状况指标之间的相似性可以用测量变量之间距离的相似性的皮尔逊相关系数来衡量。

7.6　思考与练习

1．什么是两变量之间的线性相关？两个变量之间的相关系数的取值范围是什么？负相关系数反映的是两个变量之间什么样的关系？

2．对下列各变量，判断它们之间是否存在相关关系，相关系数为正、负还是零。

（1）每日卡路里的摄入量与体重。

（2）海拔与平均气温。

（3）国内生产总值与新生婴儿的死亡率。

（4）家庭总收入与文化生活的服务支出。

（5）结婚年龄与受教育程度。

（6）每日吸烟数量与肺功能。

3．K.K.Smith 在烟草杂交繁殖的花上收集到如表 7-21 所示的数据，要求对这 3 组数据两两之间进行相关分析，以 0.05 的显著性水平检验相关系数的显著性。（参见数据文件 data7-9.sav。）

表 7-21　K.K.Smith 所调查的资料　　　　　　　　　　　　　　　单位：mm

花瓣长	49	44	32	42	32	53	36	39	37	35	41	48	45	39	40	34	37	35
花枝长	27	24	12	22	13	29	14	20	16	21	22	25	23	18	20	15	20	13
花萼长	19	16	12	17	10	19	15	14	15	21	14	22	22	15	14	15	15	16

4．表 7-22 是某市某段时间房地产行业的统计数据，试分析商品住宅平均售价同全市生产总值、全市人口、人均可支配收入和公积金贷款年利率之间的相关关系。（参见数据文件 data7-10.sav。）

表 7-22　某市某段时间房地产行业的统计数据

商品住宅平均售价（元/平方米）	全市生产总值（亿元）	全市人口（万人）	人均可支配收入（元）	公积金贷款年利率（%）
2369.28	1110.80	551.50	6861.00	4.59
2692.55	1241.81	554.60	7455.28	4.59
2736.55	1442.01	557.90	8409.39	4.14

续表

商品住宅平均售价（元/平方米）	全市生产总值（亿元）	全市人口（万人）	人均可支配收入（元）	公积金贷款年利率（%）
2751.38	1664.30	560.20	9277.74	4.05
2953.68	1949.22	561.60	10311.44	4.08
3507.79	2108.90	565.33	11752.54	4.36
4113.14	2483.17	572.08	12900.63	4.52
5033.59	2908.94	578.19	14038.86	4.89
4999.20	3385.04	583.37	15575.21	5.07
5484.48	3863.38	584.80	16888.91	3.87

5. 书法比赛共有 3 名评委，给出的评分如表 7-23 所示，试分析 3 名评委评分的相似性。（参见数据文件 data7-11.sav。）

表 7-23　书法比赛评委评分

编号	评委A	评委B	评委C	编号	评委A	评委B	评委C
1	6	8	5	11	6	9	5
2	4	5	6	12	8	5	7
3	7	4	3	13	4	2	4
4	8	7	5	14	3	3	6
5	2	3	3	15	6	8	3
6	7	4	6	16	9	10	8
7	9	9	8	17	9	8	7
8	7	8	5	18	4	6	7
9	2	5	7	19	4	3	4
10	4	3	2	20	5	3	6

6. 某高校抽样 10 名短跑运动员，测出他们 100m 短跑和跳高的名次如表 7-24 所示，问这两个名次是否在 0.05 的显著性水平下具有相关性。（参见数据文件 data7-12.sav。）

表 7-24　10 名运动员的 100m 短跑和跳高的名次

100m 短跑名次	1	2	3	4	5	6	7	8	9	10
跳高名次	4	3	1	5	2	7	10	8	9	6

7. 某公司太阳镜销售情况如表 7-25 所示，请分析销量与平均价格、广告费用和日照时间之间的关系，并说明此题用偏相关分析是否有实际意义（显著性水平为 0.05）。（参见数据文件 data7-13.sav。）

表 7-25　某公司太阳镜销售情况

月份	1	2	3	4	5	6	7	8	9	10	11	12
销量（副）	75	90	148	183	242	263	278	318	256	200	140	80
平均价格（千元）	6.8	6.5	6	3.5	3	2.9	2.6	2.1	3.1	3.6	4.2	5.2
广告费用（万元）	2	5	6	7	22	25	28	30	22	18	10	2
日照时间（h）	2.4	4	5.2	6.8	8	8.4	10.4	11.5	9.6	6.1	3.4	2

第 8 章 回归分析

前面提到，描述事物数量特征的变量之间存在的主要关系有两种：一种是相关关系，另一种是函数关系。相关关系用相关分析来处理，函数关系一般用回归分析进行研究。相关分析与回归分析都是研究变量之间存在的相关关系的方法，但两者之间存在以下 3 点区别：相关分析研究的变量之间是对等关系，而回归分析研究的变量要区分自变量和因变量；相关分析研究的变量都是随机变量，而回归分析中的因变量是随机的，自变量是非随机的；相关分析只表明现象是否相关、相关方向和密切程度，不能指出变量之间相关关系的具体形式，而回归分析可以通过一个数学模型来表现变量之间相关关系的具体形式。

本章主要介绍回归分析的基本概念及常用的回归分析方法：线性回归分析、曲线回归分析、非线性回归分析和二元 Logistic 回归分析。

8.1 回归分析简介

8.1.1 回归分析的概念

回归分析的基本思想和方法，以及"回归"（Regression）名称的由来都要归功于英国统计学家 F.Galton 和他的学生——现代统计学的奠基者之一 K.Pearson，他在研究父母身高与其子女身高的遗传关系时，观察了 1078 对夫妇。以每对夫妇的平均身高作为解释变量 x，取他们的一个成年子女的身高作为被解释变量 y，将结果在平面直角坐标系上绘成散点图，发现结果趋近于一条直线，计算出的回归直线方程为

$$\hat{y} = 33.73 + 0.516x \quad （以英寸为单位）$$

这种趋势表明，父母的身高 x 每增加一个单位，其成年子女的身高 y 平均增加 0.516 个单位。这个结果表明，虽然身高较高的父辈有生身高较高的子女的趋势，但父母的身高增加一个单位，其成年子女的身高仅增加半个单位左右。平均来说，一群身高较高的父母的成年子女在同龄人中平均仅为身高略高的；身高较低的父母的成年子女在同龄人中平均仅为身高略低的，即父辈偏离中心的部分在子代被拉回来一些。正是因为子代的身高有回到同龄人平均身高的这种趋势，才使人类的身高在一定时间内相对稳定，没有出现父母身高较高而其子女身高更高，父母身高较低而其子女身高更低的两极分化现象。

这个例子生动地说明了生物学中"种"的概念的稳定性。于是 F.Galton 引进了回归这个词来描述父辈身高 x 与子代身高 y 之间的关系。

回归分析是指通过提供变量之间的数学表达式来定量描述变量之间相关关系的数学过程。这一数学表达式通常称为经验公式。我们不仅可以利用概率统计知识对这个经验公式的有效性进行判定，还可以利用这个经验公式，根据自变量的取值来预测因变量的取值。如果是多个因素作为自变量的情况，那么还可以通过因素分析找出哪些自变量对因变量的影响是显著的，哪些是不显著的。

回归分析主要解决以下几方面的问题。
- 通过大量的数据样本确定变量之间的数学表达式。
- 对所确定的数学表达式的可信程度进行各种统计检验，并区分出对某一特定变量影响较为显著的变量和不显著的变量。
- 利用所确定的数学表达式，根据一个或几个变量的值来预测或控制另一个特定变量的值，并给出这种预测或控制的精度。

8.1.2 回归分析的一般步骤

一个完整的回归分析通常包括以下几步。

☞ 第 1 步 确定回归方程中的因变量和自变量。

由于回归分析用于分析一个事物如何随其他事物的变化而变化，因此回归分析的第 1 步需要确定因变量 y 和自变量 x_i。回归分析正是要建立 x_i 与 y 之间的回归方程，并在给定 x_i 的前提下，通过回归方程预测 y 的值。

☞ 第 2 步 确定回归模型。

根据函数拟合方式，通过观察散点图确定应通过哪种数学模型来概括回归方程。如果被解释变量与解释变量之间存在线性关系，则应进行线性回归分析，建立线性回归模型；反之，如果两者之间存在非线性关系，则应进行非线性回归分析，建立非线性回归模型。

☞ 第 3 步 建立回归方程。

根据收集的数据及第 2 步所确定的回归模型，在一定的统计拟合准则下估计出模型中的各个参数，得到一个确定的回归方程。

☞ 第 4 步 对回归方程进行各种检验。

由于回归方程是在样本数据基础上得到的，因此需要对回归方程进行检验，以确定回归方程是否真实地反映了事物之间的统计关系及回归方程能否用于预测等。这里主要包括以下几方面的检验。

（1）拟合优度检验：检验样本数据聚集在样本回归直线或曲线周围的密集程度，从而判断回归方程对样本数据的代表程度。一般用决定系数 R^2 实现，它越接近 1，表明回归方程的拟合程度越好；反之，它越接近 0，表明回归方程的拟合程度越差。

（2）回归方程的显著性检验：对因变量与所有自变量之间的线性关系是否显著的一种假设检验。一般采用 F 检验，其中，原假设 H_0 为回归总体不具有显著性（所有回归系数与零无显著差别：$\beta_0=\beta_1=\cdots=\beta_p=0$），备择假设 H_1 为回归总体具有显著性（所有自变量对 y 具有显著的线性作用，即所有回归系数同时与零有显著差别）。

（3）回归系数的显著性检验：根据样本估计的结果对总体回归系数的有关假设进行检验。之所以要对回归系数进行显著性检验，是因为回归方程的显著性检验只能检验所有回归系数是否同时与零有显著性差异，不能保证回归方程中不包含不能较好地解释因变量变化的自变量，因此，可以通过回归系数的显著性检验对每个回归系数进行考查。其中，原假设 H_0 为 x_i 对 y 没有显著性影响，备择假设 H_1 为 x_i 对 y 具有显著性影响。

☞ 第 5 步 利用回归方程进行预测。

建立回归方程的目的之一就是根据回归方程对事物的未来发展趋势进行预测。

以上是进行回归分析的基本步骤，但在处理实际问题时，一定要以问题的专业背景为基础，而不是拘泥于固定的数学方法，这也是统计学与传统数学的根本区别之一。

☆说明☆

（1）回归方程的显著性检验旨在检验所有自变量与因变量之间的线性关系是否统计显著，如果线性关系统计显著，则说明自变量确实能影响因变量，就可以用自变量的取值预测因变量的取值；反之则说明自变量与因变量之间没有显著的线性关系。一般采用 F 统计量进行 F 检验，F 检验依赖 F 分布确定检验临界值，如果计算出的 F 值大于临界值，或者计算出的显著性概率小于 0.05，则说明自变量与因变量之间具有显著的线性关系。

（2）回归系数的显著性检验旨在检验单个自变量与因变量之间的线性关系是否统计显著。回归系数的显著性检验通过 T 检验完成，T 检验依赖 T 分布计算临界值，如果计算出的 t 值大于临界值，或者计算出的显著性概率小于 0.05，则说明回归系数具有显著性，即单个自变量与因变量之间具有显著的线性关系。

（3）在一元线性回归分析中，由于只有一个自变量，所以回归方程的显著性检验可以替代回归系数的显著性检验，但在一般的多元回归条件下，两种检验要说明的问题不同，不能相互替代。

8.2 线性回归分析

8.2.1 基本概念及统计原理

1. 基本概念

线性回归假设因变量与自变量之间为线性关系，用一定的线性回归模型来拟合因变量和自变量数据，并通过确定模型参数得到回归方程。根据自变量的多少，线性回归可有不同的划分。当自变量只有一个时，称为一元线性回归；当自变量有多个时，称为多元线性回归。

2. 统计原理

（1）一元线性回归。

如前所述，一元线性回归模型是指只有一个解释变量的线性回归模型，用于表达被解释变量与另一个解释变量之间的线性关系。

一元线性回归的数学模型为

$$y = \beta_0 + \beta_1 x + \varepsilon \tag{8-1}$$

式（8-1）表明，y 的变化可由两部分来解释：第一，x 的变化引起的 y 的线性变化部分，即 $\beta_0 + \beta_1 x$；第二，由其他随机因素引起的 y 的变化部分，即 ε 部分。由此可以看出，一元线性回归模型是被解释变量与解释变量之间非一一对应的统计关系的良好诠释，即当 x 给定后，y 的值并不是唯一的，但它们之间可以通过 β_0 和 β_1 保持着密切的线性关系。因此，一元线性回归方程如下：

$$E(y) = \beta_0 + \beta_1 x \tag{8-2}$$

式（8-2）表明 x 和 y 之间的统计关系是在平均意义下表述的，即当 x 的值给定后，利用回归模型计算得到的 y 值是一个平均值。一元线性回归方程在二维平面上表示为一条直线，表示变量 x 变化时引起变量 y 的变化的估计值。

在实际情况中，某一事物（被解释变量）总会受到多方面因素（多个解释变量）的影响。

一元线性回归分析是在不考虑其他影响因素或在认为其他影响因素确定的条件下，分析一个解释变量是如何线性影响解释变量的，因而是比较理想化的分析。

（2）多元线性回归。

多元线性回归模型是指含有多个解释变量的线性回归模型，用于解释被解释变量与其他多个解释变量之间的线性关系，其数学模型为

$$y = \beta_0 + \beta_1 x_1 + \beta_2 x_2 + \cdots + \beta_p x_p + \varepsilon \qquad (8\text{-}3)$$

式（8-3）表示一个 p 元线性回归模型，即有 p 个解释变量。它表明被解释变量 y 的变化可由两部分组成：第一，由 p 个解释变量的变化引起 y 的线性变化部分，即 $\beta_0 + \beta_1 x_1 + \beta_2 x_2 + \cdots + \beta_p x_p$；第二，由其他随机因素引起的 y 的变化部分，即 ε 部分，叫作随机误差。$\beta_0, \beta_1, \cdots, \beta_p$ 都是模型中的未知参数，分别为回归常数和偏回归系数。多元线性回归模型的回归方程为

$$E(y) = \beta_0 + \beta_1 x_1 + \beta_2 x_2 + \cdots + \beta_p x_p \qquad (8\text{-}4)$$

估计多元线性回归方程中的未知参数是多元线性回归分析的核心任务之一。从几何意义上来讲，多元线性回归方程是 p 维空间上的一个超平面，即回归平面。

8.2.2 一元线性回归 SPSS 实例分析

【例 8-1】 现有 1992—2006 年财政收入与国内生产总值（单位：亿元）数据，如表 8-1 所示，请研究财政收入国内生产总值之间的线性关系。（参见数据文件 data8-1.sav。）

表 8-1 1992—2006 年财政收入与国内生产总值数据

年份	国内生产总值	财政收入	年份	国内生产总值	财政收入
1992	26923.5	3483.37	2000	99214.6	13395.23
1993	35333.9	4348.95	2001	109655.2	16386.04
1994	48197.9	5218.10	2002	120332.7	18903.64
1995	60793.7	6242.20	2003	135822.8	21715.25
1996	71176.6	7407.99	2004	159878.3	26396.47
1997	78973.0	8651.14	2005	183867.9	31649.29
1998	84402.3	9875.95	2006	210871.0	38760.20
1999	89677.1	11444.08	—	—	—

☞ 第 1 步 分析。

显然，财政收入是受国内生产总值的影响的，从经验上来看，二者之间应该为线性关系，这是一个因变量和一个自变量之间的问题，故考虑用一元线性回归进行分析。

☞ 第 2 步 数据组织。

定义 3 个变量，分别为"year"（年份）、"x"（国内生产总值）、"y"（财政收入），输入数据并保存。

☞ 第 3 步 制作散点图，观察两个变量之间的相关性。

选择"图形"→"散点图/点图"→"简单散点图"选项，并将"国内生产总值"作为 x 轴，将"财政收入"作为 y 轴，得到如图 8-1 所示的散点图，可以看出，两个变量之间具有较强的线性关系，可以用一元线性回归来拟合。

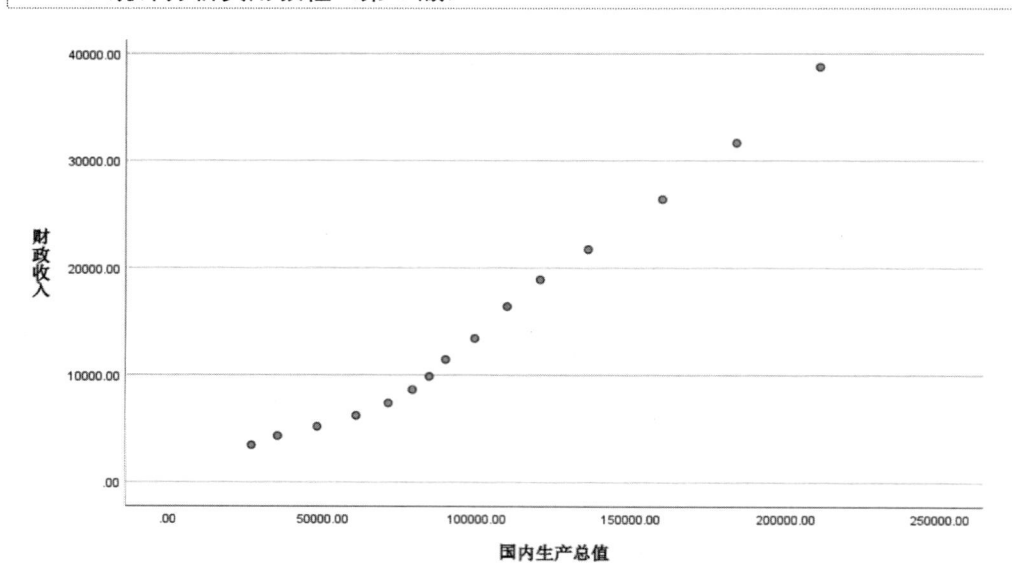

图 8-1　国内生产总值与财政收入散点图

☞ 第 4 步　一元线性回归分析设置。

（1）选择"分析"→"回归"→"线性"选项，打开"线性回归"对话框，并按图 8-2 进行设置。

（2）"线性回归:统计"对话框设置：单击图 8-2 中的"统计"按钮，打开"线性回归:统计"对话框，并按图 8-3 进行设置。该对话框主要由以下几部分组成。

① "回归系数"选区：定义回归系数的输出情况，其中各项的具体作用如下。

- "估算值"复选框：选中后输出回归系数的估计值及其标准误差、检验统计量、标准化的回归系数。
- "置信区间"复选框：选中后输出每个回归系数的 95%置信区间，置信水平是可以设置的。
- "协方差矩阵"复选框：选中后输出每个自变量的相关矩阵、方差、协方差矩阵。

② "模型拟合"复选框：选中后输出回归模型因变量列表、模型是否恰当的一些检验统计量，以及复相关系数 R、决定系数 R^2 和调整的 R^2、方差分析表等。此项为系统默认选项。

③ "R 方变化量"复选框：选中后输出模型拟合过程中 R^2、F 值和 F 值对应的显著性 P 值的改变情况。

④ "描述"复选框：选中后输出描述统计量。

⑤ "部分相关性和偏相关性"复选框：选中后输出自变量的相关系数、部分相关系数和偏相关系数。

⑥ "共线性诊断"复选框：选中后输出多元线性回归中用于共线性诊断的统计量。

⑦ "残差"选区：输出残差分析的结果。

- "德宾-沃森"复选框：选中后输出德宾-沃森残差序列相关性检验结果。
- "个案诊断"复选框：选中后输出超过规定的 n 倍标准差的残差列表或全部残差列表。

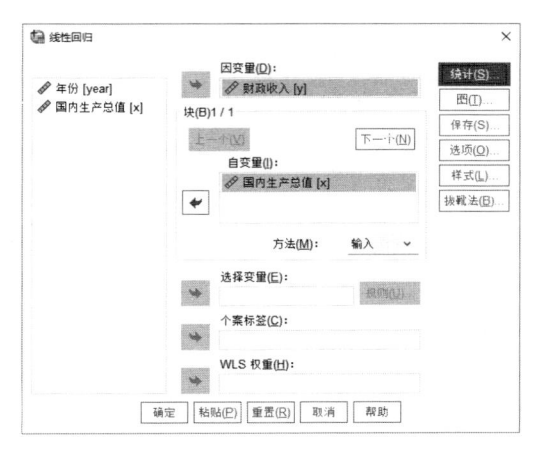

图 8-2 "线性回归"对话框

图 8-3 "线性回归:统计"对话框

(3)"线性回归:图"对话框设置：单击图 8-2 中的"图"按钮，打开"线性回归:图"对话框，并按图 8-4 进行设置。该对话框主要包括以下几部分。

① 候选变量列表框：列举出可以用来绘制图形的中间统计量，包括因变量（DEPENDNT）、标准化预测值（ZPRED）、标准化残差（ZRESID）、剔除残差（DRESID）、修正后预测值（ADJPRED）、用户化残差（SRESID）和用户化剔除残差（SDRESID）。

② "散点图 1/1"选区：从左侧的候选变量列表框中选择变量到"X"和"Y"文本框中，定义需要绘制的回归分析诊断图或预测图。

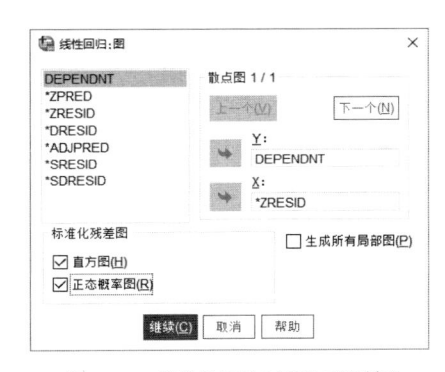

图 8-4 "线性回归:图"对话框

③ "标准化残差图"选区：选择绘制标准化残差图的类型，包括直方图和正态概率图。

④ "生成所有局部图"复选框：选择是否绘制每个自变量与因变量残差的散点图。

(4)"线性回归:保存"对话框设置：单击图 8-2 中的"保存"按钮，打开"线性回归:保存"对话框，并按图 8-5 进行设置。该对话框主要包括以下几部分。

① "预测值"选区：主要用于保存预测值。
- "未标准化"复选框：保存模型对因变量的原始预测值。
- "标准化"复选框：保存标准化后的预测值，此时均值为 0、标准差为 1。
- "调整后"复选框：保存去掉当前记录后当前模型对该记录因变量的预测值。
- "平均值预测标准误差"复选框：保存预测值的标准差。

② "残差"选区：用于设置残差的保存选项。
- "未标准化"复选框：保存模型预测值对因变量观测值的原始残差。
- "标准化"复选框：保存用 U 变换进行标准化后的残差，此时均值为 0、标准差为 1。
- "学生化"复选框：保存学生化残差，即用 T 变换进行标准化后的残差。
- "删除后"复选框：保存删除当前记录后的残差。
- "学生化删除后"复选框：保存删除当前记录后用 T 变换进行标准化后的残差。

③ "距离"选区：保存测量数据点与拟合模型之间的距离的指标，通常用于诊断离群点或强影响点。

- "马氏距离"复选框：保存记录值与样本平均值的马氏（Mahalanobis）距离。
- "库克距离"复选框：保存删除当前记录后模型残差的变化量。
- "杠杆值"复选框：测量该数据点的影响强度。

④ "影响统计"选区：保存用于判断强影响点的统计量。
- "DfBeta"复选框：保存去掉该观测值后回归系数的变化量。
- "标准化 DfBeta"复选框：保存标准化的 DfBeta 值，当其大于 n 时，该点可能为强影响点，其中 n 表示样本数。
- "DfFit"复选框：保存去掉该观测点后预测值的变化值。
- "标准化 DfFit"复选框：保存标准化后的 DfFit 值。
- "协方差比率"复选框：保存去掉该观测点后的协方差矩阵与含全部观测值的协方差矩阵的比率。

⑤ "预测区间"选区：选择是否给出均值和个体参考值的置信区间。

⑥ "系数统计"选区：主要用于保存上述中间变量。SPSS 29 提供了两种保存方法，可以将结果保存到一个新生成的数据文件中（创建新数据集），也可以将结果直接保存在一个其他的文件中（写入新数据文件）。

⑦ "包括协方差矩阵"复选框：选择此项，表示在 XML 文件中保存协方差矩阵。

（5）"线性回归:选项"对话框设置：单击图 8-2 中的"选项"按钮，打开"线性回归:选项"对话框，并按图 8-6 进行设置。该对话框主要包括以下几部分。

① "步进法条件"选区：设置变量进入回归模型和排除的标准。

② "在方程中包括常量"复选框：用于决定模型中是否包含常数项，默认选中此项。

③ "缺失值"选区：定义缺失值的处理方式。
- "成列排除个案"单选按钮：只要变量中有数据值缺失就排除该数据。
- "成对排除个案"单选按钮：仅当要分析的变量值缺失时才排除该数据。
- "替换为平均值"单选按钮：用变量均值代替变量缺失值。

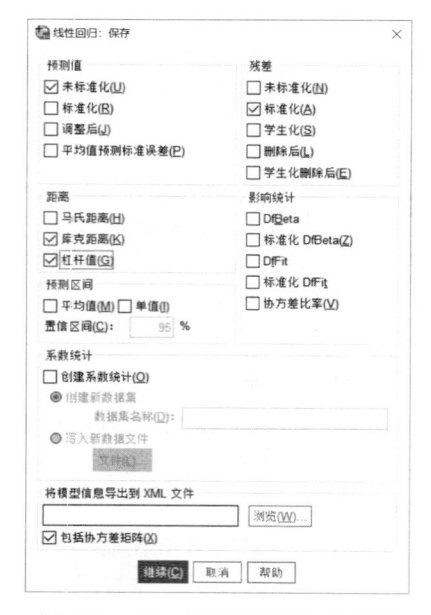

图 8-5 "线性回归:保存"对话框

图 8-6 "线性回归:选项"对话框

☞ 第 5 步 主要结果及分析。

本例运行结果如表 8-2～表 8-6 和图 8-7～图 8-9 所示,分别解释如下。

(1) 表 8-2 所示为输入/除去的变量,显示了回归模型编号、输入模型的变量、移出模型的变量和变量的筛选方法。从表 8-2 中可以看出,输入模型的自变量为国内生产总值。

表 8-2 输入/除去的变量 [a]

模型	输入的变量	除去的变量	方法
1	国内生产总值 [b]	.	输入

a. 因变量:财政收入
b. 已输入所请求的所有变量。

(2) 表 8-3 是模型摘要表,主要是回归方程的拟合优度检验,显示了相关系数 R、决定系数 R^2、调整后的 R^2 和标准估算的误差,这些信息反映了因变量和自变量之间的线性相关强度。从表 8-3 中可看出,$R=0.989$,说明自变量与因变量之间的相关性很强;$R^2=0.979$,说明自变量 x 可以解释因变量 y 的 97.9% 的差异性。

表 8-3 模型摘要 [b] 表

模型	R	R 方	调整后 R 方	标准估算的误差
1	.989[a]	.979	.977	1621.66312

a. 预测变量:(常量),国内生产总值
b. 因变量:财政收入

(3) 表 8-4 是方差分析表,显示了因变量的方差来源(回归、残差)、方差平方和、自由度、均方、F 检验统计量的观测值和显著性水平。从表 8-4 中可以看出,F 统计量的观测值为 592.250,显著性概率 P 值<0.05,即检验假设"回归系数 $B=0$"成立的概率 $P<0.05$,从而应拒绝原假设,说明因变量和自变量之间的线性关系是非常显著的,可建立线性模型。

表 8-4 方差分析(ANOVA[a])表

模型		平方和	自由度	均方	F	显著性
1	回归	1557492999.819	1	1557492999.819	592.250	<.000[b]
	残差	34187286.770	13	2629791.290		
	总计	1591680286.589	14			

a. 因变量:财政收入
b. 预测变量:(常量),国内生产总值

(4) 表 8-5 是回归系数表,显示了回归模型的常数项、未标准化的回归系数及其标准误差、标准化的回归系数、统计量 t 值和显著性水平。从表 8-5 中可以看出,回归模型的常数项为 −4993.281,自变量"国内生产总值"的回归系数为 0.197。因此,可以得出回归方程:财政收入=−4993.281+0.197×国内生产总值。

回归系数的显著性概率 P 值<0.05,故应拒绝原假设,这也说明了回归系数的显著性,说明建立线性模型是恰当的。

表 8-5 回归系数表

模型		未标准化系数		标准化系数	t	显著性
		B	标准误差	Beta		
1	(常量)	−4993.281	919.356		−5.431	<.001
	国内生产总值	.197	.008	.989	24.336	<.001

a. 因变量:财政收入

（5）表 8-6 是残差统计表，依次列出了预测值、标准预测值、预测值的标准误差、调整后预测值、残差、标准残差、学生化残差、剔除残差、学生化剔除残差、马氏距离、库克距离和居中杠杆值。

表 8-6 残差统计表

	最小值	最大值	平均值	标准偏差	个案数
预测值	315.9509	36589.8320	14925.1933	10547.48785	15
标准预测值	−1.385	2.054	.000	1.000	15
预测值的标准误差	418.964	983.777	570.042	165.910	15
调整后预测值	−494.3054	35325.9648	14789.4147	10469.84809	15
残差	−1928.81250	3167.41895	.00000	1562.67369	15
标准残差	−1.189	1.953	.000	.964	15
学生化残差	−1.239	2.189	.038	1.067	15
剔除残差	−2093.78027	3977.67529	135.77867	1927.94233	15
学生化剔除残差	−1.268	2.646	.084	1.165	15
马氏距离（D）	.001	4.219	.933	1.181	15
库克距离	.000	.825	.132	.251	15
居中杠杆值	.000	.301	.067	.084	15

a. 因变量：财政收入

（6）图 8-7 和图 8-8 分别是残差分布直方图与观测量累积概率 P-P 图。在回归分析中，总假定残差服从正态分布，这两个图就是根据样本数据的计算结果显示残差分析的实际情况的。从残差分布直方图与附于其上的正态分布曲线的比较可以观察出残差分析的正态性。同时，从观测量累积概率 P-P 图中也可以看出残差分布服从正态分布。

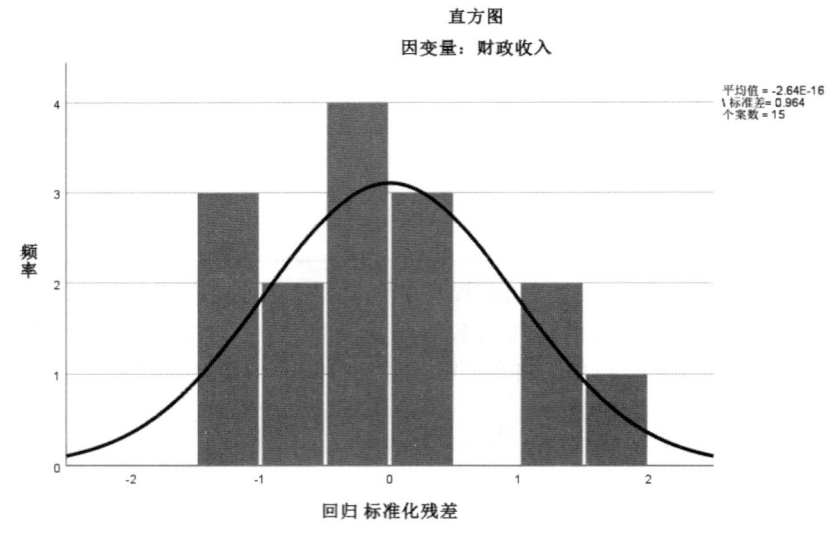

图 8-7 残差分布直方图

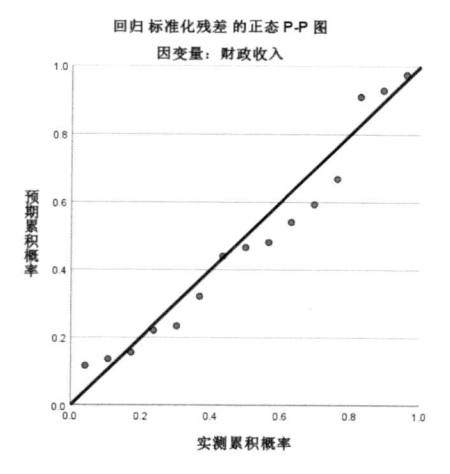

图 8-8　观测量累积概率 P-P 图

（7）图 8-9 是保存于数据文件中的预测值（PRE_1）、残差值（ZRE_1）、库克距离（COO_1）和杠杆值（LEV_1）。

year	x	y	PRE_1	ZRE_1	COO_1	LEV_1
1992	26923.50	3483.37	315.95094	1.95319	.61277	.13703
1993	35333.90	4348.95	1974.45599	1.46423	.27418	.10769
1994	48197.90	5218.10	4511.19727	.43591	.01736	.06963
1995	60793.70	6242.20	6995.05034	-.46425	.01447	.04038
1996	71176.60	7407.99	9042.52632	-1.00794	.05439	.02222
1997	78973.00	8651.14	10579.95245	-1.18940	.06567	.01212
1998	84402.30	9875.95	11650.59373	-1.09434	.05131	.00688
1999	89677.10	11444.1	12690.76809	-.76877	.02387	.00321
2000	99214.60	13395.2	14571.53379	-.72537	.02016	.00008
2001	109655.2	16386.0	16630.38804	-.15068	.00090	.00187
2002	120332.7	18903.6	18735.95824	.10340	.00048	.00932
2003	135822.8	21715.3	21790.55837	-.04644	.00013	.03026
2004	159878.3	26396.5	26534.22908	-.08495	.00077	.08653
2005	183867.9	31649.3	31264.90450	.23703	.01152	.17142
2006	210871.0	38760.2	36589.83287	1.33836	.82524	.30135

图 8-9　保存于数据文件中的预测值、残差值、库克距离和杠杆值

8.2.3　多元线性回归 SPSS 实例分析

在一元线性回归中，自变量只有一个，因变量只和一个因素有关。这在实际情况中是不常见的，常见的情况是一个自变量无法将因变量的变化信息完全解释清楚，往往需要多个自变量才能解释因变量的变化信息，这时就会涉及一个因变量和一组自变量的线性回归问题，这在回归分析中称为多元线性回归。

多元线性回归是为了弥补一元线性回归无法完全解释因变量的变化信息这个缺点而引入的，如果一元线性回归已经很好地说明了因变量的变化，则不必考虑多元线性回归了，只有当一元线性回归效果较差时，才考虑多元线性回归。

【例 8-2】　表 8-7 是某年亚洲各国和地区人的平均寿命（y）、（按购买力计算的）人均 GDP（x_1）、成人识字率（x_2）、一岁儿童疫苗接种率（x_3）数据，试用多元线性回归分析各国和地区人的平均寿命与（按购买力计算的）人均 GDP、成人识字率、一岁儿童疫苗接种率的关系。（参见数据文件 data8-2.sav。）

表 8-7　某年亚洲部分国家和地区的人口现状

序号	国家和地区	y	x_1（100 美元）	x_2（%）	x_3（%）	序号	国家和地区	y	x_1（100 美元）	x_2（%）	x_3（%）
1	日本	79	194	99	99	12	印度尼西亚	62	27	84	92
2	中国香港	77	185	90	79	13	越南	63	13	89	90
3	韩国	70	83	97	83	14	缅甸	57	7	81	74
4	新加坡	74	147	92	90	15	巴基斯坦	58	20	36	81
5	泰国	69	53	94	86	16	老挝	50	18	55	36
6	马来西亚	70	74	80	90	17	印度	60	12	50	90
7	斯里兰卡	71	27	89	88	18	孟加拉国	52	12	37	69
8	中国内地	70	29	80	94	19	柬埔寨	50	13	38	37
9	菲律宾	65	24	90	92	20	尼泊尔	53	11	27	73
10	朝鲜	71	18	95	96	21	不丹	48	6	41	85
11	蒙古国	63	23	95	85	22	阿富汗	43	7	32	35

☞ 第 1 步　分析。

这里要分析的是一个变量"平均寿命"与其他 3 个变量之间的线性关系，显然是一个多元线性回归问题。

☞ 第 2 步　数据组织。

定义 6 个变量，分别为"序号"、"国家和地区"、"y"、"x_1"、"x_2"和"x_3"，输入数据并保存。

☞ 第 3 步　多元线性回归分析设置。

（1）选择"分析"→"回归"→"线性"选项，打开如图 8-2 所示的对话框，将变量"y"作为因变量，将变量"x_1"、"x_2"和"x_3"作为自变量，将变量"序号"选为个案标签。

（2）在"线性回归:统计"对话框中选择"估算值"、"模型拟合"、"描述"和"德宾-沃森"复选框。

（3）在"线性回归:图"对话框中选择以 DEPENDNT 为纵轴、*ZRESID 为横轴的散点图，并选择"直方图"复选框给出正态曲线，选择"正态概率图"复选框输出标准化残差的正态概率图（P-P 图）。

（4）在"线性回归:保存"对话框中选择保存未标准化预测值、未标准化残差、标准化预测值、标准化残差。

（5）在"线性回归"对话框的"方法"下拉列表中默认选择"步进"方法。各种方法的含义解释如下。

- 输入：默认选项，将"自变量"列表框中的自变量全部纳入回归模型，不做任何筛选。
- 步进：根据"线性回归:选项"对话框中设定的条件逐个选取变量进入模型。具体选取方法是首先计算各个自变量对因变量影响的大小，选取影响最大的变量进入模型，然后重复此过程。注意此时新变量的引入是否会使先前变量丧失统计意义，如果会，那么这个变量就要被剔除并重新计算剩余变量对因变量影响的大小，直到方程中没有可剔除的变量，且方程外没有可引入的变量。
- 除去：只出不进，根据移出标准，一次性将不进入方程模型的变量全部剔除。
- 后退：一次性将所有变量引入方程，并依次剔除。首先剔除与因变量的相关性最弱且符合剔除标准的变量，然后进行第二个与因变量的相关性最弱且符合剔除标准的变量，依次类推，直到所有变量均符合选入标准。

- 前进：与后退法相反，它首先引入与因变量的相关性最强且符合引入标准的变量，在引入第一个变量后，引入第二个与因变量的偏相关性最强且符合引入标准的变量，依次类推，直到无变量符合引入标准，终止回归过程。

☆说明☆

如果要对不同的自变量采用不同的引入方法，如对某两个自变量用"输入"强迫引入法，其他自变量用"步进"引入法，那么这时可首先利用"块（B）1/1"选区中的"上一个"与"下一个"按钮把自变量归类到不同的自变量块中，然后对不同的变量子集采用不同的引入方法。

☞ 第 4 步 主要结果及分析。

各项确认以后提交系统运行，主要结果如表 8-8～表 8-14 和图 8-10～图 8-12 所示，分别解释如下。

（1）表 8-8 是相关系数矩阵表，显示了包括自变量和因变量在内的 4 个变量的皮尔逊相关系数及单尾检验的显著性概率。从表 8-8 中可以看出，因变量与自变量的相关系数分别为 0.725、0.847、0.733，单尾检验的显著性概率也较小，说明这 3 个自变量与因变量的关系均较密切。

表 8-8 相关系数矩阵表

		平均寿命	人均GDP（100美元）	成人识字率（%）	一岁儿童疫苗接种率（%）
皮尔逊相关性	平均寿命	1.000	.725	.847	.733
	人均GDP（100美元）	.725	1.000	.503	.307
	成人识字率（%）	.847	.503	1.000	.628
	一岁儿童疫苗接种率（%）	.733	.307	.628	1.000
显著性（单尾）	平均寿命	.	<.001	<.001	<.001
	人均GDP（100美元）	.000	.	.009	.082
	成人识字率（%）	.000	.009	.	.001
	一岁儿童疫苗接种率（%）	.000	.082	.001	.
个案数	平均寿命	22	22	22	22
	人均GDP（100美元）	22	22	22	22
	成人识字率（%）	22	22	22	22
	一岁儿童疫苗接种率（%）	22	22	22	22

（2）表 8-9 是输入/除去的变量，系统在进行逐步回归的过程中产生了 3 个回归模型，模型 1 按照在"线性回归:选项"对话框中确定的标准概率值，先将与平均寿命的线性关系最密切的自变量 x_2 引入模型，建立 y 与 x_2 之间的一元线性回归模型；模型 2 在此基础上引入 x_1（人均 GDP）；模型 3 在模型 2 的基础上引入变量 x_3。可以看出"步进"引入法中变量被逐步引入的过程。

表 8-9 输入/除去的变量 [a]

模型	输入的变量	除去的变量	方法
1	成人识字率（%）	.	步进（条件：要输入的 F 的概率<=.050，要除去的 F 的概率>=.100）。
2	人均 GDP（100 美元）	.	步进（条件：要输入的 F 的概率<=.050，要除去的 F 的概率>=.100）。
3	一岁儿童疫苗接种率（%）	.	步进（条件：要输入的 F 的概率<=.050，要除去的 F 的概率>=.100）。

a. 因变量：平均寿命

（3）表 8-10 是模型摘要，分别给出了 3 个回归模型的复相关系数 R、决定系数 R^2 和调整后的决定系数 R^2。从第 3 个模型来看，$R = 0.952$，$R^2 = 0.907$。从拟合优度上来看，第 3 个模型明显比第 1 个模型和第 2 个模型好。

表 8-10　模型摘要 [b]

模型	R	R 方	调整后 R 方	标准估算的误差	德宾-沃森
1	.847[a]	.717	.703	5.501	
2	.915[b]	.837	.820	4.284	
3	.952[c]	.907	.891	3.331	1.617

a. 预测变量：（常量），成人识字率（%）
b. 预测变量：（常量），成人识字率（%），人均 GDP（100 美元）
c. 预测变量：（常量），成人识字率（%），人均 GDP（100 美元），一岁儿童疫苗接种率（%）
d. 因变量：平均寿命

（4）表 8-11 是方差分析结果。对模型 1：F 值等于 50.628，显著性概率 P 值为 0.000，在显著性水平为 0.05 的条件下，可以认为 y（平均寿命）与 x_2（成人识字率）之间有线性关系。模型 2 和模型 3 可以进行类似的分析。

表 8-11　方差分析（ANOVA[a]）结果

模型		平方和	自由度	均方	F	显著性
1	回归	1532.213	1	1532.213	50.628	.000[b]
	残差	605.287	20	30.264		
	总计	2137.500	21			
2	回归	1788.790	2	894.395	48.733	.000[c]
	残差	348.710	19	18.353		
	总计	2137.500	21			
3	回归	1937.749	3	645.916	58.205	.000[d]
	残差	199.751	18	11.097		
	总计	2137.500	21			

a. 因变量：平均寿命
b. 预测变量：（常量），成人识字率（%）
c. 预测变量：（常量），成人识字率（%），人均 GDP（100 美元）
d. 预测变量：（常量），成人识字率（%），人均 GDP（100 美元），一岁儿童疫苗接种率（%）

（5）表 8-12 是回归系数。根据表 8-12 中数据非标准化系数 B 的数值可知，逐步回归过程中先后建立的 3 个回归模型如下。

模型 1：$\hat{y} = 38.794 + 0.332 x_2$。

模型 2：$\hat{y} = 41.206 + 0.071 x_1 + 0.253 x_2$。

模型 3：$\hat{y} = 32.993 + 0.072 x_1 + 0.169 x_2 + 0.179 x_3$。

表 8-12　回归系数 [a]

模型		未标准化系数		标准化系数	t	显著性
		B	标准误差	Beta		
1	（常量）	38.794	3.532		10.983	.000
	成人识字率（%）	.332	.047	.847	7.115	.000
2	（常量）	41.206	2.825		14.585	.000
	成人识字率（%）	.253	.042	.645	6.016	.000
	人均 GDP（100 美元）	.071	.019	.401	3.739	.001

续表

模型		未标准化系数		标准化系数	t	显著性
		B	标准误差	Beta		
3	（常量）	32.993	3.139		10.512	.000
	成人识字率（%）	.169	.040	.430	4.223	.001
	人均 GDP（100 美元）	.072	.015	.405	4.854	.000
	一岁儿童疫苗接种率（%）	.179	.049	.339	3.664	.002

a. 因变量：平均寿命

同时，从 t 统计量对应的显著性概率均远小于 0.05 可以判定，所有回归模型的回归系数都是显著的，即是有意义的。从表 8-10 的模型拟合优度上来看，显然应以模型 3 作为最终的回归方程。

（6）表 8-13 是被排除（剔除）的变量。表 8-13 中显示了逐步回归过程中建立的前两个回归模型中剔除的变量信息，包括各变量的 Beta 值、t 统计量值、显著性概率、偏相关系数及多重共线性统计量。

表 8-13　被排除（剔除）的变量 [a]

模型		输入 Beta	t	显著性	偏相关	共线性统计
						容差
1	人均 GDP（100 美元）	.401[b]	3.739	.001	.651	.747
	一岁儿童疫苗接种率（%）	.333[b]	2.436	.025	.488	.606
2	一岁儿童疫苗接种率（%）	.339[c]	3.664	.002	.654	.606

a. 因变量：平均寿命
b. 模型中的预测变量：（常量），成人识字率（%）
c. 模型中的预测变量：（常量），成人识字率（%），人均 GDP（100 美元）

（7）表 8-14 是残差统计。表 8-14 显示了预测值、残差、标准预测值、标准残差的最小值、最大值、平均值、标准偏差及个案数。根据概率分布规则，标准残差绝对值的最大值为 2.269＜3，说明样本数据中没有奇异数据。

表 8-14　残差统计 [a]

	最小值	最大值	平均值	标准偏差	个案数
预测值	45.16	81.32	62.50	9.606	22
残差	-7.559	5.301	.000	3.084	22
标准预测值	-1.805	1.959	.000	1.000	22
标准残差	-2.269	1.591	.000	.926	22

a. 因变量：平均寿命

（8）图 8-10 与图 8-11 分别是残差分布直方图与观测量累积概率 P-P 图，其意义同对图 8-7 和图 8-8 的解释。说明残差分布是呈正态分布的。

（9）保存于当前数据文件中的预测值（PRE_1）、残差（RES_1）、标准化预测值（ZPR_1）、标准化残差（ZRE_1）（局部）如图 8-12 所示。

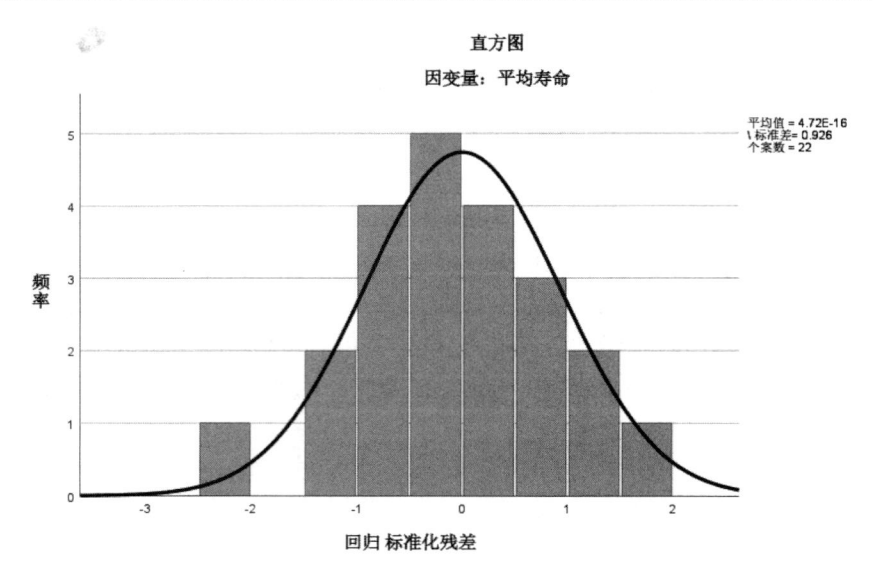

图 8-10　残差分布直方图

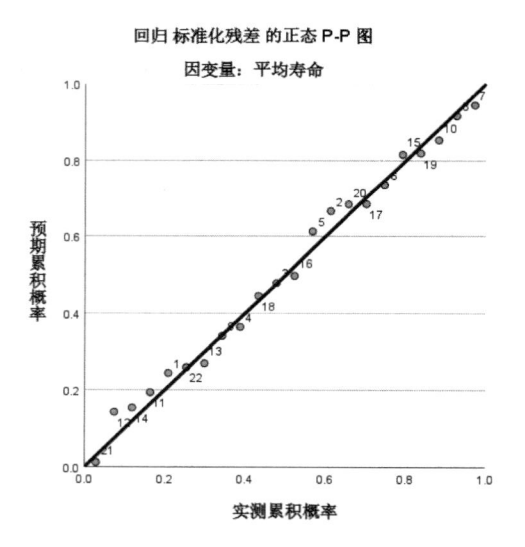

图 8-11　观测量累积概率 P-P 图

序号	国家和地区	y	x1	x2	x3	PRE_1	RES_1	ZPR_1	ZRE_1
1	日本	79	194	99	99	81.31619	-2.31619	1.95881	-.69529
2	中国香港	77	185	90	79	75.57225	1.42775	1.36085	.42859
3	韩国	70	83	97	83	70.16440	-.16440	.79788	-.04935
4	新加坡	74	147	92	90	75.15765	-1.15765	1.31769	-.34751
5	泰国	69	53	94	86	68.04678	.95322	.57743	.28614
6	马来西亚	70	74	80	90	67.90477	2.09523	.56265	.62896
7	斯里兰卡	71	27	89	88	65.69915	5.30085	.33304	1.59125
8	中国内地	70	29	80	94	65.39809	4.60191	.30170	1.38143
9	菲律宾	65	24	90	92	66.36918	-1.36918	.40279	-.41101
10	朝鲜	71	18	95	96	67.49927	3.50073	.52044	1.05087

图 8-12　保存于数据文件中的预测值、残差、标准化预测值、标准化残差（局部）

☆说明☆

多元线性回归分析的步骤：选择因变量→确定自变量对因变量的解释力（一元线性回归）→消除自变量的多重相关性（步进回归法）→拟合线性回归方程（多元线性回归）→方程检验（回归方程的显著性检验、相关系数的显著性检验）→残差分析→模型确认并用于预测等。在确定自变量对因变量的解释力时，如果某个自变量能单独说明因变量的大部分信息（决定系数，R^2 在 0.85 以上），就直接用一元线性回归拟合方程，而不必用多元线性回归了。

8.3 曲线回归分析

8.3.1 基本概念及统计原理

1. 基本概念

在实际问题中，变量之间的关系可能是线性的，也可能是非线性的。若变量之间的关系是线性的，那么可以用线性回归的方法来拟合因变量和自变量之间的关系；若变量之间的关系是非线性的，那么问题就复杂得多了。变量之间的非线性关系可以划分为本质线性关系和本质非线性关系。所谓本质线性关系，就是指变量之间的关系在形式上虽然呈非线性关系（如二次曲线），但可通过变量变换化为线性关系，并可最终通过线性回归分析建立线性模型。本质非线性关系是指变量之间的关系不但在形式上呈非线性关系，而且无法通过变量变换化为线性关系，最终无法通过线性回归分析建立线性模型。本节的曲线回归是用来解决本质线性关系问题的。

曲线回归（曲线拟合、曲线估计）是研究一个自变量和一个因变量之间非线性关系的一种方法，是指选择一种用方程表达的曲线，使得实际数据与理论数据之间的差异尽可能小。如果曲线选择得好，那么可以揭示因变量与自变量的内在关系，并对因变量的预测有一定的意义。

在曲线回归中，需要解决两个问题：一是选用哪种理论模型，即用哪种方程来拟合观测值；二是当模型确定后，如何选择合适的参数，使得理论数据与实际数据之间的差异最小。

2. 统计原理

在曲线估计中，有很多数学模型，选用哪种形式的回归方程才能更好地表示出一种曲线的关系往往不是一个简单的问题，可以用数学方程来表示的各种曲线的数目几乎是没有限量的，在可能的方程之间，以吻合度来论，也许存在许多吻合度相同的曲线方程。因此，在对曲线形式的选择上，对采取什么形式需要有一定的理论，这些理论是由问题本质决定的。在 SPSS 29 中，系统提供了 11 种常见形式的本质线性模型，如表 8-15 所示。

表 8-15　11 种常见形式的本质线性模型

模型名称	回归方程	变量变换后的线性方程
线性	$y = b_0 + b_1 x$	$y = b_0 + b_1 x$
二次方曲线	$y = b_0 + b_1 x + b_2 x^2$	$y = b_0 + b_1 x + b_2 x_1$ （$x_1 = x^2$）
复合曲线	$y = b_0 \cdot b_1^x$	$\ln(y) = \ln(b_0) + \ln(b_1) x$
增长曲线	$y = e^{b_0 + b_1 x}$	$\ln(y) = b_0 + b_1 x$
对数曲线	$y = b_0 + b_1 \ln(x)$	$y = b_0 + b_1 x_1$ （$x_1 = \ln(x)$）
立方曲线	$y = b_0 + b_1 x + b_2 x^2 + b_3 x^3$	$y = b_0 + b_1 x + b_2 x_1 + b_3 x_2$ （$x_1 = x^2$，$x_2 = x^3$）

续表

模型名称	回归方程	变量变换后的线性方程
S 曲线	$y = e^{b_0 + b_1/x}$	$\ln(y) = b_0 + b_1 x_1$ ($x_1 = 1/x$)
指数曲线	$y = b_0 e^{b_1 x}$	$\ln(y) = \ln(b_0) + b_1 x$
逆模型	$y = b_0 + b_1 / x$	$y = b_0 + b_1 x_1$ ($x_1 = 1/x$)
幂函数	$y = b_0 (x^{b_1})$	$\ln(y) = \ln(b_0) + b_1 x_1$ ($x_1 = \ln(x)$)
逻辑函数	$y = \dfrac{1}{1/\mu + b_0 b_1^x}$	$\ln(\dfrac{1}{y} - \dfrac{1}{\mu}) = \ln(b_0 + \ln(b_1)x)$

3. 分析步骤

在实际问题中，用户往往不能确定究竟何种函数模型更接近样本数据。在 SPSS 中进行曲线估计的一般步骤如下。

- 首先，根据实际问题的特点，在上述多种可选择的模型中选择几种。
- 其次，SPSS 自动完成模型参数的估计，并输出回归方程显著性检验的 F 值和概率 P 值、决定系数 R^2 等统计量。
- 最后，以决定系数为主要依据选择其中的最优模型（R^2 最大的模型），并进行预测分析。

8.3.2 SPSS 实例分析

【例 8-3】 表 8-16 是 1989—2001 年国家保费收入与国民生产总值[①]数据，试研究保费收入与国民生产总值的关系。（参见数据文件 data8-3.sav。）

表 8-16　1989—2001 年国家保费收入与国民生产总值数据　　　　单位：亿元

年度	保费收入	国民生产总值	年度	保费收入	国民生产总值
1980	4.6	4517.8	1991	239.7	21662.5
1981	7.8	4860.3	1992	378	26651.9
1982	10.3	5301.8	1993	525	34560.5
1983	13.2	5957.4	1994	630	46670
1984	20	7206.7	1995	683	57494.9
1985	33.1	8989.1	1996	776	66850.5
1986	45.8	10201.4	1997	1080	73142.7
1987	71.04	11954.5	1998	1247.3	76967.2
1988	109.5	14922.3	1999	1393.22	80579.4
1989	142.6	16917.8	2000	1595.9	88228.1
1990	178.5	18598.4	2001	2109.36	94346.4

☞ 第 1 步　分析。

先用散点图的形式进行分析，看两者究竟是否具有一元线性关系，如果具有一元线性关系，则用一元线性回归分析，否则采用曲线估计求解。

☞ 第 2 步　数据组织。

定义 3 个变量，分别是 "year"（年度）、"y"（保费收入）和 "x"（国民生产总值），输入数据并保存。

---

① 我国从 2003 年开始采用 1993 年国民经济核算体系（1993SNA）的标准称谓，统计术语国民生产总值（GNP）改为国民总收入（GNI）。

☞ 第 3 步 制作散点图，初步判定变量的分布趋势。

选择"图形"→"散点图/点图"→"简单散点图"选项，并将"保费收入"作为 y 轴、"国民生产总值"作为 x 轴，得到如图 8-13 所示的散点图。

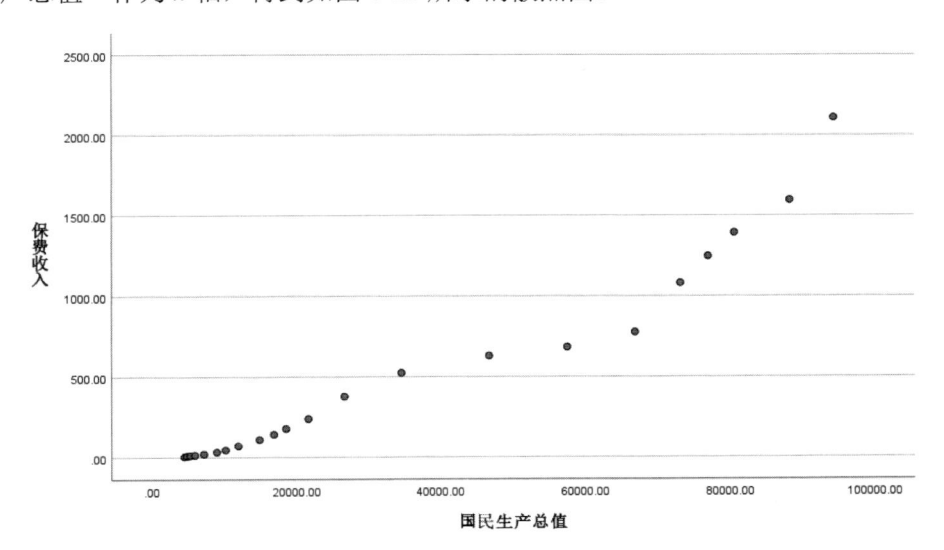

图 8-13　保费收入与国民生产总值散点图

从图 8-13 中可看出，保费收入 y 随国民生产总值 x 的提高而逐渐提高，而且当国民生产总值达到一定水平后，保费收入的增幅更加明显。因此用线性回归模型表示 x 与 y 的关系是不恰当的。于是应找拟合效果好的模型。

☞ 第 4 步 进行曲线回归。

选择"分析"→"回归"→"曲线估算"选项，将所有模型全部选上，并按图 8-14 进行设置，看运行结果中哪种模型的拟合效果更好（主要看决定系数 R^2）。本例所有模型的拟合优度值如表 8-17 所示。

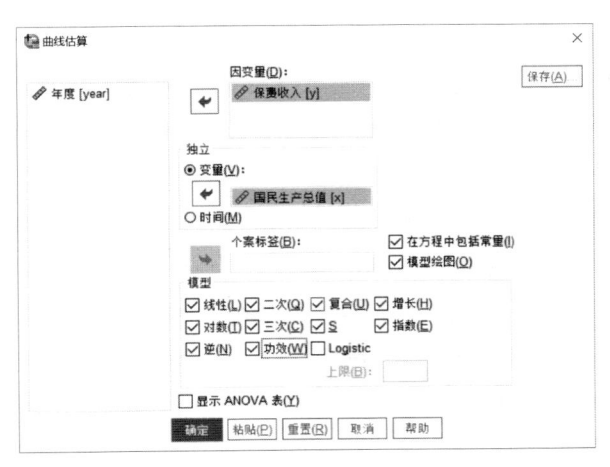

图 8-14　"曲线估算"对话框

从决定系数来看，三次曲线的拟合效果最好（因为其 R^2 值最大），并且方差分析的显著性概率小于 0.001。故重新进行上面的过程，只选"三次"一种模型。

表 8-17　本例所有模型的拟合优度值（因变量：保费收入）

方程	模型摘要					参数估算值			
	R 方	F	自由度 1	自由度 2	显著性	常量	b1	b2	b3
线性	.941	316.551	1	20	<.001	−154.292	.019		
对数	.772	67.889	1	20	<.001	−4576.241	508.979		
逆	.481	18.572	1	20	<.001	966.105	−6138735.913		
二次	.973	336.771	2	19	<.001	23.846	.003	1.756E-7	
三次	.990	617.659	3	18	<.001	−166.430	.029	−5.364E-7	5.022E-12
复合	.789	74.788	1	20	<.001	23.315	1.000		
幂	.972	700.929	1	20	<.001	2.521E-6	1.796		
S	.946	347.778	1	20	<.001	7.069	−27064.140		
增长	.789	74.788	1	20	<.001	3.149	5.450E-5		
指数	.789	74.788	1	20	<.001	23.315	5.450E-5		

自变量为国民生产总值。

注：这里是软件自动生成的结果，对应图 8-14 中的"功效"复选框。

☞ 第 5 步　结果与分析。

本例主要结果如表 8-18 和图 8-15 所示。

（1）表 8-18 是三次曲线模型摘要及参数估算值，决定系数 $R^2=0.990$，且显著性概率小于 0.001，故可判断保费收入与国民生产总值之间有较显著的三次曲线关系。从参数估算值可知因变量与自变量的三次回归模型为 $y = -166.430+0.029x-(5.364E-7)x^2+(5.022E-12)x^3$。

表 8-18　三次曲线模型摘要及参数估算值（因变量：保费收入）

方程	模型摘要					参数估算值			
	方	F	自由度 1	自由度 2	显著性	常量	b1	b2	b3
三次	.990	617.659	3	18	<.001	−166.430	.029	−5.364E-7	5.022E-12

自变量：国民生产总值。

（2）图 8-15 是三次曲线对原始观测值的拟合效果图，可看出其拟合效果非常好。

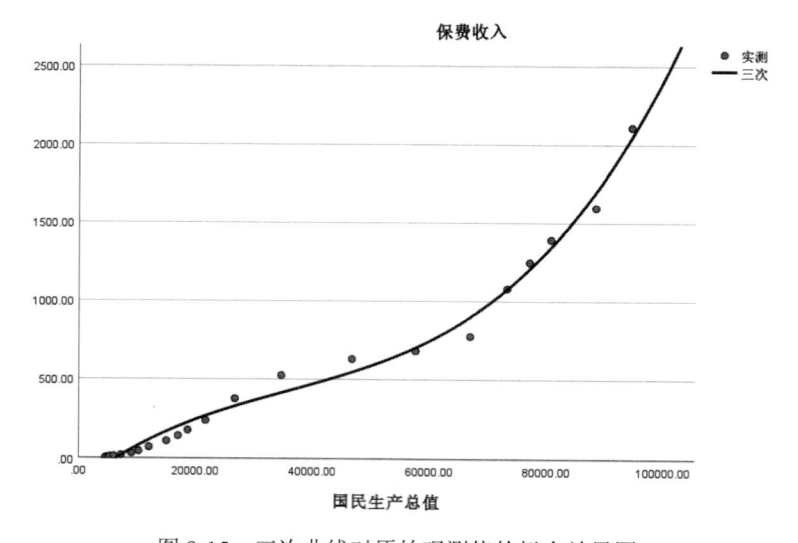

图 8-15　三次曲线对原始观测值的拟合效果图

8.4 非线性回归分析

8.4.1 基本概念及统计原理

1. 基本概念

8.3 节已介绍过,非线性关系可分为本质线性关系和本质非线性关系。我们平时所讲的非线性回归就是本质非线性关系。

线性回归模型要求变量之间必须是线性关系,曲线回归只能处理通过变量转换可以转化为线性关系的非线性问题,而且只能用于一个自变量和一个因变量回归关系的模型分析判别,因此这些方法都有一定的局限性。相反,非线性回归可以估计因变量和自变量之间任意关系的模型,可以根据自身需要设定回归方程的具体形式。因此,非线性回归方法在实际应用中的价值更高,应用范围更广。

2. 统计原理

非线性回归分析要求自变量和因变量均为数值型变量,如果是分类变量,则应该将其重新编码为数值型变量。非线性回归模型一般可以表示为如下形式:

$$y = f(x, \beta) + \varepsilon \tag{8-5}$$

式中,$f(x,\beta)$ 为期望函数,该模型的结构和线性回归模型非常相似,所不同的是期望函数 $f(x,\beta)$ 可能为任意形式,有时甚至可以没有显式表达式。

非线性回归模型参数估计的基本原理也是先给出一个表示估计误差的函数,即损失函数(为残差绝对值平方和),然后使得该函数取值最小,并求得此时的参数估计值,其基本思路是:首先为所有未知参数指定一个初始值;然后将原方程按泰勒级数展开,并只取一阶各项作为线性函数的逼近,将其余项均归入误差中;最后采用最小二乘法对该模型中的参数进行估计,并用参数估计值替代初始值,将方程再次展开,进行线性化,从而又可以求出一批参数估计值。如此反复迭代求解,直到参数估计值收敛。

在这一过程中,初始值的设定对模型是否可以顺利求解问题的影响很大。一个好的初始值不应该偏离真实的参数值太远,否则参数估计的迭代次数可能会增加,或者迭代根本无法收敛,或者收敛到一个局部最优解而非全局最优解。非线性回归模型在 SPSS 中可以采用 NLR 和 CNLR 两种算法来估计参数,NLR 算法用于寻找能使残差平方和最小的参数估计;CNLR 算法首先建立一个非线性的损失函数,然后寻找最小化这个损失函数的参数估计。SPSS 提供的常用非线性回归模型的函数形式如表 8-19 所示。

表 8-19 SPSS 提供的常用非线性回归模型的函数形式

模型名称	模型表达式
渐近回归	$b_1 + b_2 \exp(b_3 x)$
渐近回归	$b_1 - (b_2 b_3^x)$
密度	$(b_1 + b_2 x)^{(-1/b_3)}$
Gauss	$b_1(1 - b_3 \exp(-b_2 x^2))$
Gompertz	$b_1 \exp(-b_2 \exp(-b_3 x))$
Johnson-Schumacher	$b_1 \exp(-b_2/(x+b_3))$
对数修改	$(b_1 + b_3 x)^{b_2}$
对数 Logistic	$b_1 - \ln(1 + b_2 \exp(-b_3 x))$
Metcherlich 收益递减规律	$b_1 + b_2 \exp(-b_3 x)$

续表

模型名称	模型表达式
Michaelis Menten	$b_1x/(x+b_2)$
Morgan-Mercer-Florin	$(b_1b_2+b_3x^{b_4})/(b_2+x^{b_4})$
Peal-Reed	$b_1/(1+b_2\exp(-(b_3x+b_4x^2+b_5x^3)))$
三次比	$(b_1+b_2x+b_3x^2+b_4x^3)/(b_5x^3)$
四次比	$(b_1+b_2x+b_3x^2)/(b_4x^2)$
Richards	$b_1/((1+b_3\exp(-b_2x))^{(1-b_4)})$
Verhulst	$b_1/(1+b_3\exp(-b_2x))$
Von Bertalanffy	$(b_1^{(1-b_4)}-b_2\exp(-b_3x))^{(1/(1-b_4))}$
韦伯	$b_1-b_2\exp(b_3x^{b_4})$
产量密度	$(b_1+b_2x+b_3x^2)^{(-1)}$

3. 分析步骤

针对呈非线性关系的情况，可以采用两种策略：第一种是对标准的线性模型做一些修正，使之能处理各种异常情况，但方法仍在线性回归的范畴内，表 8-15 给出了一些常见的非线性（本质线性）回归模型及其变换方式，请读者参照学习；第二种是彻底打破原有模型的束缚，采用非线性模型来拟合。非线性回归过程是专用的非线性回归模型拟合过程，它采用迭代方法对用户设置的各种复杂曲线模型进行拟合，同时将残差的定义从最小二乘法向外扩展，为用户提供极为强大的分析能力，不仅能够拟合 SPSS 的回归分析过程提供的全部模型，还能够拟合文件回归、多项式回归、百分位数回归等各种非常复杂的模型。一般第二种策略更权威，也是统计学的重点之一，但比较难掌握。

8.4.2 SPSS 实例分析

【例 8-4】 表 8-20 是某公司在 8 周内每周的营业收入和广告费用数据。公司负责人希望建立一个回归模型，以便用电视广告费用和报纸广告费用预测公司的营业收入。（参见数据文件 data8-4.sav。）

表 8-20 某公司在 8 周内每周的营业收入和广告费用   单位：万元

营业收入	电视广告费用	报纸广告费用
96	5	1.5
90	2	2
95	4	1.5
92	2.5	2.5
95	3	3.3
94	3.5	2.3
94	2.5	4.2
94	3	2.5

☞ 第 1 步 分析。

本例是一个具有两个自变量的模型拟合问题，先用散点图的形式进行分析，看它们究竟是否具有线性关系，如果具有线性关系，则用线性回归进行分析，否则采用非线性回归来求解。

☞ 第 2 步 数据组织。

定义 3 个变量，分别是"营业收入"、"电视广告费用"和"报纸广告费用"，输入数据并保存。

☞ 第 3 步 制作散点图，初步判定变量的分布趋势。

选择"图形"→"散点图/点图"→"矩阵散点图"选项，并将 3 个变量均选入"矩阵变量"列表框,运行得到如图 8-16 所示的散点图。

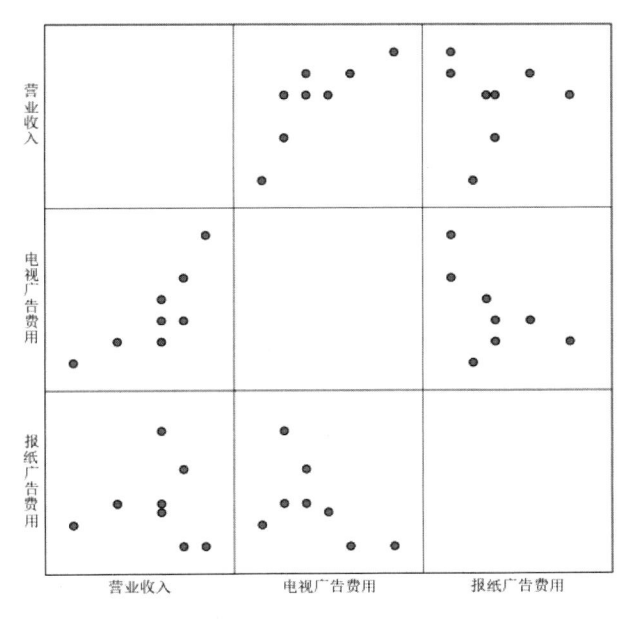

图 8-16 营业收入和广告费用散点图

图 8-16 所示的散点图分为 9 个子图,它们分别描述了 3 者之间的变化。可以看到,营业收入和两种广告费用存在显著性影响关系。观察电视广告费用和报纸广告费用散点图可看到,两种广告费用之间也存在显著性影响关系,说明这两个因变量之间可能存在交叉影响。于是,建立如式(8-6)所示的非线性回归模型:

$$y = a + bx_1 + cx_2 + dx_1x_2 + \varepsilon \tag{8-6}$$

☞ 第 4 步 进行非线性回归。

(1)选择"分析"→"回归"→"非线性"选项,打开"非线性回归"对话框,并按图 8-17 进行设置。

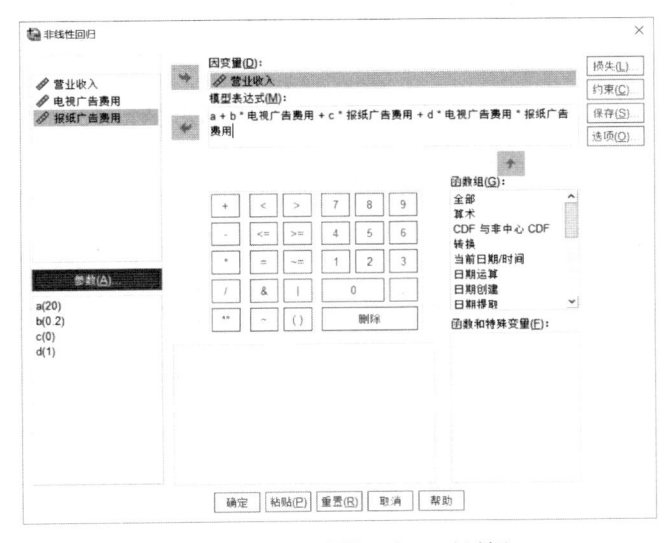

图 8-17 "非线性回归"对话框

该对话框主要由以下几部分组成。

① 候选变量列表框：对话框中左上方的变量列表框。

② "因变量"列表框：选择回归模型中的因变量。

③ "参数"列表框：设置模型中所用到的参数并赋初值。

④ "模型表达式"文本框：定义非线性回归模型的表达式。因为非线性回归模型多种多样，所以 SPSS 中直接提供了软键盘和"函数组"列表框来让用户定义非线性模型表达式。在具体定义时，模型中的参数由用户直接通过键盘输入；模型中的变量由候选变量列表框选入；模型的运算符由用户通过软键盘输入；模型的函数直接从"函数组"列表框选入。

（2）参数设置：单击图 8-17 中的"参数"按钮，弹出如图 8-18 所示的对话框，可以设置参数并逐个添加。如果设置不当，那么也可修改和删除某个参数。本例中，将参数初始值设置为：$a=20$，$b=0.2$，$c=0$，$d=1$。

（3）模型表达式设置：根据前面的分析，通过软键盘将其设为"a+b*电视广告费用+c*报纸广告费用+d*电视广告费用*报纸广告费用"。

（4）保存设置：打开"非线性回归:保存"对话框，有"预测值"、"残差"、"导数"和"损失函数值"几项，本例选择"预测值"和"残差"两项。

（5）选项设置：打开"非线性回归:选项"对话框，按图 8-19 进行设置。在该对话框中，根据是否选择"标准误差的拔靴法估算"复选框选择不同的估算方法，并设置迭代情况。

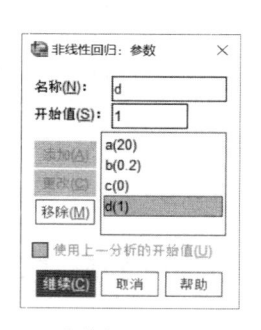

图 8-18 "非线性回归:参数"对话框

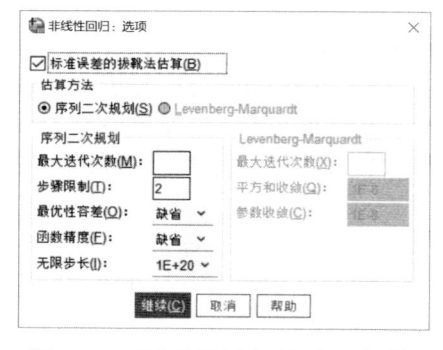

图 8-19 "非线性回归:选项"对话框

☞ 第 5 步 主要结果及分析。

本例运行结果如表 8-21、表 8-22 和图 8-20 所示，分别解释如下。

（1）表 8-21 所示为迭代历史记录表。可以看出，经过 9 次迭代后，模型达到收敛标准，找到了最优解。于是得营业收入关于两种广告费用的预测回归模型为

$$y = 86.531+1.089x_1-0.667x_2+0.724x_1x_2 \qquad (8\text{-}7)$$

表 8-21 迭代历史记录[b]表

迭代编号[a]	残差平方和	参数			
		a	b	c	d
0.1	34498.035	20.000	.200	.000	1.000
1.1	1904.999	20.855	2.938	2.100	7.358
2.1	1120.777	23.716	10.794	1.177	4.096
3.1	757.802	53.915	20.471	40.733	-16.722
4.1	77.094	43.075	15.292	21.727	-6.967

续表

迭代编号 [a]	残差平方和	参数			
		a	b	c	d
5.1	34.672	57.661	10.188	13.261	−3.935
6.1	23.269	66.613	8.285	11.532	−3.720
7.1	2.609	91.029	−.536	−3.422	1.727
8.1	1.499	86.531	1.089	−.667	.724
9.1	1.499	86.531	1.089	−.667	.724

将通过数字计算来确定导数。

a. 主迭代号在小数点左侧显示，次迭代号在小数点右侧显示。

b. 运行在 9 次迭代后停止。已找到最优解。

（2）表 8-22 所示为整个模型的显著性检验结果，即方差分析（ANOVA）表。可以看出，决定系数 R^2 为 0.941，拟合结果较好。

表 8-22 方差分析（ANOVA[a]）表

源	平方和	自由度	均方
回归	70336.501	4	17584.125
残差	1.499	4	.375
修正前总计	70338.000	8	
修正后总计	25.500	7	

因变量：营业收入

a. R 方 = 1 −（残差平方和）/（修正平方和）= .941。

（3）预测值和残差保存到数据表中，如图 8-20 所示。

营业收入	电视广告费用	报纸广告费用	PRED_	RESID_
96	5.0	1.5	96.40	−.40
90	2.0	2.0	90.27	−.27
95	4.0	1.5	94.23	.77
92	2.5	2.5	92.11	−.11
95	3.0	3.3	94.76	.24
94	3.5	3.5	94.63	−.63
94	2.5	4.2	94.05	−.05
94	3.0	2.5	93.56	.44

图 8-20 数据表中保存的结果

☆说明☆

（1）在非线性回归中，对模型的初步判断与采用至关重要，需要分析人员具有较好的选择和判断能力。

（2）参数初始值的设置会影响迭代过程的收敛性，如果可能的话，那么应尽量为参数选择合理的接近期望的初始值。

（3）有时对一个特定的问题，一种算法可能比另一种算法更好。因此可在"非线性回归：选项"对话框中换用另一种算法。

（4）迭代过程终止是因为达到了最大迭代次数，这时得到的这个"最终"模型未必是最好的，因此可以给参数设置不同的初始值继续迭代。

（5）如果模型需要进行求幂运算或数据量很大，就可能使计算结果的数值过大或过小而溢出，此时可以通过适当选取初始值或利用参数的约束来避免这种情况的发生。

8.5 二元 Logistic 回归分析

8.5.1 基本概念及统计原理

1．基本概念

前面介绍的线性回归、曲线回归和非线性回归都要求因变量是定量变量，但在实际问题中，因变量既有定量的，又有定性的，Logistic 回归分析就是针对因变量是定性变量的回归分析。

在实际生活中，我们经常会遇到因变量是定性变量的情况，如医学上的阴性和阳性、生存与死亡，消费现象中的购买行为发生与不发生，金融现象中的上市公司 IPO 通过与不通过，等等。

可以处理定性因变量的统计分析方法有判别分析、Probit 分析、Logistic 回归分析和对数线性模型分析等。在社会科学中，应用最多的是 Logistic 回归分析。根据因变量的取值类别数量不同，Logistic 回归分析又分为二元 Logistic 回归分析和多元 Logistic 回归分析。二元 Logistic 回归模型中的因变量只可以取两个值，即 1 和 0（虚拟因变量）；而多元 Logistic 回归模型中的因变量可以取多个值。本节重点介绍二元 Logistic 回归模型，对多元 Logistic 回归模型只做简要说明。

2．统计原理

（1）logit 变换。

设因变量 y 是只取 0 或 1 的二分类变量；p 为某事件发生的概率，取值区间为[0, 1]。当事件发生时，$y=1$，否则 $y=0$，即 $p=P(y=1)$（事件发生的概率）是研究对象。将比率 $p/(1-p)$ 取自然对数，即对 p 做 logit 变换

$$\text{logit}(p) = \ln(p/(1-p)) \tag{8-8}$$

当 $p = 1$ 时，$\text{logit}(p) = +\infty$；当 $p = 0.5$ 时，$\text{logit}(p) = 0$；当 $p = 0$ 时，$\text{logit}(p) = -\infty$，故 $\text{logit}(p)$ 的取值范围为 $(-\infty, +\infty)$。注意：式（8-8）中等号右边的分数部分 $p/(1-p)$ 是事件发生与事件不发生的概率比，称为优势（Odd）。因此，logit 变换有很好的统计解释性，它是优势的对数。

（2）Logistic 回归模型。

设有 k 个因素 $x_1, x_2, \cdots, x_k$ 影响 y 的取值，则称

$$\ln(p/(1-p)) = g(x_1, x_2, \cdots, x_k) \tag{8-9}$$

为二维 Logistic 回归模型，简称 Logistic 回归模型，其中的 k 个因素 $x_1, x_2, \cdots, x_k$ 称为 Logistic 回归模型的协变量。最重要的 Logistic 回归模型是 Logistic 线性回归模型：

$$\ln(p/(1-p)) = \beta_0 + \beta_1 x_1 + \cdots + \beta_k x_k \tag{8-10}$$

式中，$\beta_0, \beta_1, \cdots, \beta_k$ 是待估计的未知参数。由此可得

$$p = \frac{\exp(\beta_0 + \beta_1 x_1 + \cdots + \beta_k x_k)}{1 + \exp(\beta_0 + \beta_1 x_1 + \cdots + \beta_k x_k)} \tag{8-11}$$

（3）统计检验。

与线性回归一样，对于 Logistic 回归，拟合时也要考虑模型是否合适、哪些变量该保留、拟合效果如何等问题。线性回归中常用的决定系数 R^2，T 检验、F 检验等工具在这里均不再适用。在 Logistic 回归中，常用的检验有-2 对数似然检验（-2 log，2LL）、Hosmer-Lemeshow 拟

合优度检验、Wald（沃尔德）检验等。为了简化起见，这里省略相关模型的介绍（读者可参考其他资料），具体检验过程参看 8.5.2 节。

8.5.2 SPSS 实例分析

【例 8-5】 诊断发现运营不良的金融企业是审计核查的一项重要功能，审计核查的分类失败会导致灾难性的后果。表 8-23 列出了 66 家公司的部分运营财务比率，其中 33 家在两年后破产（$y=0$），另外 33 家在同期保持偿付能力（$y=1$）。请用变量 x_1（未分配利润/总资产）、x_2（税前利润/总资产）和 x_3（销售额/总资产）拟合一个 Logistic 回归模型。（参见数据文件 data8-5.sav。）

表 8-23　66 家公司的部分运营财务比率

x_1	x_2	x_3	y	x_1	x_2	x_3	y
-62.8	-89.5	1.7	0	43	16.4	1.3	1
3.3	-3.5	1.1	0	47	16	1.9	1
-120.8	-103.2	2.5	0	-3.3	4	2.7	1
-18.1	-28.8	1.1	0	35	20.8	1.9	1
-3.8	-50.6	0.9	0	46.7	12.6	0.9	1
-61.2	-56.2	1.7	0	20.8	12.5	2.4	1
-20.3	-17.4	1	0	33	23.6	1.5	1
-194.5	-25.8	0.5	0	26.1	10.4	2.1	1
20.8	-4.3	1	0	68.6	13.8	1.6	1
-39.4	-35.7	1.2	0	59	23.1	5.5	1
-164.1	-17.7	1.3	0	49.6	23.8	1.9	1
-308.9	-65.8	0.8	0	12.5	7	1.8	1
7.2	-22.6	2	0	37.3	34.1	1.5	1
-118.3	-34.2	1.5	0	35.3	4.2	0.9	1
-185.9	-280	6.7	0	49.5	25.1	2.6	1
-34.6	-19.4	3.4	0	18.1	13.5	4	1
-27.9	6.3	1.3	0	31.4	15.7	1.9	1
-48.2	6.8	1.6	0	21.5	-14.4	1	1
-49.2	-17.2	0.3	0	8.5	5.8	1.5	1
-19.2	-36.7	0.8	0	40.6	5.8	1.8	1
-18.1	-6.5	0.9	0	34.6	26.4	1.8	1
-98	-20.8	1.7	0	19.9	26.7	2.3	1
-129	-14.2	1.3	0	17.4	12.6	1.3	1
-4	-15.8	2.1	0	54.7	14.6	1.7	1
-8.7	-36.3	2.8	0	53.5	20.6	1.1	1
-59.2	-12.8	2.1	0	35.9	26.4	2	1
-13.1	-17.6	0.9	0	39.4	30.5	1.9	1
-38	1.6	1.2	0	53.1	7.1	1.9	1
-57.9	0.7	0.8	0	39.8	13.8	1.2	1
-8.8	-9.1	0.9	0	59.5	7	2	1
-64.7	-4	0.1	0	16.3	20.4	1	1
-11.4	4.8	0.9	0	21.7	-7.8	1.6	1

☞ **第 1 步　分析**。

本例共有 3 个自变量，均是定量数据类型，而因变量是定性的，取值有两种状态（0 和 1），这是一个典型的可用二元 Logistic 回归解决的问题。

☞ 第 2 步 数据组织。

定义 3 个自变量 x_1、x_2 和 x_3，并定义因变量 y，输入数据并保存。

☞ 第 3 步 二元 Logistic 回归分析设置。

（1）选择"分析"→"回归"→"二元 Logistic"选项，打开二元"逻辑回归"对话框，并按图 8-21 进行设置。

（2）"逻辑回归:保存"对话框设置：单击图 8-21 中的"保存"按钮，打开"逻辑回归:保存"对话框，其选项与图 8-5 类似，这里不再赘述。这里选择"预测值"选区中的"概率"和"组成员"复选框，即将预测的概率和分类保存下来。

（3）"逻辑回归:选项"对话框设置：单击图 8-21 中的"选项"按钮，打开"逻辑回归:选项"对话框，按图 8-22 进行设置，并单击"继续"按钮，返回"逻辑回归"对话框，单击"确定"按钮，即可得到分析结果。

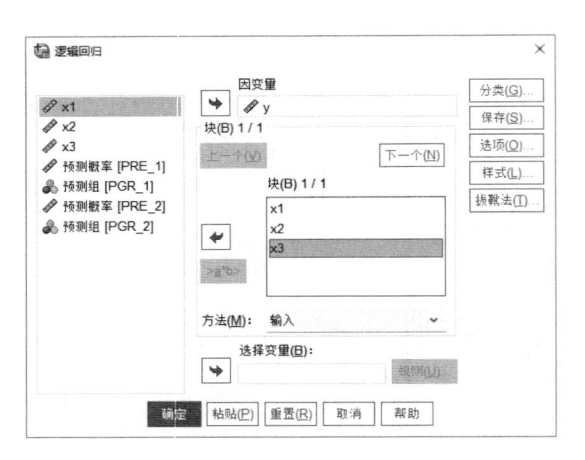

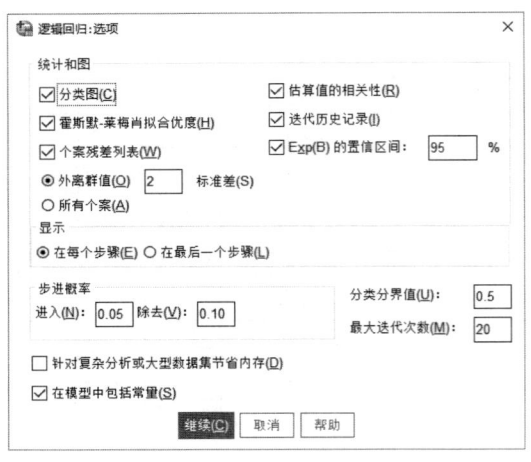

图 8-21 "逻辑回归"对话框　　图 8-22 "逻辑回归:选项"对话框

该对话框的主要组成如下。

① "统计和图"选区：其中的选项用来选择输出哪些统计量或统计图表，具体选项如下。
- "分类图"复选框：通过比较因变量的观测值和预测值之间的关系反映回归模型的拟合效果。
- "霍斯默-莱梅肖拟合优度"复选框：检验整个回归模型的 Hosmer-Lemeshow 拟合优度。
- "个案残差列表"复选框：输出标准方差大于某值的个案或全部个案的入选状态，以及因变量的观测值和预测值及其相应的预测概率、残差值。
- "估算值的相关性"复选框：输出模型中各估计参数间的相关矩阵。
- "迭代历史记录"复选框：输出参数估计迭代过程中的系数和对数似然值。
- "Exp(B)的置信区间"复选框：选中后将会在模型检验的输出结果中列出 Exp(B)（各回归系数的指数函数值）的 N%（默认值为 95%）置信区间，如果要改变默认值，则可以在其后的数值框内输入 1～99 之间的任何一个整数。

② "显示"选区：用来选择输出计算结果的方式，具体说明如下。
- "在每个步骤"单选按钮：显示 SPSS 每个步骤的计算结果。

- "在最后一个步骤"单选按钮：只显示最终计算结果。
③ "步进概率"选区：用来设定步长标准，以便逐步控制自变量进入方程或被剔除出方程。
- "进入"数值框：设置变量进入方程的标准值。如果变量的分数统计概率小于所设置进入方程的标准值，则该变量进入模型，SPSS默认的显著性水平为0.05。
- "除去"数值框：设置变量被剔除方程的标准值。如果变量的分数统计概率大于所设置被剔除出方程的标准值，则该变量被剔除出方程，SPSS默认的显著性水平为0.10。

☆说明☆

进入值应小于除去值，否则自变量一进入方程就会立即被剔除。

④ "分类分界值"数值框：用以设置个案分类的断点值。因变量预测值大于该值的个案设为一类，小于该值的个案设为另一类，默认值为0.5，当然也可以重新设置。

⑤ "最大迭代次数"数值框：用以确定达到最大对数似然值之前的迭代次数。最大对数似然值是通过反复迭代计算直到收敛而得到的，默认的最大迭代次数为20，当然也可以重新设置。

⑥ "在模型中包括常量"复选框：用以确定所求模型的参数是否包含常数项。

（4）"逻辑回归"对话框中的"方法"下拉列表：用以选择自变量进入模型的方法，主要有以下3种。

- 输入：所有自变量都强行进入回归模型。
- 向前（有条件/LR/沃尔德）：依据条件参数似然比检验结果/偏似然比检验结果/Wald检验结果剔除变量的向前剔除法。
- 向后逐步（有条件/LR/沃尔德）：依据条件参数似然比检验结果/偏似然比检验结果/Wald检验结果剔除变量的向后剔除法。

☞ 第4步 主要结果及分析。

本例运行结果如表8-24～表8-32和图8-23所示，分别解释如下。

（1）表8-24是个案处理摘要信息，给出了数据进入模型的记录数。

表8-24 个案处理摘要信息

	未加权个案数[a]	个案数	百分比
选定的个案	包括在分析中的个案数	66	100.0
	缺失个案数	0	.0
	总计	66	100.0
未选定的个案		0	.0
总计		66	100.0

a. 如果权重处于生效状态，请参阅分类表以了解个案总数。

（2）表8-25是因变量编码表。在SPSS中，默认将二分类变量中出现次数较多的变量赋值为1。本例比较特殊，二分类变量的两种情况出现的次数是一样的，从表8-25中可以看出，将"两年后破产"赋值为0、"两年后仍有偿付能力"赋值为1。

表8-25 因变量编码表

原值	内部值
两年后破产	0
两年后仍有偿付能力	1

（3）表8-26是模型初始分类预测表。此时模型中不包含任何自变量，只包含常数项。可

以看出，预测所有公司在两年后仍有偿付能力，预测的正确率为50%。

表 8-26 模型初始分类预测表 a,b

			预测		
实测			y		正确百分比
			两年后破产	两年后仍有偿付能力	
步骤 0	y	两年后破产	0	33	.0
		两年后仍有偿付能力	0	33	100.0
		总体百分比			50.0

a. 常量包括在模型中。
b. 分界值为 .500

（4）表 8-27 和表 8-28 给出了模型系数的检验结果，其中常数项系数为 0.000，其显著性概率为 1，可见常数项不显著；x_1 和 x_2 的显著性概率小于 0.001，而 x_3 的显著性概率则为 0.094，如果以 5%为置信水平，那么 x_1 和 x_2 的系数是显著的。

表 8-27 方程中的变量

		B	标准误差	沃尔德	自由度	显著性	Exp(B)
步骤 0	常量	.000	.246	.000	1	1.000	1.000

表 8-28 未包括在方程中的变量

			得分	自由度	显著性
步骤 0	变量	x1	31.621	1	<.001
		x2	19.358	1	<.001
		x3	2.800	1	.094
	总体统计		37.613	3	<.001

（5）表 8-29 是模型系数的 Omnibus 检验结果。本例共采用了 3 种检验方法，分别是步之间的相对似然比检验、块（Block）之间的相对似然比检验和模型之间的相对似然比检验。由于本例中只有一个自变量组且采取强行进入法将所有变量纳入模型，所以 3 种检验方法的结果是一致的，模型有显著的统计意义。

表 8-29 模型系数的 Omnibus 检验结果

		卡方	自由度	显著性
步骤 1	步骤	85.683	3	<.001
	块	85.683	3	<.001
	模型	85.683	3	<.001

（6）表 8-30 是模型情况摘要表，主要给出了对数似然值的两个决定系数，从数据上来看，模型的拟合度不错。

表 8-30 模型情况摘要表

步骤	-2 对数似然	考克斯-斯奈尔 R 方	内戈尔科 R 方
1	5.813a	.727	.969

a. 由于参数估算值的变化不足 .001，因此估算在第 12 次迭代时终止。

（7）表 8-31 是模型的分类预测情况表。此时模型的预测准确率已达到 97%。

表 8-31　模型的分类预测情况表 a

实测			预测		
			y		正确百分比
			两年后破产	两年后仍有偿付能力	
步骤 1	y	两年后破产	32	1	97.0
		两年后仍有偿付能力	1	32	97.0
		总体百分比			97.0

a. 分界值为 .500

（8）表 8-32 展示了 Logistic 模型的拟合结果。在表 8-32 中，从左到右依次表示变量及常数项的系数值、标准误差（S.E.）、Wald 卡方值、自由度（df）、显著性概率、Exp(B)。由于各回归系数均为正数，所以取相应的指数后会大于 1，表示 x_1、x_2 和 x_3 的取值越大，"两年后仍有偿付能力"的可能性比"两年后破产"的可能性越大，其 Logistic 回归模型为

$$\ln(p/(1-p)) = 0.331x_1 + 0.181x_2 + 5.087x_3 - 10.153$$

则有

$$p = \frac{e^{(0.331x_1 + 0.181x_2 + 5.087x_3 - 10.153)}}{1 + e^{(0.331x_1 + 0.181x_2 + 5.087x_3 - 10.153)}}$$

若预测值 p 的概率小于 0.5，则样本被归于"两年后破产"组。相对地，若预测值 p 的概率大于 0.5，则样本被归于"两年后仍有偿付能力"组，其预测结果（局部）如图 8-23 所示。其中，PRE_1 表示预测概率值，PGR_1 表示预测分类结果值。

表 8-32　方程中的变量

		B	标准误差	沃尔德	自由度	显著性	Exp(B)	Exp(B)的 95%置信区间	
								下限	上限
步骤 1a	x1	.331	.301	1.213	1	.271	1.393	.772	2.511
	x2	.181	.107	2.862	1	.091	1.198	.972	1.478
	x3	5.087	5.082	1.002	1	.317	161.979	.008	3430718.695
	常量	-10.153	10.840	.877	1	.349	.000		

a. 在步骤 1 输入的变量：x1, x2, x3。

x1	x2	x3	y	PRE_1	PGR_1
-62.80	-89.50	1.70	0	.00000	0
3.30	-3.50	1.10	0	.01635	0
-120.8	-103.2	2.50	0	.00000	0
-18.10	-28.80	1.10	0	.00000	0
-3.80	-50.60	.90	0	.00000	0
-61.20	-56.20	1.70	0	.00000	0
-20.30	-17.40	1.00	0	.00000	0
-194.5	-25.80	.50	0	.00000	0
20.80	-4.30	1.00	0	.74004	1
-106.1	-22.90	1.50	0	.00000	0
-39.40	-35.70	1.20	0	.00000	0
-164.1	-17.70	1.30	0	.00000	0
-308.9	-65.80	.80	0	.00000	0
7.20	-22.60	2.00	0	.15692	0
-118.3	-34.20	1.50	0	.00000	0

图 8-23　预测结果（局部）

☆说明☆

由表 8-32 中的 Wald 检验的显著性概率值可知，各变量及常数的系数都没有显著的统计意义，说明这个拟合模型并不是最好的，读者可使用"向前"或"向后"的逐步方法再行尝试。

8.6 典型案例

8.6.1 水稻产量影响因素分析

为了研究水稻产量所受因素的影响，某研究机构记录了某地区近 18 年的水稻产量、化肥使用量、生猪存栏数、水稻扬花期降雨量数据，其中含有 18 个观测样本，代表 18 年；有 7 个属性变量：Id（序号）、x_1（水稻播种面积，万亩，1 亩≈666.67m²）、x_2（化肥使用量，$\times 10^4$kg）、x_3（生猪存栏数，万头）、x_4（水稻扬花期降雨量，10mm）、y（水稻总产量，$\times 10^4$kg）及 year（年份），具体数据如表 8-33 所示。（参见数据文件 data8-6.sav。）

表 8-33 某地区近 18 年的水稻产量具体数据

Id	x_1	x_2	x_3	x_4	y	year	Id	x_1	x_2	x_3	x_4	y	year
1	147	2	15	27	154.5	1993	10	155	18	51	22	270.5	2002
2	148	3	26	38	200	1994	11	156	23	53	39	298.5	2003
3	154	5	33	20	227.5	1995	12	155	23.5	51	28	229	2004
4	157	9	38	33	200	1996	13	157	24	51	46	309.5	2005
5	153	6.5	41	43	208	1997	14	156	30	52	59	309	2006
6	151	5	39	33	229.5	1998	15	159	48	52	70	371	2007
7	151	7.5	37	46	265.5	1999	16	164	95.5	57	52	402.5	2008
8	154	8	38	78	229	2000	17	164	93	68	36	429.5	2009
9	155	13.5	44	52	303.5	2001	18	156	97.5	74	37	427.5	2010

案例分析：首先研究水稻产量与各因素之间的关联程度，可按一元线性回归分析进行处理，如果没有因素能较好地解释因变量的变化状况，再采用多元线性回归分析，以分析各因素对水稻产量的显著性影响，并进一步拟合出各因素对水稻产量的线性回归方程。

8.6.2 产品废品率的因素拟合

产品生产的质量往往受其中所用原料成分的影响，特别是化学成分，会对产品的合格率产生影响。设某种产品在生产过程中半成品的废品率与它含有的一种化学成分有关，经检验观测得到一批数据，如表 8-34 所示，请确定产品废品率与化学成分之间的定量关系。（参见数据文件 data8-7.sav。）

表 8-34 产品废品率与化学成分数据

序号	化学成分（0.01%）	废品率（%）	序号	化学成分（0.01%）	废品率（%）
1	34	1.3	9	40	0.44
2	36	1	10	41	0.56
3	37	0.73	11	42	0.3
4	38	0.9	12	43	0.42
5	39	0.81	13	43	0.35
6	39	0.7	14	45	0.4
7	39	0.6	15	47	0.41
8	40	0.5	16	48	0.6

案例分析：产品中的化学成分应该控制在一定的比例范围内，多了不行，少了也不行。化学成分的多少与废品率的关系不应该呈线性关系。同时从数据中可以看出，开始时，随着化学成分的逐渐增加，废品率有逐渐降低的趋势，当化学成分达到 42（0.01%）时，废品率最低，

但随着化学成分的进一步增加,废品率又开始升高。可以看出,化学成分与废品率之间呈非线性关系,同时是一个自变量与一个因变量之间的关系,故可采用曲线估计进行分析。

8.6.3 高管培训与表现预测

某著名总裁班的讲师想建立一个回归模型,对参与培训的企业高管毕业后的长期表现进行预测,观测到的数据如表 8-35 所示。其中,自变量是高管的培训天数,因变量是高管毕业后的长期表现指数,指数越大,表现越好。(参见数据文件 data8-8.sav。)

表 8-35 高管培训天数与长期表现指数

序号	培训天数	长期表现指数	序号	培训天数	长期表现指数
1	2	53	9	19	26
2	65	6	10	31	16
3	52	11	11	38	13
4	60	4	12	45	8
5	14	34	13	34	19
6	53	8	14	7	45
7	10	36	15	5	51
8	26	19	—	—	—

案例分析:通过制作散点图可知,自变量和因变量之间不是线性关系,故可以采用曲线回归或非线性回归进行建模。进一步会发现两者之间是指数关系,在进行非线性回归时,可将模型设为 $y=e^{a+bx}$。并通过多种方法进行迭代,以取得最优拟合效果。

8.6.4 肾细胞癌转移的判断

肾细胞癌是否转移是临床治疗中选择治疗方案的重要依据。肾细胞癌转移主要受以下几个因素的影响,即 x_1——确诊时患者的年龄;x_2——肾细胞癌血管内皮生长因子(VEGF),其阳性表述由低到高共 3 个等级;x_3——肾细胞癌组织内微血管数(MVC);x_4——癌细胞核组织学分级,由低到高共 4 级;x_5——肾细胞癌分期,由低到高共 4 期。用 y 代表肾细胞癌转移情况(有转移 $y=1$,无转移 $y=0$),数据如表 8-36 所示,根据肾细胞癌转移的影响因素对是否转移进行预测判断。(参见数据文件 data8-9.sav。)

表 8-36 肾细胞癌转移数据

序号	x_1	x_2	x_3	x_4	x_5	y	序号	x_1	x_2	x_3	x_4	x_5	y
1	59	2	43.4	2	1	0	14	31	1	47.8	2	1	0
2	36	1	57.2	1	1	0	15	36	3	31.6	3	1	1
3	61	2	190	2	1	0	16	42	1	66.2	2	1	0
4	58	3	128	4	3	1	17	14	3	138.6	3	1	0
5	55	3	80	3	4	1	18	32	1	114	3	3	0
6	61	1	94.4	2	1	0	19	35	1	40.2	2	2	0
7	38	1	76	1	1	0	20	70	3	177.2	4	3	1
8	42	1	240	1	1	0	21	65	2	51.6	4	4	1
9	50	1	74	1	1	0	22	45	2	124	2	1	0
10	58	3	68.6	2	2	0	23	68	3	127.2	3	3	1
11	68	3	132.8	4	2	0	24	31	2	124.8	2	3	0
12	25	2	94.6	4	3	1	25	58	1	128	4	3	0
13	52	1	56	1	1	0	26	60	3	149.8	4	3	1

案例分析：转移情况分成两类：一类是没有转移，另一类是转移了。因变量是分类变量，不能用线性和非线性回归分析来处理。这是一个典型的二元 Logistic 回归分析问题，根据 5 个影响因素进行预测判断。

8.7 思考与练习

1．线性回归与非线性回归的关系是什么？
2．在多元线性回归中，对回归方程进行了检验后，为何还需要对回归系数进行检验呢？
3．合金钢的强度 y 与钢材中碳的含量 x 有密切的关系，为了冶炼出符合强度要求的钢，常常通过控制钢水中的碳含量来达到目的，因此需要了解 y 与 x 之间的关系，数据如表 8-37 所示，试对 x 和 y 进行一元线性回归分析。（参见数据文件 data8-10.sav。）

表 8-37　碳含量与钢强度数据

碳含量（%）	0.03	0.04	0.05	0.07	0.09	0.1	0.12	0.15	0.17	0.2
钢强度（MPa）	40.5	39.5	41	41.5	43	42	45	47.5	53	56

4．一家大型商业银行设有 25 家分行，近年来其不良贷款额显著增加，其经营数据如表 8-38 所示（单位：亿元），能否将不良贷款与其他几个因素之间的关系用一定的数学关系式表达出来？如果能，用什么样的关系式表述它们之间的关系呢？能否用所建立的关系式预测出不良贷款的金额？（参见数据文件 data8-11.sav。）

表 8-38　某商业银行 25 家分行一年的经营数据

编号	不良贷款	各项贷款余额	本年累计应收贷款	贷款项目个数	本年固定资产投资额	编号	不良贷款	各项贷款余额	本年累计应收贷款	贷款项目个数	本年固定资产投资额
1	0.9	67.3	6.8	5	51.9	14	3.5	174.6	12.7	26	117.1
2	1.1	111.3	19.8	16	90.9	15	10.2	263.5	15.6	34	146.7
3	4.8	173.0	7.7	17	73.7	16	3.0	79.3	8.9	15	29.9
4	3.2	80.8	7.2	10	14.5	17	0.2	14.8	0.6	2	42.1
5	7.8	199.7	16.5	19	63.2	18	0.4	73.5	5.9	11	25.3
6	2.7	16.2	2.2	1	2.2	19	1.0	24.7	5.0	4	13.4
7	1.6	107.4	10.7	17	20.2	20	6.8	139.4	7.2	28	64.3
8	12.5	185.4	27.1	18	43.8	21	11.6	368.2	16.8	32	163.9
9	1.0	96.1	1.7	10	55.9	22	1.6	95.7	3.8	10	44.5
10	2.6	72.8	9.1	14	64.3	23	1.2	109.6	10.3	14	67.9
11	0.3	64.2	2.1	11	42.7	24	7.2	196.2	15.8	16	39.7
12	4.0	132.2	11.2	23	76.7	25	3.2	102.2	12.0	10	97.1
13	0.8	58.6	6.0	14	22.8	—	—	—	—	—	—

5．研究青春发育阶段的年龄与远视率的关系，测得数据如表 8-39 所示，请对年龄与远视率的关系进行曲线估计。（参见数据文件 data8-12.sav。）

表 8-39　青春发育阶段的年龄与远视率的关系

年龄（x）	6	7	8	9	10	11	12	13	14	15	16	17	18
远视率（y，%）	63.64	61.06	38.84	13.75	14.5	8.07	4.41	2.27	2.09	1.02	2.51	3.12	2.98

6. 棉花单株在不同时期的成铃数（y）与初花后天数（x）之间存在非线性关系，假设这一非线性关系可用 Gompertz 模型表示：$y=a\times\exp(b\times\exp(c\times x))$。某一棉花品种 7 月 5 日至 9 月 3 日每隔 5 天的单株成铃数观测值如表 8-40 所示，试根据观测值拟合模型中的参数。（参见数据文件 data8-13.sav。）

表 8-40　棉花单株成铃数观测值

天数	5	10	15	20	25	30	35	40	45	50	55	60	65
成铃数	0.75	2	4	4.75	5.25	5.5	7.75	10.13	12.26	13.14	13.52	14.15	14.53

7. 在一次关于城镇居民上下班使用交通工具的调查中，因变量 $y=1$ 表示居民主要乘坐公共汽车上下班，$y=0$ 表示主要骑自行车上下班，其他因素主要包括年龄、月收入和性别（0 表示女，1 表示男）。本题数据如表 8-41 所示，试建立 y 与自变量之间的 Logistic 回归模型。（参见数据文件 data8-14.sav。）

表 8-41　居民使用交通工具上下班的情况

序号	年龄	月收入（元）	性别	y	序号	年龄	月收入（元）	性别	y
1	18	850	0	0	15	20	1000	1	0
2	21	1200	0	0	16	25	1200	1	0
3	23	850	0	0	17	27	1300	1	0
4	23	950	0	1	18	28	1500	1	0
5	28	1200	0	1	19	30	950	1	1
6	31	850	0	0	20	32	1000	1	0
7	36	1500	0	1	21	33	1800	1	0
8	42	1000	0	0	22	33	1000	1	0
9	46	950	0	1	23	38	1200	1	0
10	48	1200	0	0	24	41	1500	1	0
11	55	1800	0	1	25	45	1800	1	1
12	56	2100	0	1	26	48	1000	1	0
13	58	1800	0	1	27	52	1500	1	1
14	18	850	0	0	28	56	1800	1	1

第 9 章 聚类分析和判别分析

聚类分析（Cluster Analysis）和判别分析（Discriminant Analysis）都是研究事物分类的多元统计方法，两者紧密联系又有所区别。随着多元统计方法的快速发展和计算机的普遍应用，这两种方法在许多领域都得到了大量应用，理论和软件也越来越成熟，已成为研究事物分类的最常用方法之一。SPSS 提供的"分析"菜单下的"分类"子菜单功能项用于解决这类问题。本章介绍聚类分析和判别分析的基本概念与统计原理，以及常用的二阶聚类、K-均值聚类、系统聚类、判别分析等在 SPSS 29 中的实现过程。

9.1 聚类分析和判别分析简介

9.1.1 基本概念

人们在认识某类事物时往往先对这类事物的各个对象进行分析，以便寻找同类事物的各种特征。例如，在国民经济领域，有时需要根据各省的经济特点、产业结构、生产总值、人口数量、人均收入、消费特点等分成几个区域，如分成经济发达地区、经济不发达地区、资源丰富地区、资源匮乏地区等。分成这样一些区域后，对于同一类区域，国家可以采用类似的经济政策等。

学生在学习生活中也经常遇到这样的现象：有些学生关系比较密切，经常在一起，而与另外一部分同学则关系比较疏远。也就是说，学生根据他们自己的兴趣、爱好、学习成绩的好坏，会比较自然地形成一些固定的群体。不同群体之间的学生的兴趣爱好等存在比较明显的差异。

统计学研究这类问题的常用分类统计方法主要有聚类分析和判别分析。其中聚类分析是统计学中研究这种"物以类聚"问题的一种有效方法。聚类分析认为研究的样本或指标（变量）之间存在不同程度的相似性（亲疏关系），于是根据一批样本的多个观测指标，具体找出一些能够度量样本或指标之间相似程度的统计量，以这些统计量为划分类型的依据，把一些相似程度较高的样本（或指标）聚合为一类，把另一些彼此之间相似程度较高的样本聚合为另一类，关系密切的聚合到一个小的分类单位，关系疏远的聚合到一个大的分类单位，直到将所有的样本都聚合完毕，把不同的类型一一划分出来，形成一个由小到大的分类系统。最终将整个分类系统画成一张谱系图，用它将所有样本间的亲疏关系表示出来。它是一种探索性分析，在分类过程中，人们不必事先给出一个分类标准，聚类分析能够从样本数据出发自动进行分类。根据所使用的方法不同，常常会得到不同的结论。

根据分类对象的不同，聚类分析可分为对样本的聚类（样本聚类）和对变量的聚类（变量聚类）。

- 样本聚类：也称 Q 型聚类，对观测量（Case）进行聚类。本书主要研究如何解决样本聚类的方法和应用。
- 变量聚类：也称 R 聚类，能够找出彼此独立且有代表性的自变量，而又不丢失大部分信息，主要对研究对象的观测变量进行聚类，将具有相同特性的变量作为一类。在生产活动中不乏变量聚类的实例，如衣服号码（身高、胸围、裤长、腰围）、鞋的尺码；在儿童的生长发育研究中，把以形态学为主的指标归为一类，把以机能为主的指标归为另一类。

判别分析是判别样本所属类型的一种统计方法。与聚类分析一样，判别分析也用于解决分类问题，不同之处在于，判别分析在已知研究对象分为若干类型（或组别）并已取得各种类型的一批已知样本的观测量数据的基础上，根据某些准则建立判别式，对未知类型的样本进行判别分析。

例如，银行为了对贷款进行管理，需要预测哪些类型的客户可能不会按时归还贷款。已知过去几年中 1000 位客户的贷款归还信誉度，据此可以将客户分成两组：可靠客户和不可靠客户。另外，通过收集客户的一些资料，如年龄、工资收入、教育程度、存款等，将这些资料作为自变量，通过判别分析建立判别函数。如果有新客户提交贷款申请，就可以利用创建好的判别函数对新客户进行分析，如果新客户属于可靠客户就放款，否则就不放款。

进行判别分析的方法很多，按照判别准则可以分为距离判别、Bayes（贝叶斯）判别和 Fisher 判别等。

9.1.2 样本间亲疏关系的度量

1．连续变量的样本间距离常用度量

样本若有 k 个变量，则可以将样本看成是 k 维空间中的一个点，样本和样本之间的距离就是 k 维空间中点与点之间的距离，这反映了样本之间的亲疏程度。聚类时，距离近的样本属于同一类，距离远的样本属于不同类。

计算样本间距离的主要方法有欧氏距离、欧氏平方距离、切比雪夫距离、闵可夫斯基距离、用户自定义（定制）距离（Customize Distance）等，这些方法的模型参见表 7-9。

除上面的方法外，还有其他几种方法，如皮尔逊相关系数［见式（7-1）］、夹角余弦。夹角余弦的模型如下：

$$c_{ij} = \cos\alpha_{ij} = \frac{\sum_{k=1}^{n} x_{ki} x_{kj}}{\sqrt{\sum_{k=1}^{n} x_{ki}^2 \sum_{k=1}^{n} x_{kj}^2}} \tag{9-1}$$

它是两变量预测值 $(x_{1i}, x_{2i}, \cdots, x_{ni})$ 与 $(x_{1j}, x_{2j}, \cdots, x_{nj})$ 之间的夹角 α_{ij} 的余弦函数，从数据矩阵来看，就是数据矩阵第 i 列和第 j 列向量的夹角余弦。

2．顺序变量的样本间距离常用度量

对于顺序变量，常用的距离有卡方距离（Chi-Square Measure）和 Phi 方距离（Phi-Square Measure），具体计算公式参见表 7-10。

☆说明☆

（1）聚类分析的目的是找到样本中数据的特点，因此应注意所选择的变量是否已经能够反映所要聚类样本的主要特点。

（2）聚类分析时应注意所选择的变量是否存在数量级上的差别。如果一个样本包含不同数量级的变量，则应先对变量进行标准化处理再聚类。

（3）变量之间的关系度量模型与样本类似，只不过一个用矩阵的行进行计算，另一个用矩阵的列进行计算。

9.2 二阶聚类

9.2.1 基本概念及统计原理

1．基本概念

二阶聚类（Two Step Clustering）是一个探索性分析工具，为揭示自然的分类或分组而设计，是数据集内部的而不是外观上的分类，是一种新型的分层聚类算法（Hierarchical Clustering Algorithms）。目前，它主要应用在数据挖掘和多元数据统计的交叉领域——模式分类中，其算法适合任何尺度的变量。二阶聚类分析主要利用距离度量，假设聚类模型的变量均为自变量，即假设连续变量为正态分布，分类变量为多项式分布。

该过程主要有以下几个特点：①分类变量和连续变量均可以参与二阶聚类分析；②可以自动确定聚类数；③可以高效率地分析大数据集；④用户可以自己定制用于运算的内存容量。

2．统计原理

二阶聚类的功能非常强大，而原理又较为复杂。在聚类过程中，除了使用传统的欧氏距离，为了处理分类变量和连续变量，还使用似然距离来测度，并要求模型中的变量是独立的。

使用两个变量的相关过程（Bivariate Correlations）检验两个连续变量之间的独立性，使用交叉表（Crosstabs）过程检验两个分类变量之间的独立性，使用均值比较（Means）过程检验连续变量与分类变量的独立性，用探索性分析过程检验连续变量的正态性，使用卡方检验（Chi-Square Test）过程检验分类变量是否呈多项式分布。

3．分析步骤

二阶聚类分成以下两个步骤完成。

☞ 第 1 步 构建聚类特征树。

首先，将一个观测量放在树的叶节点根部，该节点含有该观测量的变量信息；然后使用距离测度作为相似性测度判据，每个后续的观测量根据它在已经存在的节点上的相似性被归到某类中。如果相似，则将该观测量加在一个已经存在的节点上，形成该节点的树叶；如果不相似，就形成一个新的节点。

☞ 第 2 步 对聚类特征树的节点进行分组。

为确定最好的聚类数，对每个聚类结果使用 AIC（Akaike Information Criterion）准则或 BIC（Bayesian Information Criterion）准则作为标准进行比较，得出最终的聚类结果。

9.2.2 SPSS 实例分析

【例 9-1】 某机构为了调查学生性别和所学专业与毕业后初始工资的情况，调查抽取了 60 名学生的数据，如表 9-1 所示（其中，对于"性别"，1 代表男性，0 代表女性；对于"学科"，1 代表农学，2 代表建筑，3 代表地质，4 代表商务，5 代表林学，6 代表教育，7 代表工程，8 代表艺术），试根据样本指标进行聚类分析。（参见数据文件 data9-1.sav。）

表 9-1　学生信息表

序号	性别	学科	工资（元）	序号	性别	学科	工资（元）	序号	性别	学科	工资（元）
1	1	7	28900	21	1	7	29000	41	1	7	28200
2	1	7	28000	22	1	7	32000	42	1	1	15000
3	1	1	27500	23	1	7	33500	43	0	1	27000
4	1	7	30300	24	1	7	27000	44	1	4	30000
5	1	1	18000	25	0	1	29000	45	0	4	18800
6	0	7	31700	26	1	4	19000	46	0	4	21500
7	1	3	26000	27	0	8	20900	47	1	3	23000
8	1	7	25000	28	0	1	29000	48	0	7	25500
9	0	7	20000	29	0	1	35300	49	1	7	25000
10	1	1	18000	30	0	1	24200	50	1	1	13500
11	1	4	23000	31	1	7	41000	51	1	4	23600
12	1	4	27600	32	1	7	36300	52	0	4	19000
13	1	7	32700	33	0	6	23000	53	1	7	30600
14	0	1	21500	34	1	4	25000	54	1	1	27500
15	1	1	25000	35	1	4	18200	55	1	1	26300
16	0	4	18000	36	1	7	25400	56	0	4	30000
17	1	7	38400	37	1	1	24000	57	1	4	24000
18	0	1	26500	38	0	1	20000	58	1	7	28000
19	0	1	26500	39	0	4	22000	59	0	7	27100
20	0	1	31000	40	0	7	32000	60	1	7	26400

☞ 第 1 步　分析。

由于自变量中不仅有连续变量，还有分类变量，故采用二阶聚类进行分析。

☞ 第 2 步　数据组织。

按表 9-1 定义变量，输入数据并保存。

☞ 第 3 步　二阶聚类设置。

（1）选择"分析"→"分类"→"二阶聚类"选项，打开"二阶聚类分析"对话框，并按图 9-1 进行设置。

该对话框主要由以下几部分组成。

① "分类变量"列表框：用于放置离散变量，也可以放入连续变量，这时系统将把连续变量当作离散变量来处理。

② "连续变量"列表框：用于放置连续变量，离散变量无法移入其中。

③ "距离测量"选区：用于距离的测量方法。其中包括两个单选按钮："对数似然"和"欧氏"，前者为系统默认值。当没有选入离散变量时，读者可以任意选择这两种方法中的一种，但如果选择"欧氏"单选按钮，就相当于使用传统聚类方法进行聚类；当选入离散变量时，"欧氏"单选按钮将无法使用，只能使用"对数似然"测量方法。

图 9-1　"二阶聚类分析"对话框

④ "连续变量计数"选区：用于显示选入的连续变量的数目及状态。

⑤ "聚类数"选区：包含两个选项，"自动确定"是指由系统自动决定的聚类数，并在下面的"最大值"数值框内输入一个数值来限制聚类数的最大值，此选项为系统默认选项；"指定固定值"是指由客户自己确定聚类数，并在下面的"数值"数值框内输入这个指定值。

⑥ "聚类准则"选区：SPSS 提供了两个聚类准则，分别是 BIC 准则和 AIC 准则，这两个指标越小，聚类效果越好。系统会根据 BIC 和 AIC 的大小，以及类间最短距离的变化情况来确定最优的聚类数。

（2）"二阶聚类:选项"对话框设置：单击图 9-1 中的"选项"按钮，弹出此对话框，如图 9-2 所示。

现对该对话框中各项的意义解释如下。

① "离群值处理"选区：用于指定在聚类过程中当产生聚类特征树时奇异值的处理方式，当选择"使用噪声处理"复选框时，需要在"百分比"数值框中输入百分比数值。

② "内存分配"选区：用于指定聚类计算时的最大内存（MB），系统默认为 64 MB，一般使用系统默认值。

③ "连续变量标准化"选区：从"假定标准化计数"列表框中指定需要标准化的连续变量，将其移动到"待标准化计数"列表框中。因为聚类算法中要求连续变量必须是标准化变量，所以应该将所有连续变量都移至"待标准化计数"列表框中，以便在聚类计算前标准化所有的连续变量，这样可以减少计算量，提高聚类效率。

④ "高级"按钮：主要用于对前面提到的聚类特征树的选项进行设置，一般使用系统默认值。

（3）"二阶聚类:输出"对话框设置：单击图 9-1 中的"输出"按钮，弹出此对话框，如图 9-3 所示。

图 9-2　"二阶聚类:选项"对话框　　　　图 9-3　"二阶聚类:输出"对话框

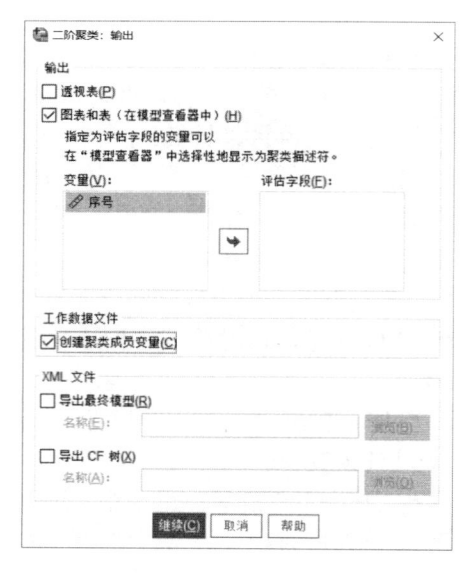

① "输出"选区：选中"图表和表（在模型查看器中）"复选框后，会将聚类分析的概要表显示出来。

② "工作数据文件"选区：选中"创建聚类成员变量"复选框，用于在文件中创建一个

新变量，保存各个观测量的所属类别。

③ "XML 文件"选区：选择输出聚类的最终模型或聚类特征树到指定位置。

以上各项设置完成后提交系统运行。

☞ 第 4 步 主要结果及分析。

本例运行结果如图 9-4～图 9-6 所示，分别解释如下。

（1）图 9-4 是二阶聚类的模型概要和聚类质量情况。从图 9-4 中可以看出，此算法采用的是两步（二阶）聚类，共输入 3 个变量，将所有个案聚成 3 类。聚类的平均轮廓值为 0.6（其范围值为-1.0～1.0，值越大越好），说明聚类质量较好。

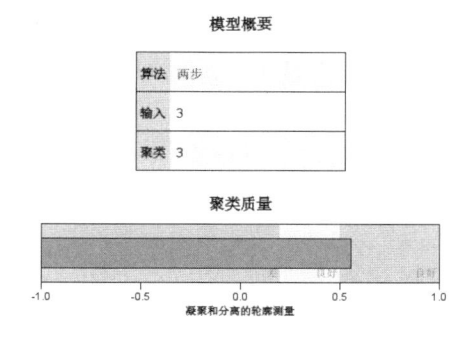

图 9-4 二阶聚类的模型概要和聚类质量情况

（2）图 9-5 是在 SPSS 输出框中双击图 9-4 所显示的结果，可以看出各聚类所占的比例情况。

（3）图 9-6 显示了数据文件中聚类后各个案所属的类别号，最后一列表示各条数据二阶聚类的类别号。

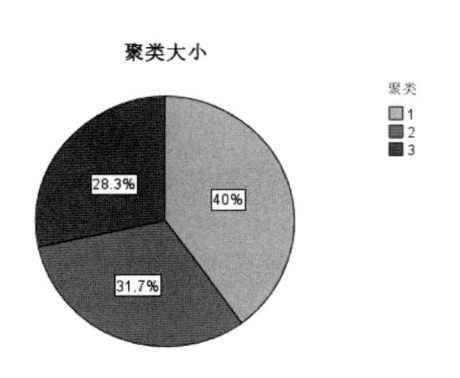

图 9-5 各类所占的比例情况

图 9-6 数据文件中聚类后各个案所属的类别号

9.3 K-均值聚类

9.3.1 基本概念及统计原理

1. 基本概念

K-均值聚类是由用户指定类别数的大样本资料的逐步聚类分析方法。它先对数据进行初始分类，然后逐步调整，得到最终聚类数。当要聚成的类别数，即聚类数已知时，使用 K-均值聚类的处理速度快，占用的计算机内存少。

2. 统计原理

K-均值聚类执行 Quick Cluster 命令，首先要选择用于聚类分析的变量和类别数。参与聚类分析的变量必须是数值型的。为了清楚地表明各观测量最后被聚为哪一类，还应该指定一个表明观测量特征的变量作为标识变量，如编号、姓名等；聚类数必须大于或等于 2。

如果选择了 n 个数值型变量参与聚类分析，最后要求聚类数为 k，那么可以由系统首先选

择 k 个观测量（也可以由用户指定）作为聚类目标，n 个变量组成 n 维空间。每个观测量在 n 维空间中是一个点。k 个事先选定的观测量就是 k 个聚类中心点，也称为初始类中心。按照与这几个类中心的距离（使用的是欧氏距离）最小原则将观测量分派到各类中心所在的类中，构成第一次迭代形成的 k 类，根据组成每类的观测量，计算各变量均值。每类中的 n 个均值在 n 维空间中又形成 k 个点，这就是第二次迭代的类中心。按照这种方法依次迭代下去，直到达到指定的迭代次数或达到终止迭代的判据要求时，迭代停止，聚类过程结束。

3．分析步骤

☞ 第 1 步 指定聚类数 k。

聚类数由用户指定。

☞ 第 2 步 确定 k 个初始类中心。

在指定了聚类数 k 后，还需要指定这 k 个类的初始类中心。初始类中心的指定方式有两种：第一，用户指定，用户应事先准备好一个存有 k 个样本的 SPSS 数据文件，这 k 个样本将作为 k 个类的初始类中心，这就需要用户根据实际问题的分析需要和以往经验指定相对合理的初始类中心；第二，系统指定，SPSS 会根据样本数据的具体情况选择 k 个有一定代表性的样本作为初始类中心。

☞ 第 3 步 根据距离最小原则进行聚类。

依次计算每个样本数据点到 k 个初始类中心的欧氏距离，并按照 k 个初始类中心距离最小原则将所有样本分类，聚成 k 个类。

☞ 第 4 步 重新确定 k 个类中心。

SPSS 计算每个类中各变量的均值，并以均值点作为新的类中心。

☞ 第 5 步 迭代计算。

重复第 3 步和第 4 步，直到达到指定的迭代次数或终止迭代的判据要求。

9.3.2 SPSS 实例分析

【例 9-2】 测量 12 名大学生对"高等数学"课程的心理状况和学习效果，主要包括 4 个因素：学习动机、学习态度、自我感觉、学习效果，具体数据如表 9-2 所示。试将该 12 名学生分成 3 类以分析不同心理状况下学生的学习效果。（参见数据文件 data9-2.sav。）

表 9-2　12 名大学生学习"高等数学"课程的心理变化数据

编号	学习动机	学习态度	自我感觉	学习效果
1	40	80	54	44
2	37	73	56	46
3	43	70	75	58
4	50	77	85	77
6	67	70	84	69
7	77	37	57	100
8	80	37	73	82
9	83	40	76	96
10	87	43	75	91
11	60	57	70	85
12	70	50	69	90

☞ 第 1 步 分析。

由于已知分成 3 类，故可采用 K-均值聚类法。

☞ 第 2 步 数据组织。

按表 9-2 组织数据，将"编号"变量的数据类型设为字符型（作为标识变量）。

☞ 第 3 步 K-均值聚类设置。

（1）选择"分析"→"分类"→"K-均值聚类"选项，打开"K 均值聚类分析"对话框，将"学习动机"、"学习态度"、"自我感觉"和"学习效果"4 个变量选入"变量"列表框。将"编号"变量移入"个案标注依据"列表框；将"聚类数"设置为 3，具体如图 9-7 所示。

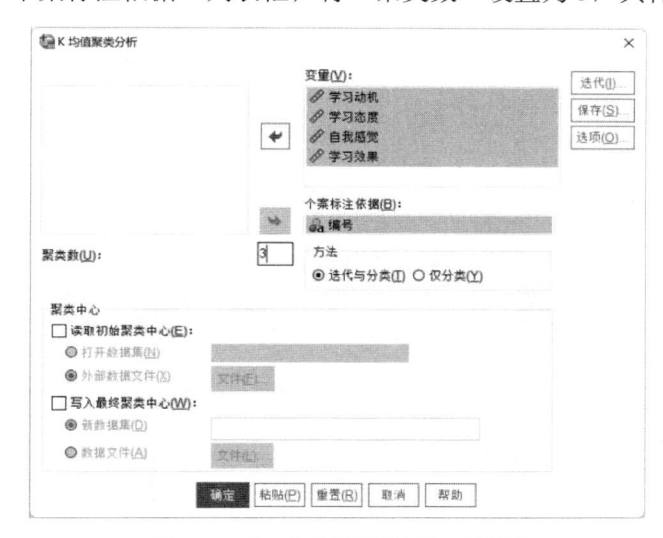

图 9-7 "K 均值聚类分析"对话框

对该对话框中的几个选项（组）的解释如下。

① "变量"列表框：用于放置进行 K-均值聚类的变量。

② "个案标注依据"列表框：用于标志各观测值所属类的变量，相当于观测量记录号的作用。

③ "聚类数"数值框：用于设置聚类数，默认值为 2。

④ "方法"选区：用于选择聚类方法。系统默认选项是"迭代与分类"，是指在迭代过程中不断地更新聚类中心；"仅分类"是指迭代过程中聚类中心一直不变。

⑤ "聚类中心"选区：用于设置初始聚类中心和最终聚类中心的存取。其中，"读取初始聚类中心"表示从文件或数据集中读取初设的聚类中心，"写入最终聚类中心"表示将最终的聚类中心保存到指定的文件或数据集中。

（2）"K-均值聚类分析:迭代"对话框设置：单击图 9-7 中的"迭代"按钮，弹出此对话框，并按图 9-8 进行设置。

① "最大迭代次数"数值框：输入迭代次数的上限，系统默认值为 10。

② "收敛准则"数值框：输入一个不超过 1 的正数，其默认值为 0。若输入数值为 0.02，则表示两迭代计算的最小类中心的变化距离小于初始类中心距离的 2%时迭代停止。

③ "使用运行平均值"复选框：选择此复选框表示在迭代过程中每分配一个观测量到某类后就立刻计算新的聚类中心，不选择表示当所有观测量分配完以后计算各聚类中心。

（3）"K-均值聚类:保存新变量"对话框设置：单击图 9-6 中的"保存"按钮，弹出此对话框，并按图 9-9 进行设置。

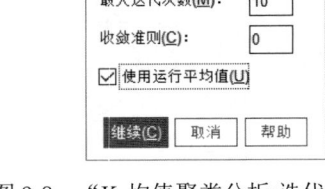

图 9-8　"K-均值聚类分析:迭代"对话框　　　　图 9-9　"K-均值聚类:保存新变量"对话框

① "聚类成员"复选框：选择该复选框后，数据文件中将新建一个名为"QCL_1"的变量，其值为各观测量的类别。

② "与聚类中心的距离"复选框：若选择此复选框，则工作文件中将建立一个名为"QCL_2"的变量，其值为各观测量与所属类的类中心之间的欧氏距离。

（4）"K-均值聚类分析:选项"对话框设置：单击图 9-6 中的"选项"按钮，弹出此对话框，按图 9-10 进行设置。

① "统计"选区：用于指定输出统计量值，包括以下几类。

- "初始聚类中心"复选框：输出初始聚类中心，为系统默认选项。
- "ANOVA 表"复选框：方差分析表选项，输出方差分析表。在聚类过程中，可能引入无关变量，这样会降低聚类的效果。可见，当使用方差分析表来分析变量在类间的差异时，若发现差异很小的变量，则可以将它从"变量"列表框中去除。（在进行聚类分析时，并不是变量越多越好，差异很小的变量可能会影响分类的准确性。）
- "每个个案的聚类信息"复选框：每个观测量的聚类信息选项，显示每个观测量最终被聚入的类别、各个观测量与最终聚类中心的欧氏距离，以及最终各类之间的欧氏距离。

② "缺失值"选区：用于指定缺失值的处理方式。第一个选项为系统默认选项，指聚类分析中凡是有缺失值的观测量均剔除。第二个选项指聚类变量中只有有缺失值的观测量才予以剔除。

以上各项设置完成后提交系统运行。

☞ 第 4 步　主要结果及分析。

本例运行结果如表 9-3～表 9-6 和图 9-11 所示，分别解释如下。

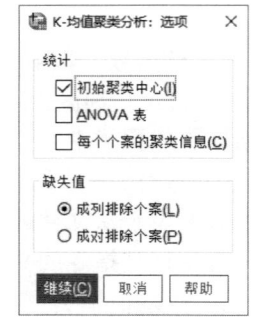

图 9-10　"K-均值聚类分析:选项"对话框

（1）表 9-3 是初始聚类中心表，由于本例没有指定初始聚类中心，故列出了由系统指定的聚类中心。与原始数据相比较，它们分别是第 1 号、第 6 号和第 7 号个案。

表 9-3　初始聚类中心表

	聚类		
	1	2	3
学习动机	40	67	77
学习态度	80	70	37
自我感觉	54	84	57
学习效果	44	69	100

（2）表 9-4 是迭代历史表。由表 9-4 可知，第 1 次迭代后，3 个类的中心点分别变化了 8.193，9.889 和 13.472。一共进行了 10 次迭代，达到聚类结果的要求（达到最大迭代次数），聚类分析结束。

表 9-4　迭代历史表[a]

迭代	聚类中心中的变动		
	1	2	3
1	8.193	9.889	13.472
2	3.909	7.631	4.701
3	1.303	1.526	.672
4	.434	.305	.096
5	.145	.061	.014
6	.048	.012	.002
7	.016	.002	.000
8	.005	.000	3.996E-5
9	.002	9.768E-5	5.709E-6
10	.001	1.954E-5	8.155E-7

a. 由于已达到最大迭代执行次数，因此迭代已停止。迭代未能收敛。任何中心的最大绝对坐标变动为 .000。当前迭代为 10。初始中心之间的最小距离为 48.518。

（3）表 9-5 是最终聚类中心表，描述了聚类结果的类中心。例如，第 1 类的学习动机值为 39，学习态度值为 77，自我感觉值为 55，学习效果值为 45。

表 9-5　最终聚类中心表

	聚类		
	1	2	3
学习动机	39	52	76
学习态度	77	76	44
自我感觉	55	83	70
学习效果	45	67	91

（4）表 9-6 是每类中包含的样本数情况。可以看出，第 1、2、3 类中分别含有 2、4、6 个样本。

表 9-6　每类中包含的样本数情况

聚类	1	2.000
	2	4.000
	3	6.000
有效		12.000
缺失		.000

（5）查看数据文件可看到多出了两个变量，分别表示每个个案的具体分类归属和每个个案与类中心的距离，具体如图 9-11 所示。

编号	学习动机	学习态度	自我感觉	学习效果	QCL_1	QCL_2
1	40	80	54	44	1	4.06212
2	37	73	56	46	1	4.06192
3	43	70	75	58	2	16.03707
4	50	77	85	77	2	10.59186
5	47	87	89	63	2	13.80897
6	67	70	84	69	2	16.55860
7	77	37	57	100	3	17.48730
8	80	37	73	82	3	12.15753
9	83	40	76	96	3	11.27559
10	87	43	75	91	3	11.97799
11	60	57	70	85	3	21.50517
12	70	50	69	90	3	8.68748

图 9-11　保存到数据文件中的变量

9.4　系统聚类

9.4.1　基本概念及统计原理

1．基本概念

系统聚类是效果最好且经常使用的方法之一，国内外对它进行了深入的研究。系统聚类在聚类过程中是按一定层次进行的，具体分成两种，分别是 Q 型聚类和 R 型聚类。Q 型聚类是对样本（个案）进行的分类，它将具有共同特点的个案聚集在一起，以便对不同类的个案进行分析；R 型聚类是对变量进行的聚类，它使具有共同特征的变量聚集在一起，以便对不同类的变量进行分析。

2．统计原理

系统聚类根据个案或变量之间的亲疏程度将最相似的对象聚集在一起。根据系统聚类过程的不同，系统聚类又分为凝聚法和分解法两种。凝聚法的原理是将参与聚类的每个个案（或变量）视为一类，根据两类之间的距离或相似性逐步合并，直到合并为一个大类；分解法的原理是将所有个案（或变量）都视为一类，根据距离和相似性逐层分解，直到参与聚类的每个个案（或变量）自成一类。实际上，以上两种方法是方向相反的两种聚类过程。

在系统聚类中，度量数据之间的亲疏程度是极为关键的。在衡量样本与样本之间的距离时，一般使用的距离有欧氏距离、欧氏平方距离、切比雪夫距离、块距离、闵可夫斯基距离、夹角余弦等，具体模型如本章前面所述。

样本数据与小类、小类与小类之间亲疏程度的度量方法主要有以下 7 种。

（1）最近邻元素（Nearest Neighbor）法：以当前某个样本与已形成小类中各样本距离的最小值作为当前样本与该小类之间的距离。

（2）最远邻元素（Furthest Neighbor）法：以当前某个样本与已形成小类中各样本距离的最大值作为当前样本与该小类之间的距离。

（3）组间连接（Between-Groups Linkage）法：两小类之间的距离为其所有样本之间的平均距离。

（4）组内连接（Within-Groups Linkage）法：与类间平均链锁法类似，这里的平均距离是指对所有样本对的距离求平均值，包括小类之间的样本对、小类内的样本对。

（5）质心聚类（Centriod Clustering）法：将两小类之间的距离定义成两小类重心之间的距离。每小类的重心就是该类中所有样本在各个变量上的均值代表点。

（6）中位数聚类（Median Clustering）法：以两类变量均值之间的距离作为类与类之间的距离。

（7）瓦尔德法（Ward's Method）：在聚类过程中，使小类内各个样本的欧氏距离总平方和增加最小的两小类合并成一类。

9.4.2 SPSS 实例分析

【例 9-3】 已知 29 名儿童血液中血红蛋白（Hemoglobin，g）、钙（Ca，μg）、镁（Mg，μg）、铁（Fe，μg）、锰（Mn，μg）、铜（Cu，μg）的含量如表 9-7 所示，试对数据进行变量聚类分析。（参见数据文件 data9-3.sav。）

表9-7 29 名儿童血液中的微量元素含量

序号	Ca	Mg	Fe	Mn	Cu	Hemoglobin	序号	Ca	Mg	Fe	Mn	Cu	Hemoglobin
1	54.89	30.86	448.7	0.012	1.01	13.5	16	72.28	40.12	430.8	0	1.2	10.75
2	72.49	42.61	467.3	0.008	1.64	13	17	55.13	33.02	445.8	0.012	0.918	10.5
3	53.81	52.86	425.61	0.004	1.22	13.75	18	70.08	36.81	409.8	0.012	1.19	10.25
4	64.74	39.18	469.8	0.005	1.22	14	19	63.05	35.07	384.1	0	0.853	10
5	58.8	37.67	456.55	0.012	1.01	14.25	20	48.75	30.53	342.9	0.018	0.924	9.75
6	43.67	26.18	395.78	0.001	0.594	12.75	21	52.28	27.14	326.29	0.004	0.817	9.5
7	54.89	30.86	448.7	0.001	1.01	12.5	22	52.21	36.18	388.54	0.024	1.02	9.25
8	86.12	43.79	440.13	0.017	1.77	12.25	23	49.71	25.43	331.1	0.012	0.897	9
9	60.35	38.2	394.4	0.001	1.14	12	24	61.02	29.27	258.94	0.016	1.19	8.75
10	54.04	34.23	405.6	0.008	1.3	11.75	25	53.68	28.79	292.8	0.048	1.32	8.5
11	61.23	37.35	446	0.022	1.38	11.5	26	50.22	29.17	292.6	0.006	1.04	8.25
12	60.17	33.67	383.2	0.001	0.914	11.25	27	65.34	29.99	312.8	0.006	1.03	8
13	69.69	40.01	416.7	0.012	1.35	11	28	56.39	29.29	283	0.016	1.35	7.8
14	73.89	32.94	312.5	0.064	1.15	7.25	29	66.12	31.93	344.2	0	0.689	7.5
15	47.31	28.55	294.7	0.005	0.838	7	—	—	—	—	—	—	—

☞ 第 1 步 分析。

根据题目要求，需要进行变量聚类分析（R 型聚类），故采用系统聚类分析中的 R 型聚类进行处理。

☞ 第 2 步 数据组织。

定义 7 个变量："序号"、"ca"（钙）、"mg"（镁）、"fe"（铁）、"mn"（锰）、"cu"（铜）和 "hemogl"（血红蛋白），其中"序号"为字符型变量，其余变量为数值型变量，输入数据并保存。

☞ 第 3 步 按变量聚类进行设置。

（1）选择"分析"→"分类"→"系统聚类"选项，打开"系统聚类分析"对话框，将 7 个变量选入"变量"列表框。设置按"变量"分类，并选择输出统计（量）和图，以激活"统计"和"图"两个按钮，具体如图 9-12 所示。

对该对话框各项的解释如下。

① "变量"列表框：选择需要用于聚类分析的变量。

② "个案标注依据"列表框：用于放置标记变量，相当于观测量记录号的作用，变量类型只能是字符型。

③ "聚类"选区：用于选择聚类类型，"个案"是按观测量的样本进行聚类，即 Q 型聚类；而"变量"是按变量进行聚类，即 R 型聚类。

④ "显示"选区：选择显示内容，选中"统计"复选框会激活"统计"按钮，并可进行相应的统计量输出设置；类似地，选中"图"复选框会激活"图"按钮，并可进行相应的图形输出设置。

(2) "系统聚类分析:统计"对话框设置：单击图 9-12 中的"统计"按钮，弹出此对话框，设置如图 9-13 所示。

图 9-12　"系统聚类分析"对话框　　　图 9-13　"系统聚类分析:统计"对话框

现对其中各项解释如下。

① "集中计划"复选框：系统默认选项，输出一张概述聚类进程的表格，反映聚类过程中每一步样本或变量的合并情况。

② "近似值矩阵"复选框：显示各项间的距离矩阵。

③ "聚类成员"选区：包含以下 3 项。

- "无"单选按钮：不输出样本隶属表，为系统默认选项。
- "单个解"单选按钮：选择此单选按钮并在下边的"聚类数"数值框中指定表示聚类数的一个大于 1 的整数，结果会输出各样本或变量隶属表。
- "解的范围"单选按钮：指定两个聚类数 $m < n$，输出聚类数从 m 到 n 的各种聚类的样本隶属表。

(3) "系统聚类分析:图"对话框设置：单击图 9-12 中的"图"按钮，弹出此对话框，设置如图 9-14 所示，对其中的各项解释如下。

① "谱系图"复选框：选择此复选框将输出反映聚类结果的龙骨图（树形图）。

② "冰柱图"选区：包含以下 3 项。

- "全部聚类"单选按钮：显示全部聚类结果的冰柱图。
- "指定范围内的聚类"单选按钮：限制聚类解范围，在下面的"开始聚类"、"停止聚类"和"按照" 3 个数值框中分别输入 3 个正整数 m、n、k（$m \leq n$，$k \leq n$），表示从最小聚类解 m 开始，以增量 k 为步长，到最大聚类解 n 为止。
- "无"单选按钮：不输出冰柱图。

③ "方向"分选区：以垂直或水平形式输出冰柱图。

（4）"系统聚类分析:方法"对话框设置：单击图 9-12 中的"方法"按钮，弹出此对话框，设置如图 9-15 所示，对其中的各项解释如下。

① "聚类方法"下拉列表：可以选择"组间联接"、"组内联接"、"最近邻元素"、"最远邻元素"、"质心聚类"、"中位数聚类"和"瓦尔德法"7 种方法中的一种。

② "测量"选区：用于选择距离测度方法下面的 3 个单选按钮。

- "区间"单选按钮：为连续变量提供距离算法，其中默认为欧氏距离，其他还有平方欧氏距离、余弦、皮尔逊相关性、切比雪夫、块、闵可夫斯基和定制 7 种方法，这些方法的模型参见 7.4 节。
- "计数"单选按钮：为分类变量提供了卡方测量和 Phi 平方测量两种距离测量方法，其计算公式如表 7-10 所示。
- "二元"单选按钮：为二元变量提供的二值数据的不相似性测度，其中默认为平方欧氏距离。

③ "转换值"选区：用于选择数据标准化方法。

- SPSS 默认不进行标准化处理，如果需要，那么也可选择下拉列表中的标准化方法，包括正态标准化（Z 得分）、全距从-1 到 1、全距从 0 到 1、1 的最大量、均值为 1、标准差为 1 等。
- 如果选择了一种标准化处理方法，则需要指定其针对的是"按变量"还是"按个案"。

④ "转换测量"选区：用于选择转换方法。系统提供了 3 种方法，包括"绝对值"法、"更改符号"法、"重新标度到 0-1 范围"法。

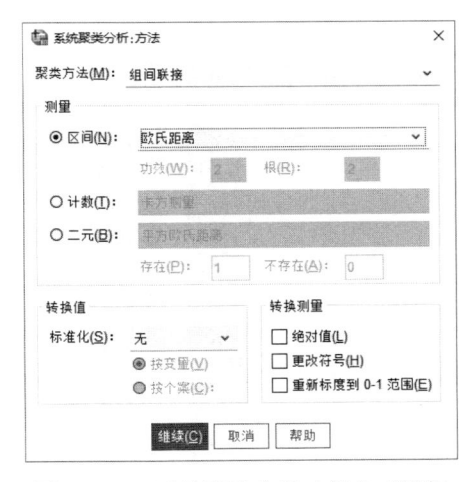

图 9-14 "系统聚类分析:图"对话框　　　图 9-15 "系统聚类分析:方法"对话框

（5）"系统聚类分析:保存"对话框设置：用于保存新变量，只有在对观测量进行聚类时，此项才被激活，保存的结果不是以表格的形式输出的，而保存到数据窗口中，其"聚类成员"的保存解释与图 9-13 下半部分的解释一致。

☆说明☆

由于不同的聚类方法所使用的聚类模型不一样，因此选用不同的聚类方法所得到的聚类结果可能会有很大的区别。

☞ 第 4 步 主要结果及分析。

本例主要的运行结果如表 9-8、图 9-16 和图 9-17 所示，分别解释如下。

（1）表 9-8 是聚类顺序表，第 1 阶段是第 4 个变量和第 5 个变量最先进行了聚类，变量之间的距离系数为 6.028，这个聚类结果将在后面的第 2 阶段中用到；第 2 阶段是经过第 1 阶段聚类后的变量 4 和变量 5 与变量 6 进行聚类，变量之间的距离系数为 54.938，这个聚类结果将在第 4 阶段中用到。以此类推，这 6 个变量经过 5 个阶段的聚类最终聚成一个大类。

表 9-8 聚类顺序表

阶段	组合聚类		系数	首次出现聚类的阶段		下一个阶段
	聚类 1	聚类 2		聚类 1	聚类 2	
1	4	5	6.028	0	0	2
2	4	6	54.938	1	0	4
3	1	2	144.078	0	0	4
4	1	4	235.530	3	2	5
5	1	3	1966.192	4	0	0

（2）图 9-16 是系统聚类的冰柱图，由于聚类过程像冰柱的形状而得名。其中，纵坐标表示聚类数，从冰柱图的最下方看起，从 5 类，逐渐到 4 类、3 类、2 类，最后聚成一个大类。首先是"铜"和"锰"聚成一类，其余每个变量各为一类，再将"血红蛋白"聚到"铜"和"锰"一类中，原先的 6 个变量就变成了 4 类。以此类推，经过 5 步聚类，最后将所有变量聚成了一个大类。

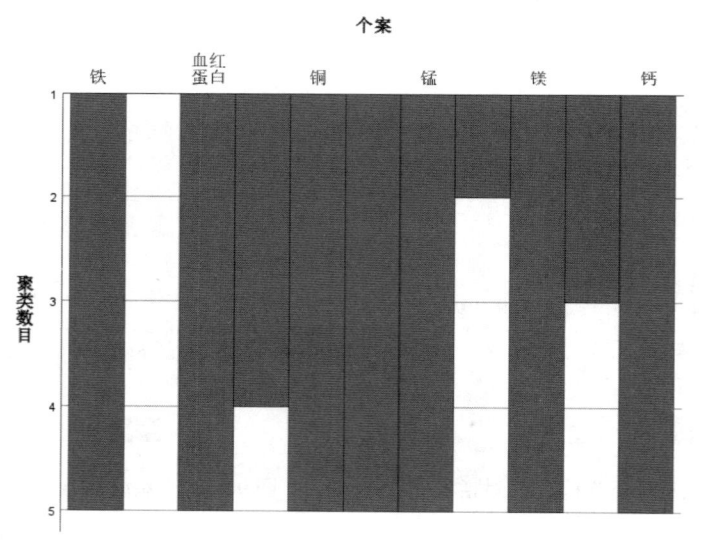

图 9-16 系统聚类的冰柱图

（3）图 9-17 是系统聚类的谱系图，可以看出，第 1 步将"cu"（铜）和"mn"（锰）聚成一类，第 2 步将"hemogl"（血红蛋白）聚到"cu"（铜）和"mn"（锰）类中，第 3 步将"ca"（钙）和"mg"（镁）聚成一类。以此类推，最后聚成一个大类。这与表 9-8 所示的聚类顺序表和图 9-16 所示的系统聚类的冰柱图的分析结果是一致的。

使用平均联接（组间）的谱系图

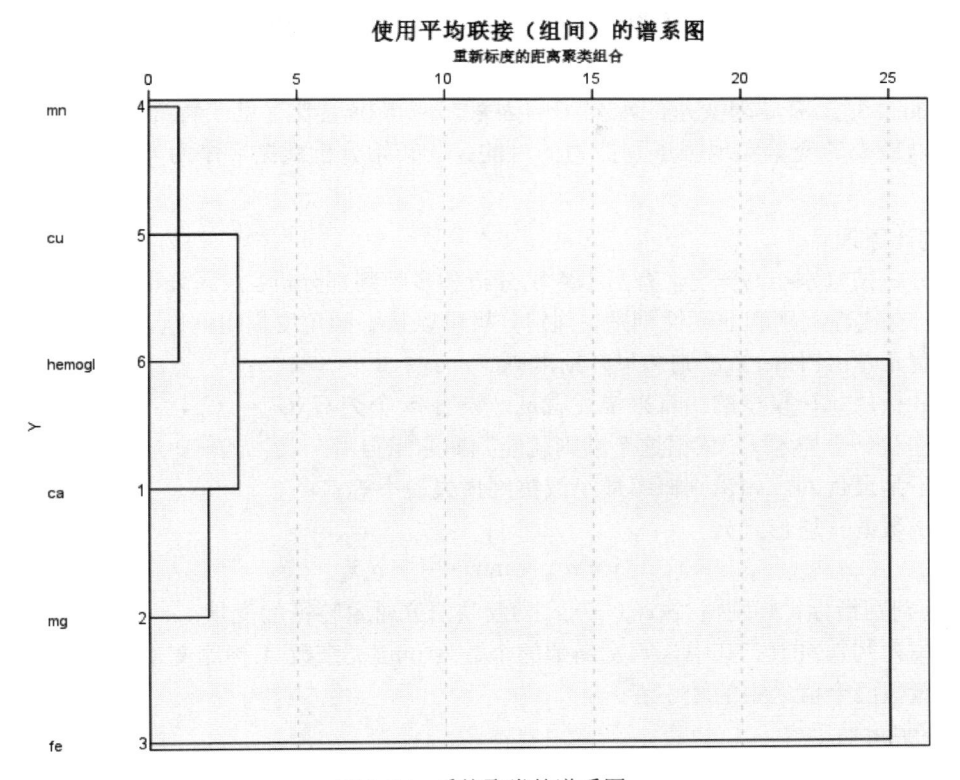

图 9-17　系统聚类的谱系图

☆说明☆

例 9-3 是一个 R 型聚类的案例，Q 型聚类与 R 型聚类的过程相似，只不过在图 9-12 的"聚类"选区中选择"个案"单选按钮，即按样本的个案进行聚类，请读者根据具体问题选择不同的方法。

9.5　判别分析

9.5.1　基本概念及统计原理

1. 基本概念

判别分析（Discriminant Analysis）是多元统计分析中用于判别样本所属类别的一种统计方法。它要解决的问题是在研究对象用某种方法已分成若干类的情况下，确定新的观察数据属于已知类别中的哪一类。判别分析是应用很强的一种多元统计分析方法。例如，在经济学中，根据国民收入、人均工农业产值、人均消费水平等多个指标来判定一个国家的经济发展程度所属的类别；医生对患者病情的诊断，需要根据观测到的病症（如体温、血压、白细胞数等）判断患者患何种病等。

判别分析的假设：①观测变量服从正态分布；②观测变量之间没有显著的相关性；③观测变量的平均值与方差不相关；④观测变量应是连续变量，因变量（类别或组别）是离散变量；⑤两个观测变量的相关性在不同类别中是一样的。

在判别分析的各阶段应把握以下原则：①事前组别（类别）的分类标准（作为判别分析的因变量）要尽可能准确和可靠，否则会影响判别函数的准确性，从而影响判别分析的效果；②所分析的自变量应是因变量的重要影响因素，应该挑选既有重要特性又有区别能力的变量，达到以最少的变量实现强辨别能力的目的；③初始分析数据（作为训练集的个案数）不能太少。

2．统计原理

判别分析按判别组数来分，有两组判别分析和多组判别分析；按区分不同总体所用的数学模型来分，有线性判别和非线性判别。判别分析可以从不同角度提出问题，因此有不同的判别准则，如费希尔（Fisher）准则和贝叶斯准则。

判别分析用统计模型的语言来描述就是，设有 m 个类 $G_1, G_2, \cdots, G_m$，希望建立一个准则，对给定的任意一个样本 x，依据这个准则就能判断它来自哪一类。当然，应当要求这种准则在某种意义下是最优的，如错判概率最小或错判损失最小等。

判别函数的一般形式为

$$y = a_1 x_1 + a_2 x_2 + \cdots + a_n x_n \tag{9-2}$$

式中，y 为判别指标（判别值）；$x_1, x_2, \cdots, x_n$ 为反映研究对象特征的变量；$a_1, a_2, \cdots, a_n$ 为各变量的系数，也称为判别系数。其中，判别函数的个数为 min(类别数-1,预测变量数)，即类别数减1和观测变量数两个值之中的较小者。

3．分析步骤

☞ 第 1 步 计算特征值。

计算需要用到的一些反映样本的特征值，如均值、协方差矩阵等。

☞ 第 2 步 建立判别函数。

判别函数的一般形式如式（9-2）所示，建立判别函数就是要确定这些系数。

☞ 第 3 步 确定判别准则。

上面提到，判别准则有费希尔准则和贝叶斯准则。

☞ 第 4 步 检验判别效果。

验证判别函数用来进行判别时的准确度。

☞ 第 5 步 分类。

根据所建立的判别函数对待判样本进行分类。SPSS 对分成 m 个类的研究对象建立 m 个线性判别函数。在对每个个体进行判别时，把测试的各变量值代入判别函数，得出判别得分，从而确定该个体属于哪一类（属于判别得分高的那一类）；或者计算属于各类别的概率，从而判断该个体属于哪一类（属于概率最大的那一类）。

9.5.2 SPSS 实例分析

【例 9-4】 表 9-9 是健康人（$c=1$）、硬化症患者（$c=2$）和冠心病患者（$c=3$）3 类人群的心电图的 5 个指标（$x_1 \sim x_5$）数据，其中有 19 个样本是确定的分类，另测出 4 个人的相关指标，试根据确定分类的样本对未确定的样本进行分类。（参见数据文件 data9-4.sav。）

表 9-9 心电图指标数据

序号	x_1	x_2	x_3	x_4	x_5	c	序号	x_1	x_2	x_3	x_4	x_5	c
1	8.11	261.01	13.23	5.46	7.36	1	13	3.71	316.12	17.12	6.04	8.17	2
2	9.36	185.39	9.02	5.66	5.99	1	14	5.37	274.57	16.75	4.98	9.67	2
3	9.85	249.58	15.61	6.06	6.11	1	15	9.89	409.42	19.47	5.19	10.49	2
4	2.55	137.13	9.21	6.11	4.35	1	16	5.22	330.34	18.19	4.96	9.61	3
5	6.01	231.34	14.27	5.21	8.79	1	17	4.71	352.5	20.79	5.07	11	3
6	9.64	231.38	13.03	4.86	8.53	1	18	3.36	347.31	17.9	4.65	11.19	3
7	4.11	260.25	14.72	5.36	10.02	1	19	8.27	189.59	12.74	5.46	6.94	3
8	8.9	259.51	14.16	4.91	9.79	1	20	7.71	273.84	16.01	5.15	8.79	待定
9	8.06	231.03	14.41	5.72	6.15	1	21	7.51	303.59	19.14	5.7	8.53	待定
10	6.8	308.9	15.11	5.52	8.49	2	22	8.1	476.69	7.38	5.32	11.32	待定
11	8.68	258.69	14.02	4.79	7.16	2	23	4.71	331.47	21.26	4.3	13.72	待定
12	5.67	355.54	15.13	4.97	9.43	2	—	—	—	—	—	—	—

☞ 第 1 步 分析。

由于部分样本已经有分类标记,还有几个待分类样本,因此,这属于根据已知分类样本的信息对未分类样本进行分类的情况,用判别分析进行处理。

☞ 第 2 步 数据组织。

按表 9-9 建立 7 个变量。分别是"序号"、"x_1"、"x_2"、"x_3"、"x_4"、"x_5"和"c",均为数值型变量。输入数据,第 20~23 号的类别"c"变量不填数据,作为缺失值处理并保存。

☞ 第 3 步 判别分析设置。

(1) 选择"分析"→"分类"→"判别式"选项,打开"判别分析"对话框,并按图 9-18 进行设置。对话框中的各项解释如下。

① "分组变量"列表框:选择类别变量,并单击下面的"定义范围"按钮,在"最小值"和"最大值"数值框中分别输入分类变量的最小值与最大值。

② "自变量"列表框:选择参与判别分析的因素变量(自变量),即哪些因素决定了对分类的影响,其下有两个单选按钮。

- "一起输入自变量"单选按钮:建立所选择的全部变量的判别式,这是系统默认的选项。
- "使用步进法"单选按钮:采用步进法进行判别分析。步进法的基本思想与逐步回归一样,每一步选择一个判别能力最显著的变量进入判别函数,而且每次在选入变量之前,都对已进入判别函数的变量逐个进行检验。当每个变量因新变量的进入而不显著时,就将这个变量移出,直到判别函数中全部为有显著判别能力的变量。当发现自变量的判别能力有显著性差异时,可考虑选择这个选项,将判别能力显著的变量筛选出来,建立最优的判别函数。这种方法有利于提高判别函数的判别能力。只有在选择了此类方法后,"方法"按钮才会被激活。

③ "选择变量"列表框:用于定义变量选择条件。选入变量以后,单击"值"按钮,弹出"设置值"对话框,在对话框内输入一个数,表示全部记录中只有该变量取值等于这个数的记录才用于分析。

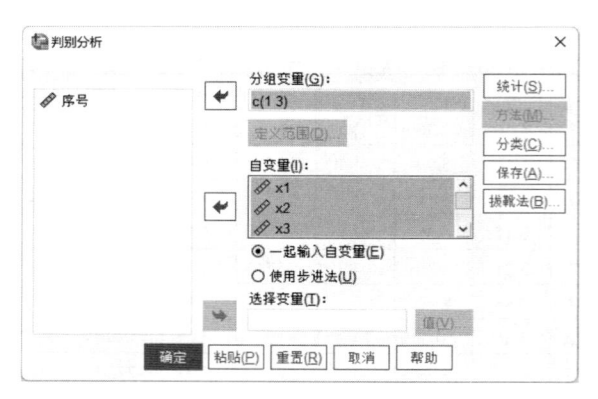

图 9-18 "判别分析"对话框

（2）"判别分析:统计"对话框设置：单击图 9-18 中的"统计"按钮，弹出此对话框，设置如图 9-19 所示，现对其中各项解释如下。

① "描述"选区：选择对原始数据的描述统计量的输出。
- "平均值"复选框：输出各类中各自变量的均值、标准差和各自变量总样本的均值、标准差。
- "单变量 ANOVA"复选框：对各类中同一自变量均值都相等的假设进行检验，输出单变量的分析结果。
- "博克斯"复选框：输出对各类协方差矩阵都相等的假设进行 Box's M 检验的结果。

② "函数系数"选区：在默认情况下，系统给出的是采用贝叶斯方法建立的判别函数的标准化系数。
- "费希尔"复选框：费希尔判别函数系数，可直接用于对新样本的分类，对每一类都给出一组系数，并指出该类中具有最高判别分数的观测量。
- "未标准化"复选框：非标准化的判别函数系数。

③ "矩阵"选区：输出相关的矩阵，包括组内相关性矩阵、组内协方差矩阵、分组协方差矩阵和总协方差矩阵。

（3）"判别分析:分类"对话框设置：单击图 9-18 中的"分类"按钮，弹出此对话框，设置如图 9-20 所示，现对其中各项解释如下。

① "先验概率"选区：用于设定判别函数的先验概率。系统默认选中"所有组相等"单选按钮，即各类先验概率均相等，也就是各类平均分布；"根据组大小计算"是指基于各类样本量占总样本的比例计算出先验概率，一般需要选择该单选按钮。

② "使用协方差矩阵"选区：可选择"组内"单选按钮，即指定使用合并的类内协方差矩阵进行分类，这是默认选项；"分组"表示指定使用每个类别的协方差矩阵进行分类。

③ "显示"选区：对需要输出的信息进行选择。
- "个案结果"复选框：输出每个观测量的实际类、预测类、后验概率和判别分数。选中此复选框后，"将个案限制为前"数值框被激活，可设置对前面 n 项观测量输出分类结果。
- "摘要表"复选框：输出分类小结表，对每一类输出判定正确和错判的观测量数。
- "留一分类"复选框：对于每个观测量，输出依据除它之外的其他观测量导出的判别函数的分类结果。

④ "图"选区：对需要输出的图形进行选择。
- "合并组"复选框：生成包括各类的散点图，如果只有一个判别函数，则输出直方图。
- "分组"复选框：对每类生成一幅散点图，该图是根据前两个判别函数值所画的。如果只有一个判别函数，则显示直方图。
- "领域图"复选框：根据判别函数值生成将观测变量分到各类中的边界图。图中每一类占一个区域，各类的均值用"*"标记出来。如果只有一个判别函数，则不显示此图。

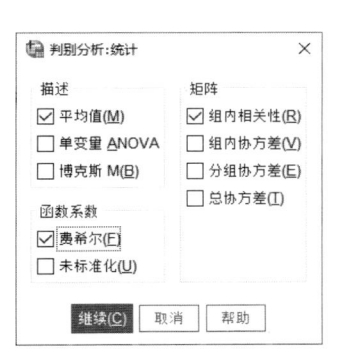

图 9-19 "判别分析:统计"对话框

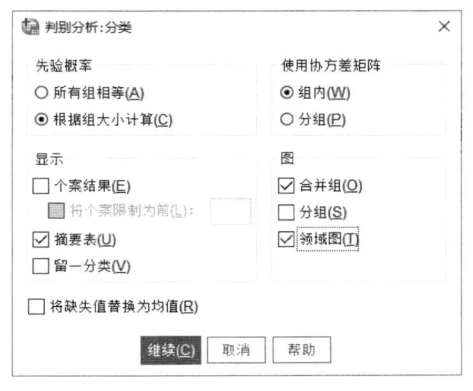

图 9-20 "判别分析:分类"对话框

(4) "判别分析:保存"对话框设置：单击图 9-18 中的"保存"按钮，弹出此对话框，设置如图 9-21 所示，现对其中各项解释如下。

① "预测组成员资格"复选框：建立新变量（默认变量名为 Dis_1），保存预测观测量所属类的值。

② "判别得分"复选框：建立新变量，保存判别分数。

③ "组成员资格概率"复选框：建立新变量，保存各观测量属于各类的概率值。

图 9-21 "判别分析:保存"对话框

各项设置完成后提交系统运行。

☞ 第 4 步 主要结果及分析。

本例主要的运行结果如表 9-10～表 9-17 及图 9-22、图 9-23 所示，具体分析如下。

(1) 表 9-10 是分类处理案例摘要，表明共 23 条记录，已分好类的有 19 条（用这 19 个样本进行学习得到相应的分类概率），有 4 条需要进行分类。

表 9-10 分类处理案例摘要

未加权个数		个案数	百分比
有效		19	82.6
排除	缺失或超出范围组代码	4	17.4
	至少一个缺失判别变量	0	.0
	既包括缺失或超出范围组代码，又包括至少一个缺失判别变量	0	.0
	总计	4	17.4
总计		23	100.0

（2）表 9-11 给出了这 5 个自变量之间的相关系数，如变量 x_1 与变量 x_2 之间的相关系数为 0.059。

表 9-11　汇聚组内矩阵

		x_1	x_2	x_3	x_4	x_5
相关性	x_1	1.000	.059	-.008	-.203	-.090
	x_2	.059	1.000	.835	-.328	.762
	x_3	-.008	.835	1.000	-.187	.688
	x_4	-.203	-.328	-.187	1.000	-.659
	x_5	-.090	.762	.688	-.659	1.000

（3）表 9-12 是特征值表，由于本例中的预测变量为 5 个，类别数为 3，因此判别函数的个数为 2（min(3-1,5)=2）。判别函数的特征值越大，表明该函数越具有区别力。第 1 个判别函数的特征值为 1.386，第 2 个函数的特征值为 0.408。

表 9-12　特征值表

函数	特征值	方差百分比	累计百分比	典型相关性
1	1.386[a]	77.3	77.3	.762
2	.408[a]	22.7	100.0	.538

a. 在分析中使用了前 2 个典则判别函数。

（4）表 9-13 是威克尔 Lambda 结果表，主要用于检验判别函数的显著性，其中，"1 直至 2"表示两个判别函数的平均值在 3 个级别间的差异情况；"2"表示在排除第 1 个判别函数后，第 2 个判别函数在 3 个级别间的差异情况。从最后的显著性概率来看，这两个判别函数的效果并不十分显著。

表 9-13　威尔克 Lambda 结果表

函数检验	威尔克 Lambda	卡方	自由度	显著性
1 直至 2	.298	16.962	10	.075
2	.710	4.787	4	.310

（5）表 9-14 所示为标准化典则判别函数系数表，根据此表可得判别函数分别为

$$F_1 = 0.626x_1 - 0.988x_2 - 0.664x_3 + 0.974x_4 + 1.434x_5$$
$$F_2 = 0.234x_1 + 1.808x_2 - 1.398x_3 + 0.416x_4 - 0.336x_5$$

根据这两个判别函数，代入各变量的值就可以计算出判别分数。根据各观测量的两个判别分数可以画出领域图或散点图，具体如图 9-22 所示。

表 9-14　标准化典则判别函数系数表

	函数	
	1	2
x_1	.626	.234
x_2	-.988	1.808
x_3	-.664	-1.398
x_4	.974	.416
x_5	1.434	-.336

（6）表 9-15 是分类处理摘要表。从表 9-15 中可以看出，有 23 个个案被成功分类。

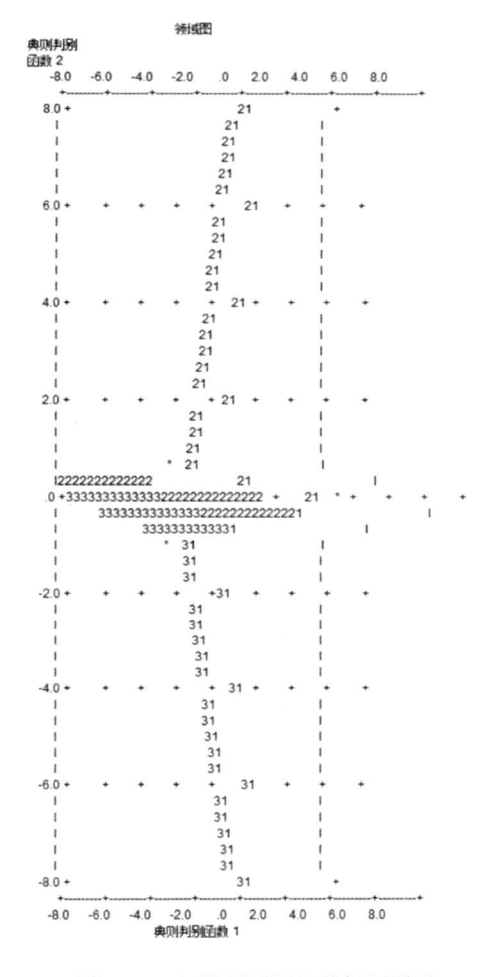

```
         领域图
典则判别
函数2
    -8.0  -6.0  -4.0  -2.0   .0   2.0   4.0   6.0   8.0
     +-----+-----+-----+-----+-----+-----+-----+-----+
 8.0 +                        21                     +
     I                        21                     I
     I                        21                     I
     I                        21                     I
     I                        21                     I
 6.0 +     +     +     +      21    +     +     +    +
     I                        21                     I
     I                        21                     I
     I                        21                     I
     I                        21                     I
 4.0 +                        21                     +
     I                        21                     I
     I                        21                     I
     I                        21                     I
     I                        21                     I
 2.0 +     +     +     +     *21    +     +     +    +
     I                        21                     I
     I                        21                     I
     I                       *21                     I
     I        I22222222222222                        I
  .0 +333333333333333222222222 +  21    *     +      +
     I        333333333333322222222221                I
     I                  33333333331                   I
     I                        *31                     I
     I                         31                     I
     I                         31                     I
-2.0 +     +     +     +     +31    +     +     +    +
     I                         31                     I
     I                         31                     I
     I                         31                     I
     I                         31                     I
-4.0 +     +     +     +      31    +     +     +    +
     I                         31                     I
     I                         31                     I
     I                         31                     I
     I                         31                     I
-6.0 +     +     +     +      31    +     +     +    +
     I                         31                     I
     I                         31                     I
     I                         31                     I
     I                         31                     I
-8.0 +                         31                    +
     +-----+-----+-----+-----+-----+-----+-----+-----+
    -8.0  -6.0  -4.0  -2.0   .0   2.0   4.0   6.0   8.0
                     典则判别函数1
```

图 9-22　各类领域图及其标记说明

表 9-15　分类处理摘要表

已处理		23
排除	缺失或超出范围组代码	0
	至少一个缺失判别变量	0
已在输出中使用		23

（7）表 9-16 给出了分类函数系数，根据该表可建立以下 3 个判别函数：

$$q_1 = 7.360x_1 - 0.222x_2 - 5.354x_3 + 104.590x_4 + 30.920x_5 - 369.692$$
$$q_2 = 6.891x_1 - 0.160x_2 - 5.209x_3 + 100.626x_4 + 29.073x_5 - 349.655$$
$$q_3 = 6.681x_1 - 0.211x_2 - 4.227x_3 + 98.616x_4 + 29.230x_5 - 340.370$$

将各变量值代入这 3 个判别函数模型中进行计算，并将每个样本分到数值较大的类中。

表 9-16　分类函数系数 c

	健康	硬化症	冠心病
x_1	7.360	6.891	6.681
x_2	-.222	-.160	-.211
x_3	-5.354	-5.209	-4.227
x_4	104.590	100.626	98.616
x_5	30.920	29.073	29.230
(常量)	-369.692	-349.655	-340.370

费希尔线性判别函数

（8）图 9-22 是各类领域图及其标记说明。这是以根据每个个案计算出的判别分数为坐标，以典则判别函数 1 为横轴，以典则判别函数 2 为纵轴绘出的散点图。可以看出，在图 9-22 中分出了 1、2、3 三个区域。其中，1 表示"健康"，2 表示"硬化症"，3 表示"冠心病"，在图中也标出了各类的中心（其中心用"*"表示）。

（9）表 9-17 是分类结果。从表 9-17 中可以看出，已经分类的 19 个个案中正确分类 17 个，错误分类 2 个，正确率比较高。以这 19 个个案为先验数据，将待分类的 4 个个案分别分入 1、2、3 类的分别有 1、1、2 个。

表 9-17　分类结果 [a]

		c	预测组成员信息			总计
			健康	硬化症	冠心病	
原始	计数	健康	9	0	0	9
		硬化症	0	5	1	6
		冠心病	1	0	3	4
		未分组个案	1	1	2	4
	%	健康	100.0	.0	.0	100.0
		硬化症	.0	83.3	16.7	100.0
		冠心病	25.0	.0	75.0	100.0
		未分组个案	25.0	25.0	50.0	100.0

a. 正确地对 89.5% 个原始已分组个案进行了分类。

（10）图 9-23 是数据文件中的记录情况。本例选择了保存"预测组成员"，即要求保存各个案的分类情况，可以看出，数据文件中增加了一列"Dis_1"，用来记录对应的分类情况。

序号	x1	x2	x3	x4	x5	c	Dis_1
1	8.11	261.01	13.23	5.46	7.36	1	1
2	9.36	185.39	9.02	5.66	5.99	1	1
3	9.85	249.58	15.61	6.06	6.11	1	1
4	2.55	137.13	9.21	6.11	4.35	1	1
5	6.01	231.34	14.27	5.21	8.79	1	1
6	9.64	231.38	13.03	4.86	8.53	1	1
7	4.11	260.25	14.72	5.36	10.02	1	1
8	8.90	259.51	14.16	4.91	9.79	1	1
9	8.06	231.03	14.41	5.72	6.15	1	1
10	6.80	308.90	15.11	5.52	8.49	2	2
11	8.68	258.69	14.02	4.79	7.16	2	2
12	5.67	355.54	15.13	4.97	9.43	2	2
13	3.71	316.12	17.12	6.04	8.17	2	2
14	5.37	274.57	16.75	4.98	9.67	2	3
15	9.89	409.42	19.47	5.19	10.49	2	2
16	5.22	330.34	18.19	4.96	9.61	3	3
17	4.71	352.50	20.79	5.07	11.00	3	3
18	3.36	347.31	17.90	4.65	11.19	3	3
19	8.27	189.59	12.74	5.46	6.94	3	1
20	7.71	273.84	16.01	5.15	8.79	.	1
21	7.51	303.59	19.14	5.70	8.53	.	3
22	8.10	476.69	7.38	5.32	11.32	.	2
23	4.71	331.47	21.26	4.30	13.72	.	3

图 9-23　数据文件中的记录情况

☆说明☆

为了简化起见，例 9-4 将所有自变量全部选入模型进行判别分析（见图 9-18），读者也可选择使用逐步判别法（步进法），具体操作请读者自己练习。

9.6 典型案例

9.6.1 美国 22 家企业类型划分

美国一家咨询公司为了研究不同类型企业的特征，对 22 家企业进行了调研，收集了 5 个指标，即 x_1——固定支出综合率（%），x_2——资产收益率（%），x_3——每千瓦特成本（美元），x_4——每年使用的能源（$\times 10^4$kW·h），x_5——是否使用核能源（其中，0 表示没有使用核能源，1 表示使用了核能源）。具体数据如表 9-18 所示。试根据这些统计数据对这 22 家企业进行聚类，并观测不同类型的企业所具有的特征。（参见数据文件 data9-5.sav。）

表 9-18 美国 22 家企业的统计数据

编号	x_1	x_2	x_3	x_4	x_5	编号	x_1	x_2	x_3	x_4	x_5
1	1.06	9.2	351	9077	0	12	1.13	6.3	457	6154	0
2	0.89	13.6	202	5088	1	13	0.63	12.7	199	1175	1
3	1.43	8.9	521	9212	0	14	1.09	6.1	296	9673	0
4	0.78	11.2	168	6423	1	15	0.96	17.6	164	2468	1
5	0.66	16.3	192	3300	1	16	1.16	9.9	252	15991	0
6	0.75	13.5	111	1127	1	17	0.76	16.4	136	4714	1
7	1.22	3.6	1705	7642	0	18	1.05	2.8	351	10140	0
8	1.1	9.2	245	13082	0	19	1.16	4.9	401	13507	0
9	1.34	13	456	8406	0	20	0.48	11.8	148	2279	1
10	0.58	12.4	197	3455	1	21	1.04	8.4	442	6650	1
11	1.25	7.5	376	17441	0	22	0.36	16.3	184	1093	1

案例分析：这是一个典型的聚类问题，是对个案（企业）的聚类，共有 5 个变量，其中有 4 个连续变量（$x_1 \sim x_4$），1 个类型变量（x_5）。根据各种聚类方法适用的特点，可选择使用二阶聚类进行分析，在聚类分析的基础上分析不同类型企业在各个指标上具有的特征值。

9.6.2 销售地区的选择

湖南省某公司开发了一种新的"白酒"，想在本省上市，考虑到公司的现状：生产能力弱，营销实力不强，在全省范围内没有系统的营销网络。公司收集了某年度湖南省 14 个地区的经济发展和消费水平指标，并选取了与白酒消费相关的 6 个具有代表性的指标，即 x_1——总人口数（万人），x_2——人均地区生产总值（元），x_3——在职职工年均工资（元），x_4——农村居民人均可支配收入（元），x_5——城镇居民人均可支配收入（元），x_6——在职职工人数（万人）。具体数据如表 9-19 所示，试根据该厂的特点选择营销区域。（参见数据文件 data9-6.sav。）

表 9-19 湖南省 14 个地区的经济发展和消费水平指标

地区	x_1	x_2	x_3	x_4	x_5	x_6
长沙	743.18	114509.7	67266	23601	39961	123.27
株洲	400.05	58370.45	57584	15637	33977	42.81
湘潭	282.37	60314.48	51742	15347	29237	26.69
衡阳	733.75	35455.95	44983	14407	26515	50.65
邵阳	726.17	19100.21	47249	8716	21070	34.70
岳阳	562.92	51273.36	45592	12091	25202	43.00
常德	584.39	46356.37	48655	11744	24513	39.06

续表

地区	x_1	x_2	x_3	x_4	x_5	x_6
张家界	152.40	29376.64	48425	7094	19473	7.85
益阳	441.02	30710.85	48724	12344	22571	23.03
郴州	473.02	42536.68	49086	11778	25534	32.32
永州	542.97	26118.94	44553	10765	21938	29.90
怀化	490.16	25976.21	49006	7203	20693	24.43
娄底	387.18	33360.71	43986	8655	21838	27.66
湘西	263.45	18881.76	48226	6648	19267	13.06

案例分析：由于该公司是一家小型企业，经济实力不够强大，因此如果其要在全省范围内全面上市，需要投入太多的成本，而且会面临很大的风险。最好的方式是，其根据自身的实际情况和产品的特点，先选择与居民消费能力相当的几个地区进行试销，如果有效，就再扩大到其他地区。于是就需要根据各地区的经济状况和居民消费水平，将 14 个地区进行聚类。此问题就是一个聚类问题，可采用二阶聚类、K-均值聚类和系统聚类等方法进行分析。根据聚类的结果，该公司可选择进入市场的相应策略。

9.6.3 地区降水量区域类型判别

我国华北地区和长江中下游地区的降水量变化有不同的特点，表 9-20 给出了华北地区和长江中下游地区一些观测站记录到的 6 月降水天数（rainday6）、8 月降水天数（rainday8）、8 月与 6 月降水量之比（ratio）的数据资料，同时给出了两地区中间地带一些观测站记录的相应观测数据。试判断这些中间地带的地区各与哪个区域的降水量更相似。（参见数据文件 data9-7.sav。）

表 9-20 各地区的降水情况

	编号	地区	rainday6	rainday8	ratio	区划类型
华北地区	1	北京	9.7	14.3	3.46	1
	2	天津	8.9	12.1	2.45	1
	3	保定	9	12.5	3.26	1
	4	石家庄	8.5	13	3.39	1
	5	太原	10.6	13.3	2.13	1
	6	大同	11.6	12.7	2.05	1
	7	张家口	11.4	12.7	1.82	1
	8	榆林	7.8	12.5	1.82	1
	9	兴县	10.1	13.3	3.01	1
	10	五台山	16.4	18.1	1.8	1
长江中下游地区	11	上海	13.1	10	0.74	2
	12	南京	10.9	11.5	0.87	2
	13	合肥	10.3	10.1	1.18	2
	14	汉口	11.7	8.5	0.61	2
	15	九江	13.6	9.4	0.61	2
	16	安庆	12.3	9.5	0.44	2
	17	芜湖	10.5	10.9	0.76	2
	18	墨阳	11.3	12.2	0.75	2
	19	黄石	14	10.4	0.64	2
	20	东山镇	12.5	11.7	1.01	2

	编号	地区	rainday6	rainday8	ratio	区划类型
待判	21	青岛	13.7	11.6	1.68	
	22	崇州	10.5	13.7	1.75	
	23	临沂	10	12	1.65	
	24	徐州	8.3	11.1	1.48	
	25	阜阳	8.6	10.9	1.07	

案例分析：要研究这 5 个未划分区域的地区与上述两区域之间的相似性，即可认为将这 5 个地区分类（判别）到这两个区域中，这是一个典型的判别分析。由于编号为 1～20 的地区已经有明确的分类，分别归到华北地区和长江中下游地区，所以可先用这 20 个地区的数据建立判别函数，然后根据所建立的判别函数将这 5 个地区划分到两个区域中。

9.7 思考与练习

1. 聚类分析的意义和作用是什么？
2. 如何解读系统聚类后 SPSS 输出的聚类树形图和冰柱图？
3. 为了对游泳运动员进行分类，预计分为蝶泳、仰泳、蛙泳和自由泳 4 类，为简化问题，仅以 10 名运动员的 3 项测试数据为例。其中，变量为 x_1（肩宽/髋宽×100）、x_2（胸厚/胸围×100）、x_3（腿长/身长×100），数据如表 9-21 所示，试进行聚类分析。（参见数据文件：data9-8.sav。）

表 9-21 游泳运动员的体测数据

序号	1	2	3	4	5	6	7	8	9	10
x_1	125	121	120	124	122	120	121	122	122	121
x_2	20	18	17	20	18	19	17	19	17	19
x_3	44	43	42	45	43	44	41	43	42	45

4. 某年部分地区的客运人数（单位：万人）如表 9-22 所示，其中包含铁路、公路和水运的情况。试分别用二阶聚类和系统聚类对各地区的运输能力进行聚类分析。（参见数据文件 data9-9.sav。）

表 9-22 某年部分地区的客运人数

地区	铁路	公路	水运	地区	铁路	公路	水运
北京	12918	49931	0	湖北	13508	87953	574
天津	4054	14219	72	湖南	10511	119266	1534
河北	9706	43563	5	广东	23149	98050	2727
山西	7418	22085	109	广西	7046	41522	533
内蒙古	5108	11017	0	海南	1651	10363	1714
辽宁	12919	60269	504	重庆	3994	57556	732
吉林	7158	29013	188	四川	9207	124014	2748
黑龙江	9865	32632	372	贵州	4901	80621	2019
上海	9692	3766	386	云南	3949	43688	1157
江苏	16116	119800	2392	西藏	221	871	0
浙江	15224	92304	3841	陕西	7866	61436	378
安徽	8553	78072	185	甘肃	3123	37240	90
福建	9256	40394	1996	青海	936	4596	70
江西	8458	53687	273	宁夏	661	8444	195
山东	11397	46960	1999	新疆	2719	33229	0
河南	12200	112535	280	—			

5. 为了研究某地区育龄妇女的生育情况,根据生育峰值年龄、一胎生育率、二胎生育率、三胎生育率 4 个指标,收集到 12 个样本的分类情况,另收集到 3 个待判样品情况,数据如表 9-23 所示。(参见数据文件 data9-10.sav。)

(1) 试用自变量全进入判别法(一起输入自变量)和逐步判别法进行判别分析,决定 3 个待判样本应归属哪一类,并比较二者的差异。

(2) 在使用逐步判别法进行分析时,尝试使用不同的方法,观察对判别结果的影响。

表 9-23 生育情况数据

序号	峰值年龄	一胎生育率(%)	二胎生育率(%)	三胎生育率(%)	组别
1	27	96.77	2.8	0.43	1
2	24	55.33	25.36	19.31	1
3	27	97.45	2.1	0.45	1
4	24	51.45	31.25	17.3	1
5	25	52.15	32.85	16	1
6	25	52.08	32.84	15.08	1
7	25	35.75	22.83	41.41	2
8	26	27.1	25.13	47.77	2
9	25	39.4	34.21	26.39	2
10	26	21.98	16.23	61.79	2
11	25	38.49	34.44	27.06	2
12	25	38.96	24.48	36.56	2
13	26	87.45	12.5	0.05	待测
14	25	33.78	22.82	43.4	待测
15	24	52.4	33.25	14.35	待测

6. 我国某年各地区城镇居民平均全年家庭收入来源统计如表 9-24 所示,试对全国各地区的城镇居民家庭收入来源结构进行分类。(参见数据文件 data9-11.sav。)

表 9-24 我国某年各地区城镇居民平均全年家庭收入来源统计   单位:元

地区	工薪收入	经营净收入	财产性收入	转移性收入
北京	27691.8	1430.2	717.6	10993.5
天津	21523.8	1200.1	515.5	9704.6
河北	13154.5	2257.5	338.5	6149.0
山西	14973.6	1041.4	301.8	5783.4
内蒙古	16872.6	2698.7	564.0	4655.5
辽宁	14846.1	2710.3	493.0	7866.4
吉林	13535.3	2168.8	324.0	5631.5
黑龙江	11700.5	1729.3	186.1	5752.0
上海	31109.3	2267.2	575.8	10802.2
江苏	26102.1	3421.9	690.0	8305.2
浙江	22385.1	4694.4	1465.3	9450.0
安徽	14812.5	2155.3	549.6	6007.1
福建	19976.0	3337.0	1795.2	5769.7
江西	13348.1	1946.8	527.6	5327.7
山东	19856.1	2621.4	704.9	4823.2
河南	13666.5	2545.1	333.8	5351.8

续表

地区	工薪收入	经营净收入	财产性收入	转移性收入
湖北	14191.0	2158.3	476.2	6078.3
湖南	13237.1	3008.3	867.8	5691.4
广东	23632.2	3603.9	1468.7	5339.6
广西	14693.5	2131.8	883.7	5500.4
海南	14672.3	2397.4	717.6	5022.5
重庆	15415.4	2183.5	538.4	6673.6
四川	14249.3	2017.8	633.8	5427.3
贵州	12309.2	1982.5	355.7	5395.6
云南	14408.3	2425.0	1000.0	5167.1
西藏	17672.1	570.9	417.9	1563.3
陕西	15547.3	882.0	269.6	5907.1
甘肃	12514.9	1125.7	259.6	5098.2
青海	12614.4	1191.4	93.0	5847.8
宁夏	13965.6	2522.8	160.9	5252.9
新疆	14432.1	1633.2	145.5	3983.7

7. 为明确诊断出小儿肺炎的 3 种类型，某研究单位测得 30 名结核性、12 名化脓性和 18 名细菌性肺炎患儿的 7 项生理、生化指标，试建立判别函数。（参见数据文件 data9-12.sav。）

第 10 章 主成分分析和因子分析

在科学研究中，往往需要对反映事物的多个变量进行大量观测，收集大量数据以便进行分析并寻找规律。例如，对高等学校科研状况的评价研究，可能会收集诸如投入科研活动的人数、立项课题数、项目经费、结项课题数、发表论文数、发表专著数、获得奖励数等多个指标。多变量大样本无疑会给科学研究提供丰富的信息，但也在一定程度上增加了数据采集的工作量，更重要的是，在大多数情况下，许多变量之间可能存在相关性而增加了问题分析的复杂性，在实际建模时，这些变量未必能真正发挥预期的作用，有些变量的存在可能反而给问题的分析带来许多问题。如果分别分析每个指标，则分析又可能是孤立的，而不是综合的。盲目减少指标会损失很多信息，容易得出错误的结论。因此需要找到一种合理的方法，在减少指标的同时，尽量减小原始指标包含信息的损失，对所收集的资料做全面分析。由于各变量之间存在一定的相关性，因此有可能用较少的综合指标分别综合存在于各变量中的各类信息。在 SPSS 中进行因子分析和主成分分析，可以通过执行"分析"→"降维"→"因子"命令来实现。

10.1 主成分分析和因子分析简介

主成分分析的目的是用较少的变量解释原始数据中的大部分变异，这些变量即利用主成分分析整理而成的整体性指标。因子分析的目的也是希望能够减少变量的数目，但不同的是，它只想在一群具有相关性且难以解释的数据中找出几个在概念上有意义的，并且彼此之间近似独立的，可以影响原始数据的共同因素。主成分分析和因子分析实际上都是降维方法。

10.1.1 基本概念和主要用途

1. 基本概念

主成分分析（Principal Component Analysis）就是考虑各指标之间的相互关系，利用降维方法将多个指标转换为少数几个互不相关的指标，从而使进一步的研究变得简单的一种统计方法。主成分分析是由 Hotelling 于 1933 年首先提出的，它利用降维的思想，在损失很少信息的前提下把多个指标转化为几个综合指标，称为主成分。每个主成分均是原始变量的线性组合，且各个主成分之间互不相关，这就使得主成分比原始变量具有某些更优越的性能。主成分分析的结果不能看成是研究的结果，而应该在主成分分析的基础上继续采用其他多元统计方法来解决实际问题。

因子分析是一种通过显在变量测评潜在变量，通过具体指标测评抽象因子的分析方法，最早是由心理学家 Chales Spearman 在 1904 年提出的。它的基本思想是将实测的多个指标用少数几个潜在指标（因子）的线性组合表示。因子分析主要应用在两方面：一是寻求基本结构，简化观测系统；二是对变量或样本进行分类。

因子分析根据相关性的高低把变量分组，使得同组内的变量相关性较高，而不同组的变量相关性较低。每组变量代表一个基本结构,这个基本结构称为一个公共因子。这样,对所研究的问题就可试图用最少个数不可测的公共因子的线性函数与特殊因子之和来描述原来观测的每个分量。因子分析还可以用于对变量或样本的分类处理,可根据因子得分值,在因子轴所绘制的空间中把变量或样本点画出来,形象直观地达到分类的目的。通常将研究变量之间相互关系的因子分析称为 R 型因子分析,而将研究样本之间相互关系的因子分析称为 Q 型因子分析。

2. 主要用途

(1) 解决共线性问题:首先利用主成分分析提取出主要信息,然后使用提取出的主成分代替原始变量进行分析,就可以解决原始变量的共线性问题。

(2) 评估问卷的结构效度:运用因子分析得出问卷中哪些问题用于研究那些潜在的特征(因子),从而得出对该问卷结构效度的评价。这是社会学和流行病学调查中常用的方法。

(3) 寻找变量之间的潜在结构:许多变量是无法直接观测到的,它们往往需要用一系列可直接观测的相关变量来间接反映。运用因子分析就可以将这些变量潜在的结构推导出来并加以利用。

(4) 内在结构证实:在某些情况下,研究者根据某些理论或其他知识对可能的内在结构进行了假设,此时可利用因子分析来验证该假设是否成立,这种因子分析又称为证实性因子分析,在心理学研究中较为常见。

3. 常用术语

主成分分析和因子分析中常用的主要术语如下。

(1) 因子载荷。

因子载荷 a_{ij} 就是第 i 个变量与第 j 个公共因子之间的相关系数,它的统计意义就是第 i 个变量在第 j 个公共因子上的负荷,反映了第 i 个变量在第 j 个公共因子上的相对重要性。

(2) 变量共同度。

变量共同度也称公共方差,反映全部公共因子变量对原始变量 x_i 的总方差的解释说明比例。原始变量 x_i 的共同度为因子载荷矩阵 A 中第 i 行元素的平方和,即

$$h_i^2 = \sum_{j=1}^m a_{ij}^2 \tag{10-1}$$

h_i^2 越接近 1(原始变量 x_i 在标准化前提下,总方差为 1),说明公共因子解释原始变量的信息越多。通过该值,可以掌握该变量的信息有多少丢失了。如果大部分变量的共同度都高于 0.8,就说明提取出的公共因子已经基本反映了各原始变量 80%以上的信息,仅有较少的信息丢失,因子分析的效果较好。

(3) 公共因子 F_j 的方差贡献。

公共因子 F_j 的方差贡献 S_j 定义为因子载荷矩阵 A 中第 j 列元素的平方和,即

$$S_j = \sum_{i=1}^p a_{ij}^2 \tag{10-2}$$

公共因子 F_j 的方差贡献反映了该因子对所有原始变量总方差的解释能力,其值越大,说明因子重要程度越高。

10.1.2 主成分或公共因子数量的确定

主成分分析(或因子分析)希望用尽可能少的主成分(公共因子)包含原来尽可能多的信息,那么如何确定需要保留的主成分数量(或公共因子数量)呢?可以遵循以下几个原则。

- 主成分的累积贡献率：一般来说，提取主成分的累积贡献率达到80%～85%以上就比较好了，可以由此确定需要提取多少主成分。
- 特征值：在某种程度上可以看作表示主成分影响力大小的指标，如果特征值小于1，就说明该主成分的解释力度还不如直接引入原始变量的平均解释力度大。因此一般可以用特征值大于1作为纳入标准。
- 综合判断：大量的实际情况表明，如果根据累积贡献率来确定主成分数量，那么主成分往往较多，而用特征值来确定又往往较少，很多时候应当将两者结合起来，以综合确定合适的数量。

10.1.3 主成分分析和因子分析的区别与联系

（1）两者都是在多个原始变量中通过它们之间的内部相关性来获得新的变量（主成分变量或因子变量）的，达到既能减少分析指标个数，又能概括原始指标主要信息的目的。它们各有特点：主成分分析将 m 个原始变量提取为 k（$k \leq m$）个互不相关的主成分；因子分析提取 k（$k \leq m$）个支配原始变量的公共因子和1个特殊因子，各公共因子之间可以相关或互不相关。

（2）提取公共因子主要有主成分分析法和公共因子法，若采用主成分分析法，则主成分分析和因子分析基本等价。主成分分析法主要从解释变量的总方差角度尽量使变量的方差被主成分解释，即主成分分析法倾向得到更大的共性方差。而公共因子法则主要从解释变量的相关性角度尽量使变量的相关程度被公共因子解释，当因子分析的目的为确定结构时会用到该法。

（3）因子分析提取的公共因子比主成分分析提取的主成分更具有解释性。主成分分析不考虑观测变量的度量误差，直接用观测变量的某种线性组合来表示一个综合变量；而因子分析的潜在变量则校正了观测变量的度量误差，它还可进行因子旋转，使潜在因子的实际意义更明确、分析结论更真实。

（4）两者分析的实质和重点不同。主成分分析的模型为 $Y=BX$，即主成分 Y 为原始变量 X 的线性组合。因子分析的数学模型为 $X = BF + \varepsilon$，即原始变量 X 为公共因子 F 与特殊因子的线性组合。可知，主成分分析主要综合原始变量的信息，而因子分析则重在解释原始变量之间的关系。主成分分析实质上是线性变换，无假设检验；而因子分析则是统计模型，某些因子模型是可以得到假设检验的。

（5）两者在 SPSS 中都是通过执行"分析"→"降维"→"因子"命令来实现的，主成分分析不需要进行因子旋转，而因子分析则需要进行因子旋转。

10.2 主成分分析

10.2.1 统计原理及分析步骤

1. 统计原理

定义 10-1 设随机向量 $\mathbf{x}' = (x_1, x_2, \cdots, x_p)$ 的相关系数矩阵为 $\mathbf{R}$（也可为协方差矩阵 $\mathbf{\Sigma}$），$\lambda_1 \geq \lambda_2 \geq \cdots \geq \lambda_p$ 为 $\mathbf{R}$ 的特征值，$\mathbf{e}_1, \mathbf{e}_2, \cdots, \mathbf{e}_p$ 为对应的标准化正交特征向量，则第 i 个主成分为

$$y_i = \mathbf{e}_i' \mathbf{x} = e_{1i} x_1 + e_{2i} x_2 + \cdots + e_{pi} x_p, \quad i = 1, 2, \cdots, p \quad (10\text{-}3)$$

此时有

$$\text{Var}(y_i) = \boldsymbol{e}_i'\boldsymbol{R}\boldsymbol{e}_i = \lambda_i, \quad i = 1, 2, \cdots, p \tag{10-4}$$

$$\text{Cov}(y_i, y_k) = \boldsymbol{e}_i'\boldsymbol{R}\boldsymbol{e}_k = 0, \quad i \neq k \tag{10-5}$$

若一些 λ_i 有重根，则系数向量 $\boldsymbol{e}_i'$ 和 y_i 不唯一。

定义 10-1 中的标准化正交特征向量 $\boldsymbol{e}_1, \boldsymbol{e}_2, \cdots, \boldsymbol{e}_p$ 总是存在的。事实上，若特征值 $\lambda_1, \lambda_2, \cdots, \lambda_p$ 都不相等，那么诸 $\boldsymbol{e}_i$ 自然是正交的；若一些特征值有重根，则也能够选择对应这些特征值的特征向量，使得它们是正交的。定义 10-1 表明，$x_1, x_2, \cdots, x_p$ 的主成分是以 $\boldsymbol{R}$ 的特征向量为系数的线性组合，它们互不相关，其方差为 $\boldsymbol{R}$ 的特征值。

设第 k 个主成分的方差占总方差的比例为 p_k，则有

$$p_k = \frac{\lambda_k}{\sum_{i=1}^{p} \lambda_i} \tag{10-6}$$

当变量个数 p 较大时，如果前若干主成分的方差之和占了总方差的很大一部分（如 85% 以上），那么用这些主成分代替原始 p 个变量不会损失太多信息。系数向量 $\boldsymbol{e}_i' = (e_{1i}, e_{2i}, \cdots, e_{pi})$ 的分量也有一定的意义。e_{ki} 刻画了第 k 个变量对第 i 个主成分的重要性。主成分的计算公式为

$$\begin{cases} y_1 = e_{11}x_1 + e_{12}x_2 + \cdots + e_{1m}x_m \\ y_2 = e_{21}x_1 + e_{22}x_2 + \cdots + e_{2m}x_m \\ \quad\vdots \\ y_p = e_{p1}x_1 + e_{p2}x_2 + \cdots + e_{pm}x_m \end{cases} \tag{10-7}$$

2．分析步骤

假定输入一个决策表 $T=(U, C \cup D, V, f)$，其中，U 为论域，C 和 D 分别为条件属性集和决策属性集。需要输出条件属性的主成分 $P = \{y_1, y_2, \cdots, y_p\}$，则其步骤如下。

☞ 第 1 步 原始数据的标准化处理。

按 $x_{ij} = \dfrac{x_{ij} - \overline{x}_j}{\sqrt{\text{Var}(x_j)}}$ 进行标准化处理，使每个属性的均值为 0、方差为 1。

☞ 第 2 步 计算相关系数矩阵。

计算第 1 步中得到的数据集 X 的相关系数矩阵 $\boldsymbol{R}$。

☞ 第 3 步 计算特征值及单位特征向量。

计算 $\boldsymbol{R}$ 的特征值 λ_i 及其对应的单位特征向量 $\boldsymbol{e}_i$，$i=1, 2, \cdots, m$，并将特征值按由大到小的顺序排列，即 $\lambda_1 > \lambda_2 > \cdots > \lambda_m$。

☞ 第 4 步 计算主成分的方差贡献率和累积方差贡献率。

第 k 个主成分方差 $a_k = \lambda_k / \left(\sum_{i=1}^{m} \lambda_i\right)$，主成分 $y_1, y_2, \cdots y_p$ 的累积方差贡献率为 $\left(\sum_{i=1}^{p} \lambda_i\right) / \left(\sum_{j=1}^{m} \lambda_j\right)$。其中 a_1 的值最大，说明 y_1 综合 $x_1, x_2, \cdots, x_m$ 信息的能力最强，主成分 p 值的选取一般为使得累积方差贡献率≥80%（或特征值大于 1）的前 p 个特征值。

☞ 第 5 步 计算主成分。

利用前 p 个特征值对应的单位特征向量 $\boldsymbol{e}_1=(e_{11}, e_{12}, \cdots, e_{1m})'$，$\boldsymbol{e}_2=(e_{21}, e_{22}, \cdots, e_{2m})'$，$\cdots$，$\boldsymbol{e}_m=(e_{m1}, e_{m2}, \cdots, e_{pm})'$，按式（10-7）计算原始数据的主成分 $y_1, y_2, \cdots, y_p$。

10.2.2 SPSS 实例分析

【例 10-1】 为了从总体上反映 20 世纪末世界经济全球化的状况,现选择某年全球具有代表性的 16 个国家的数据,这些国家参与经济全球化的程度指标值如表 10-1 所示(其各指标的具体含义如表 10-2 所示)。试分析一个国家参与经济全球化的程度主要受哪些因素的影响。(参见数据文件 data10-1.sav。)

表 10-1 部分国家参与经济全球化的程度指标值

编号	国家	x_1 (%)	x_2 (%)	x_3 (%)	x_4 (%)	x_5 (%)	x_6 (%)	x_7 (%)	x_8 (%)	x_9 (%)	x_{10} (%)	x_{11} (%)	x_{12} (%)	x_{13} (%)	x_{14} (%)	x_{15} (%)
1	中国	3.205	54.5	28.53	0.878	1.409	0.894	11.6	2.305	0.547	2.932	4.818	9.003	2.7	3.914	1.472
2	印度	1.449	31.1	0.279	0.339	0.272	0.1	2.7	0.128	0.193	0.825	2.318	5.127	0.6	4	0.218
3	日本	14.079	52.3	0.653	10.254	11.769	1.097	0	1.967	1.3	6.178	14.746	27.297	30.9	57.734	15.125
4	韩国	1.318	136.3	1.011	1.6	0.42	1.838	1.3	0.77	0.78	2.267	23.32	42.875	9.1	12.129	0.452
5	新加坡	0.275	739.5	3.572	27.841	0.884	13.314	28.6	0.622	0.143	1.885	169.772	319.907	54.2	917.328	0.718
6	美国	29.641	46.1	3.682	6.429	20.563	4.808	5.4	24.253	29.941	15.638	10.784	24.555	13.6	24.495	21.274
7	加拿大	2.056	101.5	0.898	8.276	2.313	5.369	10.5	2.444	5.145	3.854	34.691	67.047	15.1	21.83	1.362
8	巴西	2.434	27.1	1.584	2.327	0.962	2.905	6.8	1.953	2.3	0.857	4.716	10.101	6.7	5.498	1.104
9	墨西哥	1.567	151.4	1.657	2.837	0.797	1.471	10.9	0.67	0.212	2.186	18.485	37.986	4.5	4.887	0.468
10	英国	4.67	118.4	0.497	26.151	12.456	22.137	11.2	16.552	19.642	5.542	28.434	58.7	66.1	278.968	11.289
11	法国	4.639	120.6	1.84	9.242	4.492	10.848	8.5	8.282	5.841	5.21	28.46	54.052	29.2	56.453	8.889
12	德国	6.84	132.9	2.252	9.558	6.646	7.747	2.2	8.589	8.971	8.843	32.121	63.174	36	51.514	12.18
13	意大利	3.792	104.5	0.321	8.153	3.724	1.059	2.5	0.77	1.913	4.032	22.869	43.924	27	17.776	5.678
14	俄罗斯	1.3	58.6	1.533	1.499	0.552	0.499	2.5	0.31	0.298	0.987	7.77	12.581	1.1	2.001	0.469
15	澳大利亚	1.309	94.5	0.502	5.773	0.941	1.987	18.9	0.527	1.371	1.131	15.745	33.795	13.2	24.117	0.797
16	新西兰	0.177	110.5	0.218	7.374	0.179	3.04	31.5	0.126	0.338	0.248	23.221	47.387	19.8	41.274	0.215

表 10-2 各指标的具体含义

指标	指标含义
x_1	GDP 占全球 GDP 的比重
x_2	货物贸易占货物 GDP 的比重
x_3	外国分支机构占世界全部分支机构的比重
x_4	本国产生的全部收益占 GDP 的比重
x_5	本国产生的全部收益占世界产生的全部收益的比重
x_6	对外直接投资和接受外国直接投资总额占 GDP 的比重
x_7	外国直接投资额占国内投资总额的比重
x_8	本国直接投资额占全球直接投资额的比重
x_9	跨国并购额占全球跨国并购额的比重
x_{10}	国际经济外向度
x_{11}	对外贸易依存度
x_{12}	货物和服务进出口总额占 GDP 的比重
x_{13}	国际金融总资本流量占 GDP 的比重
x_{14}	对外金融资产负债占 GDP 的比重
x_{15}	国际金融总资本流量占全球国际金融总资本流量的比重

☞ 第 1 步 分析。

从数据来看,一共有 15 个因素,但有些因素是存在相关性的,同时各因素对经济全球化的影响程度也是不一样的,故可采用主成分分析。

☞ 第 2 步 数据组织。

按表 10-2 中的"指标"一列定义变量,输入表 10-1 中的数据并保存。

☞ 第 3 步 主成分分析设置。

(1) 选择"分析"→"降维"→"因子"选项,打开"因子分析"对话框,将 $x_1 \sim x_{15}$ 这 15 个变量移入"变量"列表框,如图 10-1 所示。

现对该对话框中的各项解释如下。

① "变量"列表框:选择用于进行因子分析或主成分分析的变量。

② "选择变量"列表框:用于定义变量选择条件。选入变量以后,单击"值"按钮,弹出"设置值"对话框,在对话框内输入一个数,表示全部记录中只有该变量取值等于这个数的记录才用于分析。

(2)"因子分析:描述"对话框设置:单击图 10-1 中的"描述"按钮,弹出此对话框,设置如图 10-2 所示,现对其中各项解释如下。

① "统计"选区。

- "单变量描述"复选框:用于输出参与分析的原始变量的均值、标准差等描述统计量。
- "初始解"复选框:给出因子提取前分析变量的公共因子方差。对主成分分析来说,这些值是分析变量的相关矩阵或协方差矩阵的对角元素;对因子分析来说,这些值是每个变量用其他变量做预测因子的载荷平方和。

② "相关性矩阵"选区。

- "系数"复选框:给出原始变量之间的相关系数矩阵。
- "显著性水平"复选框:给出每个相关系数相对于 0 的单尾假设检验的显著性水平。
- "决定因子"复选框:给出相关系数矩阵的行列式。
- "逆"复选框:给出相关系数矩阵的逆矩阵。
- "再生"复选框:再生相关矩阵,给出因子分析后的相关矩阵,还给出残差,即原始相关与再生相关之间的差值。
- "反映像"复选框:给出反映像相关矩阵,包括偏相关系数的负数;反映像协方差矩阵,包括偏协方差的负数。在一个好的因子模型中,除对角线上的系数较大外,远离对角线上的元素的系数应该比较小。
- "KMO 和巴特利特球形度检验"复选框:要求进行 KMO 检验和巴特利特球形度检验。选择此复选框后会给出对抽样充足性的 KMO 检验,检验变量之间的偏相关性是否很弱;巴特利特球形度检验相关矩阵是否为单位矩阵,它表明因子模型是否不合适,即数据是否适合做因子分析。

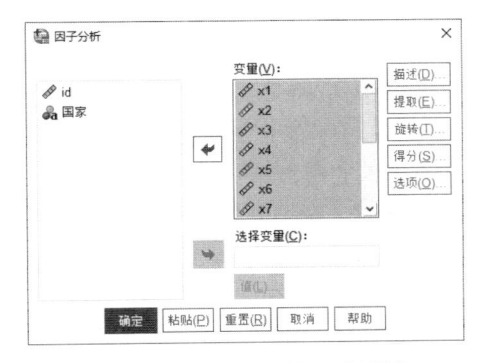

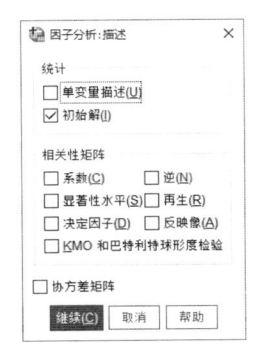

图 10-1 "因子分析"对话框   图 10-2 "因子分析:描述"对话框

（3）"因子分析:提取"对话框设置：单击图 10-1 中的"提取"按钮，弹出此对话框，设置如图 10-3 所示，现对其中各项解释如下。

① "方法"下拉列表：其中一共有 7 种提取方法，分别说明如下。

- 主成分法：假设变量是因子的纯线性组合。第一成分有最大的方差，后续成分的方差逐个递减。主成分法是常用的获取初始因子分析结果的方法，它假设特殊因子的作用可以忽略不计。
- 未加权最小平方法：使用未加权最小平方法来提取因子。未加权最小平方法在忽略对角线元素的情况下最小化相关矩阵和再生矩阵差值的平方和。

图 10-3 "因子分析:提取"对话框

- 广义最小平方法：使用广义最小平方法来提取因子。广义最小平方法最小化相关矩阵和再生矩阵差值的平方和。相关性用变量值的倒数加权，以便有较大值的变量有较小的权。
- 最大似然法：使用最大似然法来提取因子。最大似然法生成一个参数估计，如果样本取自多维正态分布，则这个参数估计是能产生观测的相关矩阵中有最大概率的一个。相关性使用变量值的倒数进行加权，还使用了迭代算法。
- 主轴因式分解法：使用主轴因子法来提取因子。主轴因子法使用多元相关的平方作为对公共因子方差的估计值。
- Alpha 因式分解法：使用因子法来提取因子，最大化因子的依赖度。
- 映像因式分解法：使用多元回归法来提取因子。它是由 Guttman 在映像理论的基础上建立起来的。变量的公共部分（称为偏映像）定义为残余变量的线性组合，而不作为假设因子的函数。

② "分析"选区：用于确定相关矩阵和协方差矩阵。

- "相关性矩阵"单选按钮：使用变量的相关矩阵进行分析，当参与分析的变量的测度单位不同时，应该选择此单选按钮。
- "协方差矩阵"单选按钮：使用变量的协方差矩阵进行分析，当参与分析的变量的测度单位相同时，可以选择此单选按钮。

③ "显示"选区：用于指定与因子提取相关的输出项。

- "未旋转因子解"复选框：要求显示未经旋转的因子提取结果，为系统默认的输出方式。
- "碎石图"复选框：要求显示按特征值大小排列的因子序号，以特征值为两个坐标轴的碎石图，可以有助于确定保留多少因子。典型的碎石图有一个明显的拐点，拐点之前是与大因子连接的陡峭的折线，之后是与小因子相连的缓坡折线。

④ "提取"选区：选择控制提取进程和提取结果的选项。理论上，因子数目与原始变量数目相等，但因子分析的目的是用少量的因子代替多个原始变量。选择提取多少因子通过本选区设置。

- "基于特征值"单选按钮：指定提取的因子应该具有的特征值范围，在"特征值大于"数值框中给出，系统默认值为 1，即要求提取那些特征值大于 1 的因子。
- "固定因子数"单选按钮：指定提取公共因子的数目。选择此单选按钮后，将指定的数目输入"要提取的因子数"数值框中，数值应该是 0 至分析变量数目之间的正整数（一般将提取数目指定为使其所有特征值的方差累积贡献率达 80%以上的值）。

⑤ "最大收敛迭代次数"数值框：指定因子分析收敛的最大迭代次数，系统默认的最大迭代次数为 25。

（4）"因子分析:因子得分"对话框设置：单击图 10-1 中的"得分"按钮，弹出此对话框，设置如图 10-4 所示，现对其中各项解释如下。

① "保存为变量"复选框：如果选择此复选框，则将因子得分作为一个变量保存起来，对分析结果中的每个因子都会生成一个新变量。

② "方法"选区：选定计算因子得分系数的方法。只有选择了"保存为变量"复选框后，该选区才会被激活。其中共有以下 3 种方法。

- 回归法：其因子得分的均值为 0，方差等于估计因子得分与实际因子得分之间的多元相关的平方。
- 巴特利特法：Bartlett 法，其因子得分的均值为 0，超出变量范围的特殊因子平方和被最小化。
- 安德森-鲁宾法：Anderson-Rubin 法，为了保证因子的正交性而对 Bartlett 因子得分进行调整，其因子得分的均值为 0、标准差为 1，且彼此不相关。

（5）"因子分析:选项"对话框设置：单击图 10-1 中的"选项"按钮，弹出此对话框，设置如图 10-5 所示，现对其中各项解释如下。

① "缺失值"选区：有以下几种处理缺失值的方法。

- 成列排除个案法：在分析过程中，将指定的分析变量中有缺失值的观测量一律排除，即所有带有缺失值的观测量都不参与分析。
- 成对排除个案法：成对排除含有缺失值的观测量，即只有当前用到的某个变量存在缺失值时，才排除相应个案。选择此单选按钮可以最大限度地利用得来不易的原始数据。
- 替换为均值法：用变量的均值代替该变量的所有缺失值。

② "系数显示格式"选区：选择系数的显示格式，有以下几种。

- 按大小排序法：载荷系数按其数值的大小排列并构成矩阵，使在同一因子上具有较大载荷的变量排在一起，便于得出结论。
- 禁止显示小系数法：不显示那些绝对值小于指定值的载荷系数。需要在"绝对值如下"数值框中输入 0~1 之间的数作为临界值，系统默认的临界值为 0.10。选择此复选框可以突出载荷较大的变量，便于得出结论。

图 10-4　"因子分析:因子得分"对话框

图 10-5　"因子分析:选项"对话框

以上各项设置完成后提交系统运行。

☆说明☆

（1）由于在 SPSS 中并没有完整的主成分分析过程，所以其主成分分析过程是集成在因子分析过程中的，但并不完善。由于主成分的得分需要对因子得分情况进行进一步计算，故不需要设置"因子分析:因子得分"对话框，即不需保存因子得分情况，即使保存了，因子得分也不是各主成分得分的结果。

（2）对于提取因子的数量问题，一般遵循两个标准：一是累积方差贡献率在 80%以上，二是其特征值大于 1。本例之所以将要提取的因子数设置为 3，是因为通过预先分析，发现前 3 个主成分的累积方差贡献率为 86.696%，即所提取的 3 个主成分可以解释总体信息的 86.696%。

☞ 第 4 步　因子分析的结果。

本例运行的主要结果如表 10-3、表 10-4 及图 10-6 所示，具体分析如下。

（1）表 10-3 是特征值和方差贡献率表，其中，"总计"部分为各因子对应的特征值，"方差百分比"部分为各因子的方差贡献率，"累积%"部分为累积方差贡献率。从表 10-3 中可以看出，前 3 个主成分已经解释了总方差的近 86.7%，故可以选择前 3 个主成分进行分析。

表 10-3　特征值和方差贡献率表

成分	初始特征值			提取载荷平方和		
	总计	方差百分比	累积%	总计	方差百分比	累积%
1	6.049	40.325	40.325	6.049	40.325	40.325
2	5.813	38.755	79.080	5.813	38.755	79.080
3	1.142	7.616	86.696	1.142	7.616	86.696
4	.876	5.842	92.538			
5	.599	3.996	96.534			
6	.326	2.174	98.709			
7	.119	.796	99.505			
8	.041	.272	99.776			
9	.018	.121	99.897			
10	.010	.063	99.961			
11	.004	.027	99.988			
12	.001	.009	99.997			
13	.000	.002	99.999			
14	.000	.001	100.000			
15	4.080E-7	2.720E-6	100.000			

提取方法：主成分分析法。

（2）图 10-6 是主成分的碎石图，结合特征值曲线的拐点及各个特征值，可以看出，前 3 个主成分的折线坡度较陡，而后面就逐渐趋于平缓，从另一个侧面说明了取前 3 个主成分为宜。

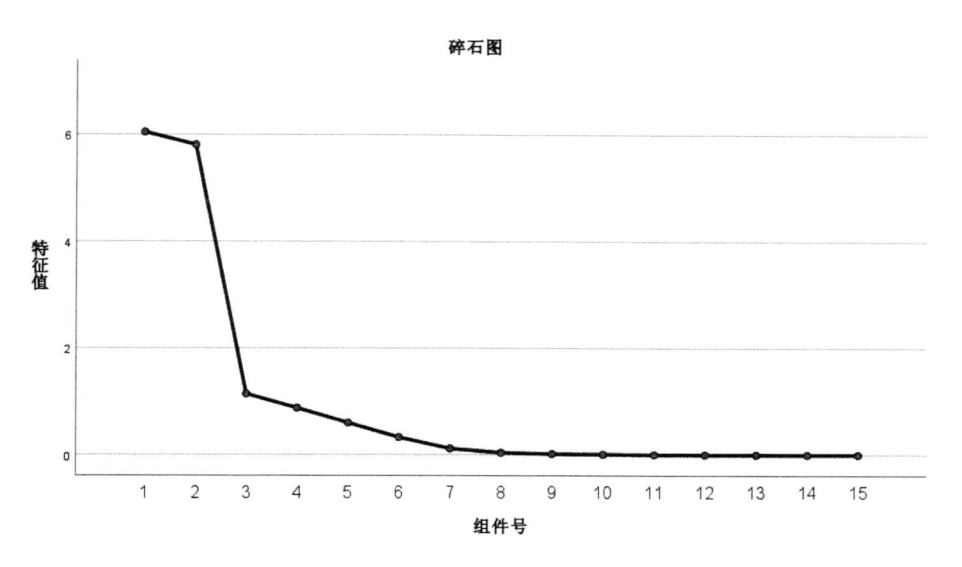

图 10-6 主成分的碎石图

（3）旋转前的因子载荷矩阵如表 10-4 所示。

表 10-4　旋转前的因子载荷矩阵

	成分		
	1	2	3
x_1	.407	.805	.268
x_2	.596	-.727	.209
x_3	-.147	.016	.821
x_4	.895	-.333	-.181
x_5	.614	.763	.028
x_6	.826	-.124	-.281
x_7	.273	-.627	.184
x_8	.636	.703	.041
x_9	.619	.703	.008
x_{10}	.552	.766	.196
x_{11}	.654	-.691	.172
x_{12}	.666	-.685	.166
x_{13}	.863	-.191	-.297
x_{14}	.728	-.632	.144
x_{15}	.579	.760	.005

提取方法：主成分分析法。
a. 提取了 3 个成分。

☆说明☆

式（10-7）中的 $e'_i = (e_{1i}, e_{2i}, \cdots, e_{pi})$ 是标准化正交特征向量，并不是 SPSS 输出的因子载荷矩阵中的系数。而因子载荷矩阵中各分量的系数为单位特征向量乘以相应的特征值的平方根的结果，其公式为 $e_{ij} = a_{ij} / \sqrt{\lambda_i}$。故需要进一步利用因子分析的结果进行主成分分析。

☞ **第 5 步** 利用因子分析的结果进行主成分分析。

表 10-4 是旋转前的因子载荷矩阵,并不是主成分分析中所需的标准化正交特征向量,要得到标准化正交特征向量,还需要进行如下运算。

(1)将表 10-4 中的数据输入 SPSS 数据编辑窗口中,将 3 个变量名分别命名为 a_1、a_2 和 a_3。

(2)用公式 $e_{ij}=a_{ij}/\sqrt{\lambda_i}$ 计算出标准化正交特征向量。步骤:选择"转换"→"计算变量"选项,打开"计算变量"对话框,如图 10-7 所示。其中,5.813 为第 2 个特征值,第 1 个和第 3 个特征值见表 10-3。对 t_1、t_2 和 t_3 必须分别进行计算。

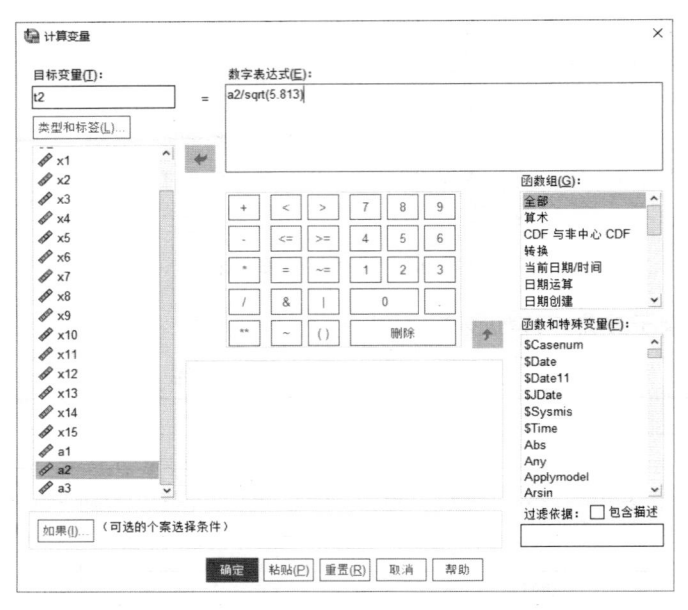

图 10-7 "计算变量"对话框

(3)计算结束后得到的特征向量矩阵即标准化正交特征向量矩阵,如表 10-5 所示。

表 10-5 标准化正交特征向量矩阵

变量	t_1	t_2	t_3
x_1	0.17	0.33	0.25
x_2	0.24	0.30	0.20
x_3	0.06	0.01	0.77
x_4	0.36	0.14	0.17
x_5	0.25	0.32	0.03
x_6	0.34	0.05	0.26
x_7	0.11	0.26	0.17
x_8	0.26	0.29	0.04
x_9	0.25	0.29	0.01
x_{10}	0.22	0.32	0.18
x_{11}	0.27	0.29	0.16
x_{12}	0.27	0.28	0.16
x_{13}	0.35	0.08	0.28
x_{14}	0.30	0.26	0.13
x_{15}	0.24	0.32	0.00

（4）对原始变量进行标准化。由于是以相关系数矩阵为出发点进行因子分析的，所以主成分分析表达式中的变量应该是经过标准化的数据。标准化变量通过执行"分析"→"描述统计"→"描述"命令来实现，在"描述性"对话框中将需要标准化的 15 个变量选入"变量"列表框后，选中底部的"将标准化值另存为变量"复选框，此时会在数据视图窗口中增加 $Z_{x_1} \sim Z_{x_{15}}$ 共 15 个变量，它们分别是 $x_1 \sim x_{15}$ 的标准化变量。

（5）计算主成分：主成分的计算公式为式（10-7），其表达式为 $y = Z_x * t$，其中，Z_x 为变量标准化后的矩阵，t 为如表 10-5 所示的标准化正交特征向量矩阵，矩阵的乘法可在 Excel 中进行，也可在 MATLAB 中进行。通过表 10-3 中的各主成分分析的方差百分比（第 1 主成分占 40.325%，第 2 主成分占 38.755%，第 3 主成分占 7.616%）计算出综合得分函数，其公式为 $y_{综} = 0.40325 y_1 + 0.38755 y_2 + 0.07616 y_3$，从而得到各主成分及综合得分情况，如表 10-6 所示。通过综合得分的高低（$y_{综}$）可知各国参与国际化水平的高低，其中，美国最高，印度最低。

表 10-6　各主成分及综合得分情况

编号	国家	y_1	y_2	y_3	$y_{综}$
1	中国	-2.19	0.07	3.01	-0.63
2	印度	-2.56	0.11	-0.46	-1.11
3	日本	0.45	1.85	-0.27	0.88
4	韩国	-1.69	0.46	-0.27	-0.88
5	新加坡	5.28	6.26	1.19	-0.20
6	美国	3.30	6.07	1.46	3.80
7	加拿大	-0.43	0.47	-0.31	-0.38
8	巴西	-1.91	-0.06	-0.43	-0.83
9	墨西哥	-1.68	-0.68	0.03	-0.94
10	英国	4.46	0.98	-1.75	2.05
11	法国	0.87	0.46	-0.52	0.49
12	德国	1.40	1.34	-0.26	1.06
13	意大利	-0.61	0.10	-0.54	-0.25
14	俄罗斯	-2.35	-0.20	-0.30	-1.05
15	澳大利亚	-1.36	-0.92	-0.30	-0.93
16	新西兰	-0.99	-1.73	-0.28	-1.09

10.3　因子分析

10.3.1　统计原理及分析步骤

1．统计原理

因子分析的出发点是用较少的相互独立的因子变量代替原始变量包含的大部分信息，可以用下面的数学模型来表示：

$$\begin{cases} x_1 = a_{11}F_1 + a_{12}F_2 + \cdots + a_{1m}F_m \\ x_2 = a_{21}F_1 + a_{22}F_2 + \cdots + a_{2m}F_m \\ \vdots \\ x_p = a_{p1}F_1 + a_{p2}F_2 + \cdots + a_{pm}F_m \end{cases} \quad (10\text{-}8)$$

式中，$x_1, x_2, \cdots, x_p$ 为 p 个原始变量，是均值为 0、标准差为 1 的标准化变量；$F_1, F_2, \cdots, F_m$ 为 m 个因子变量，m 小于 p。将式（10-8）表示成矩阵形式：

$$X = AF + a\varepsilon \tag{10-9}$$

式中，F 为因子变量或公共因子，可以理解为高维空间中互相垂直的 m 个坐标轴；A 为因子载荷矩阵，是第 i 个原有变量在第 j 个因子变量上的负荷；如果把变量 x_i 看成是 m 维因子空间中的一个向量，则 a_{ij} 为 x_i 在坐标轴 F_j 上的投影，相当于多元回归中的标准回归系数；ε 为特殊因子，表示原始变量不能被因子变量解释的部分，相当于多元回归分析中的残差部分。

2. 分析步骤

因子分析有两个核心问题：一是如何构造因子变量，二是如何对因子变量进行命名解释。因子分析有以下 5 个基本步骤。

☞ 第 1 步 将原始数据进行标准化。

因子分析是在标准化数据的基础上进行的，因此必须将原始数据标准化。

☞ 第 2 步 确定待分析的原始若干变量是否适合做因子分析。

进行因子分析要求原始变量之间存在较强的相关性，如果没有较强的相关性，则无法从中综合出能反映某些变量共同特征的少数因子变量。

SPSS 提供的检验变量是否适合于因子分析的方法有如下几种。

（1）巴特利特球形度检验（Bartlett Test of Sphericity）：以变量的相关系数矩阵为出发点，其原假设是相关系数矩阵为一个单位阵，其统计量是根据相关系数矩阵的行列式得到的，如果该值较大，且其显著性概率小于显著性水平，则应拒绝原假设，说明原始矩阵不可能是单位阵，即原始变量之间存在相关性，适合做因子分析；反之，则不适合做因子分析。

（2）反映像相关矩阵（Anti-Image Correlation Matrix）检验：以变量的偏相关系数矩阵为出发点，将偏相关系数矩阵的每个元素取反，得到反映像相关矩阵。偏相关系数是在控制了其他变量对两变量影响的条件下计算出来的相关系数，如果变量之间存在较多的重叠影响，那么偏相关系数就会较小。因此，如果反映像相关矩阵中有些元素的绝对值比较大，就说明这些变量不适合做因子分析。

（3）KMO（Kaiser-Meyer Olkin）检验。KMO 的值越接近 1，所有变量之间的简单相关系数平方和就远大于偏相关系数平方和，因此越适合做因子分析；KMO 的值越小，越不适合做因子分析。

☞ 第 3 步 构造因子变量。

建立变量的相关系数矩阵 R，并求 R 的特征值及其相应的单位特征向量，根据累积贡献率的要求（或特征值大小的要求），取前 m 个特征值及其相应的特征向量，写出因子载荷矩阵 A。

☞ 第 4 步 利用旋转使因子变量更具有可解释性。

将原始变量综合为少数几个因子变量后，如果因子变量的实际含义不清晰，则极不利于进行进一步分析。一般需要利用旋转方法使提取的因子变量的含义更加清晰，使因子变量具有命名可解释性。

☞ 第 5 步 计算因子变量的得分。

因子变量确定后，对每个样本数据，我们希望得到它们在不同因子变量上的具体数值，这些数值就是因子得分，与原始变量的得分相对应。有了因子得分，在以后的研究中就可以针对维数低的因子得分来进行。

计算因子得分的模型如下：

$$F_j = \beta_{j1}X_1 + \cdots + \beta_{jp}X_p \qquad j=1, 2, \cdots, m \qquad (10-10)$$

估计因子得分的方法很多，如加权最小二乘法、回归法等。

10.3.2 SPSS 实例分析

【例 10-2】 为了研究几个省市的科技创新力，现取了 8 个省市某年的 15 个科技指标数据（见表 10-7），试分析省市的科技创新力主要受哪些潜在因素的影响？（参见数据文件 data10-2.sav。）

表 10-7 8 个省市某年的 15 个科技指标数据

省市	x_1	x_2	x_3	x_4	x_5	x_6	x_7	x_8	x_9	x_{10}	x_{11}	x_{12}	x_{13}	x_{14}	x_{15}
北京	229	80.26	48.5	24.49	3.55	5.55	10.23	44774.45	25.02	24.1	779.24	226.01	34.42	3183.29	2.12
天津	87	67.48	36.82	14.08	2.62	1.96	4.49	35451.77	33.59	21.38	410.34	73.15	25.06	495.78	1.82
辽宁	44	65.69	35.94	8.34	2.32	1.56	2.45	18974.2	11.29	5.57	263.35	22.32	15.21	204.98	1.78
上海	104	74.06	35.98	17.84	4.78	2.28	4.8	51485.83	39.72	19.08	654.31	112.32	15.85	1303.32	2
江苏	50	60.79	34.07	6.8	2.13	1.47	3.17	24489.18	43.13	17.99	206.68	16.6	9.14	134.89	1.41
浙江	53	63.48	31.08	5.42	3.95	1.22	1.83	27435.38	7.94	7.63	257.65	22.66	5.82	79.01	1.72
山东	30	64.59	33.22	4.44	1.81	1.05	1.59	20022.57	9.17	5.69	117.73	9.76	8.41	106.36	1.34
广东	35	69.64	37.27	5.81	3.66	1.09	2.18	24327.32	35.67	24.99	117.51	20.4	5.08	122.33	1.47

对表 10-7 中各指标意义的解释如表 10-8 所示。

表 10-8 对表 10-7 中各指标意义的解释

指标	指标意义
x_1	每万人口科技活动人员数（人/万人）
x_2	从事科技活动人员中科学家工程师所占的比重（%）
x_3	R&D 人员占科技活动人员的比重（%）
x_4	大专以上学历人口数占总人口数的比重（%）
x_5	地方财政科技拨款占地方财政支出的比重（%）
x_6	R&D 经费总量占 GDP 的比重（%）
x_7	R&D 经费中基础研究经费所占的比重（%）
x_8	人均 GDP（元/人）
x_9	高技术产品出口额占商品出口额的比重（%）
x_{10}	规模以上产业增加值中高技术产业份额（%）
x_{11}	万名科技人员被国际三大检索工具收录的论文数（篇/万人）
x_{12}	每百万人口发明专利的授权量（件/百万人）
x_{13}	发明专利申请授权量占专利申请授权量的比重（%）
x_{14}	万人技术市场成交合同金额（万元/万人）
x_{15}	财政性教育经费支出占 GDP 的比重（%）

☞ 第 1 步 分析。

如题所述，要分析一个省市的科技创新力受哪些潜在因素的影响，可采用因子分析法。

☞ 第 2 步 数据组织。

建立 $x_1 \sim x_{15}$ 共 15 个数据变量和一个"省市"字符型变量，将北京、天津等 8 个省市作为个案数据输入并保存。

☞ 第 3 步 因子分析设置。

(1) 选择"分析"→"降维"→"因子"选项，打开"因子分析"对话框，将 15 个变量移入"变量"列表框中，表示对这 15 个数据变量进行因子分析。

(2) "因子分析:提取"对话框设置：单击"因子分析"对话框中的"提取"按钮，弹出此对话框，设置如图 10-8 所示。其中各项的意义在前面已解释过，这里不再赘述。与图 10-3 中的设置不同的是，在特征值的选取上，这里选择了"基于特征值"单选按钮，并将"特征值大于"数值框中的值设置为 1，表示提取特征值大于 1 的因子变量。

(3) "因子分析:旋转"对话框设置：单击"因子分析"对话框中的"旋转"按钮，弹出此对话框，设置如图 10-9 所示，现对其中各项解释如下。

① "方法"选区：选择旋转的方法，主要有以下几种。

- "无"：不进行因子旋转。
- "最大方差法"：也称正交旋转法。它将每个有最大负荷的因子变量数最小化，因此可以简化对因子的解释。
- "直接斜交法"：直接斜交旋转，选定该单选按钮，可以在下面的"Delta"数值框中输入 Delta 值，该值介于 0 和 1 之间，0 表示产生最大的相关系数。
- "四次幂极大法"：四分最大正交旋转。该法使每个变量中需要解释的因子数最少。
- "等量最大法"：平均正交旋转，是最大方差法和四次幂极大法的结合，表示全体旋转，对变量和因子均旋转。
- "最优斜交法"：比直接斜交旋转法的速度更快，因此适用于大数据的因子分析。选择该方法，并在其下的"Kappa"数值框内输入控制斜交旋转的参数，系统默认值为 4。

② "显示"选区：选择输出哪些结果。有以下两个选项。

- "旋转后的解"复选框：只有在"方法"选区中选择了一种旋转方法后，此选区才会被激活。对于正交旋转，输出旋转模型矩阵、因子转换矩阵；对于斜交旋转，输出模型、结构和因子相关矩阵。
- "载荷图"复选框：输出前 2 个因子的二维载荷图，或者前 3 个因子的三维载荷图，如果仅提取一个公共因子，则不输出载荷图。

图 10-8 "因子分析:提取"对话框

图 10-9 "因子分析:旋转"对话框

(4) "因子分析:因子得分"对话框设置：单击"因子分析"对话框中的"得分"按钮，弹出此对话框，选择"保存为变量"复选框，即将因子得分保存下来；选择"方法"选区中的"回归"单选按钮，表示以回归方法确定因子得分。

以上各项设置完成后提交系统运行。

☞ 第4步 主要结果及分析。

因子分析的运行结果如表 10-9~表 10-12 所示,具体分析如下。

(1) 表 10-9 是特征值与方差贡献率表,可以看出,前 3 个特征值大于 1,同时这 3 个公共因子的方差贡献率占了 93.924%,说明提取这 3 个公共因子可以解释原始变量包含的绝大部分信息。

表 10-9 特征值与方差贡献率表

成分	初始特征值			提取载荷平方和			旋转载荷平方和		
	总计	方差百分比	累积%	总计	方差百分比	累积%	总计	方差百分比	累积%
1	11.135	74.237	74.237	11.135	74.237	74.237	9.042	60.280	60.280
2	1.706	11.371	85.608	1.706	11.371	85.608	2.926	19.507	79.787
3	1.247	8.316	93.924	1.247	8.316	93.924	2.120	14.137	93.924
4	.508	3.386	97.310						
5	.205	1.365	98.675						
6	.125	.832	99.507						
7	.074	.493	100.000						
8	3.094E-16	2.063E-15	100.000						
9	2.059E-16	1.372E-15	100.000						
10	-1.870E-17	-1.246E-16	100.000						
11	-9.330E-17	-6.220E-16	100.000						
12	-1.048E-16	-6.988E-16	100.000						
13	-5.914E-16	-3.943E-15	100.000						
14	-9.606E-16	-6.404E-15	100.000						
15	-2.539E-15	-1.693E-14	100.000						

提取方法:主成分分析法。

(2) 表 10-10 是旋转前的因子载荷矩阵,其中的注释表明使用的是主成分分析法,3 个主成分被提取出来。

表 10-10 旋转前的因子载荷矩阵 [a]

	成分		
	1	2	3
x_1	.973	-.158	.052
x_2	.919	.036	-.090
x_3	.883	-.161	.334
x_4	.985	-.004	-.022
x_5	.482	.497	-.664
x_6	.947	-.242	.131
x_7	.972	-.108	.178
x_8	.849	.340	-.301
x_9	.300	.834	.386
x_{10}	.611	.637	.399
x_{11}	.955	-.001	-.211
x_{12}	.992	-.091	-.001
x_{13}	.876	-.282	.205
x_{14}	.968	-.156	.032
x_{15}	.859	-.092	-.385

提取方法:主成分分析法。
a. 提取了 3 个成分。

（3）表 10-11 是按照前面设定的最大方差法对因子载荷矩阵旋转的结果。在表 10-10 中，因子变量在许多变量上均有较大的载荷，从旋转后的因子载荷矩阵中可以看出，因子 1 在 x_1、x_3、x_4、x_6、x_7、x_{12}、x_{13}、x_{14} 上有较大的载荷，反映了科技投入与产出情况，可以命名为创新水平因子；因子 2 在 x_5、x_8、x_{15} 上有较大的载荷，反映了地区经济发展和财政科教投入水平，可以命名为创新环境因子；因子 3 在 x_9 和 x_{10} 上有较大的载荷，可以命名为高技术产业发展因子。

表 10-11 旋转后的因子载荷矩阵 [a]

	成分		
	1	2	3
x_1	.936	.286	.130
x_2	.776	.459	.202
x_3	.924	.016	.251
x_4	.867	.413	.221
x_5	.068	.940	.180
x_6	.966	.177	.095
x_7	.944	.202	.235
x_8	.541	.726	.327
x_9	.018	.137	.956
x_{10}	.377	.172	.876
x_{11}	.794	.558	.118
x_{12}	.913	.365	.161
x_{13}	.937	.071	.084
x_{14}	.926	.301	.119
x_{15}	.705	.626	-.069

提取方法：主成分分析法。
旋转方法：凯撒正态化最大方差法。
a. 旋转在 5 次迭代后已收敛。

（4）表 10-12 是因子转换矩阵，表明因子提取的方法是主成分分析法，旋转的方法是最大方差法。

表 10-12 因子转换矩阵

成分	1	2	3
1	.884	.403	.239
2	-.405	.400	.822
3	.236	-.823	.517

提取方法：主成分分析法。
旋转方法：凯撒正态化最大方差法。

（5）因子得分及综合因子得分情况：各因子的得分已保存在数据文件中。综合因子得分为 $F = 0.6028F_1 + 0.19507F_2 + 0.14137F_3$。可通过执行"转换"→"计算变量"命令进行计算并排序，其结果如表 10-13 所示。

表 10-13　因子得分及综合因子得分

省市	F_1	F_2	F_3	F	综合排序
山东	-0.344	-1.001	-0.945	-0.536	8
浙江	-0.791	0.905	-1.223	-0.473	7
江苏	-0.488	-1.024	1.073	-0.342	6
广东	-0.791	-0.104	1.202	-0.327	5
辽宁	-0.002	-0.500	-1.206	-0.269	4
天津	0.248	-0.275	0.572	0.177	3
上海	-0.136	1.947	0.481	0.366	2
北京	2.305	0.053	0.045	1.406	1

10.4　典型案例

10.4.1　医院工作质量评价分析

为了评价医院工作质量，某研究者收集了某医院某 3 年与医院工作质量相关的 9 个指标，分别是：x_1——门诊人次（万人），x_2——出院人数，x_3——病床利用率（%），x_4——病床周转次数，x_5——平均住院天数，x_6——治愈好转率（%），x_7——病死率（%），x_8——诊断符合率（%），x_9——抢救成功率（%）。具体数据如表 10-14 所示。试分析医院的工作质量究竟受哪些主要因素的影响。（参见数据文件 data10-3.sav。）

表 10-14　某医院某 3 年与医院工作质量相关的指标数据

年月	x_1	x_2	x_3	x_4	x_5	x_6	x_7	x_8	x_9
1-01	4.34	389	99.06	1.23	25.46	93.15	3.56	97.51	61.66
1-02	3.45	271	88.28	0.85	23.55	94.31	2.44	97.94	73.33
1-03	4.38	385	103.97	1.21	26.54	92.53	4.02	98.48	76.79
1-04	4.18	377	99.48	1.19	26.89	93.86	2.92	99.41	63.16
1-05	4.32	378	102.01	1.19	27.63	93.18	1.99	99.71	80
1-06	4.13	349	97.55	1.1	27.34	90.63	4.38	99.03	63.16
1-07	4.57	361	91.66	1.14	24.89	90.6	2.73	99.69	73.53
1-08	4.31	209	62.18	0.52	31.74	91.67	3.65	99.48	61.11
1-09	4.06	425	83.27	0.93	26.56	93.81	3.09	99.48	70.73
1-10	4.43	458	92.39	0.95	24.26	91.12	4.21	99.76	79.07
1-11	4.13	496	95.43	1.03	28.75	93.43	3.5	99.1	80.49
1-12	4.1	514	92.99	1.07	26.31	93.24	4.22	100	78.95
2-01	4.11	490	80.9	0.97	26.9	93.68	4.97	99.77	80.53
2-02	3.53	344	79.66	0.68	31.87	94.77	3.59	100	81.97
2-03	4.16	508	90.98	1.01	29.43	95.75	2.77	98.72	62.86
2-04	4.17	545	92.98	1.08	26.92	94.89	3.14	99.41	82.35
2-05	4.16	507	95.1	1.01	25.82	94.41	2.8	99.35	60.61
2-06	4.86	540	93.17	1.07	27.59	93.47	2.77	99.8	70.21
2-07	5.06	552	84.38	1.1	27.56	95.15	3.1	98.63	69.23
2-08	4.03	453	72.69	0.9	26.03	91.94	4.5	99.05	60.42
2-09	4.15	529	86.53	1.05	22.4	91.52	3.84	98.58	68.42

续表

年月	x_1	x_2	x_3	x_4	x_5	x_6	x_7	x_8	x_9
2-10	3.94	515	91.01	1.02	25.44	94.88	2.56	99.36	73.91
2-11	4.12	552	89.14	1.1	25.7	92.65	3.87	95.52	66.67
2-12	4.42	597	90.18	1.18	26.94	93.03	3.76	99.28	73.81
3-01	3.05	437	78.81	0.87	23.05	94.46	4.03	96.22	87.1
3-02	3.94	477	87.34	0.95	26.78	91.78	4.57	94.28	87.34
3-03	4.14	638	88.57	1.27	26.53	95.16	1.67	94.5	91.67
3-04	3.87	583	89.82	1.16	22.66	93.43	3.55	94.49	89.07
3-05	4.08	552	90.19	1.1	22.53	90.36	3.47	97.88	87.14
3-06	4.14	551	90.81	1.09	23.06	91.65	2.47	97.72	87.13
3-07	4.04	574	81.36	1.14	26.65	93.74	1.61	98.2	93.02
3-08	3.93	515	76.87	1.02	23.88	93.82	3.09	95.46	88.37
3-09	3.9	555	80.58	1.1	23.08	94.38	2.06	96.82	91.79
3-10	3.62	554	87.21	1.1	22.5	92.43	3.22	97.16	87.77
3-11	3.75	586	90.31	1.12	23.73	92.47	2.07	97.14	93.89
3-12	3.77	627	86.47	1.24	23.22	91.17	3.4	98.98	89.8

案例分析：研究者一共收集了 9 个指标，如果直接用这 9 个指标进行评价，则由于指标太多，一是会给数据收集和评价的计算量带来麻烦，二是部分指标之间具有较强的相关性而会对评价结果的正确性产生影响。所以，有必要对这 9 个指标进行降维处理，可采用主成分分析或因子分析进行，找出主成分或公共因子后进行评价。

10.4.2　各省、自治区、直辖市市政设施建设状况分析

为了了解我国各省、自治区、直辖市市政设施建设状况，选取了各省、自治区、直辖市的 6 个指标进行统计分析，分别是：x_1——年末实有道路长度（万千米），x_2——年末实有道路面积（万平方米），x_3——城市桥梁（座），x_4——城市排水管道长度（万千米），x_5——城市污水日处理能力（万立方米），x_6——城市路灯（盏）。具体数据如表 10-15 所示，请分析各省、自治区、直辖市市政设施建设状况。（参见数据文件 data10-4.sav。）

表 10-15　某年各省、自治区、直辖市市政设施建设指标

省、自治区、直辖市	x_1	x_2	x_3	x_4	x_5	x_6
北京	0.81	14302	2271	1.55	461.7	239840
天津	0.76	14019	953	1.95	285.9	350682
河北	1.34	31570	1410	1.70	564.4	660167
山西	0.73	15039	657	0.79	244.9	584263
内蒙古	0.93	19793	349	1.25	212.0	721653
辽宁	1.69	30585	1637	1.71	831.4	1580767
吉林	0.89	17010	776	1.03	334.5	502560
黑龙江	1.24	18651	1065	1.03	736.9	635808
上海	0.50	10317	2524	1.69	785.0	532032
江苏	4.07	75052	14630	7.00	1673.2	3391262
浙江	2.05	39293	10283	3.82	882.1	1458067
安徽	1.34	31010	1620	2.44	646.2	848632

续表

省、自治区、直辖市	x_1	x_2	x_3	x_4	x_5	x_6
福建	0.84	16303	1816	1.33	380.8	718378
江西	0.82	17436	827	1.20	272.9	649981
山东	4.04	80847	5212	5.22	1004.2	1864921
河南	1.23	29915	1374	2.05	649.8	863653
湖北	1.79	31852	1952	2.30	656.0	530996
湖南	1.14	21333	827	1.32	586.7	182019
广东	3.89	70003	6259	5.36	1974.6	2301867
广西	0.82	17003	832	1.06	689.6	627042
海南	0.24	5070	226	0.38	93.4	181211
重庆	0.77	16128	1433	1.30	273.8	511560
四川	1.34	27937	2081	2.25	565.9	984428
贵州	0.35	7201	683	0.59	144.0	421684
云南	0.62	12690	693	1.15	245.2	473939
西藏	0.10	1891	18	0.14	7.4	59648
陕西	0.65	14602	743	0.80	337.5	638418
甘肃	0.45	9650	540	0.56	160.2	296520
青海	0.10	1970	144	0.17	41.9	120010
宁夏	0.21	6376	188	0.16	82.0	266358
新疆	0.74	12827	489	0.65	241.3	562837

案例分析：如果直接使用原始数据对这 31 个省、自治区、直辖市市政设施建设状况进行评价，那么不但会使问题变得烦琐，而且不便于分析这几个指标对其他相关指标的影响。为此，可以首先进行因子分析（或主成分分析），提取出几个公共因子（或主成分），并在提取的公共因子（或主成分）的基础上进行回归分析，然后根据综合评价高低对各省、自治区、直辖市市政建设状况进行排序。

10.4.3 大学生的价值观分析

为了研究大学生的价值观，某研究者抽样调查了 20 名大学生关于价值观的 9 项检验结果，包括合作性（x_1）、对分配的看法（x_2）、行为出发点（x_3）、工作投入程度（x_4）、对发展机会的看法（x_5）、对社会地位的看法（x_6）、权力距离（x_7）、对职位升迁的态度（x_8）、领导风格的偏好（x_9），分值区间为[1, 20]。具体数据如表 10-16 所示。请分析影响大学生价值观的因素。（参见数据文件 data10-5.sav。）

表 10-16　20 名大学生价值观检验数据

序号	x_1	x_2	x_3	x_4	x_5	x_6	x_7	x_8	x_9
1	16	16	13	18	16	17	15	16	16
2	18	19	15	16	18	18	18	17	19
3	17	17	17	14	17	18	16	16	16
4	17	17	17	16	19	18	19	20	19
5	16	15	16	16	18	18	15	16	16
6	20	17	16	17	18	18	17	19	18
7	18	16	16	20	15	16	19	14	17

续表

序号	x_1	x_2	x_3	x_4	x_5	x_6	x_7	x_8	x_9
8	20	18	18	17	18	19	18	19	18
9	14	16	15	19	19	19	18	19	14
10	19	19	20	14	18	20	19	17	20
11	19	19	14	14	16	17	16	17	18
12	15	15	18	16	18	18	19	17	18
13	16	17	15	17	15	18	15	14	13
14	17	14	12	14	14	14	15	15	13
15	14	16	14	15	16	16	17	16	17
16	10	11	13	18	17	20	17	16	20
17	16	17	15	16	14	16	14	15	17
18	15	16	15	17	16	16	16	15	16
19	16	19	18	15	17	12	19	18	18
20	16	16	13	18	16	17	15	16	16

10.5 思考与练习

1．主成分分析和因子分析常用来解决什么问题？它们的目的是什么？
2．在用 SPSS 进行主成分分析时应注意哪些问题？
3．已知影响粮食产量的指标有：x_1——农村劳动力（万人），x_2——播种面积（万亩），x_3——有效灌溉面积（万亩），x_4——化肥施用量（万吨），x_5——大牲畜存栏数（万头），x_6——生猪存栏数（万头）。今调查某省 10 个产粮区的数据如表 10-17 所示，试分别对其进行主成分分析和因子分析。（参见数据文件 data10-6.sav。）

表 10-17　某省 10 个产粮区的数据

编号	x_1	x_2	x_3	x_4	x_5	x_6
1	74.94	498.19	9.25	119.47	39.26	48.13
2	77	129.64	6.7	88.08	23.91	35.84
3	81.82	201.11	12.9	148.26	42.53	39.03
4	78.42	203.45	14.93	158.87	44.64	56.56
5	81.44	619.48	6.65	128.55	61.17	85.18
6	84.71	467.02	6.17	111.99	56.54	62.94
7	77.33	508.17	6.32	126.86	48.22	43.16
8	84.65	613.55	8.25	187.19	54.61	40.33
9	85.55	202.27	4.49	88.5	30.79	21.3
10	73.55	319.48	4.13	107.61	23.08	37.23

4．某研究机构从载文量、基金论文比等 8 个指标对 15 所高校学报的学术影响力进行了研究，具体数据如表 10-18 所示，从中提取出能够体现期刊学术影响水平的潜在因素，即公共因子。（参见数据文件 data10-7.sav。）

表 10-18　15 所高校学报的 8 项学术影响力指标

学报编号	载文量	基金论文比	被引期刊数	总被引频次	影响因子	即年指标	被引半衰期	Web 即年下载率
1	258	1.8	586	1158	0.529	0.039	4.6	45.4
2	279	0.72	625	1052	0.537	0.054	4.7	36.9
3	153	0.78	279	407	0.365	0.033	4.8	30.8
4	450	1	597	1461	0.593	0.058	4.5	49.5
5	226	0.82	727	1503	0.756	0.088	5	47.6
6	82	0.65	139	155	0.172	0	5.5	27.4
7	128	0.23	123	148	0.249	0.078	3	28.3
8	62	0.44	159	211	0.272	0	4.2	17.8
9	155	0.59	309	453	0.324	0.019	4.5	31.6
10	453	0.77	931	2113	0.502	0.06	5	41.2
11	160	0.99	573	1026	0.518	0.075	6.1	29.7
12	334	0.85	762	1646	0.726	0.057	4.8	40.7
13	290	0.66	480	893	0.421	0.048	4.9	31.4
14	130	0.6	302	982	0.657	0.062	5.6	30.2
15	181	0.55	367	726	0.395	0.022	5.1	37.6

第 11 章 时间序列分析

时间序列分析是多元统计分析的一项重要内容，时间序列是指按时间顺序取得的观测资料的集合。很多数据以时间序列形式呈现，如货运码头的逐月吞吐量、公路交通事故次数周度报告、城市空气污染物的日均值序列、医院每日门诊接诊人数序列、地区工业总产值的年度数据序列、逐年人口统计资料等。时间序列区别于普通资料的本质特征是其相邻观测值之间的依赖性或相关性，这种特征使得时间序列资料的统计分析方法区别于一般数据的统计分析方法。事实上，有关时间序列分析的特殊技巧几乎都是基于对自相关性处理的技巧。分析时间序列数据可以从运动的角度认识事物的本质，如几个时间序列之间的差别、一个较长时间序列的周期性，或者对未来情况进行预测。

本章对时间序列数据的预处理、指数平滑法、自回归综合移动平均（ARIMA）法及季节分解法进行介绍。

11.1 时间序列的建立和平稳化

在对数据用时间序列模型进行拟合前，应先对数据进行必要的观察和预处理，直到其平稳（判断序列是否平稳可以看它的均值和方差是否不再随时间的变化而变化，自相关系数是否只与时间间隔有关而与所处的时间无关），再用这些模型对其进行分析。因此，根据数据建模前预处理工作的先后顺序，将预处理分为 3 个步骤：首先，对有缺失值的数据进行补齐；其次，将数据资料定义为相应的时间序列；最后，对时间序列数据的平稳性进行计算和观察。如果数据文件中存在一个变量，其值是按某一时间间隔采集的，则不仅要进行时间序列分析，还要有一个表明采集时间的日期变量。

11.1.1 填补缺失值

时间序列分析中的缺失值不能采用通常的删除方法来解决，因为这样会导致原有时间序列的周期遭到破坏，而无法得到正确的分析结果。

【例 11-1】 表 11-1 所示为某企业 2008—2020 年的月销售数据（单位：百万元），共 156 个观测值。（参见数据文件 data11-1.sav。）

表 11-1 某企业 2008—2020 年的月销售数据

	1月	2月	3月	4月	5月	6月	7月	8月	9月	10月	11月	12月
2008	39.01	44.24	39.5	38.25	38.04	44.15	43.52	46.65	42.3	41.87	39.52	35.18
2009	44.25	43.42	38.9	39.81	39.25	40.96	42.71	45.06	42.49	43.14	43.04	35.31
2010	40.09	46.62	39.65	37.19	39.08	43.7	44.49	49.65	44.46	44.69	42.01	38.17
2011	44.72	47.35	40.44	42.56	44.1	45.65	45.48	50.65	47.37	48.99	46.14	42.03
2012	48.94	52.56	41.4	44.72	41.85	50.92	51.47	55.87	49.91	51.23	50.44	44.63
2013	50.77	53.79	47.13	46.29	50.47	53	53.55	53.49	51.34	55.42	50.94	47.73

续表

	1月	2月	3月	4月	5月	6月	7月	8月	9月	10月	11月	12月
2014	55.45	59.83	50.91	50.55	51.18	56.49	60.57	61.63	56.86	57.02	56.34	50.29
2015	58.36	62.29	55.88	57.32	56.39	63.28	63.69	65.9	64.45	65.09	60.57	58.17
2016	67.68	68.83	62.67	63.16	61.96	68.44	72.08	68.76	70.98	71.81	68.36	62.73
2017	69.59	75	70.08	68.14	68.97	77.88	77.4	78.73	78.4	80.69	72.46	73.21
2018	78.21	82.27	77.18	75.03	77.68	80.97	85.07	88.33	83.34	85.7	80.5	77.18
2019	86.72	90.2	85.22	80.38	82.78	90.55	92.07	92.74	91.77	92.96	89.69	83.62
2020	94.28	98.89	91.09	93.84	94.17	103.06	102.29	102.31	100.15	101.03	101.27	97.94

☞ 第1步 观测是否有缺失值。

由表 11-1 可知并没有缺失数据，为了练习，请读者自己删除几个数据后进行相应的练习。

☞ 第2步 数据组织。

将数据组织成 3 列，第 1 列是"年份"，第 2 列是"月份"，第 3 列是"销售额"，输入数据并保存。

☞ 第3步 缺失数据填补的设置。

选择"转换"→"替换缺失值"选项，打开"替换缺失值"对话框，将"销售额"变量移入"新变量"列表框，如图 11-1 所示。

替换缺失值后，会增加一个新变量"销售额_1"。缺失值的替换根据不同的方法会得到不同的结果，SPSS 一共提供了 5 种方法：序列平均值、邻近点的平均值、邻近点的中位数、线性插值、邻近点的线性趋势。如果选择了邻近点的平均值和邻近点的中位数两种方法，那么还需要在下面填上邻近点的跨度值。系统默认的方法为序列平均值，如果要换成其他方法，则在选择相应的方法后，单击"变化量"按钮。

图 11-1 "替换缺失值"对话框

具体过程和结果请读者自己练习。

11.1.2 定义日期变量

定义日期模块可以产生周期性的时间序列日期变量。使用"定义日期"对话框定义日期变量，需要在数据编辑窗口读入一个按某种时间顺序排列的数据文件，数据文件中的变量名不能与系统默认的时间变量名重复，否则系统建立的日期变量会覆盖同名变量。系统默认的时间变量名有"年"、"年,季度"、"年,月"、"年,季度,月"、"天"、"周,日"和"日,小时"等。

【例 11-2】 沿用例 11-1 的数据文件，试定义日期变量。

☞ 第1步 定义日期变量。

选择"数据"→"定义日期和时间"选项，打开"定义日期"对话框，设置如图 11-2 所示。由于本例中的数据是从 2008 年开始的，每个月均有一个销售额数据，所以时间为"年,月"类型，且起始年为 2008 年，起始月为 1 月。

☞ 第 2 步 结果及分析。

运行完成后，在数据文件中增加了 3 个变量，分别是"YEAR_"、"MONTH_"和"DATE_"，具体如图 11-3 所示。

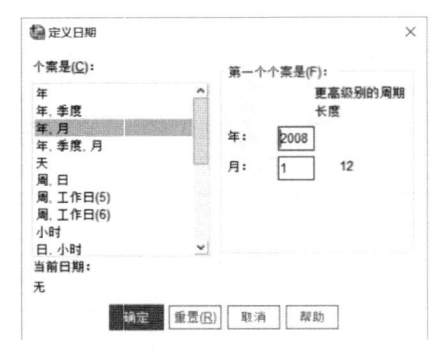

图 11-2 "定义日期"对话框

图 11-3 定义日期变量后的数据结果（部分）

11.1.3 创建时间序列

时间序列分析建立在序列平稳的条件下。在时间序列分析中，为检验时间序列的平稳性，经常要用一阶差分、二阶差分，有时为选择一个合适的时间序列模型，还要对原始时间序列数据进行对数转换或平方转换等。这就需要在已经建立的时间序列数据文件中再建立一个新的时间序列变量。

【例 11-3】 沿用例 11-1 的数据，为销售额创建一个时间序列。

☞ 第 1 步 创建时间序列。

选择"转换"→"创建时间序列"选项，打开"创建时间序列"对话框，将"销售额"变量移入右侧的"变量->新名称"列表框，并在"函数"下拉列表中选择相应的函数。此处选择"中心移动平均值"选项，并将跨度设为 5，之后单击"变化量"按钮，设置情况如图 11-4 所示。

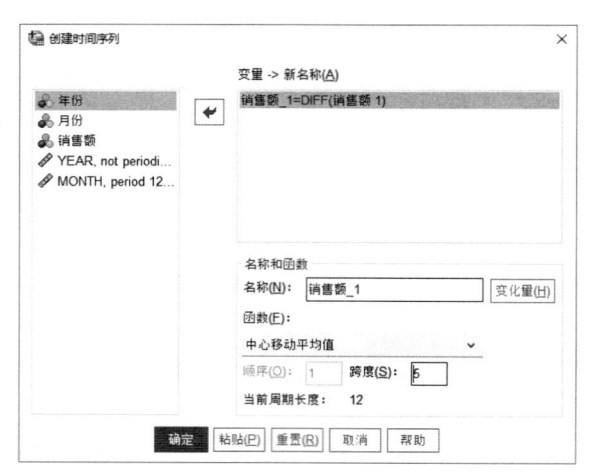

图 11-4 "创建时间序列"对话框

现对"函数"下拉列表中的方法解释如下。

● "差异"：产生差分序列。

第 11 章 时间序列分析

- "季节性差异":产生季节性差分序列,需要在"顺序"数值框中输入差分的阶。
- "中心移动平均值":产生以当前值为中心的移动平均序列,需要在"跨度"数值框中输入跨度参数。
- "前移动平均值":产生以当前值之前的相邻值计算的移动平均序列,需要在"跨度"数值框中输入跨度参数,在序列的开始处会产生与窗口宽度相等数目的缺失值。
- "运行中位数":类似中心移动平均值法,只不过此处计算的是相应的中位数。
- "累计求和":计算累计和序列(当前值及所有历史值之和)。
- "延迟":产生滞后序列。
- "提前":产生领先序列。
- "平滑":产生基于混合数据平滑法计算的平滑序列。

☆说明☆

通常讲的差分是当前数据减去前一时间数据的含义,即差分间隔为 1;而季节性差分为当前"季节"减去前一"季节"的结果,差分间隔和季节周期的选取有关,如果数据按天计,周期为周,则季节性差分间隔为 7。差分的阶是指差分的次数,一阶差分为对原始数据做一次差分处理,二阶差分为对一阶差分序列再次做一次差分处理,等等。差分的阶和差分间隔是两个不同的概念,差分序列必然会产生一定数量的缺失值,缺失值的数量 = 差分间隔×差分的阶。

☞ 第 2 步 结果及分析。

运行完成后,在数据文件中增加了 1 个按跨度为 5 的中心移动平均值计算出的时间序列变量,变量名为"销售额_1"。

☞ 第 3 步 序列图分析。

选择"分析"→"时间序列预测"→"序列图"选项,打开"序列图"对话框,将"销售额"和"销售额_1"(第 2 步生成的时间序列变量)变量移到右侧的"变量"列表框中,并将已定义的日期变量设为"时间轴标签",提交系统运行,结果如图 11-5 所示,可看出销售额数据被平滑处理了。

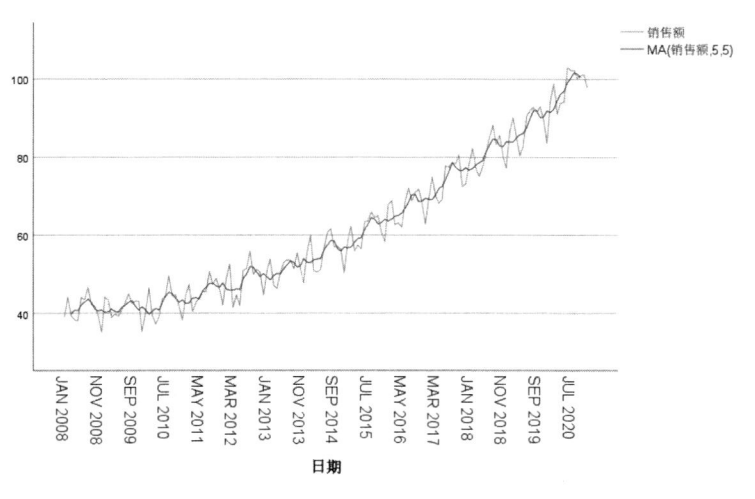

图 11-5 运行结果

11.2 指数平滑法

11.2.1 基本概念及统计原理

1．基本概念

指数平滑法的思想来源于对移动平均法的改进。在用当前值和历史值预测未来值时，移动平均法面临两个难题：其一是当前值和历史值的权重相等，这是不合理的，一般而言，未来值总是和邻近时点的值关系更密切；其二是无法令人信服地确定窗口宽度，如使用 5 日移动平均值还是 15 日移动平均值难有定论，而且，如果使用 5 日移动平均值，那么 5 日之前的观测值等于赋予权重 0，而 5 日内的观测值均有相等的权重 0.2，这也和实际情况相悖。指数平滑法的思想是以无穷大为宽度，各历史值的权重随时间的推移呈指数级衰减，这样就解决了移动平均法面临的两个难题。

2．统计原理

指数平滑法用公式表达为

$$\hat{z}_{t+1} = \frac{\sum_{j=0}^{\infty} \theta^j z_{t-j}}{\sum_{j=0}^{\infty} \theta^j} = (1-\theta)\sum_{j=0}^{\infty} \theta^j z_{t-j} \tag{11-1}$$

式中，$0 \leq \theta \leq 1$；$j = 0, 1, 2, \cdots$；$t = 1, 2, \cdots,\ t > j$。

时间序列自身一般有随机波动、长期（线性或非线性）趋势和周期性（稳定性和不稳定性）波动 3 方面的特征。

指数平滑法使用的模型很多，为了简单明了，现对最常见的简单模型和霍尔特线性趋势模型解释如下。

（1）简单模型。

简单模型是在移动平均法的基础上发展而来的一次指数平滑法，它假定所研究的时间序列数据集无趋势或季节变化，其公式为

$$\hat{z}_{t+1} = \alpha z_t + (1-\alpha)\hat{z}_t \tag{11-2}$$

它打破了移动平均法用来预测的 N 个历史观测值中每个权重都相等的问题，而早于 $(t-N+1)$ 期的观测值的权数都等于零，只适用于线性估计的局限。它体现了对未来的估计，最近的观测值要比较早的观测值的影响更大，在预测时应赋予更大权重的思想。如果用分量代替 $\hat{z}_t$，则将式（11-2）展开可得

$$\hat{z}_{t+1} = \alpha z_t + (1-\alpha)[\alpha z_{t-1} + (1-\alpha)\hat{z}_{t-1}] \tag{11-3}$$

进一步可将上式改写为

$$\hat{z}_{t+1} = \alpha z_t + \alpha(1-\alpha)z_{t-1} + \alpha(1-\alpha)^2 z_{t-2} + \cdots + \alpha(1-\alpha)^{N-1}\hat{z}_{t-N+1} \tag{11-4}$$

由式（11-4）可知，每一递推观测值的权重都按指数规律递减，这就是指数平滑得名的原因。

（2）霍尔特线性趋势模型。

霍尔特双参数线性指数平滑法适用于有线性趋势、无季节变化的时间序列的预测。它可以用不同的参数对原始时间序列的趋势进行平滑，具有很高的灵活性。在此法中要用到两个参数 α、γ（在 0～1 之间取值）和 3 个方程：

$$\hat{z}_t = \alpha z_t + (1-\alpha)(\hat{z}_{t-1} + \hat{b}_{t-1}),\ \hat{z}_1 = z_1,\ 0 \leq \alpha \leq 1 \tag{11-5}$$

$$\hat{b}_t = \gamma(\hat{z}_t - \hat{z}_{t-1}) + (1-\gamma)\hat{b}_{t-1}, \quad \hat{b}_1=0, \ 0 \leqslant \gamma \leqslant 1 \qquad (11\text{-}6)$$

$$\hat{z}_{t+m} = \hat{z}_t + \hat{b}_t m \qquad (11\text{-}7)$$

式（11-5）利用前一趋势值 $\hat{b}_{t-1}$ 直接修正 $\hat{z}_t$，即将 $\hat{b}_{t-1}$ 加在前一平滑值 $\hat{z}_{t-1}$ 上，用来消除滞后，且使 $\hat{z}_t$ 值近似达到最新数据值 z_t。式（11-6）用来修正趋势值 $\hat{b}_t$，趋势值用相邻两次平滑值之差来表示。式（11-7）进行预测，预测值为基础值加上趋势值乘以预测超前期数。

11.2.2　SPSS 实例分析

【例 11-4】　表 11-2 是我国 2003—2022 年私人汽车拥有量数据，试用指数平滑法对我国私人汽车拥有量进行预测分析。（参见数据文件 data11-2.sav。）

表 11-2　我国 2003—2022 年私人汽车拥有量数据　　　　　单位：万辆

年份	私人汽车拥有量	年份	私人汽车拥有量
2003	1219.23	2013	10501.68
2004	1481.66	2014	12339.36
2005	1848.07	2015	14099.1
2006	2333.32	2016	16330.22
2007	2876.22	2017	18515.11
2008	3501.39	2018	20574.93
2009	4574.91	2019	22508.99
2010	5938.71	2020	24291.19
2011	7326.79	2021	26152.02
2012	8838.6	2022	27792.11

☞ 第 1 步　数据组织。

将数据组织成两列，一列是"年份"，另一列是"私人汽车拥有量（万辆）"，输入数据并保存。

☞ 第 2 步　分析。

看用指数平滑法处理是否恰当。按 11.1.3 节所述创建私人汽车拥有量序列图，如图 11-6 所示。从图 11-6 中可以看出，私人汽车拥有量呈逐年增加的趋势，开始增长较慢，然后变快，近似线性趋势，也可以说呈线性增长趋势，或者用指数趋势描述更准确。因此可选用指数平滑法进行处理。

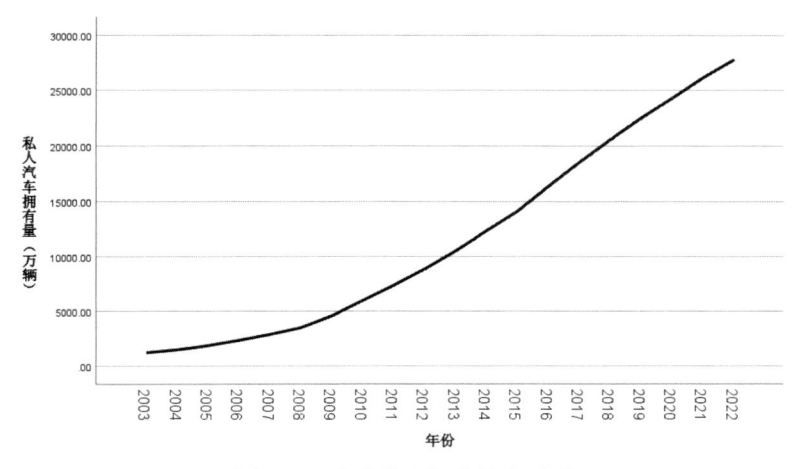

图 11-6　私人汽车拥有量序列图

☞ 第 3 步　定义日期变量。

按 11.1.2 节所述将"年份"定义为日期变量。

☞ 第 4 步　指数平滑法设置。

选择"分析"→"时间序列预测"→"创建传统模型"选项，打开"时间序列建模器"对话框，并按图 11-7 进行设置。现将该对话框中的各项解释如下。

（1）"变量"选项卡设置：包括要选择的因变量，本例中将"私人汽车拥有量（万辆）"设为因变量。

① "方法"下拉列表：时间序列方法的选择，其中包括 3 种方法，此处设置为指数平滑法。现对几种方法解释如下。

- 专家建模器：自动查找每个相依序列的最佳拟合模型。专家建模器既考虑指数平滑法模型，又考虑 ARIMA 模型。
- 指数平滑法：可指定定制的指数平滑法模型，即可以从各种指数平滑法模型中选择，它们在处理趋势和季节性上有所不同。
- ARIMA：可指定定制的 ARIMA 模型。其中包含显式指定自回归的阶和移动平均的阶，以及差分度。该选项建模可以包含自变量（预测变量）并为它们当中的任何一个或全部定义转换函数。

② 条件设置：单击图 11-7 中的"条件"按钮，打开"时间序列建模器:指数平滑条件"对话框，这里选择霍尔特线性趋势模型，设置如图 11-8 所示。

图 11-8 中包含了两个大的选区，即"模型类型"和"因变量转换"，现对各项解释如下。

指数平滑法模型（Gardner, 1985）分为季节性模型和非季节性模型。季节性模型只有在为活动数据集定义周期后才可用。

- 简单模型：适用于没有趋势或季节性的时间序列。
- 霍尔特线性趋势模型：适用于具有线性趋势且没有季节性的时间序列，其平滑参数是水平和趋势，不受相互之间值的约束。霍尔特（Holt）线性趋势模型比布朗（Brown）线性趋势模型更通用，但在计算大序列时花的时间更长。
- 布朗线性趋势模型：适用于具有线性趋势且没有季节性的时间序列，其平滑参数是水平和趋势，并假定二者等同。因此，布朗线性趋势模型是霍尔特线性趋势模型的特例。
- 衰减趋势模型：适用于具有线性趋势的时间序列，该线性趋势正逐渐消失且没有季节性。
- 简单季节性模型：适用于没有线性趋势且季节性影响随时间变动保持恒定的时间序列，其平滑参数是水平和季节。
- 温特斯加性模型：适用于具有线性趋势和不依赖序列水平的季节性效应的时间序列，其平滑参数是水平、趋势和季节。
- 温特斯乘性模型：适用于具有线性趋势和依赖序列水平的季节性效应的时间序列。
- 当前周期长度：指示当前为活动数据集定义的周期长度。
- 因变量转换：可以指定在建模之前对每个因变量执行的转换，包括不执行转换、平方根转换、自然对数转换几种方法。

（2）"统计"选项卡设置：如图 11-9 所示。

第 11 章 时间序列分析

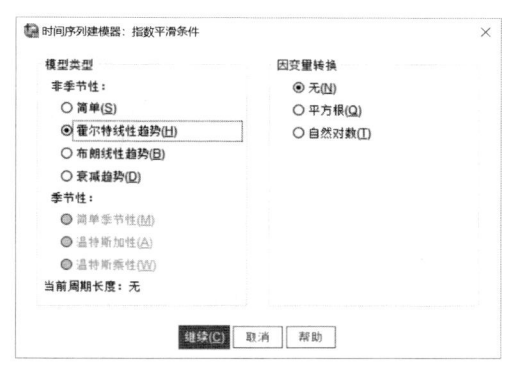

图 11-7 "时间序列建模器"对话框　　图 11-8 "时间序列建模器:指数平滑条件"对话框

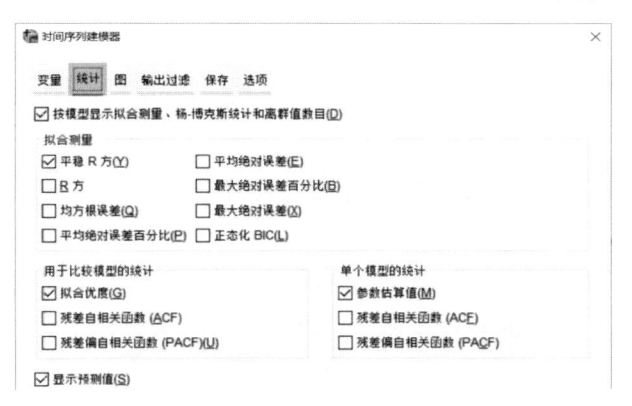

图 11-9 "统计"选项卡设置

现对其中各项解释如下。

① "按模型显示拟合测量、杨-博克斯统计和离群值数目"复选框：选中此复选框可显示包含每个估计模型的所选拟合测量、杨-博克斯（Ljung-Box）值及离群值数目的表。

② "拟合测量"选区：用于选择拟合度量的方法，主要包括以下几种。

- "平稳 R 方"度量：将模型的平稳部分与简单均值模型相比较的测量。当具有趋势或季节性模式时，该度量适用于普通 R^2。固定的 R^2 可以是 $-\infty \sim 1$ 范围内的负值。负值表示考虑中的模型比基线模型差，正值表示考虑中的模型比基线模型好。
- "R 方"度量：总变动在由模型解释的序列中的比例估计。当序列很平稳时，此度量最有用。
- "均方根误差"度量：度量因变量序列与其模型预测水平的差别程度，用与因变量序列相同的单位表示。
- "平均绝对误差百分比"度量：度量因变量序列与其模型预测水平的差别程度。但是它与因变量使用的单位无关，因此可用于比较具有不同单位的序列。
- "平均绝对误差"度量：度量序列与其模型预测水平的差别程度。

- "最大绝对误差百分比"度量：最大的预测误差，以百分比表示。
- "最大绝对误差"度量：最大的预测误差，以与因变量序列相同的单位表示。
- "正态化 BIC"度量：贝叶斯信息准则，用于在有限模型集合中选择最佳模型的方法。它是基于均方误差的分数，包括模型中参数数量的罚分和序列长度。罚分去除了具有更多参数的模型优势，从而可以容易地比较相同序列的不同模型的统计量。

③ "用于比较模型的统计"选区：用于控制输出的统计信息表，其中的每个选项分别生成单独的表，可以选择其中的一个或多个。

- "拟合优度"复选框：显示包含固定的 R^2 等拟合优度表。
- "残差自相关函数"复选框：显示所有估计模型中残差的自相关摘要统计和百分位表。
- "残差偏自相关函数"复选框：显示所有估计模型中残差的部分自相关摘要统计和百分位表。

④ "单个模型的统计"选区：用于控制如何显示包含每个估计模型的详细信息的表，其中的每个选项分别生成单独的表，可以选择其中的一个或多个。

- "参数估算值"复选框：显示每个估计模型的参数估计值的表，为指数平滑法和 ARIMA 模型显示不同的表。如果存在离群值，则它们的参数估计值也将在单独的表中显示。
- "残差自相关函数"复选框：按每个估计模型的延迟显示残差自相关表。该表包含自相关的置信区间。
- "残差偏自相关函数"复选框：按每个估计模型的延迟显示残差的部分自相关表。该表包含部分自相关的置信区间。

⑤ "显示预测值"复选框：显示每个估计模型的模型预测和置信区间的表。预测期在"选项"选项卡中进行设置。

（3）"图"选项卡设置：在"图"选项卡中选择"序列"、"实测值"、"预测值"和"拟合值"4 项。其中各项的解释与"统计"选项卡类似。

（4）"保存"选项卡设置：如图 11-10 所示，将"预测值"保存到数据文件中。这里可以保存的变量有"预测值"、"置信区间下限"、"置信区间上限"和"噪声残值"4 项。

图 11-10 "保存"选项卡

(5)"选项"选项卡设置：具体设置如图 11-11 所示。该选项卡用于设置预测期、指定缺失值的处理方法、设置置信区间宽度、指定模型标识的定制前缀、ACF 和 PACF 输出中显示的最大延迟数。此例中设置预测期到 2024 年，其他采用默认设置。

图 11-11 "选项"选项卡

在"预测期"选区中，有以下两个单选按钮。
- "评估期结束后的第一个个案到活动数据集中的最后一个个案"单选按钮：如果评估期在活动数据集中的最后一个个案之前结束，而我们需要直到最后一个个案的预测值，则需要选择此单选按钮。此单选按钮通常用来生成保持期的预测，以便将模型预测与实际值子集进行比较。
- "评估期结束后的第一个个案到指定日期之间的个案"单选按钮：选择此单选按钮可显式指定预测期结束。此单选按钮通常用于在实际序列结束后生成预测，在"日期"网格中为所有单元格输入值。

所有这些选项卡设置完成后提交系统运行。

☞ 第 5 步 主要结果及分析。

本例主要的运行结果如表 11-3～表 11-7 及图 11-12、图 11-13 所示，具体分析如下。

（1）表 11-3 是模型描述表，表示对"私人汽车拥有量（万辆）"变量进行指数平滑处理，使用的是霍尔特线性趋势模型。

表 11-3 模型描述表

			模型类型
模型 ID	私人汽车拥有量（万辆）	模型_1	霍尔特

（2）表 11-4 是模型的拟合情况，包含 8 个拟合情况度量指标，其中"平稳 R 方"的值为 −0.169，"R 方"的值为 1，并给出了每个度量模型的百分位数。

表 11-4 模型的拟合情况

拟合统计	平均值	标准误差	最小值	最大值	百分位数						
					5	10	25	50	75	90	95
平稳 R 方	-0.169	.	-0.169	-0.169	-0.169	-0.169	-0.169	-0.169	-0.169	-0.169	-0.169
R 方	1	.	1	1	1	1	1	1	1	1	1
RMSE	201.341	.	201.341	201.341	201.341	201.341	201.341	201.341	201.341	201.341	201.341
MAPE	2.048	.	2.048	2.048	2.048	2.048	2.048	2.048	2.048	2.048	2.048
MaxAPE	9.802	.	9.802	9.802	9.802	9.802	9.802	9.802	9.802	9.802	9.802
MAE	143.668	.	143.668	143.668	143.668	143.668	143.668	143.668	143.668	143.668	143.668
MaxAE	471.12	.	471.12	471.12	471.12	471.12	471.12	471.12	471.12	471.12	471.12
正态化 BIC	10.91	.	10.91	10.91	10.91	10.91	10.91	10.91	10.91	10.91	10.91

（3）表 11-5 是模型统计量表，可以看出，模型的"平稳 R 方"的值为-0.169。另外，表 11-5 中还给出了拟合统计量及杨-博克斯统计情况，可看出其显著性概率为 0.448。此外，所有数据中的离群值都小于 0.001（孤立点）。

表 11-5 模型统计量表

模型	预测变量数	模型拟合度统计	杨-博克斯 Q(18)			离群值数
		平稳 R 方	统计	DF	显著性	
私人汽车拥有量（万辆）_模型_1	0	-.169	16.077	16	.448	<.001

（4）表 11-6 是指数平滑法模型参数，可以看出，α 取值为 0.999，γ 取值为 1.000，从对应的显著性概率可看出均较小，说明两个参数具有一定的显著意义。由此，根据式（11-5）可得 $\hat{z}_t = \alpha z_t$。

表 11-6 指数平滑法模型参数

模型			估算	标准误差	t	显著性
私人汽车拥有量（万辆）_模型_1	不转换	Alpha（水平）	.999	.253	3.946	<.001
		Gamma（趋势）	1.000	.491	2.036	.057

（5）表 11-7 是预测数据，给出了 2023 年和 2024 年"私人汽车拥有量（万辆）"变量的预测值、上区间和下区间值。

表 11-7 预测数据

模型		2016	2017
私人汽车拥有量（万辆）_模型_1	预测	15858.98	17618.82
	UCL	16174.84	18324.88
	LCL	15543.11	16912.76

对于每个模型，预测从所请求估算期范围内的最后一个非缺失值之后开始，并结束于最后一个所有预测变量都有可用的非缺失值的周期，或者在所请求预测期的结束日期结束，以较早者为准。

（6）图 11-12 是实测值、拟合值与预测值序列图，可发现该模型对历史数据的拟合较好。

（7）图 11-13 展示了按指数平滑法预测的 2023 年和 2024 年"私人汽车拥有量（万辆）"保存在文件中的数据。

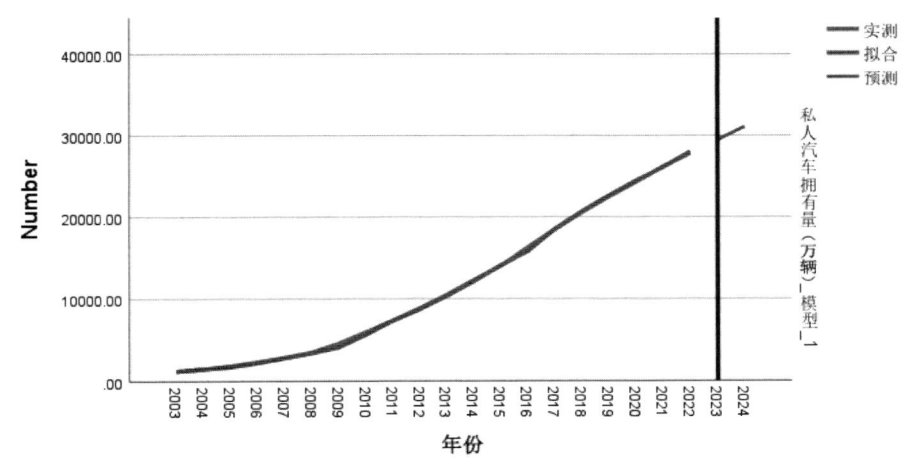

图 11-12 实测值、拟合值与预测值序列图

年份	私人汽车拥有量（万辆）	YEAR_	DATE_	预测_私人汽车拥有量（万辆）_模型_1
2003	1219.23	2003	2003	1219.15
2004	1481.66	2004	2004	1481.73
2005	1848.07	2005	2005	1744.09
2006	2333.32	2006	2006	2214.31
2007	2876.22	2007	2007	2818.46
2008	3501.39	2008	2008	3419.12
2009	4574.91	2009	2009	4126.47
2010	5938.71	2010	2010	5647.78
2011	7326.79	2011	2011	7302.40
2012	8838.60	2012	2012	8715.06
2013	10501.68	2013	2013	10350.23
2014	12339.36	2014	2014	12164.62
2015	14099.10	2015	2015	14176.88
2016	16330.22	2016	2016	15859.10
2017	18515.11	2017	2017	18560.53
2018	20574.93	2018	2018	20700.44
2019	22508.99	2019	2019	22634.91
2020	24291.19	2020	2020	24443.15
2021	26152.07	2021	2021	26073.53
2022	27792.11	2022	2022	28012.61
		2023	2023	29432.61
		2024	2024	31072.94

图 11-13 数据文件中的保存结果

11.3 ARIMA 模型

11.3.1 基本概念及统计原理

1. 基本概念

在预测中，对于平稳的时间序列，可用自回归移动平均（AutoRegressive Moving Average，ARMA）模型及特殊情况的自回归（AutoRegressive，AR）模型、移动平均（Moving Average，MA）模型等来拟合，预测该时间序列的未来值，但在实际的经济预测中，随机数据序列往往都是非平稳的，此时就需要对该随机数据序列进行差分运算，进而得到 ARMA 模型的推广——ARIMA 模型。

ARIMA 模型全称综合自回归移动平均（AutoRegressive Integrated Moving Average）模型，简记为 ARIMA(p, d, q)模型，是由 Box（博克斯）和 Jenkins 于 20 世纪 70 年代初提出的著名时间序列预测模型，又称为 Jenkins-Box 模型。其中，AR 是自回归，p 为自回归阶数；MA 为移动平均，q 为移动平均阶数；d 为时间序列成为平稳时间序列时所做的差分次数。ARIMA(p, d, q)模型的实质就是差分运算与 ARMA(p, q)模型的组合，即 ARMA(p, q)模型经 d 次差分后便为 ARIMA(p, d, q)模型。

2．统计原理

（1）ARMA 过程。

设 $\{x_t\}$ 为零均值平稳序列，$\{a_t\}$ 为白噪声，$Ex_ta_s = 0$（$t < s$）（Ex_t 称为时间序列的均值序列，它是和时间有关的序列），满足

$$x_t - \varphi_1 x_{t-1} - \varphi_2 x_{t-2} - \cdots - \varphi_p x_{t-p} = a_t - \theta_1 a_{t-1} - \theta_2 a_{t-2} - \cdots - \theta_q a_{t-q} \tag{11-8}$$

式中，x_{t-p} 表示比时刻 t 滞后 p 时间的数值，此时，$\{x_t\}$ 为 p 阶自回归-q 阶滑动平均过程，简记为 ARMA(p, q)，非负整数 p 和 q 分别称为自回归阶数与滑动平均阶数；$\varphi_1, \varphi_2, \cdots, \varphi_p$ 称为自回归系数；$\theta_1, \theta_2, \cdots, \theta_p$ 称为滑动平均系数。

当 $p = 0$ 时，为 ARMA(0, q)模型：

$$x_t = a_t - \theta_1 a_{t-1} - \theta_2 a_{t-2} - \cdots - \theta_q a_{t-q} \tag{11-9}$$

称为 q 阶滑动平均模型，记为 MA(q)。当 $q = 0$ 时，为 ARMA(p, 0)模型：

$$x_t - \varphi_1 x_{t-1} - \varphi_2 x_{t-2} - \cdots - \varphi_p x_{t-p} = a_t \tag{11-10}$$

称为 p 阶自回归模型，记为 AR(p)。

引入后移（延迟）算子 B，令 $B^k x_t = x_{t-k}$，$B^k a_t = a_{t-k}$，$B^k c = c$（c 为常数），并令

$$\varphi(B) = 1 - \varphi_1 B - \varphi_2 B^2 - \cdots - \varphi_p B^p，\quad \theta(B) = 1 - \theta_1 B - \theta_2 B^2 - \cdots - \theta_q B^q \tag{11-11}$$

则 ARMA(p, q)模型简记为

$$\varphi(B)x_t = \theta(B)a_t \quad \text{或} \quad x_t = \varphi^{-1}(B)\theta(B)a_t \tag{11-12}$$

（2）ARMA 模型的识别。

设 ACF 代表 $\{x_t\}$ 的自相关函数，PACF 代表 $\{x_t\}$ 的偏自相关函数。根据 Box-Jenkins 提出的方法，用样本的自相关函数（ACF）和偏自相关函数（PACF）的截尾性来初步识别 ARMA 模型的阶数，具体如表 11-8 所示。

表 11-8　ARMA 模型的识别

模型	自相关函数	偏自相关函数
AR(p)	拖尾	p 阶截尾
MA(q)	q 阶截尾	拖尾
ARMA(p, q)	拖尾	拖尾

☆说明☆

所谓拖尾，就是指自相关系数或偏自相关系数逐步趋向于 0，这个趋向过程有不同的表现形式，有几何型的衰减，也有正弦波式的衰减；而所谓截尾，就是指从某阶后，自相关系数或偏相关系数为 0。

表 11-8 是判断时间序列模型的形式和进行模型拟合的重要依据。当为 ARMA(p, q)序列时，首先可以根据经验给出 p 和 q 的初步识别，然后通过模型诊断反复识别，找出最优的 p 和 q 组合。

（3）非平稳时间序列——ARIMA 过程。

定义一阶差分算子 ∇ 为 $\nabla z_t = z_t - z_{t-1}$，则差分算子 ∇ 和延迟算子 B 有关系式

$$\nabla = 1 - B，\quad \nabla^2 = (1-B)^2，\quad \nabla^d = (1-B)^d \tag{11-13}$$

式中，d 为差分的阶。

季节性差分：k 一般取一个周期，如对于月度数据 $k=12$，对于季度数据 $k=4$ 等。季节性差分算子为

$$\nabla_k = x_t - x_{t-k} \tag{11-14}$$

设 $\{z_t\}$ 为非平稳序列，$\{x_t\}$ 为 ARMA(p,q) 序列，存在正整数 d，使得 $x_t = \nabla^d z_t$，$t>d$，则有

$$\varphi(B)(1-B)^d z_t = \theta(B)a_t \tag{11-15}$$

称此模型为综合自回归移动平均模型，记为 ARIMA(p, d, q)。

(4) 季节 ARIMA 模型。

时间序列常呈周期性变化，或者称为季节性趋势。用变通的 ARIMA 模型处理这种季节性趋势会导致参数过多，模型复杂。季节性乘积模型可以得到参数简约的模型。季节性乘积模型表示为 ARIMA(p, d, q, sp, sd, sq) 或 ARIMA$(p, d, q) \times (sp, sd, sq)_k$。其中，sp 表示季节性模型的自回归参数；sd 表示季节性差分的阶数，通常为一阶季节性差分；sq 表示季节模型的移动平均参数。例如，若是月度资料，要描述年度特征，则 sd=12；若是日志资料，要描述周度特征，则 sd=7。

3. ARIMA 建模步骤

ARIMA 建模实际上包括 3 个阶段，即模型识别阶段、参数估计和检验阶段、预测应用阶段。其中前两个阶段可能需要反复进行。

ARIMA 模型的识别就是判断 p、d、q、sp、sd、sq 的阶，主要依靠自相关函数和偏自相关函数图来初步判断与估计。一个识别性良好的模型应该有两个要素：一是模型的残差为白噪声序列，需要通过残差白噪声检验；二是在模型参数的简约性和拟合优度指标的优良性（如对数似然值较大，AIC 和 BIC 较小）方面取得平衡。另外，还有一点需要注意，模型的形式应该易于理解。

11.3.2 SPSS 实例分析

【例 11-5】 表 11-9 是某加油站 55 天的燃油剩余数据，其中正值表示燃油有剩余，负值表示燃油不足，要求对此序列拟合时间序列模型并进行分析。（参见数据文件 data11-3.sav。）

表 11-9 某加油站 55 天的燃油剩余数据 单位：t

天	燃油数据	天	燃油数据	天	燃油数据	天	燃油数据
1	92	15	78	29	-60	43	15
2	-85	16	-98	30	-50	44	20
3	80	17	-9	31	30	45	15
4	12	18	75	32	-10	46	90
5	10	19	65	33	3	47	15
6	3	20	80	34	-65	48	-10
7	-1	21	-20	35	10	49	-8
8	-2	22	-85	36	8	50	8
9	0	23	0	37	-10	51	0
10	-90	24	1	38	10	52	25
11	100	25	150	39	-25	53	-120
12	-40	26	-100	40	90	54	70
13	-2	27	135	41	-30	55	-10
14	20	28	-70	42	-32	—	—

☞ 第1步 数据组织。

将数据组织成两列，一列是"天数"，另一列是"燃油量"，输入数据并保存，并以"天数"定义日期变量，会新增一个名为"DATE_"的变量。

☞ 第2步 观察数据序列的性质。

（1）制作序列图，观察数据序列的特点。选择"分析"→"时间序列预测"→"序列图"选项，打开"序列图"对话框，将"油料量"设置为变量，并将所生成的日期新变量"DATE_"设为时间标签轴，生成如图11-14所示的序列图。可以看出，数据序列在0处上下振荡，且无规律，可能是平稳的时间序列。

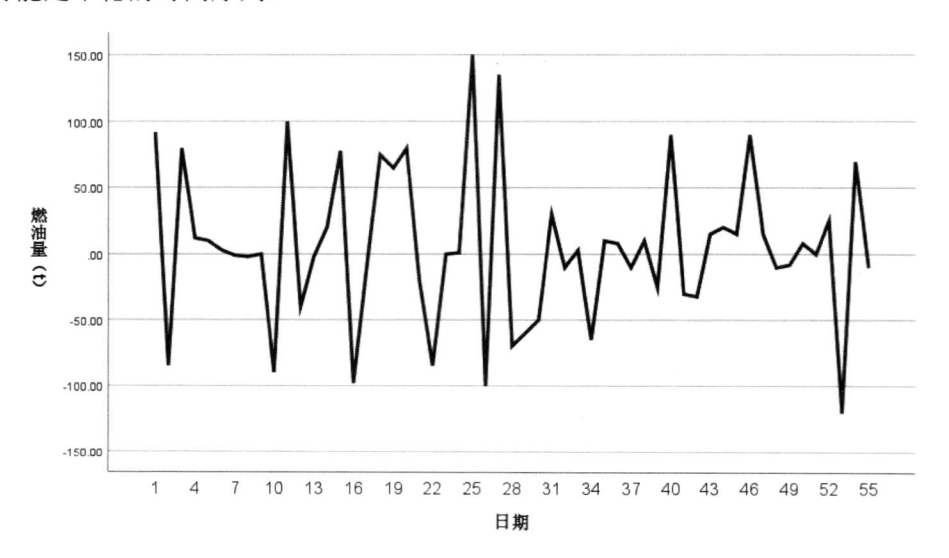

图11-14 所生成的时间序列图

（2）制作自相关图和偏自相关图，进行进一步分析。选择"分析"→"时间序列预测"→"自相关"选项，打开"自相关"对话框，将"燃油量"选入"变量"列表框，并在"显示"选区中将"自相关"和"偏自相关"复选框同时选上，输出结果分别如图11-15与图11-16所示。其中的横坐标"滞后编号"表示延迟数。从图11-15中可以看出，自相关函数呈现出比较典型的拖尾性，说明数据自相关性随时间间隔下降。从图11-16中可以看出，除延迟1阶的偏自相关系数在2倍标准差范围之外，其他除数的偏自相关系数都在2倍标准差范围内波动。根据这个特点可以判断该序列具有短期相关性，进一步可以确定序列平稳。同时，可以认为该序列偏自相关函数1阶截尾。

综合该序列自相关函数和偏自相关函数的性质，根据表11-8中的模型识别规则，可以拟合模型为AR(1)，即ARIMA(1, 0, 0)。

☞ 第3步 模型拟合。

（1）选择"分析"→"时间序列预测"→"创建传统模型"选项，打开"时间序列建模器"对话框，将"燃油量"选入"因变量"列表框（设置过程与图11-7类似），并选择"方法"下拉列表中的"ARIMA"模型选项。

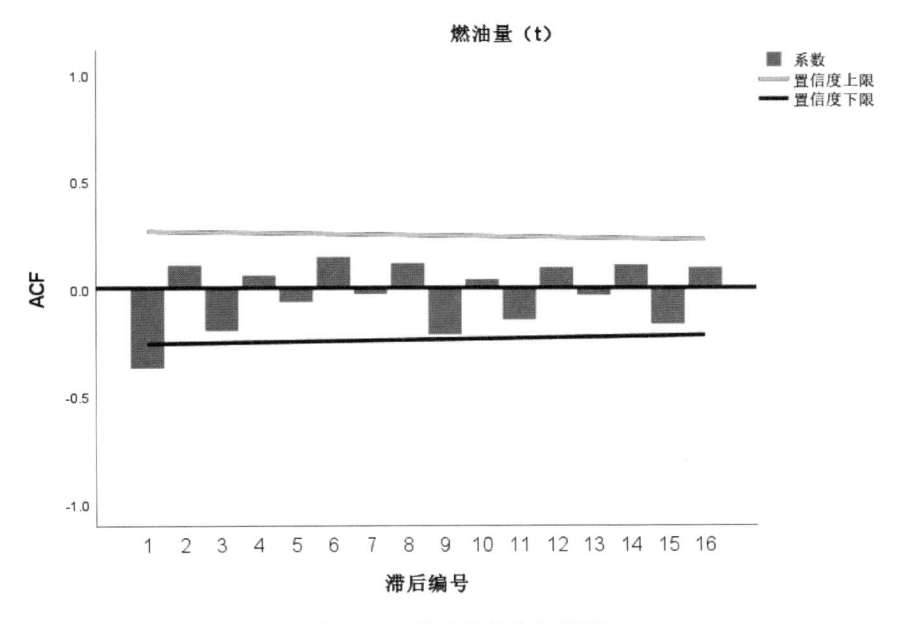

图 11-15 燃油量的自相关图

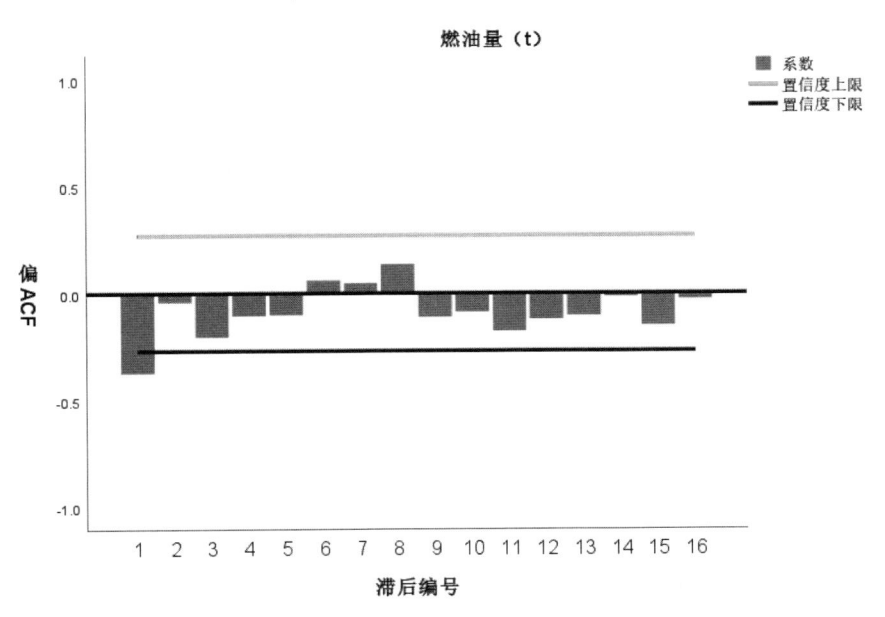

图 11-16 燃油量的偏自相关图

（2）"时间序列建模器:ARIMA 条件"对话框设置：单击"时间序列建模器"对话框中的"条件"按钮，打开"时间序列建模器:ARIMA 条件"对话框，并按图 11-17 进行设置。在"ARIMA 阶"选区中需要设置非季节性参数，包括自回归的阶 p、差值的阶 d 和移动平均值 q。如果时间序列有季节性因素，那么还需要设置季节性参数 sp、sd 和 sq。经过前面的分析，由于此例是 ARIMA(1, 0, 0)模型，且无季节性影响，因此只需将自回归的阶设为 1，其余均为 0 即可。

图 11-17 "时间序列建模器:ARIMA 条件"对话框

(3)"统计"选项卡设置:"统计"选项卡如图 11-9 所示,将"按模型显示拟合测量、杨-博克斯统计和离群值数目"、"R 方"、"正态化 BIC"、"拟合优度"和"参数估算值"复选框选上。

(4)"图"选项卡设置:在其中将"序列"、"残差自相关函数"、"残差偏自相关函数"、"实测值"和"预测值"这些复选框选上。

其他选项卡的设置可参照例 11-4 进行。

☞ 第 4 步 主要结果及分析。

本例主要的运行结果如表 11-10、表 11-11 及图 11-18 所示,具体分析如下。

(1)表 11-10 是模型统计表,列出了模型拟合的一些统计量,包括决定系数(R 方)、正态化 BIC 值、杨-博克斯统计量值,从结果看,拟合效果不太理想,决定系数的值偏小,而且从显著性概率大于 0.05 来看,杨-博克斯统计量的观测值也不显著。

表 11-10 模型统计表

模型	预测变量数	模型拟合度统计		杨-博克斯 Q(18)			离群值数
		R 方	正态化 BIC	统计	DF	显著性	
燃油量-模型_1	0	.139	8.170	14.688	17	.618	0

(2)表 11-11 是 ARIMA 模型参数表,从结果可以看出,AR(1)模型的参数为-0.382,参数是显著的;常数项为 4.690,不显著,这里仍然保留常数项。从结果来看,其拟合模型为 $x_t - 0.382 x_{t-1} = 4.690 + a_t$。

表 11-11 ARIMA 模型参数表

				估算	标准误差	t	显著性
燃油量-模型_1	燃油量	不转换	常量	4.690	5.399	.869	.389
			AR 延迟 1	-.382	.127	-3.020	.004

(3)图 11-18 是 ARIMA(1,0,0)模型拟合残差的自相关函数和偏自相关函数图,可以看出,残差的自相关函数和偏自相关函数都是 0 阶截尾的,因而残差是一个不含相关性的白噪声序

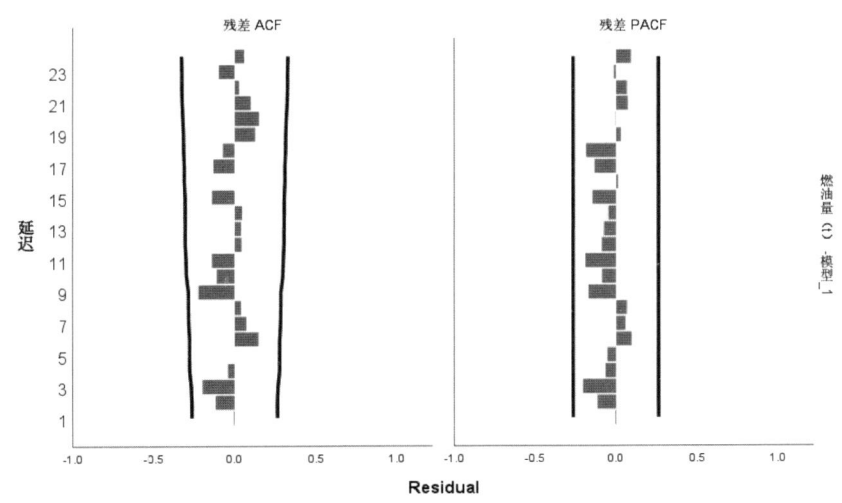

列。因此，序列的相关性都已经充分拟合了。

图 11-18　ARIMA(1, 0, 0)模型拟合残差的自相关函数和偏自相关函数图

☆说明☆

（1）从例 11-5 所拟合的结果来看，效果是不够理想的，读者可以通过调整自回归的阶和滑动平均的阶来选择更好的拟合模型。

（2）当然，在求 ARIMA 拟合模型时，还可以进行预测并将预测值保留下来，具体方法请参看例 11-4。

【例 11-6】　表 11-12 是某企业 2010—2020 年生产某种零件的数据（单位：万个），试对该序列数据进行 ARIMA 模型拟合。（参见数据文件：data11-4.sav。）

表 11-12　某企业 2010—2020 年生产某种零件的数据

	1月	2月	3月	4月	5月	6月	7月	8月	9月	10月	11月	12月
2010	6.14	4.44	7.79	7.76	11.19	14.55	10.18	11.24	21.94	31.31	26.51	27.31
2011	13.55	23.57	19.43	11.19	10.27	19.83	16.07	16.93	30.78	29.74	54.12	60.35
2012	23.29	34.04	44.96	34.79	23.31	34.29	49.82	35.45	59.61	75.65	98.12	106.99
2013	65.31	40.26	71.92	64.4	67.7	59.71	56.27	93.45	100.15	152.06	109.41	104.12
2014	61.89	109.04	56.91	62.89	56.61	118.28	95.66	96.71	141.2	166.87	108.74	131.12
2015	66.08	46.37	72.36	79.73	100.52	130.86	148.91	134.42	149.72	253.28	211.59	209.38
2016	115.46	106.18	145.03	161.18	201.14	233.9	236.62	242.76	279.02	310.78	297.47	239.84
2017	90.01	106.27	204.16	157.23	213.89	225.72	198.27	234.59	307.01	387.37	335.57	374.88
2018	251.63	159.84	280.54	294.89	299.12	354.4	375.79	432.15	482	488.42	479.92	419.28
2019	247.59	225.39	294.44	332.77	331	399.68	418.95	485.22	544.71	618.88	503.27	334.58
2020	302.78	290.44	348.39	473.8	499.43	544.73	600.39	646.22	721.91	727.57	589.53	383.28

☞第 1 步　数据组织。

将数据组织成 3 列，第 1 列是"年份"，第 2 列是"月份"，第 3 列是"零件数"，并按"年，月"形式定义日期变量。

☞第 2 步　观察数据序列的性质。

先制作序列图，观察数据序列的特点，如图 11-19 所示。可以看出，此序列图有明显的上

升趋势，而且一年内1月的生产量小，6月的生产量大，周而复始，因此该序列有趋势和季节规律，是不平稳的时间序列数据。（通过自相关和偏自相关函数图也可看出该序列均没有衰减到0，是不平稳的时间序列数据。）

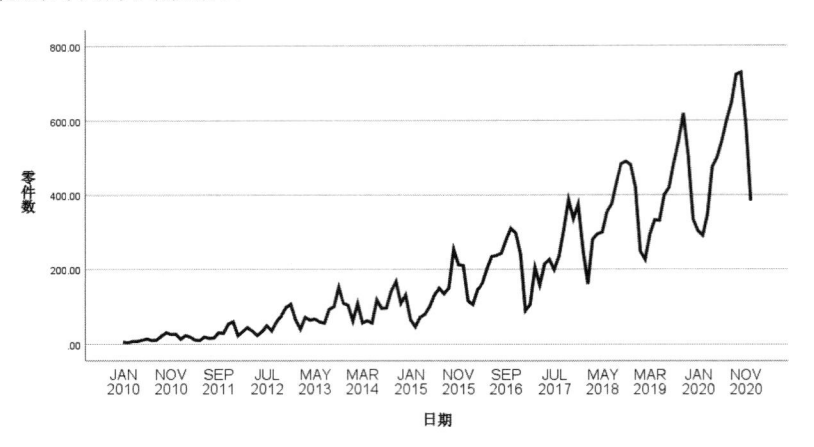

图11-19 激光唱片生产量的序列图

由于数据中既有趋势信息，又有季节信息，因此需要对数据做一阶差分和一阶季节性差分处理，具体方法是在"序列图"对话框的"转换"选区中选择"自然对数转换"、"差异"和"季节性差异"复选框，并在后面的数值框中指定差分的阶为1，其序列图如图11-20所示，可以看出序列基本平稳。

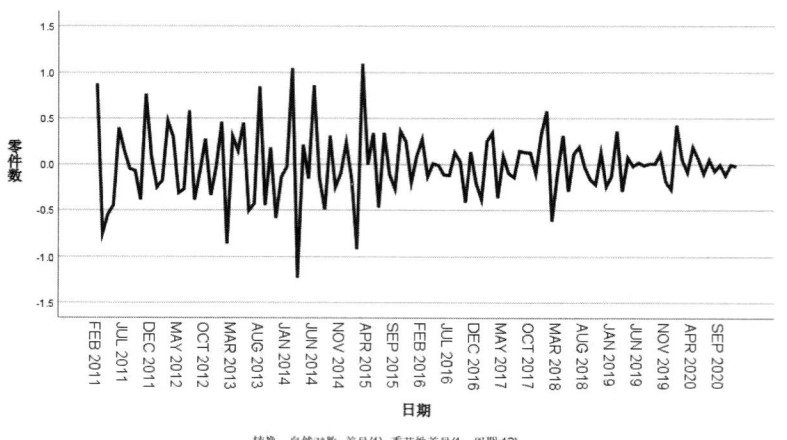

图11-20 经过对数转换、差异和季节性差异后的序列图

下面需要用自相关函数和偏自相关函数验证序列的平稳性，选择"分析"→"时间序列预测"→"自相关"选项，打开"自相关性"对话框，将"零件数"选入"变量"列表框，选中"显示"选区中的"自相关性"和"偏自相关性"复选框，在"转换"选区中选择"自然对数转换"、"差异"和"季节性差异"，进行一阶差异转换，结果如图11-21和图11-22所示。可以看出，序列基本平稳，只是数据对于季节还有效应，因此需要考虑季节自回归参数 sp 和季节移动平均参数 sq。

零件数

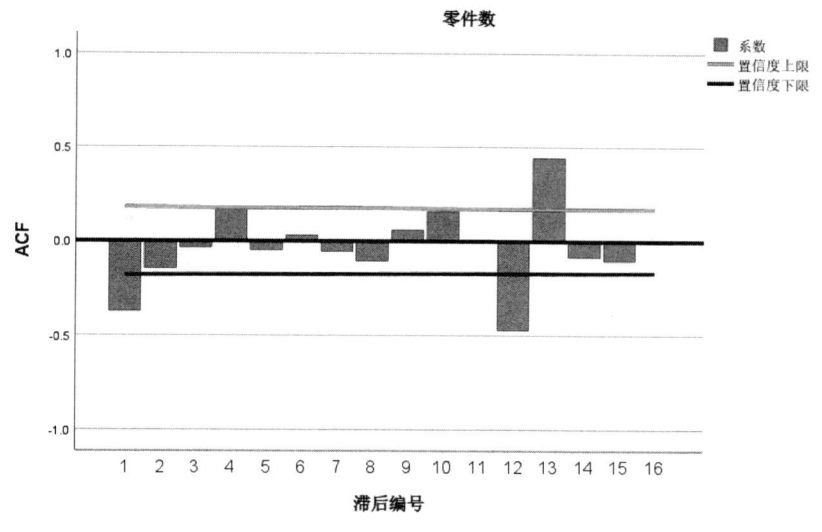

图 11-21　自相关函数图

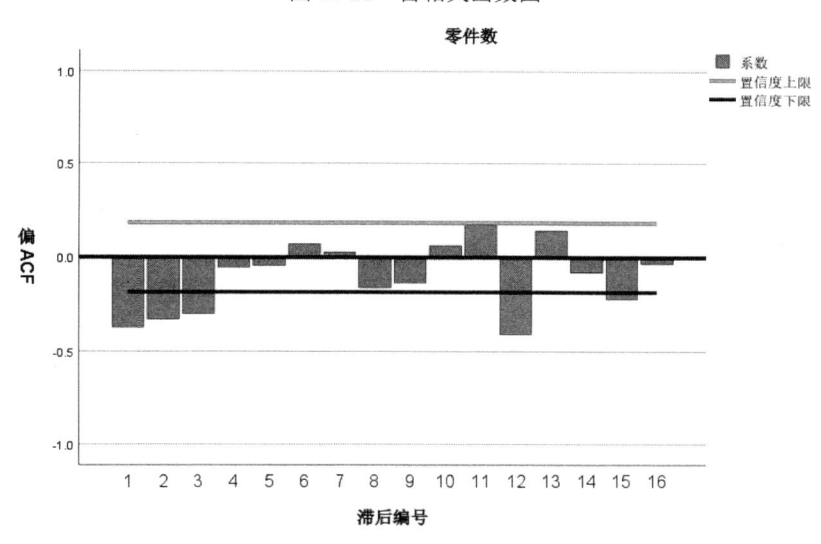

零件数

图 11-22　偏自相关函数图

☞ 第 3 步　ARIMA 模型的定阶。

接下来需要对 ARIMA 模型进行定阶，即确定自回归参数、移动平均参数、差异阶数、季节性自回归参数、季节性差异阶数、季节性移动平均参数。从图 11-21 和图 11-22 中可以基本判断自相关函数为 1 阶截尾，并且有 1 阶季节性自相关；而偏自相关函数为拖尾，有 1 阶季节性偏相关。此时可以估计模型可能是 ARIMA(1, 1, 0, 0, 1, 0)、ARIMA(1, 1, 0, 0, 1, 1)、ARIMA(1, 1, 0, 1, 1, 0)、ARIMA(1, 1, 0, 1, 1, 1)、ARIMA(1, 1, 1, 0, 1, 1)、ARIMA(1, 1, 1, 1, 1, 0)、ARIMA(1, 1, 1, 1, 1, 1)等模型中的一个，具体选择哪一个模型，需要分别对模型进行拟合，根据拟合效果，即决定系数和正态化 BIC 的值进行判断，决定系数越大、BIC 的值越小的模型的拟合效果越好，最终需要在若干模型中选择一个最优的模型，这就是模型的定阶。

下面就来看拟合结果，为了显示简洁，特别制作了各模型的拟合效果表，如表 11-13 所示。根据比较结果，显然 ARIMA(1, 1, 1, 1, 1, 0)的拟合效果最好，下面就以此模型进行拟合。

表 11-13 各模型的拟合效果表

模型	决定系数（R 方）	正态化 BIC
ARIMA(1, 1, 0, 0, 1, 0)	0.944	7.538
ARIMA(1, 1, 0, 0, 1, 1)	0.949	7.489
ARIMA(1, 1, 0, 1, 1, 0)	0.949	7.490
ARIMA(1, 1, 0, 1, 1, 1)	0.949	7.539
ARIMA(1, 1, 1, 0, 1, 1)	0.957	7.375
ARIMA(1, 1, 1, 1, 1, 0)	0.958	7.353
ARIMA(1, 1, 1, 1, 1, 1)	0.958	7.396

☞ 第 4 步 最优模型拟合主要结果及分析。

本例主要的运行结果如表 11-14、表 11-15 及图 11-23、图 11-24 所示，具体分析如下。

（1）表 11-14 是模型统计表，可以看出模型的拟合效果比较理想，决定系数达到了 0.958，说明模型可解释原始序列 95.8%的信息，正态化 BIC 的值也比较小，杨-博克斯（Ljung-Box）统计量的值也是显著的，这些都说明用 ARIMA(1, 1, 1, 1, 1, 0)模型能很好地拟合时间序列数据。

表 11-14 模型统计表

模型	预测变量数	模型拟合度统计		杨-博克斯 Q(18)			离群值数
		R 方	正态化 BIC	统计	DF	显著性	
零件数-模型_1	0	.958	7.353	24.244	15	.061	<.001

（2）表 11-15 是 ARIMA 模型的拟合参数表，由于本例进行了差分运算，因此常数项应该为 0，模型的最终形式为

$$\nabla\nabla_{12}x_t = \frac{(1-0.999B)(1-B^{12})}{1-0.588B}a_t$$

进一步简化得

$$\nabla\nabla_{12}x_t = \frac{(1-0.999x_{t-1})(1-x_{t-12})}{1-0.588x_{t-1}}a_t$$

表 11-15 ARIMA 模型的拟合参数表

					估算	标准误差	t	显著性
零件数-模型_1	零件数	不转换	常量		.724	.185	3.913	<.001
			AR	延迟 1	.588	.101	5.795	<.001
			差异		1			
			MA	延迟 1	.999	.836	1.194	.235
			AR，季节性	延迟 1	-.332	.095	-3.493	<.001
			季节性差异		1			

（3）图 11-23 所示为模型残差自相关函数和偏自相关函数图，可以看出，残差自相关函数和偏自相关函数都近似 0 阶截尾，说明残差是一个近似白噪声序列，这也说明序列中的相关性信息都被提取了，剩下的都是不相关的序列。

（4）通过序列图将"零件数"及预测值做模型的拟合效果图从图 11-24 中可以看出模型的拟合效果非常好，拟合值和实测值几乎重合。

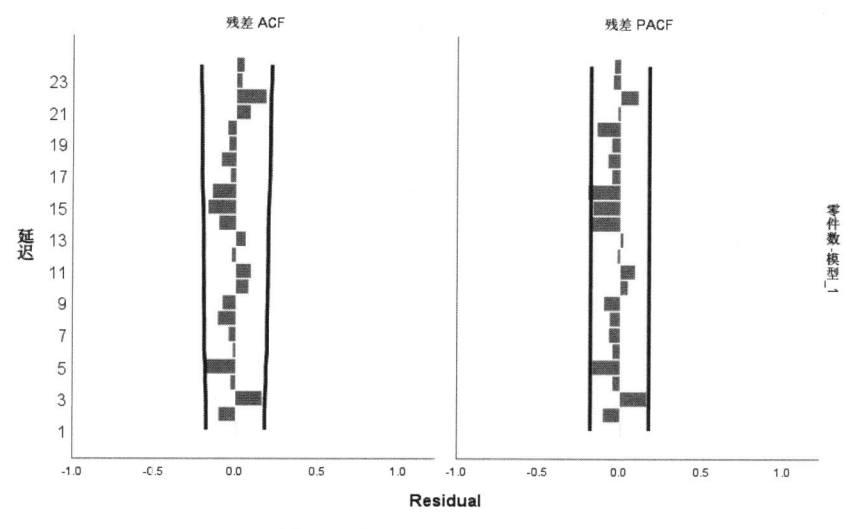

图 11-23　模型残差自相关函数和偏自相关函数图

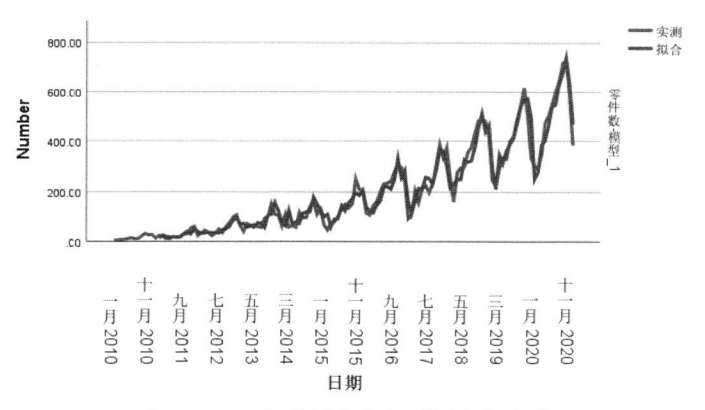

图 11-24　模型拟合值和观测值序列图

☆说明☆

（1）除了用指数平滑法和 ARIMA 模型进行建模，SPSS 29 还提供了专家建模器。专家建模器会自动查找每个相依序列的最佳拟合模型，它既考虑指数平滑法模型，又考虑 ARIMA 模型。例 11-5 如果采用专家建模器进行自动建模，则从运行的结果看，系统采用了指数平滑法的 Winters 乘法模型，其决定系数为 0.96，正态化 BIC 的值为 7.255，比例 11-5 中用的 ARIMA(1, 1, 1, 1, 1, 0)模型的拟合效果略好，这个过程请读者自己进行。

（2）在 SPSS 中进行预测时，可以将创建好的模型保存下来，以后直接用该模型进行预测，通过选择"分析"→"时间序列预测"→"应用时间因果模型"选项实现，请读者自己练习。

11.4　时间序列的季节性分解

11.4.1　基本概念及统计原理

在实际工作中，人们经常按月（或年、季度、小时等）记录资料，如每个月的出生人口数、死亡率、某种疾病的发病率、某产品的销售额等，这些资料可能符合某种季节性分布，但这些数值的大小往往受多种因素的影响，从原始数据中很难看出季节趋势。

季节性分解法将时间序列分解为 3 个组成部分，或者称为 3 个分量，即趋势分量、季节分量和随机波动。其中，趋势分量采用多项式拟合；季节分量用傅里叶变换估计，其数学表达式为

$$Y_t = f(T_t, S_t, I_t) \quad (11\text{-}16)$$

式中，T_t 代表长期趋势（可以是线性趋势，也可以是周期性波动或长周波动）；S_t 为季节性因子（幅度和周期固定的波动，日历效应为常见的季节性因子）；I_t 为随机波动（可视为误差）。

常见的时间序列分解模型有加性和乘性两种，加性模型为 $Y_t = T_t + S_t + I_t$，乘性模型为 $Y_t = T_t \times S_t \times I_t$。相对而言，乘性模型比加性模型用得多。在乘性模型中，时间序列值和长期趋势用绝对值表示，季节性变动和无规律变动用相对值（百分数）表示。

季节性分解要求无缺失数据，在处理前，数据已经定义好日期变量并指定周期。

11.4.2 季节性分解的实例分析

【例 11-7】 对如表 11-1 所示的月销售数据进行季节性分解。（参见数据文件 data11-1.sav。）

☞ 第 1 步　数据组织。

此处同例 11-1 一样进行数据组织，并定义"年,月"格式的日期变量。

☞ 第 2 步　观察数据序列的性质。

此处同例 11-3，对销售额制作时序图，具体如图 11-5 所示。从该时序图中可以看出，销售额总的趋势是增长的，但增长并不是单调上升的，而是有涨有落的。这种升降不是杂乱无章的，而与季节或月份的季节因素有关。当然，除增长的趋势和季节影响之外，还有些无规律的随机因素的作用。

☞ 第 3 步　季节性分析设置。

(1) 选择"分析"→"时间序列预测"→"季节性分解"选项，打开"季节性分解"对话框，并按图 11-25 进行设置。

现将该对话框中的各项解释如下。

① "模型类型"选区：季节性分解提供了用于对季节性因子建模的两种不同的方法——乘性和加性。

- 乘性模型：季节性成分是一个因子，用来与经过季节性调整的序列相乘以得到原始序列。实际上，"趋势"会评估与序列的总体水平成正比的季节性成分。无季节性变动的观测值的季节性成分为 1。
- 加性模型：将季节性调整项加到季节性调整的序列中以获取观测值。此调整尝试从序列中移去季节性影响，以查看可能被季节性成分"掩盖"的其他兴趣特征。实际上，"趋势"会评估不依赖序列的总体水平的季节性成分。无季节性变动的观测值的季节性成分为 0。

② "移动平均值权重"选区：允许指定在计算移动平均值时如何处理序列。它仅在序列的周期为偶数时才可用。如果周期为奇数，则所有点的权重都相等。

- "所有点相等"单选按钮：使用等于周期的跨度，以及所有权重相等的点来计算移动平均值。如果周期是奇数，则始终使用此方法，此选项也是默认选项。
- "端点按 0.5 加权"单选按钮：使用等于周期加 1 的跨度，以及以 0.5 加权的跨度的端点计算具有偶数周期的序列的移动平均值。

(2) "季节:保存"对话框设置：在图 11-25 中单击"保存"按钮，打开"季节:保存"对话框并做如图 11-26 所示的设置。

图 11-25 "季节性分解"对话框　　　　图 11-26 "季节:保存"对话框

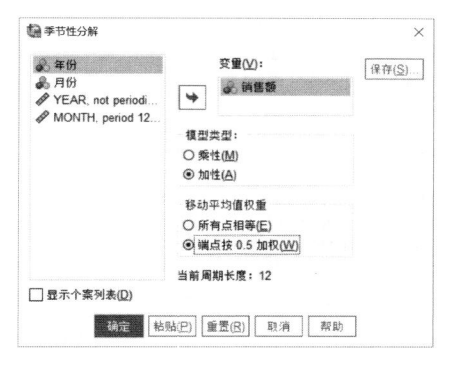

☞ 第 4 步　主要结果及分析。

本例主要的运行结果如表 11-16、表 11-17 及图 11-27、图 11-28 所示，具体分析如下。

（1）表 11-16 是模型描述表，显示了模型的名称、类型和季节性周期长度等信息。

表 11-16　模型描述表

模型名称		MOD_11
模型类型		加性
序列名称	1	销售额
季节性周期长度		12
移动平均值的计算方法		跨度等于周期长度加 1，且端点按 0.5 加权
正在应用来自 MOD_11 的模型指定项		

（2）表 11-17 展示的是季节性因子，由于季节性影响，各月的销售额有很大的不同，可以看出，3～5 月、11 月、12 月的季节性因子为负值，这几个月的销售情况比较差（12 月最差）。同理，8 月的销售情况最好。

表 11-17　季节性因子（序列名称：销售额）

周期	季节性因子
1	.97223
2	4.07407
3	-3.02840
4	-3.56468
5	-3.24368
6	1.90900
7	2.71091
8	4.44257
9	1.25785
10	2.13070
11	-1.47389
12	-6.18666

（3）图 11-27 是数据文件中所创建的数据序列（部分）。可以看到，数据文件中增加了 4 个序列：ERR_1 表示"销售额"序列进行季节性分解后的不规则或随机波动序列，SAS_1 表示"销售额"序列进行季节性分解除去季节性因素后的序列，SAF_1 表示"销售额"序列进行季节性分解产生的季节性因素序列，STC_1 表示"销售额"序列进行季节性分解后的序列趋势和循环成分。

年份	月份	销售额	YEAR_	MONTH_	DATE_	ERR_1	SAS_1	SAF_1	STC_1
2008	1	39.01	2008	1	JAN 2008	-1.72451	38.03777	.97223	39.76228
2008	2	44.24	2008	2	FEB 2008	-.07810	40.16593	4.07407	40.24404
2008	3	39.50	2008	3	MAR 2008	1.32086	42.52840	-3.02840	41.20754
2008	4	38.25	2008	4	APR 2008	.09522	41.81468	-3.56468	41.71946
2008	5	38.04	2008	5	MAY 2008	-.41631	41.28368	-3.24368	41.69999
2008	6	44.15	2008	6	JUN 2008	.58204	42.24100	1.90900	41.65896
2008	7	43.52	2008	7	JUL 2008	-.70757	40.80909	2.71091	41.51666
2008	8	46.65	2008	8	AUG 2008	.84020	42.20743	4.44257	41.36723
2008	9	42.30	2008	9	SEP 2008	.06183	41.04215	1.25785	40.98032
2008	10	41.87	2008	10	OCT 2008	-1.02337	39.73930	2.13070	40.76267
2008	11	39.52	2008	11	NOV 2008	-.06317	40.99389	-1.47389	41.05706
2008	12	35.18	2008	12	DEC 2008	.06349	41.36666	-6.18666	41.30317

图 11-27 数据文件中所创建的数据序列（部分）

（4）用数据文件中新增加的 4 个数据序列制作序列图，如图 11-28 所示。

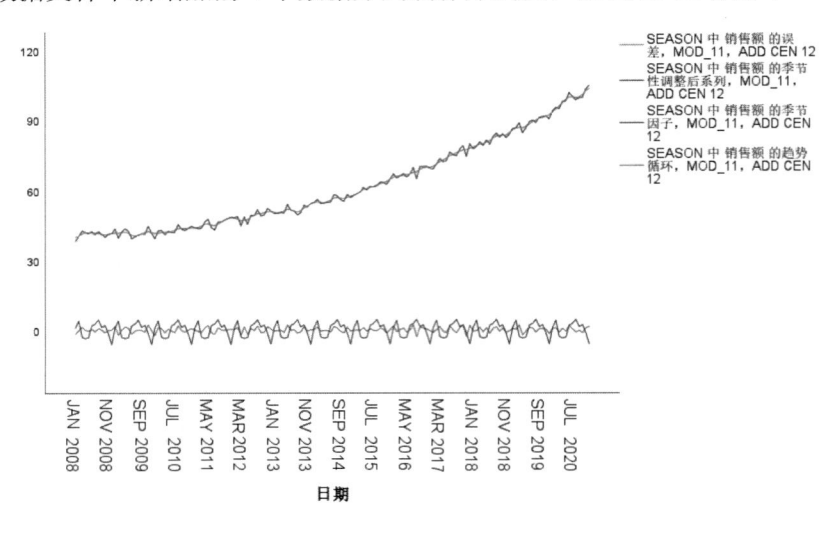

图 11-28 季节性分解后的各序列图

11.5 典型案例

11.5.1 我国社会消费品零售总额分析

市场化改革以来，随着我国社会经济的快速发展，城乡居民和社会集团的消费水平不断提高，而且由于社会主义市场经济体制的建立，国内消费需求对经济增长所发挥的作用也更趋明显。为了深刻分析市场化改革以来我国城乡居民和社会集团消费需求的发展态势，预测未来我国城乡居民和社会集团消费需求的基本走势，需要对我国国内消费需求的发展变化做数量分析。在各类与消费有关的统计数据中，社会消费品零售总额是表现国内消费需求最直接的数据，它反映各行业通过多种商品流通渠道向居民和社会集团供应的生活消费品总量，是研究国内零售市场变动情况、反映经济景气程度的重要指标。表 11-18 是 1995—2020 年中国社会消费品零售总额的月度数据。试分析市场化改革以来中国社会消费品零售总额发展变化的基本趋势，分析是否存在季节变动或周期性变动规律，并对 2023 年和 2024 年的社会消费品零售总额进行预测。（参见数据文件：data11-5.sav。）

表 11-18　中国 1995—2020 年社会消费品零售总额　　单位：亿元

年份	1月	2月	3月	4月	5月	6月	7月	8月	9月	10月	11月	12月
1995	1608.3	1505.3	1546.5	1546.5	1587.7	1649.6	1629	1649.6	1773.3	1814.6	1938.3	2371.3
1996	1924.5	1926.7	1875.2	1869.8	1913.7	1981.9	1904	1931.9	2100.4	2165.7	2308.6	2871.7
1997	2302.1	2226.6	2143.6	2113	2120.7	2177.6	2115	2116.9	2253	2361.9	2469.5	2899
1998	2514.7	2296.1	2271.4	2229.7	2245	2304.4	2254.1	2274.4	2443.1	2536	2652.2	3131.4
1999	2662.1	2538.4	2403.1	2356.8	2364	2428.8	2380.3	2410.2	2604.3	2743.9	2859.1	3383
2000	2962.9	2804.9	2626.6	2571.5	2636.9	2645.2	2596.9	2636.3	2854.3	3029.3	3107.8	3680
2001	3332.8	3047.1	2876.1	2820.9	2929.6	2908.7	2851.4	2889.4	3136.9	3347.3	3421.7	4033.3
2002	3596.1	3324.5	3114.8	3052.2	3202.1	3158.8	3096.6	3143.7	3422.4	3661.9	3733.1	4404.4
2003	3907.4	3706.4	3494.8	3406.9	3463.3	3576.9	3562.1	3609.6	3971.9	4204.4	4202.7	4735.7
2004	4569.4	4211.4	4049.8	4001.8	4166.1	4250.7	4209.2	4262.7	4717.7	4983.2	4965.6	5562.5
2005	5300.9	5012.2	4799.1	4663.3	4899.2	4935	4934.9	5040.8	5495.2	5846.6	5909	6850.4
2006	6641.6	6001.9	5796.7	5774.6	6175.6	6057.8	6012.2	6077.4	6553.6	6997.7	6821.7	7499.2
2007	7488.3	7013.7	6685.8	6672.5	7157.5	7026	6998.2	7116.6	7668.4	8263	8104.7	9015.3
2008	9077.3	8354.7	8123.2	8142	8703.5	8642	8628.8	8767.7	9446.5	10082.7	9790.8	10728.5
2009	10756.6	9323.8	9317.6	9343.2	10028.4	9941.6	9936.5	10115.6	10912.8	11717.6	11339	12610
2010	12718.1	12334.2	11321.7	11510.4	12455.1	12329.9	12252.8	12569.8	13536.5	14284.8	13910.6	15329.5
2011	15249	13769.1	13588	13649	14696.8	14565.1	14408	14705	15865.1	16546.4	16128.9	17739.7
2012	17222.1	16446.5	15650.2	15603.1	16714.8	16584.9	16314.9	16658.9	18226.6	18933.8	18476.7	20334.21
2013	19373.34	18436.5	17641.2	17600.3	18886.3	18826.68	18513.16	18886.2	20653.34	21491.3	21011.9	23059.7
2014	21664.16	20616.54	19800.55	19701.2	21249.8	21166.45	20775.79	21133.93	23042.43	23967.24	23474.7	25801.31
2015	24576.9	23415.61	22722.81	22386.71	24194.82	24280.27	24338.78	24893.36	25270.6	28278.89	27937.35	28634.6
2016	27105.53	25804.77	25114.1	24645.8	26610.2	26857.4	26827.4	27539.6	27976.4	31119.2	30958.5	31756.8
2017	29690.58	28269.42	27863.7	27278.5	29459.2	29807.6	29609.8	30329.7	30870.3	34240.9	34108.2	34734.1
2018	31287.23	29794.77	29193.6	28541.9	30359.1	30841.6	30733.2	31542.3	32005.6	35534.4	35259.7	35893.5
2019	33841.7	32222.3	31725.0	30586.1	32955.7	33878.1	33073.3	33896.3	34494.9	38104.5	38093.8	38776.7
2020	33355.05	18774.95	26449.9	28177.8	31972.5	33525.9	32202.5	33570.6	35294.7	38576.5	39514.2	40566

案例分析： 这是一个典型的时间序列问题，题目已对背景分析得比较清楚。由于涉及预测问题，所以可以先采用指数平滑法、ARIMA 模型等进行建模，然后预测。为了研究社会消费品零售总额是否存在季节性变动和周期性变动规律，可以采用季节性分解法对原数据序列进行分解并观察。

11.5.2　中国彩电出口数据分析

为了研究我国彩电出口的情况，某研究机构收集了 2009—2019 年我国彩电出口的月度数据，如表 11-19 所示，试对这些年间我国彩电出口情况进行分析，主要研究以下几个问题：彩电出口的趋势如何？是否有季节性或周期性影响因素？并对 2023 年彩电出口数据进行预测。（参见数据文件：data11-6.sav。）

表 11-19　我国 2009—2019 年彩电出口月度数据　　单位：万台

	1月	2月	3月	4月	5月	6月	7月	8月	9月	10月	11月	12月
2009	280.00	231.00	326.00	339.00	406.00	411.00	499.00	531.00	630.00	666.00	590.00	551.00
2010	395.00	364.00	487.00	524.00	556.00	546.00	570.00	625.00	651.00	676.00	701.00	533.00
2011	455.00	342.00	488.00	447.00	520.00	548.00	537.00	625.00	703.00	700.00	653.00	520.00
2012	442.00	332.00	487.00	499.00	548.00	521.00	457.00	527.00	632.00	639.00	492.00	573.00
2013	368.00	320.00	406.00	424.00	450.00	462.00	466.00	507.00	621.00	726.00	641.00	570.00

续表

	1月	2月	3月	4月	5月	6月	7月	8月	9月	10月	11月	12月
2014	639.00	356.00	573.08	689.00	645.95	558.00	670.00	705.00	684.00	748.00	622.00	520.00
2015	471.00	469.00	416.00	545.07	563.00	598.90	611.00	709.90	817.00	750.06	627.00	605.06
2016	499.00	397.00	587.00	667.00	698.00	681.00	806.00	917.00	871.00	703.00	666.00	580.00
2017	543.00	344.00	537.00	566.00	673.00	645.00	719.00	783.00	987.00	829.00	798.00	732.00
2018	641.00	647.00	635.00	719.00	729.00	738.00	816.00	976.00	1042.00	1002.00	921.00	833.00
2019	840.00	598.00	776.00	746.00	795.00	757.00	791.00	921.00	893.00	834.00	752.00	771.00

案例分析：彩电出口数据是一个时间序列数据，题目给出了 11 年间的出口数据，首先可通过制作时序图来观察数据序列的趋势，再用指数平滑法、ARIMA 模型或专家建模器进行建模以拟合彩电出口数据序列，并进行相关的预测。如果根据时序图观察数据序列存在季节性或周期性变动，则需要用季节性分解法对数据序列进行分解。

11.5.3 城市温度的季节性分解

为了研究某个城市的气温变化情况，某研究机构记录了 2015—2019 年该城市的月度平均气温，如表 11-20 所示。利用季节性分解法对该城市气温进行分析。（参见数据文件：data11-7.sav。）

表 11-20 某城市 2015—2019 年月度平均气温

年份	月份	温度	年份	月份	温度	年份	月份	温度
2015	1	−0.7	2016	1	−2.2	2017	1	−3.8
2015	2	2.1	2016	2	−0.4	2017	2	1.3
2015	3	7.7	2016	3	6.2	2017	3	8.7
2015	4	14.7	2016	4	14.3	2017	4	14.5
2015	5	19.8	2016	5	21.6	2017	5	20
2015	6	24.3	2016	6	25.4	2017	6	24.6
2015	7	25.9	2016	7	25.5	2017	7	28.2
2015	8	25.4	2016	8	23.9	2017	8	26.6
2015	9	19	2016	9	20.7	2017	9	18.6
2015	10	14.5	2016	10	12.8	2017	10	14
2015	11	7.7	2016	11	4.2	2017	11	5.4
2015	12	-0.40	2016	12	0.9	2017	12	-1.50
2018	1	−3.9	2019	1	−1.6			
2018	2	2.4	2019	2	2.2			
2018	3	7.6	2019	3	4.8			
2018	4	15	2019	4	14.4			
2018	5	19.9	2019	5	19.5			
2018	6	23.6	2019	6	25.4			
2018	7	26.5	2019	7	28.1			
2018	8	25.1	2019	8	25.6			
2018	9	22.2	2019	9	20.9			
2018	10	14.8	2019	10	13			
2018	11	4	2019	11	5.9			
2018	12	0.1	2019	12	-0.60			

案例分析：气温的变化肯定会受季节性因素的影响，主要通过季节性分解法来处理，还要看该城市的气温变化是否有某种长期趋势和周期性变化等。

11.6 思考与练习

1. 在对数据进行时间序列分析前，应做哪些准备工作？
2. 时间序列分析是建立在序列平稳条件上的，如何判断序列是否平稳？
3. 表 11-21 是 2002—2021 年我国煤矿事故死亡人数的统计数据，请用指数平滑法预测以后年度的煤矿事故死亡人数（参见数据文件：data11-8.sav。）

表 11-21　2002—2021 年我国煤矿事故死亡人数

年份	死亡人数	年份	死亡人数
2002	6995	2012	1384
2003	6434	2013	1086
2004	6027	2014	946
2005	5896	2015	598
2006	4746	2016	526
2007	3786	2017	383
2008	3218	2018	333
2009	2631	2019	316
2010	2433	2020	225
2011	1973	2021	178

4. 表 11-22 是某市连续 60 天大气污染物总悬浮颗粒（TSP）的日均值监测结果（从 2019 年 5 月 19 日到 2019 年 7 月 17 日），试对其建立 ARIMA 模型。（参见数据文件：data11-9.sav。）

表 11-22　某市连续 60 天大气污染物总悬浮颗粒（TSP）的日均值监测结果

日期	TSP	日期	TSP	日期	TSP
19-May-19	0.175	8-Jun-19	0.087	28-Jun-19	0.123
20-May-19	0.191	9-Jun-19	0.160	29-Jun-19	0.135
21-May-19	0.185	10-Jun-19	0.158	30-Jun-19	0.161
22-May-19	0.192	11-Jun-19	0.123	1-Jul-19	0.122
23-May-19	0.130	12-Jun-19	0.153	2-Jul-19	0.134
24-May-19	0.147	13-Jun-19	0.112	3-Jul-19	0.129
25-May-19	0.138	14-Jun-19	0.111	4-Jul-19	0.120
26-May-19	0.167	15-Jun-19	0.109	5-Jul-19	0.110
27-May-19	0.178	16-Jun-19	0.147	6-Jul-19	0.120
28-May-19	0.193	17-Jun-19	0.155	7-Jul-19	0.161
29-May-19	0.202	18-Jun-19	0.144	8-Jul-19	0.139
30-May-19	0.138	19-Jun-19	0.158	9-Jul-19	0.197
31-May-19	0.186	20-Jun-19	0.140	10-Jul-19	0.158
1-Jun-19	0.150	21-Jun-19	0.140	11-Jul-19	0.184
2-Jun-19	0.151	22-Jun-19	0.114	12-Jul-19	0.136
3-Jun-19	0.168	23-Jun-19	0.140	13-Jul-19	0.149
4-Jun-19	0.226	24-Jun-19	0.153	14-Jul-19	0.208
5-Jun-19	0.197	25-Jun-19	0.130	15-Jul-19	0.163
6-Jun-19	0.154	26-Jun-19	0.150	16-Jul-19	0.160
7-Jun-19	0.074	27-Jun-19	0.120	17-Jul-19	0.137

提示：大气污染一般会受工作日的影响，可能会在一周内呈周期性波动，故可以按"周，日"的格式定义日期变量，2019 年 5 月 19 日为星期日，故在对第一个个案的星期几处应输入 1。

5．记录某城市 2000—2019 年的平均气温、平均最高气温、平均最低气温、平均相对湿度、月降水量、月日照时数、平均本站气压和菌痢率，其中菌痢率数据如表 11-23 所示。利用季节性分解模型对该城市菌痢率进行分析。（参见数据文件：data11-10.sav。）

表 11-23　某城市 2000—2019 年菌痢数据

年份	1月	2月	3月	4月	5月	6月	7月	8月	9月	10月	11月	12月
2000	1.67	1.57	2.34	3.56	5.42	7.66	8.43	12.15	12.07	10.08	5.77	3.48
2001	1.98	1.43	1.83	3.18	5.66	8.19	14.37	27.56	20.63	10.09	2.14	1.12
2002	2.42	1.54	1.49	2.31	3.34	4.45	5.11	7.27	6.63	3.37	1.23	0.36
2003	0.66	0.99	1.14	1.14	3.32	2.99	4.87	6.72	7.12	4.16	2.51	1.80
2004	1.45	1.85	1.78	1.83	2.83	6.55	10.60	22.36	32.81	27.88	10.95	3.00
2005	2.24	1.67	2.43	4.08	7.89	13.59	16.51	19.19	15.11	14.16	3.81	1.20
2006	2.68	1.89	2.83	3.50	6.65	8.56	14.48	15.44	16.31	12.54	4.06	1.86
2007	1.70	1.33	1.96	2.07	3.71	7.40	8.81	8.08	6.45	5.63	3.86	1.77
2008	1.04	1.23	1.46	2.09	3.11	4.07	6.67	9.19	7.57	7.62	3.96	1.90
2009	1.22	0.83	1.21	1.75	3.50	5.61	6.99	5.80	5.33	3.49	1.81	1.16
2010	0.90	1.02	1.32	1.75	2.91	5.37	6.03	5.22	4.35	3.50	1.59	1.05
2011	0.92	0.97	1.19	1.43	2.79	4.86	5.25	4.77	4.02	3.05	2.04	1.05
2012	1.19	1.01	1.29	1.59	2.37	4.14	5.23	4.94	3.82	2.35	1.20	0.85
2013	0.81	0.93	1.17	1.20	1.80	3.10	6.36	4.91	4.67	2.88	1.32	0.70
2014	0.68	0.79	0.88	1.33	2.75	4.74	5.05	4.46	3.86	2.52	1.35	0.71
2015	0.67	0.54	0.81	0.97	2.09	3.96	5.83	4.11	3.46	2.49	1.21	0.79
2016	0.54	0.49	0.68	0.88	1.62	3.06	4.56	3.72	2.75	2.81	1.13	0.61
2017	0.58	0.47	0.71	0.91	2.07	3.17	3.32	2.38	2.25	1.68	0.76	0.56
2018	0.48	0.43	0.55	0.84	1.60	2.19	2.20	2.09	1.90	1.65	0.75	0.53
2019	0.40	0.48	0.64	0.76	1.38	2.19	2.75	2.36	2.12	1.44	0.75	0.62

第 12 章 信度分析

在分析问题时，我们常借助量表或问卷进行。那么，量表是否能测得所需的测量结果？测量结果的可靠性如何？这都需要对量表的信度（Reliability Analysis）、效度（Validity Analysis）进行分析。

效度是指量表是否真正反映了我们希望测量的问题。例如，智商测验是否真正反映了智力的高低？生存质量调查是否真正反映了人们的生存质量？抑郁量表调查是否真正反映了人们的抑郁程度？这些都是关于效度的问题。对于效度，我们没有绝对准确的答案，尽管不可能证明效度，但是可以用一些指标来评价效度。一般来说，有 3 种类型的效度：内容效度、实证效度和结构效度。有学者认为，效度分析最理想的方法是利用因子分析测量量表或整份问卷的架构效度，而在因子分析结果中，用于评价架构效度的主要指标有累积贡献率、共同度和因子负荷。在 SPSS 中可以利用探索性因子分析对 KMO 和巴特利特球形度进行检验，具体操作步骤可参考第 10 章中的因子分析，此处不再赘述；而验证性因子分析则需要通过其他软件进行操作，如 LISREL、AMOS、EQS、MPLUS 等。

信度是指测量的一致性。例如，准备调查你的年收入，你第一次回答是 20000 元，如果能够消除你对问题和回答的记忆，过一段时间问你同一个问题（当然，也可以通过调查其他人来了解你的年收入情况），通过考察你（你们）对同一问题的多次回答，可以判断答案的一致性如何。回答的波动越大，信度越低；回答的一致性越好，信度越高。信度本身与测量所得结果正确与否无关，它的功能在于检验测量本身是否稳定。制作完成一份量表或问卷后，首先应该对该量表或问卷进行信度分析，确保其可靠性和稳定性，以免影响分析结果的准确性。

根据测试时间和测试内容的不同，信度又可分为内在信度和外在信度。内在信度是指一组问题（也可以称为题项）是否测量同一个概念，即这些问题的内在一致性如何，能否稳定地衡量这一概念，最常用的检测方法是 Cronbach（克隆巴赫）α 系数法；而外在信度是指对相同的测试者在不同时间测得的结果是否一致，重测信度是外在信度最常用的检验法。

信度和效度的联系是：信度是效度的基础，有效的测量必须是可信的测量，不可信的测量必定是无效的；信度为效度的必要非充分条件，即有效度一定有信度，但有信度不一定有效度。本章只讨论信度问题，并就内在信度和外在信度等进行介绍。

12.1 内在信度分析

12.1.1 基本概念及统计原理

1. 基本概念

内在信度也称为内部一致性，用以衡量组成量表题项的内在一致性程度如何。常用的检测内在信度的方法是 Cronbach α 信度系数法和折半（Split-Half）信度系数法。

2. 统计原理

内在信度一般采用 Cronbach α 信度系数进行评价,也可采用折半信度系数法进行检测。

(1) Cronbach α 信度系数。

Cronbach α 信度系数是目前最常用的信度系数,其公式为

$$\alpha = \frac{k}{k-1}\left(1 - \frac{\sum_{i=1}^{k} S_i^2}{S_x^2}\right) \tag{12-1}$$

式中,k 为测验的题目数;S_i 为第 i 题得分的方差;S_x 为测验总分的方差。Cronbach α 信度系数在 0~1 之间。从经验来看,如果 $\alpha \geq 0.9$,则认为量表的内在信度很高;如果 $0.8 \leq \alpha < 0.9$,则认为量表的内在信度较好;如果 $0.7 \leq \alpha < 0.8$,则认为量表设计可以接受;如果 $0.6 \leq \alpha < 0.7$,则认为量表设计勉强可以接受,最好进行适当的修改;如果 $0.5 \leq \alpha < 0.6$,则表明量表设计不理想,需要重新编制或修订;如果 $\alpha < 0.5$,则表明量表非常不理想,应舍弃。

(2) 折半信度系数。

折半信度是在测试后将测试项目按奇项、偶项或其他标准分成两半,分别记分,由两半测验分数之间的相关系数得到信度系数。因此它实际上是检验一个测试内部一致性的粗略估计。折半信度是建立在相关系数基础上的,但它需要在相关系数(由于折半,所以相关系数只是半个测验的信度,可能会低估原始测验的信度)的基础上进行斯皮尔曼-布朗公式校正,校正公式为

$$r = \frac{2r_{xx}}{1 + r_{xx}} \tag{12-2}$$

式中,r_{xx} 为两半测验分数之间的相关系数。

折半信度面临的主要问题是如何将问题分成两半。一般事实式的问题是不太容易折半的,如年龄和教育程度是无法相比的。因此这种方法一般不适合于事实式量表。态度式量表一般围绕某个主题进行多种正、反面的陈述,由被调查者对陈述进行选择,如选择"很不满意"、"不满意"、"既非满意又非不满意"、"满意"和"很满意"中的一项,为以上 5 项分别赋予 1~5 分,将该量表的全部题项分成尽可能相近的两半,按前、后两部分或按题号的奇偶性分都可以,只是要注意两部分必须尽可能相当(内容、形式、题数等),不同的折半法可能会得到不同的结果。

☆说明☆

折半信度系数也可以用于度量量表的外在信度,但在用于计算量表的外在信度时,需要先将两个表复合,然后求其折半信度系数,这就得出了两张量表之间的一致性情况。

12.1.2 SPSS 实例分析

【例 12-1】 在学生的性格特征调查中,共选了 10 名学生进行测试,数据如表 12-1 所示,试对其进行内在信度分析。(参见数据文件 data12-1.sav。)

☞ 第 1 步 分析。

本例通过求 Cronbach α 信度系数来衡量其内在一致性。

☞ 第 2 步 数据组织。

按如表 12-1 所示的表头定义变量，输入数据并保存。

表 12-1　学生性格特征调查数据

序号	内向性	活动性	支配性	深思性	健壮性	稳定性	社会性	激动性
1	4	6	5	5	5	3	5	4
2	2	5	4	5	5	3	4	2
3	3	5	3	6	4	1	3	1
4	5	6	4	7	5	5	6	2
5	3	6	5	6	4	4	6	3
6	3	3	3	2	1	1	2	1
7	4	6	6	6	5	6	5	1
8	7	6	2	6	4	5	6	4
9	2	3	2	2	7	4	7	2
10	2	3	4	4	5	6	3	1

☞ 第 3 步　内在一致性分析设置。

（1）选择"分析"→"刻度"→"可靠性分析"选项，打开"可靠性分析"对话框，将衡量性格的 8 个变量移入"项"列表框，如图 12-1 所示。

（2）模型选择（本例选择使用 Cronbach's α 信度系数法），共有以下 5 种模型。

- Alpha 模型：默认选项，计算量表内在一致性的 Cronbach α 信度系数。
- 折半信度系数模型：计算折半信度系数，输出结果中给出格特曼和斯皮尔曼-布朗折半信度系数，以及折半后两部分的 Cronbach α 信度系数，考察两部分之间的相关性。
- 格特曼模型：计算最低下限的真实信度法，输出结果中产生 6 个信度系数——lambda1～lambda6。
- 平行模型：计算各评估项目变异数同质时的最大概率（Maximum-Likelihood）信度。该模型假设所有项目都具有相等的方差和方差误差。
- 严格平行模型：假设测试项目具有相等均值的平行模型法，输出结果中包含模型的拟合优度检验、各评估项目的方差估计值、项内相关系数、信度的无偏估计等统计量。

（3）"可靠性分析:统计"对话框设置：单击图 12-1 中的"统计"按钮，打开"可靠性分析:统计"对话框，并按图 12-2 进行设置。

现对其中各项解释如下。

① "描述"选区：对各评估项目、维度得分情况和项目与量表总体特征的关系进行描述统计。

- "项"复选框：输出各评估项目的基本描述统计量，包括项内均值和标准差等。
- "标度"复选框：显示量表总体（或维度）的均值和方差。
- "删除项后的标度"复选框：输出删除某评估项目后的基本描述统计量，以便对各评估项目逐个进行评价。

② "项之间"选区：输出项内统计量。

- "相关性"复选框：计算项目间的两两相关系数。
- "协方差"复选框：计算项目间的两两协方差值。

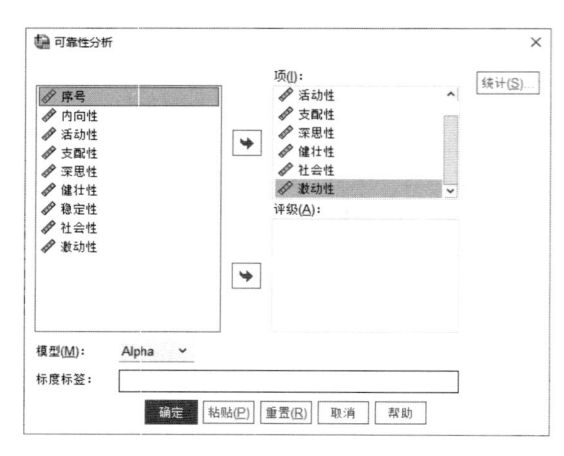

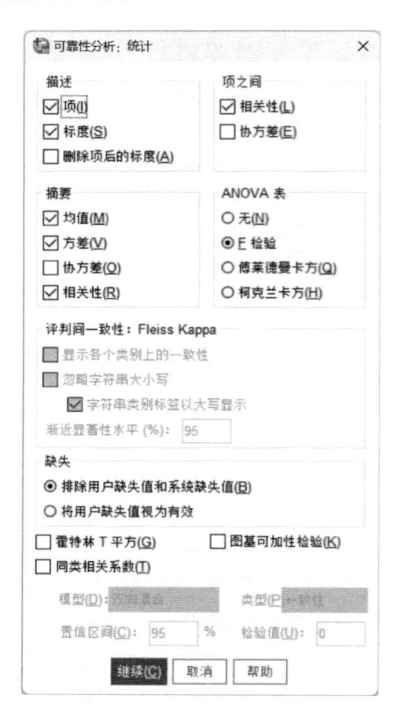

图 12-1 "可靠性分析"对话框　　　图 12-2 "可靠性分析:统计"对话框

③ "摘要"选区：用于计算"描述"选区中指定对象的相关值，包括均值、方差、协方差和相关性等。

④ "ANOVA 表"选区：方差分析表，给出用于检验同一评估对象在各评估项目上的得分是否具有一致性的方法。该选区包括以下几个单选按钮。

- "无"单选按钮：不检验。
- "F 检验"单选按钮：表示重复测量的方差分析，适合于数据类型为定距型且服从正态分布的情况。
- "傅莱德曼卡方"单选按钮：表示进行非参数检验中的多成对样本 Friedman 检验，适合于数据呈非正态分布或类型为定序型，计算 Friedman 值和 Kendall 一致性系数，在 ANOVA 表中，利用卡方检验代替 F 检验。
- "柯克兰卡方"单选按钮：计算 Cochran 卡方值，适用于所有项目均为二分变量（0 和 1）的情况。

⑤ "霍特林 T 平方"复选框：计算霍特林 T 平方值，是检验所有评估项目的均值是否相等的多变量检验。

⑥ "图基可加性检验"复选框：Tukey 检验，检验评估项目中是否存在倍增交互效应。

⑦ "同类相关系数"复选框：进行一致性测度或个案值的一致性检验。计算组内相关系数需要选择计算方法和相关类型，当选择该复选框时，以下两个选项变为可用状态。

"模型"下拉列表：用于选择计算组内相关系数的方法，包括以下 3 种模型。
- 双向混合模型：当个案效应和评估项目效应均固定时选择此选项。
- 双向随机模型：当个案效应和评估项目效应均随机时选择此选项。
- 单向随机模型：当个案效应随机时选择此选项。

"类型"下拉列表：用于选择指标类型，其中有以下两项："一致性"和"绝对一致性"。

"置信区间"数值框：用于指定置信区间的水平，默认值为95%。

"检验值"数值框：用于指定假设检验过程的检验值，默认值为0，可输入0~1之间的数值，用于类间相关系数的比较。

☞ 第4步　主要结果及分析。

本例信度分析的主要结果如表12-2～表12-9所示，具体分析如下。

（1）表12-2是个案处理摘要，可看出其中有10个个案参与信度分析，不含缺失值。

表12-2　个案处理摘要

个案		个案数	%
个案	有效	10	100.0
	排除 a	0	.0
	总计	10	100.0

a. 基于过程中所有变量的成列删除。

（2）表12-3是Cronbach α 信度系数表，可知 α 信度系数为0.790，其标准化后的 α 信度系数也为0.790，说明量表的信度是可以接受的，当然也有优化的空间。

表12-3　Cronbach α 信度系数表

克隆巴赫 Alpha	基于标准化项的克隆巴赫 Alpha	项数
.790	.790	8

（3）表12-4给出了所有评估项目的平均值、标准差和个案数情况。

表12-4　评估项目的基本描述

	平均值	标准差	个案数
内向性	3.50	1.581	10
活动性	4.90	1.370	10
支配性	3.80	1.317	10
深思性	4.90	1.729	10
健壮性	4.50	1.509	10
稳定性	3.80	1.814	10
社会性	4.70	1.636	10
激动性	2.10	1.197	10

（4）表12-5是评估项目间的相关系数矩阵，可看出"活动性"和"深思性"的相关性最高，为0.886，"社会性"和"支配性"的相关性最低，绝对值为0.031。

表12-5　评估项目间的相关系数矩阵

	内向性	活动性	支配性	深思性	健壮性	稳定性	社会性	激动性
内向性	1.000	.641	-.107	.549	-.163	.271	.365	.558
活动性	.641	1.000	.480	.886	.081	.215	.431	.549
支配性	-.107	.480	1.000	.430	.056	.307	-.031	-.056
深思性	.549	.886	.430	1.000	.106	.312	.263	.274
健壮性	-.163	.081	.056	.106	1.000	.528	.652	.154
稳定性	.271	.215	.307	.312	.528	1.000	.502	.113
社会性	.365	.431	-.031	.263	.652	.502	1.000	.584
激动性	.558	.549	-.056	.274	.154	.113	.584	1.000

(5) 表 12-6 是评估项目的总体描述表，显示了 10 名学生在 8 个评估项目上的平均值、方差和项间相关性的基本描述，包括平均值、最小值、最大值、方差等。

表 12-6 评估项目的总体描述表

	平均值	最小值	最大值	全距	最大值/最小值	方差	项数
项平均值	4.025	2.100	4.900	2.800	2.333	.899	8
项方差	2.347	1.433	3.289	1.856	2.295	.410	8
项间相关性	.320	-.163	.886	1.049	-5.439	.067	8

(6) 表 12-7 是所有评估项目的描述表，显示了在将某一项从量表中删除的情况下，量表的平均值、方差、每个项目得分与剩余各项目得分之间的相关系数，以该项目为自变量，以所有其他项目为因变量建立回归方程的 R^2 值及 Cronbach α 值。从表 12-7 中可以看出，"活动性"与其他项目之间的相关性最高，为 0.752，而且"活动性"与其他项目的复相关系数（R^2）也最高，为 0.982，这表明"活动性"与其他项目的关系最为密切。同时可以看出，如果删除"支配性"，则其 Cronbach α 信度系数变成了 0.802，有所提升，但幅度不大。

表 12-7 所有评估项目的描述表

	删除项后的标度平均值	删除项后的标度方差	修正后的项与总计相关性	平方多重相关性	删除项后的克隆巴赫 Alpha
内向性	28.70	48.233	.460	.905	.773
活动性	27.30	45.122	.752	.982	.730
支配性	28.40	54.489	.238	.908	.802
深思性	27.30	43.567	.626	.946	.744
健壮性	27.70	51.567	.323	.752	.793
稳定性	28.40	45.156	.509	.879	.766
社会性	27.50	44.500	.626	.850	.745
激动性	30.10	51.211	.479	.701	.772

(7) 表 12-8 是所有项目的描述表，可看出 8 个项目的总分平均值、方差、标准偏差。

表 12-8 所有项目的描述表

平均值	方差	标准偏差	项数
32.20	60.844	7.800	8

(8) 表 12-9 是方差分析表，即 ANOVA 分析表。$F=5.635$，显著性概率小于 0.001，因此应拒绝 F 检验的原假设，认为各项目的均值总体上存在显著性差异，各项得分不全部相等，即有一些项目与其他项目存在不一致和不相关性。

表 12-9 ANOVA 分析表

		平方和	自由度	均方	F	显著性
人员间		68.450	9	7.606		
人员内	项间	62.950	7	8.993	5.635	<.001
	残差	100.550	63	1.596		
	总计	163.500	70	2.336		
总计		231.950	79	2.936		

总平均值 =4.03

综上所述，该量表的信度不是太高，应做相应调整。

第 12 章 信度分析

【例 12-2】 对于学生的性格特征数据（data12-1.sav），用折半法求其信度系数。

本例的具体过程和设置与例 12-1 类似，主要结果如表 12-10～表 12-12 所示（与前面类似的表格不再逐一列出）。

（1）表 12-10 中将 8 个项目分成两部分，第一部分（a 项）包含"内向性"、"活动性"、"支配性"和"深思性"，第二部分（b 项）包含"健壮性"、"稳定性"、"社会性"和"激动性"。从表 12-10 中可以看出，两部分的相关系数为 0.370，相关程度较低，表明该量表需要重新编制或修订；各部分的信度系数一般，第一部分为 0.790，第二部分为 0.749，说明它们内部各自的一致性也不高。表 12-10 还分别给出了斯皮尔曼-布朗系数和格特曼折半（Guttman Split-Half）系数，均很小，也说明量表设计不够科学或所调查的数据不够准确，需要做进一步的调整。

表 12-10 折半信度的信度系数统计表

克隆巴赫 Alpha	第一部分	值	.790
		项数	4[a]
	第二部分	值	.749
		项数	4[b]
	总项数		8
形态之间的相关性			.370
斯皮尔曼-布朗系数	等长		.540
	不等长		.540
格特曼折半系数			.540

a. 项为：内向性, 活动性, 支配性, 深思性.
b. 项为：健壮性, 稳定性, 社会性, 激动性.

（2）表 12-11 是折半后的项目描述表，显示了两部分在 4 个项目和总项目上的平均值、方差、项间相关性的基本描述。

表 12-11 折半后的项目描述表

		平均值	最小值	最大值	全距	最大值/最小值	方差	项数
项平均值	第一部分	4.275	3.500	4.900	1.400	1.400	.536	4[a]
	第二部分	3.775	2.100	4.700	2.600	2.238	1.396	4[b]
	两部分	4.025	2.100	4.900	2.800	2.333	.899	8
项方差	第一部分	2.275	1.733	2.989	1.256	1.724	.337	4[a]
	第二部分	2.419	1.433	3.289	1.856	2.295	.605	4[b]
	两部分	2.347	1.433	3.289	1.856	2.295	.410	8
项间相关性	第一部分	.480	-.107	.886	.993	8.304	.099	4[a]
	第二部分	.422	.113	.652	.540	5.794	.048	4[b]
	两部分	.320	-.163	.886	1.049	-5.439	.067	8

a. 项为：内向性, 活动性, 支配性, 深思性.
b. 项为：健壮性, 稳定性, 社会性, 激动性.

（3）表 12-12 是两部分量表的描述表，显示了两部分量表总分的平均值、方差和标准差情况。

表 12-12　两部分量表的描述表

	平均值	方差	标准差	项数
第一部分	17.10	22.322	4.725	4[a]
第二部分	15.10	22.100	4.701	4[b]
两部分	32.20	60.844	7.800	8

a. 项为：内向性，活动性，支配性，深思性．
b. 项为：健壮性，稳定性，社会性，激动性．

12.2　再测信度分析

12.2.1　基本概念及统计原理

1．基本概念

同一个测验项目，对同一组人员进行前、后两次测试，两次测试所得分数的相关系数即再测信度。它反映两次测试结果有无变动，即测验分数的稳定程度，故又称为稳定性系数。

2．统计原理

（1）皮尔逊相关系数。

再测信度实质上是求同一量表在两次测验中的相关系数，通常是求如式（12-3）所示的皮尔逊相关系数：

$$r = \frac{\sum_{i=1}^{n}(x_i - \bar{x})(y_i - \bar{y})}{\sqrt{\sum_{i=1}^{n}(x_i - \bar{x})^2 \sum_{i=1}^{n}(y_i - \bar{y})^2}} \quad (12\text{-}3)$$

再测信度必须满足以下几个假设。

① 所测量的特质必须是稳定的。
② 遗忘和练习的效果相同。
③ 两次测试期间，被试者对问题的熟悉情况没有差别。

若以上 3 个假设不易做到，则不宜采用再测信度。在获得再测信度时，两次测试的时间间隔要适当。时间太短会增加稳定性，时间太长容易受到其他因素变化的影响。同时，在进行第二次测试时，需要调动被试者的积极性，避免被试者对重复测量有不必要的情绪反应，影响第二次测试的结果。

（2）Kappa 指数。

Kappa 指数用来描述两种测量手段的一致性，如果其中一种手段为标准测量手段，那么它就是标准效度。

当卡方检验认为两种测量结果具有一致性后，就可以进一步计算反映一致性的指标，即 Kappa 指数。具体公式如下：

$$P_0 = \frac{\sum A_{ii}}{n} \quad (\text{符合率}) \quad (12\text{-}4)$$

$$Q_0 = 1 - P_0 \quad (\text{不一致率}) \quad (12\text{-}5)$$

$$P_e = \frac{\sum m_i m_i}{n^2} \quad (\text{期望符合率}) \quad (12\text{-}6)$$

$$\text{Kappa} = \frac{P_0 - P_e}{1 - P_e} \tag{12-7}$$

我们用这个 Kappa 指数来描述两种测量手段的一致性。根据经验，Kappa＞0.75，可以认为一致性较好；0.4≤Kappa≤0.75，说明一致性中等；Kappa＜0.4，表明一致性较差。

12.2.2 SPSS 实例分析

【例 12-3】 性格特征第一次调查的数据如表 12-1 所示，第二次调查的数据如表 12-13 所示。试对该量表进行再测信度分析。（参见数据文件 data12-2.sav。）

表 12-13 第二次调查的数据

序号	内向性1	活动性1	支配性1	深思性1	健壮性1	稳定性1	社会性1	激动性1
1	3	5	6	5	4	4	4	4
2	2	5	5	5	3	4	5	3
3	3	5	3	6	5	2	3	2
4	4	6	4	7	5	4	5	3
5	3	6	5	6	4	4	4	5
6	4	3	2	2	1	1	3	2
7	4	6	6	5	6	3	5	2
8	6	6	2	5	4	5	5	4
9	3	3	3	3	6	5	6	3
10	2	3	4	4	5	6	4	2

☞ 第 1 步 分析。

进行再测信度分析。

☞ 第 2 步 数据组织。

建立"内向性"～"激动性"8 个变量和这 8 个变量的总分"total"（总分通过执行"转换"→"变量计算"命令来计算）变量，以及"内向性1"～"激动性1"和这 8 个变量的部分和"total1"变量，外加一个"序号"变量，共 19 个变量，如图 12-3 所示。

序号	内向性	活动性	支配性	深思性	健壮性	稳定性	社会性	激动性	total	内向性1	活动性1	支配性1	深思性1	健壮性1	稳定性1	社会性1	激动性1	total1
1	4	6	5	5	5	3	5	4	37	3	5	6	5	4	4	4	4	35
2	2	5	5	5	3	4	2	4	30	2	5	5	5	3	4	5	3	32
3	3	5	3	6	4	1	3	1	26	3	5	3	6	5	2	3	2	29
4	5	6	4	7	5	6	5	2	40	4	6	4	7	5	4	5	3	38
5	3	6	5	6	4	5	4	4	37	3	6	5	6	4	4	4	5	37
6	3	2	2	2	1	2	3	1	16	4	3	2	2	1	1	3	2	18
7	4	6	6	5	6	5	5	1	39	4	6	6	5	6	3	5	2	38
8	7	6	2	6	4	5	6	4	40	6	6	2	5	4	5	5	4	37
9	2	3	3	3	5	6	5	2	29	3	3	3	3	6	5	6	3	32
10	2	3	4	4	6	5	3	1	28	2	3	4	4	5	6	4	2	30

图 12-3 数据组织图

☞ 第 3 步 再测信度分析设置。

选择"分析"→"相关"→"双变量"选项，打开相关性对话框，将前、后两次调查的变量及数据移入"变量"列表框，在"相关系数"选区中选择"皮尔逊"复选框，即求皮尔逊相关系数；在"显著性检验"选区中选择"双尾"单选按钮，即进行双尾检测，之后提交系统运行。

☞ 第 4 步 主要结果及分析。

运行后的相关系数，即各项目的再测信度如表 12-14 所示（由于输出的原始表格太复杂，这里对输出的结果表进行了整理），可以看出，各项目的相关系数比较高，其中总分的相关系数为 0.976，说明量表的再测信度很好。

表 12-14 各项目的再测信度（两次的相关系数）

内向性	活动性	支配性	深思性	健壮性	稳定性	社会性	激动性	总分
0.898	0.973	0.906	0.966	0.833	0.904	0.787	0.880	0.976

【例 12-4】 两名放射科医生对 200 名肺病可疑患者的 X 光片进行读片的结果如表 12-15 所示（其中，"0" 表示正常，"1" 表示病重为一级，"2" 表示病重为二级），请计算 Kappa 指数。（参见数据文件 data12-3.sav。）

表 12-15 200 名肺病可疑患者的 X 光片读片结果

第一次检查	第二次检查	例数
0	0	78
0	1	5
0	2	0
1	0	6
1	1	56
1	2	13
2	0	0
2	1	10
2	2	32

☞ 第 1 步 分析。

由于考察的是两名医生读 X 光片的一致性，故可用 Kappa 指数来度量。

☞ 第 2 步 数据组织。

建立 "第一次检查"、"第二次检查" 和 "例数" 3 个变量，输入数据并保存。

☞ 第 3 步 数据加权。

选择 "数据" → "个案加权" 选项，打开加权设置对话框，并将 "例数" 变量作为加权变量。

☞ 第 4 步 Kappa 指数设置。

选择 "分析" → "描述统计" → "交叉表" 选项，打开 "交叉表" 对话框，并按图 12-4 进行设置。打开 "交叉表:统计" 对话框，按图 12-5 进行设置，表示输出卡方统计量和 Kappa 指数。

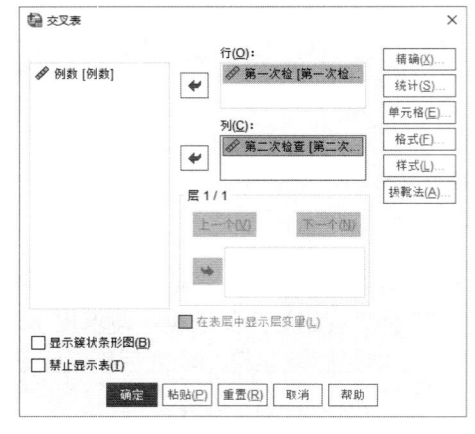

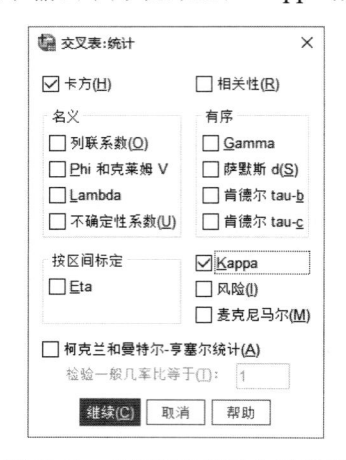

图 12-4 "交叉表" 对话框　　　　　　图 12-5 "交叉表:统计" 对话框

☞ 第 5 步 主要结果及分析。

本例运行结果如表 12-16～表 12-18 所示，具体解释如下。

（1）表 12-16 是交叉列联表，说明第一次检查和第二次检查相符合的记录数为 166（78 + 56 + 32 = 166），占总数的 83%（166/200×100% = 83%）。

表 12-16 交叉列联表

		第二次检查			总计
		正常	一级	二级	
第一次检查	正常	78	5	0	83
	一级	6	56	13	75
	二级	0	10	32	42
总计		84	71	45	200

（2）表 12-17 是卡方检验结果表，给出了皮尔逊卡方检验结果，且对应的渐进显著性概率（双侧）小于 0.001，说明第一次检查和第二次检查存在相关性。于是，进一步计算衡量两次检查结果一致性的 Kappa 指数。

表 12-17 卡方检验结果表

	值	自由度	渐进显著性（双侧）
皮尔逊卡方	219.384[a]	4	<.001
似然比	234.563	4	<.001
线性关联	146.290	1	<.001
有效个案数	200		

a. 0 个单元格 (0.0%) 的期望计数小于 5。最小期望计数为 9.45。

（3）表 12-18 给出了具体的 Kappa 指数，为 0.737，显著性概率小于 0.001，说明两次检查结果的一致性较好。

表 12-18 具体的 Kappa 指数

		值	渐近标准化误差[a]	近似 T[b]	渐进显著性
协议测量	Kappa	.737	.041	14.424	<.001
有效个案数		200			

a. 未假定原假设。
b. 在假定原假设的情况下使用渐近标准误差。

12.3 评分者信度分析

12.3.1 基本概念及统计原理

1. 基本概念

所谓评分者信度（Scorer Reliability），就是指多个评分者给同一批人员评分的一致性程度。例如，在教育和心理测量中，常常关心不同的评分者对同一个主观题的评分是否一致；在医学临床疗效评价中，常常关心不同的医生对同一名患者的评价是否一致。当评分者人数为 2 时，可以采用皮尔逊或斯皮尔曼相关系数评价一致性；当评分者人数多于 2 时，可以采用肯德尔（Kendall）协同系数考察评分者信度。本节介绍肯德尔协同系数。

2. 统计原理

肯德尔协同系数的计算公式为

$$W = 12 \times \frac{R_i^2 - (\sum R_i)^2 / N}{K^2(N^3 - N)} \quad (12\text{-}8)$$

式中，K 表示评分者人数；N 是被评分者人数；R_i 是第 i 个被评分者所得分数的水平等级之和。

若评分中出现了相同等级，则需要计算校正系数，公式如下：

$$W = 12 \times \frac{R_i^2 - (\sum R_i)^2 / N}{K^2(N^3 - N) - K \sum \sum (n^3 - n)/12} \quad (12\text{-}9)$$

式中，n 为相同等级的个数。

12.3.2 SPSS 实例分析

【例 12-5】 3 名神经内科医生对 6 名重症肌无力患者分别进行肌力的评分，结果如表 12-19 所示，试评价 3 名医生评价的一致性。（参见数据文件 data12-4.sav。）

表 12-19 3 名医生对 6 名肌无力患者的评分结果

序号	医生甲	医生乙	医生丙
1	35	32	25
2	40	36	30
3	37	31	28
4	30	30	24
5	38	35	31
6	42	40	32

☞ 第 1 步 分析。

这是一个考察几个人对同一批患者评价一致性的问题，考虑用肯德尔协同系数来度量。

☞ 第 2 步 数据组织。

建立"序号"、"医生甲"、"医生乙"和"医生丙"4 个变量，输入数据并保存。

☞ 第 3 步 肯德尔协同系数求解设置。

选择"分析"→"非参数检验"→"旧对话框"→"K 个相关样本"选项，打开"针对多个相关样本的检验"对话框，并按图 12-6 进行设置，之后提交系统运行。

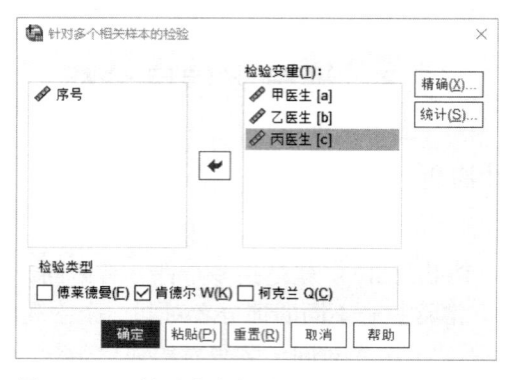

图 12-6 "针对多个相关样本的检验"对话框

☞ **第 4 步** 主要结果及分析。

本例运行结果如表 12-20 所示,不仅给出了肯德尔协同系数为 0.964,还给出了显著性水平为 0.003,说明 3 名医生的评分结果具有较好的一致性。

表 12-20 检验统计结果

N	6
肯德尔 W[a]	.964
卡方	11.565
自由度	2
渐近显著性	.003

a. 肯德尔协同系数

12.4 典型案例

某研究机构曾用 Oxford 学习策略量表对某校的 82 名大学生进行过问卷调查。该量表共分为 6 个子量表,如表 12-21 所示。现以该量表的调查数据为依托进行信度分析,探索该量表的内部一致性。(参见数据文件 data12-5.sav。)

案例分析:该量表包含 6 个子量表,可分别对这 6 个子量表求其 Cronbach α 信度系数和折半系数,之后对整个量表的信度进行分析。

表 12-21 Oxford 所含子量表情况

子量表	学习策略	题号
子量表 1	记忆策略	1~9
子量表 2	认知策略	10~23
子量表 3	补偿策略	24~29
子量表 4	元认知策略	30~38
子量表 5	情感策略	39~44
子量表 6	社交策略	45~50

12.5 思考与练习

1. 什么是信度和效度?
2. 信度分析包括哪几种,其区别和联系是什么?
3. 表 12-22 是 4 名学生的答题成绩,试对此量表进行信度分析。(参见数据文件 data12-6.sav。)

表 12-22 4 名学生的答题成绩

学生	题目				
	1	2	3	4	5
1	6	7	6	8	5
2	4	3	5	3	4
3	2	4	3	2	1
4	4	5	4	5	4

4. 有20位选手参加某次书法比赛，主办方邀请了3位评委对选手的作品进行评分，评分数据如表12-23所示。试分析3位评委评分的一致性。（参见数据文件data12-7.sav。）

表12-23　3位评委对选手的评分数据

序号	1	2	3	4	5	6	7	8	9	10	11	12	13	14	15	16	17	18	19	20
评委1	6	4	7	8	2	7	9	7	2	4	6	8	4	3	6	9	9	4	4	5
评委2	8	5	4	7	3	4	9	8	5	3	9	5	2	3	8	10	8	6	3	3
评委3	5	6	3	5	3	6	8	5	7	2	5	7	4	6	3	8	6	7	4	6

第 13 章 调节效应与中介效应分析

在社会科学研究中,当研究自变量 X 对因变量 Y 的影响时,常会受到第 3 个变量 M 的影响,这种影响主要表现为调节效应和中介效应两种形式。本章主要介绍如何使用层次回归法进行调节效应分析,以及如何使用 PROCESS 插件检验中介效应。当使用层次回归法检验调节效应时,根据自变量和调节变量类型的不同,大致可以分为 4 种情况,具体操作有所不同。PROCESS 插件是一个便捷的工具,可以帮助我们更高效地检验中介效应和调节效应,操作步骤比较简单。需要注意的是,在对结果进行解释时,即使模型比较复杂,对结果的解释也有一定的规律可循。但是当模型包含潜在变量时,不仅不能分析,还不能对模型进行整体评价,此时推荐使用其他数据分析软件,如 AMOS、Mplus 等。

13.1 调节效应

13.1.1 调节效应简介

1. 调节效应的定义

如果自变量 X 与因变量 Y 的关系是变量 M 的函数,则变量 M 就可以称为调节变量,即因变量 Y 与自变量 X 的关系受变量 M 的影响。这三者之间的关系称为调节效应。图 13-1 形象地展示了最简单的调节效应。

调节变量既可以是分类变量(如性别、年级、种族),又可以是连续变量(如成绩、年龄);既可以是潜在变量(无法直接测量的变量),又可以是显在变量(可以直接测量的变量)。根据调节变量和自变量类型的不同,在分析调节效应时所用的方法也不同。

调节变量影响因变量和自变量之间关系的方向与强弱。调节变量的意义在于能够识别自变量对因变量影响方式的边界条件,引入一个新的调节变量是理论研究的一个思路。

2. 调节效应与中介效应的区别

首先,从定义上理解调节效应与中介效应的区别:我们已经知道,如果因变量 Y 与自变量 X 的关系是变量 M 的函数,则称三者中出现了调节效应;如果自变量 X 通过影响变量 M 来影响因变量 Y,则称三者中出现了中介效应,如图 13-2 所示。

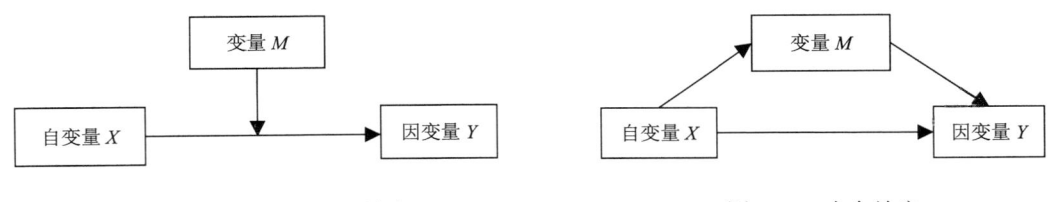

图 13-1 最简单的调节效应　　　　图 13-2 中介效应

其次,从变量之间的相关性及意义上理解两者的区别:中介变量与自变量或因变量的相关性较高,理想的调节变量与自变量和因变量的相关性都不高;中介变量的意义在于揭示自变量对因变量影响的原因和作用机制,调节变量的意义在于识别自变量对因变量影响方式的边界条件。

13.1.2 自变量和调节变量均为连续变量的调节效应分析

1. 操作原理

在调节效应中,当自变量 X 和调节变量 M 都是连续变量时,调节效应可以通过下面的回归方程进行分析:

$$Y = i + aX + bM + cXM + \varepsilon \tag{13-1}$$

调节效应方程示意图如图 13-3 所示。

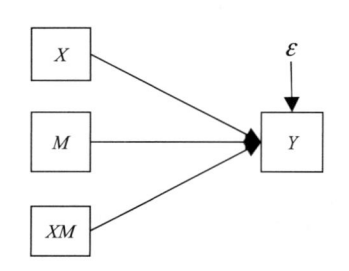

图 13-3 调节效应方程示意图

检验调节效应是否显著的基本思想是:$Y=i+aX+bM+\varepsilon$ 和 $Y=i+aX+bM+cXM+\varepsilon$ 这两个回归方程在拟合效果上有较大差异。只有这样,才能称因变量 Y 和自变量 X 的关系(回归斜率的大小和方向)随调节变量 M 的变化而变化,调节效应显著。

2. 基本步骤

(1)准备交互相乘项。
(2)用自变量 X、调节变量 M 对因变量 Y 做回归分析。
(3)用自变量 X、调节变量 M 和交互相乘项 XM 对变量 Y 做回归分析。
(4)根据系数做出判断。

3. 案例分析

【例 13-1】 本例共有 3 个变量,分别是因变量 Y、自变量 X 和调节变量 M,3 个变量都是连续变量。分析的目的是判断三者之间是否存在调节效应。(参见数据文件 data13-1.sav。)

☞ 第 1 步 新变量计算。

打开数据文件 data13-1.sav。选择"转换"→"计算变量"选项,打开"计算变量"对话框。计算变量的本质是利用已有变量新建一个变量,这里要利用已有变量 M 和自变量 X 创建一个新变量 XM(乘积项)。如图 13-4 所示,首先,在"目标变量"文本框中输入新变量的名称,这里将其命名为 X_M;其次,在"数字表达式"文本框中输入公式 X*M,单击"确定"按钮。

☞ 第 2 步 线性回归设置。

选择"分析"→"回归"→"线性"选项,打开"线性回归"对话框。首先做第 1 层回归,将"Y"变量选入"因变量"列表框,将"X"和"M"变量选入"自变量"列表框,单击"下一个"按钮,准备做第 2 层回归。

第 13 章 调节效应与中介效应分析

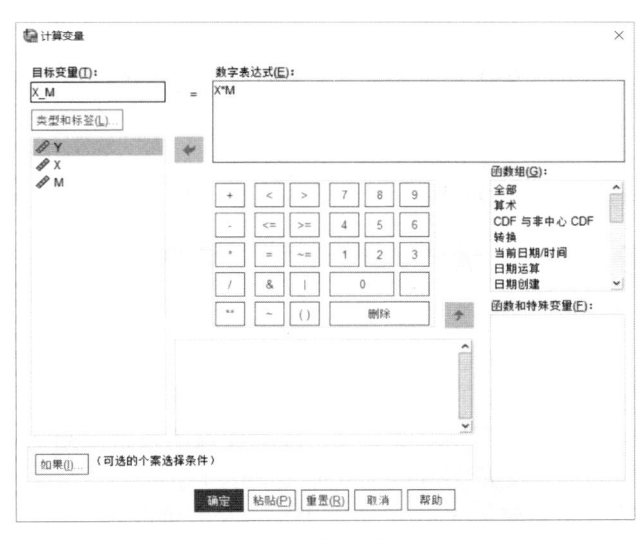

图 13-4 "计算变量"对话框

第二层回归为 $Y=i+aX+bM+cXM+\varepsilon$。将"Y"变量选入"因变量"列表框,将"X"、"M"和"X_M"变量选入"自变量"列表框,单击"统计"按钮,弹出"线性回归:统计"对话框。勾选"模型拟合"和"R 方变化量"复选框,单击"继续"按钮,回到"线性回归"对话框,单击"确定"按钮,输出结果。

☞ 第 3 步 主要结果及分析。

(1) 模型摘要表如表 13-1 所示,模型 2($Y=i+aX+bM+cXM+\varepsilon$) 和模型 1($Y=i+aX+bM+\varepsilon$) 的 R^2 值有较大差异。根据 R^2 值的大小,可知模型 2 显著优于模型 1,说明变量之间存在调节效应。

表 13-1 模型摘要表

模型	R	R 方	调整后 R 方	标准估算的错误	更改统计				
					R 方变化量	F 变化量	自由度 1	自由度 2	显著性 F 变化量
1	.238[a]	.057	.048	8.5648	.057	6.247	2	208	.002
2	.329[b]	.108	.095	8.3482	.051	11.934	1	207	<.001

a. 预测变量:(常量), M, X
b. 预测变量:(常量), M, X, X_M

(2) 模型系数表如表 13-2 所示,其中,模型 2 的交互相乘项的显著性概率<0.001,小于 0.05,说明变量之间存在调节效应。

表 13-2 模型系数表

模型		未标准化系数		标准化系数	t	显著性
		B	标准错误	Beta		
1	(常量)	46.154	5.459		8.455	<.001
	X	−.087	.055	−.108	−1.578	.116
	M	.106	.037	.194	2.837	.005
2	(常量)	−9.356	16.927		−.553	.581
	X	.615	.210	.761	2.924	.004
	M	.859	.221	1.579	3.885	<.001
	X_M	−.010	.003	−1.517	−3.455	<.001

a. 因变量:Y

☆说明☆

当自变量和拟调节变量都是连续变量时,通常的做法是先进行中心化,再进行层次回归分析。这个步骤虽然对调节效应的最终检验结果没有影响,但是有以下两方面好处。

(1)改变模型中回归系数的大小和显著性检验结果。

(2)在自变量X和调节变量M的零点没有实际意义的情况下,改善对回归系数的理解。

13.1.3 自变量为连续变量、调节变量为分类变量的调节效应分析

1. 操作原理

因为调节变量是分类变量,所以在分析时需要对调节变量进行虚拟编码,从而产生虚拟变量。虚拟变量指的是取值为 0 或 1 的人工变量,其作用是实现对分类变量的量化,反映变量质的属性,又称为虚设变量、名义变量或哑变量。虚拟变量的设置规则如下。

(1)选取原则:所有虚拟变量的取值都只能是 0 或 1。

(2)虚拟变量个数:如果变量X有N个水平,则在有截距项的模型中,可以用$N–1$个虚拟变量来表示变量X。

2. 基本步骤

(1)对调节变量M进行虚拟编码,产生虚拟变量。

(2)产生自变量X与虚拟变量的交互相乘项。

(3)用自变量X和虚拟变量对因变量Y做回归分析。

(4)用自变量X、虚拟变量和交互相乘项对因变量Y做回归分析。

(5)观察结果,判断调节效应是否成立。

3. 案例分析

【例 13-2】 本例共有 3 个变量,分别是因变量Y、自变量X和拟调节变量M(有 4 个水平)。其中,Y和X是连续变量,M是分类变量。分析的目的是判断三者之间是否存在调节效应。(参见数据文件 data13-2.sav。)

☞ 第 1 步 创建虚拟变量。

打开数据文件 data13-2.sav,选择"转换"→"创建虚拟变量"选项,打开"创建虚拟变量"对话框,如图 13-5 所示,将"M"变量选入"针对下列变量创建虚拟变量"列表框,在"根名称(每个选定变量各一个)"文本框中输入虚拟变量名称"Mdum",单击"确定"按钮。

此时,在数据编辑器中可以看到生成了 4 个虚拟变量,分别为 Mdum_1、Mdum_2、Mdum_3 和 Mdum_4。在本例中,只需 3 个虚拟变量即可完成对拟调节变量M的编码,因此应删除 1 个虚拟变量。如果将拟调节变量M取值为 4 作为对照的变量水平,则可以删除虚拟变量 Mdum_4。删除 Mdum_4 后的数据情况如图 13-6 所示。

从图 13-6 中可以看出,当拟调节变量M取值为 4 时,3 个虚拟变量的取值均为 0;当拟调节变量M取值为 3 时,3 个虚拟变量的取值分别为 0、0、1;当拟调节变量M取值为 1 时,3 个虚拟变量的取值分别为 1、0、0;当拟调节变量M的取值为 2 时,3 个虚拟变量的取值分别为 0、1、0。

第 13 章 调节效应与中介效应分析 305

图 13-5 "创建虚变量"对话框

图 13-6 删除 Mdum_4 后的数据情况

☞ 第 2 步 新变量计算。

选择"转换"→"计算变量"选项，打开"计算变量"对话框。这里需要将 3 个虚拟变量分别与自变量 X 相乘，生成 3 个新的交互相乘项。如图 13-7 所示，在"目标变量"文本框中输入新变量的名称"X_Mdum1"，在"数字表达式"文本框中输入"X*Mdum_1"，单击"确定"按钮。

用同样的方法，使自变量分别与另外两个虚拟变量相乘，得到另外两个交互相乘项 X_Mdum2 和 X_Mdum3。X、M 和 Y 是本例中的原始变量，我们期望得到它们的调节效应。Mdum_1、Mdum_2 和 Mdum_3 是新生成的虚拟变量，用来编码变量 M 的 4 个水平。X_Mdum1、X_Mdum2 和 X_Mdum3 是新生成的交互相乘项。

☞ 第 3 步 层次回归。

选择"分析"→"回归"→"线性"选项，打开"线性回归"对话框。在本例中，需要做 3 层回归。

首先做第 1 层回归，如图 13-8 所示，将"Y"变量选入"因变量"列表框，将"X"变量选入"块"列表框，单击"下一个"按钮，回到"线性回归"对话框。

然后做第 2 层回归，将"Y"变量选入"因变量"列表框，将"X""Mdum_1""Mdum_2""Mdum_3"选入"块"列表框，单击"下一个"按钮，回到"线性回归"对话框。

最后做第 3 层回归，将"Y"变量选入"因变量"列表框，将"X""Mdum_1""Mdum_2""Mdum_3""X_Mdum1""X_Mdum2""X_Mdum3"选入"块"列表框，单击"统计"按钮，弹出"线性回归:统计"对话框，勾选"模型拟合""R 方变化量"复选框，单击"继续"按钮，回到"线性回归"对话框，单击"确定"按钮。

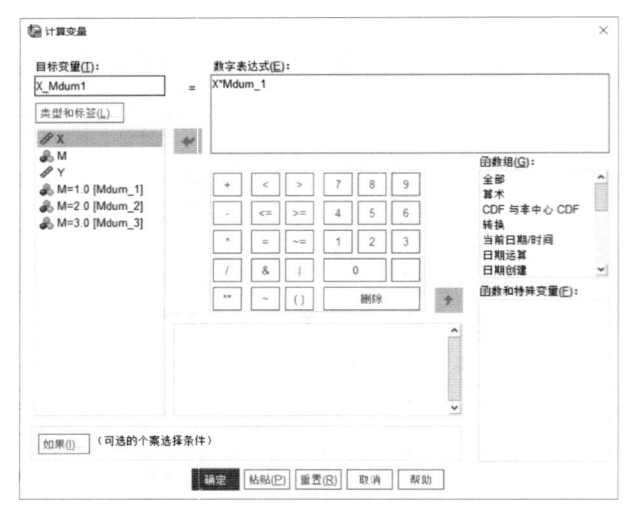

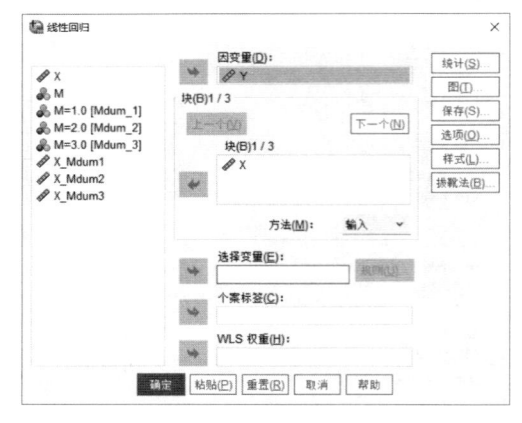

图 13-7　"计算变量"对话框　　　　图 13-8　第 1 层"线性回归"对话框设置

☞ 第 4 步　主要结果及分析。

系数表如表 13-3 所示，重点关注第三层回归中 3 个交互相乘项的显著性。从表 13-3 中可以看出，交互相乘项 X_Mdum1 的系数在 0.05 的显著性水平下显著，即变量之间存在调节效应。

表 13-3　系数表

模型		未标准化系数		标准化系数	t	显著性
		B	标准错误	Beta		
1	(常量)	35.750	2.978		12.005	<.001
	X	.151	.038	.230	3.976	<.001
2	(常量)	35.400	3.371		10.503	<.001
	X	.151	.039	.230	3.894	<.001
	M	.090	.563	.010	.160	.873
	M=2.0	.459	1.179	.025	.389	.697
	M=3.0	−.068	1.413	−.003	−.048	.962
3	(常量)	52.776	6.951		7.593	<.001
	X	.258	.091	.392	2.825	.005
	M	−6.408	2.972	−.724	−2.156	.032
	M=2.0	−11.203	6.687	−.620	−1.675	.095
	M=3.0	−2.915	10.472	−.144	−.278	.781
	X_Mdum1	−.246	.110	−.955	−2.240	.026
	X_Mdum2	−.012	.114	−.054	−.110	.913
	X_Mdum3	−.040	.153	−.145	−.260	.795

a. 因变量：Y

13.1.4　自变量为分类变量、调节变量为连续变量的调节效应分析

1．操作步骤

（1）对自变量 X 进行虚拟编码，产生虚拟变量。

（2）产生虚拟变量与拟调节变量 M 的交互相乘项。

(3) 用虚拟变量对因变量 Y 做回归分析。
(4) 用虚拟变量与拟调节变量 M 对因变量 Y 做回归分析。
(5) 用虚拟变量、拟调节变量 M 与交互相乘项对因变量 Y 做回归分析。
(6) 观察结果，判断调节效应是否成立。

2．案例分析

【例 13-3】 本例共有 3 个变量，分别是因变量 Y、自变量 X（有 3 个水平）和拟调节变量 M。其中，Y 和 M 是连续变量，X 是分类变量。分析的目的是判断三者之间是否存在调节效应。（参见数据文件 data13-3.sav。）

☞ 第 1 步　新变量计算。

首先打开数据文件 data13-3.sav，选择"转换"→"创建虚变量"选项，打开"创建虚变量"对话框，将"X"变量选入"针对下列变量创建虚变量"列表框，勾选"创建主效应虚变量"复选框，在"根名称（每个选定变量各一个）"文本框中输入虚拟变量名称"Xdum"，单击"确定"按钮。

此时，在数据编辑器中可以看到生成了 3 个虚拟变量，分别为 Xdum_1、Xdum_2、Xdum_3，但实际上我们只需两个虚拟变量就能完成对自变量 X 的编码，因此应删除一个。这里删除 Xdum_3。当 X 取值为 1 时，两个虚拟变量的取值分别为 1 和 0；当 X 取值为 2 时，两个虚拟变量的取值分别为 0 和 1；当 X 取值为 3 时，两个虚拟变量的取值分别为 0 和 0。

然后，产生虚拟变量与拟调节变量 M 的交互相乘项。选择"转换"→"计算变量"选项，打开"计算变量"对话框，在"目标变量"文本框中输入新变量的名称"M_Xdum_1"，在"数字表达式"文本框中输入"M*Xdum_1"，单击"确定"按钮，即可生成第 1 个交互相乘项。用同样的方法生成第 2 个交互相乘项。

最终得到如图 13-9 所示的变量。X、M 和 Y 是本例中的原始变量，我们期望得到它们的调节效应；Xdum_1、Xdum_2 是新生成的虚拟变量，用来编码自变量 X 的 3 个水平；M_Xdum_1、M_Xdum_2 是新生成的变量，是由拟调节变量 M 分别与两个虚拟变量相乘得到的。

	X	M	Y	Xdum_1	Xdum_2	M_Xdum_1	M_Xdum_2
1	1.0	27.0	50.0	1.00	.00	27.00	.00
2	1.0	37.0	56.0	1.00	.00	37.00	.00
3	1.0	44.0	56.0	1.00	.00	44.00	.00
4	1.0	39.0	59.0	1.00	.00	39.00	.00
5	1.0	40.0	59.0	1.00	.00	40.00	.00
6	1.0	42.0	59.0	1.00	.00	42.00	.00
7	1.0	37.0	61.0	1.00	.00	37.00	.00
8	1.0	38.0	61.0	1.00	.00	38.00	.00
9	1.0	42.0	62.0	1.00	.00	42.00	.00
10	1.0	48.0	63.0	1.00	.00	48.00	.00
11	1.0	45.0	63.0	1.00	.00	45.00	.00
12	1.0	37.0	63.0	1.00	.00	37.00	.00
13	1.0	39.0	63.0	1.00	.00	39.00	.00
14	1.0	39.0	64.0	1.00	.00	39.00	.00
15	1.0	41.0	65.0	1.00	.00	41.00	.00

图 13-9　生成交互相乘项后的数据

☞ 第 2 步　层次回归。

选择"分析"→"回归"→"线性"选项，打开"线性回归"对话框。本例需要进行 3 层回归。

第 1 层回归，选择"分析"→"回归"→"线性"选项，打开"线性回归"对话框。将"Y"变量选入"因变量"列表框，将"X=1.0[Xdum_1]"和"X=2.0[Xdum_2]"变量选入"块"列表框,单击"下一个"按钮,回到"线性回归"对话框。

第 2 层回归,将"Y"变量选入"因变量"列表框,将"M"、"X=1.0[Xdum_1]"和"X=2.0[Xdum_2]"变量选入"块"列表框,单击"下一个"按钮,,回到"线性回归"对话框。

第 3 层回归,将"Y"变量选入"因变量"列表框,将"M"、"X=1.0[Xdum_1]"、"X=2.0[Xdum_2]"、"M_Xdum_1"和"M_Xdum_2"变量选入"块"列表框。

单击"统计"按钮,在弹出的"线性回归:统计"对话框中,勾选"R方变化量"复选框,单击"继续"按钮,回到"线性回归"对话框,单击"确定"按钮。

☞ 第 3 步 主要结果及分析。

(1)系数表如 13-4 所示,在第 3 层回归中,观察两个交互相乘项的系数显著性可以发现,交互相乘项 M_Xdum_1 的系数显著,交互相乘项 M_Xdum_2 的系数不显著。

表 13-4　系数表

模型		未标准化系数		标准化系数	t	显著性
		B	标准错误	Beta		
1	(常量)	81.387	1.127		72.208	<.001
	X=1.0	−9.881	1.620	−.433	−6.098	<.001
	X=2.0	−5.169	1.691	−.217	−3.057	.003
2	(常量)	85.631	8.579		9.981	<.001
	X=1.0	−11.066	2.876	−.484	−3.848	<.001
	X=2.0	−5.867	2.197	−.246	−2.670	.008
	M	−.075	.150	−.056	−.499	.618
3	(常量)	105.742	12.352		8.560	<.001
	X=1.0	−49.417	15.113	−2.163	−3.270	.001
	X=2.0	23.147	33.098	.971	.699	.485
	M	−.430	.217	−.321	−1.980	.049
	M_Xdum_1	.801	.303	1.452	2.645	.009
	M_Xdum_2	−.683	.683	−1.358	−.999	.319

a. 因变量:Y

(2)模型摘要表如表 13-5 所示,可以看出,第 3 层回归的 R^2 值是显著的,因此变量之间存在调节效应。

表 13-5　模型摘要表

模型	R	R 方	调整后 R 方	标准估算的错误	更改统计				
					R 方变化量	F 变化量	自由度 1	自由度 2	显著性 F 变化量
1	.384[a]	.147	.139	10.0813	.147	18.626	2	216	<.001
2	.385[b]	.148	.136	10.0989	.001	.249	1	215	.618
3	.430[c]	.185	.166	9.9227	.037	4.851	2	213	.009

a. 预测变量:(常量), X=2.0, X=1.0
b. 预测变量:(常量), X=2.0, X=1.0, M
c. 预测变量:(常量), X=2.0, X=1.0, M, M_Xdum_1, M_Xdum_2

☆说明☆

当自变量和调节变量均为分类变量时,可以直接使用多因素方差分析法进行分析。需要注意的是,在交互效应中,两个自变量既可以是对称的,即任何一个变量都可以被解释为调节变量；又可以是不对称的，即只要其中一个变量起到调节变量的作用，交互效应就存在，此种情况的具体分析方法这里不再赘述。

13.2 中介效应

13.2.1 中介效应简介

常见的中介效应有简单中介效应、并列中介效应和链式中介效应 3 种，分别如图 13-2、图 13-10、图 13-11 所示。需要说明的是，在示意图中最多只有两个中介变量，实际中可以根据需要添加更多的中介变量。

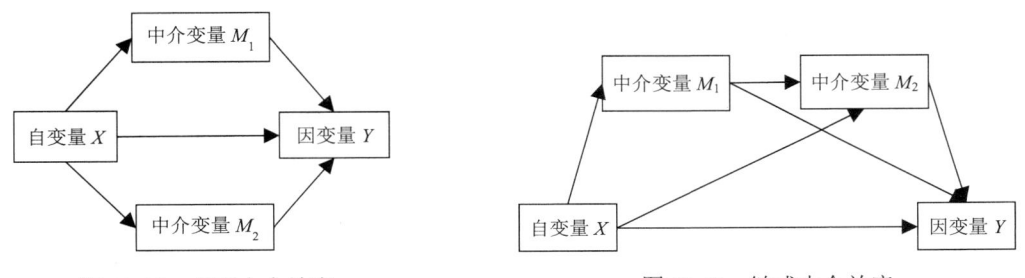

图 13-10 并列中介效应

图 13-11 链式中介效应

独立使用 SPSS 进行中介效应分析需要的步骤较为烦琐，且对于多个模型只能进行分段检验。因此为了解决这一弊端，常使用 PROCESS 插件进行中介效应分析。读者可在该插件官网或通过其他渠道下载 PROCESS 插件安装包，将安装包解压，打开 SPSS，选择"扩展"→"实用程序"→"安装定制对话框（兼容性方式）"选项，在弹出的对话框中的"查找位置"处定位解压缩后的"processor 安装插件"，选择"process.spd"文件，单击"打开"按钮即可完成安装。安装成功后，选择"分析"→"回归"选项，可以看到 PROCESS 子菜单，此时即可用 PROCESS 进行分析。

13.2.2 简单中介效应分析

【例 13-4】 本例共有 3 个变量，分别是因变量 Y、自变量 X 和中介变量 M，3 个变量均为数值型变量。分析 M 对于 X、Y 的中介效应。（参见数据文件 data13-4.sav。）

☞ 第 1 步 分析。

这是分析一个中介变量对于一个自变量与一个因变量的简单中介效应的问题。

☞ 第 2 步 PROCESS 设置。

打开数据文件 data13-4.sav，选择"分析"→"回归"→"PROCESS"选项，打开 PROCESS 设置对话框。将"因变量 Y[因变量 Y]"选入"Y Variable"列表框，将"自变量 X[自变量 X]"选入"X Variable"列表框，将"中介变量 M[中介变量 M]"选入"Mediator(s) M"列表框，在"Model number"下拉列表中选择模型 4，在"Number of bootstrap samples"下拉列表中选择"5000"选项，并保存相关估计和系数，具体如图 13-12 所示。

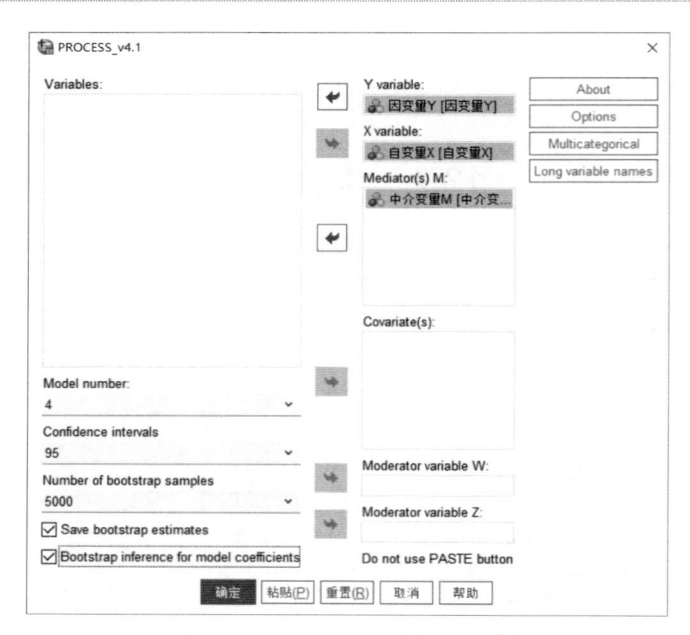

图 13-12　PROCESS 设置对话框

单击图 13-12 中的"Options"按钮，按照图 13-13 进行设置，单击"继续"按钮，回到如图 13-12 所示的对话框，单击"确定"按钮，输出结果。

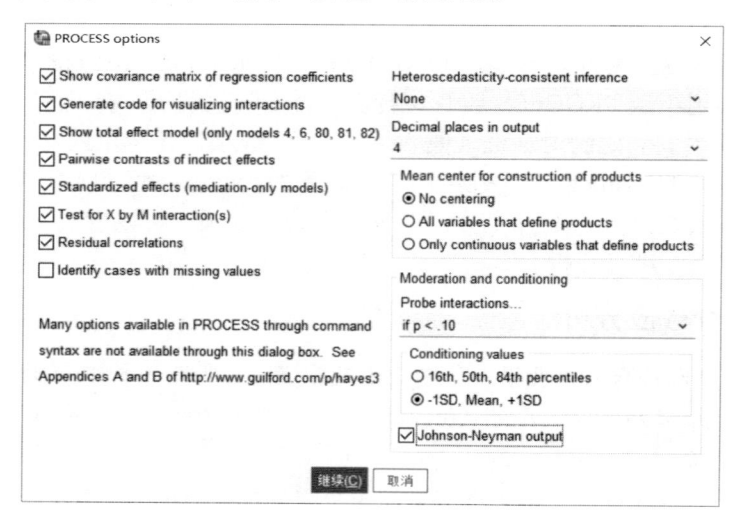

图 13-13　"PROCESS options"对话框

☞ 第 3 步　主要结果分析。

本例输出结果主要分为 4 部分：第 1 部分是当中介变量 M 作为因变量时，自变量 X 对它的预测作用；第 2 部分是当因变量 Y 作为因变量时，各变量对它的预测作用；第 3 部分是自变量 X 对因变量 Y 的总效应；第 4 部分是自变量 X 对因变量 Y 的总效应、直接效应和间接效应。

（1）第 1 部分的结果如图 13-14 所示，由"OUTCOME VARIABLE: M"可知此模型的结果变量是中介变量 M。由"Model Summary"部分可知此模型的显著性概率 P 值<0.05，故此

模型是显著的；由"Model"部分可知此模型自变量 X 的系数与截距。

（2）第 2 部分的结果如图 13-15 所示，由"OUTCOME VARIABLE: Y"可知，此模型的结果变量是因变量 Y。由"Model Summary"部分可知此模型的显著性概率 P 值<0.05，故此模型是显著的；由"Model"部分可知此模型的自变量 X 和中介变量 M 的系数与截距。

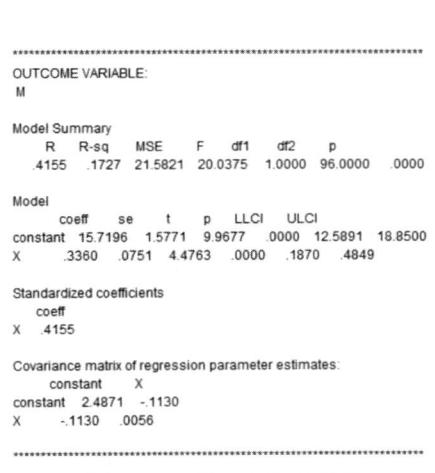

图 13-14　第 1 部分的结果

图 13-15　第 2 部分的结果

（3）第 3 部分的结果如图 13-16 所示，由"OUTCOME VARIABLE: Y"可知此模型的结果变量是因变量 Y。由"Model Summary"部分可知此模型的显著性概率 P 值>0.05，故此模型并不显著；由"Model"部分可知此模型自变量 X 的系数与截距。

（4）第 4 部分的结果如图 13-17 所示。其中，"Total effect of X on Y"部分表示自变量 X 对因变量 Y 的总效应，由 95%置信区间 LLCI 和 ULCI 可知，总效应是不显著的，效应大小为 0.0662；"Indirect effect(s) of X on Y"部分表示中介变量 M 的间接效应，由 95%置信区间 BootLLCI 和 BootULCI 之间不包含零值可知，间接效应是正向显著的，效应大小为 0.2338，这是判断中介效应是否显著的主要指标。

图 13-16　第 3 部分的结果

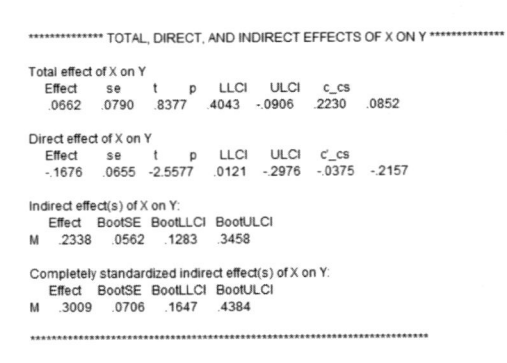

图 13-17　第 4 部分的结果

综上可知此简单中介效应是显著的。

13.2.3 并列中介效应分析

并列中介效应和简单中介效应的差别在于它有更多的中介变量，这里给一个数据文件 data13-5.sav，其中有自变量 X、因变量 Y 和中介变量 M_1、中介变量 M_2，在操作设置中，将两个中介变量均选入如图 13-12 所示的“Mediator(s) M”列表框，其他操作步骤和结果解释与简单中介效应类似，这里不再赘述。

13.2.4 链式中介效应分析

两个中介变量的链式中介模型如图 13-11 所示。这两个中介变量是有顺序的，因此在操作时一定不要颠倒。

【例 13-5】 数据 data13-6.sav 中共有 4 个变量，分别是自变量 X、因变量 Y 和两个中介变量 M_1、M_2，试分析 M_1 和 M_2 对 X 与 Y 的链式中介效应。

☞ 第 1 步 分析。

在 PROCESS 插件中可分析 3 条中介路径：$X \to M_1 \to Y$（Ind1）、$X \to M_2 \to Y$（Ind2）和 $X \to M_1 \to M_2 \to Y$（Ind3）。在链式中介效应检验结果中，主要关注路径 3（Ind3）是否显著。

☞ 第 2 步 PROCESS 设置。

打开数据文件 data13-6.sav，选择“分析”→“回归”→“PROCESS”选项，打开 PROCESS 设置对话框。将“Y”变量选入“Y Variable”列表框，将“X”变量选入“X Variable”列表框，将“M1”和“M2”变量选入“Mediator(s) M”列表框。在“Model number”下拉列表中直接选择模型 6，在“Number of bootstrap samples”下拉列表中选择“5000”选项，其他采用默认设置。“PROCESS options”对话框中的设置同图 13-13。

☞ 第 3 步 主要结果及分析。

本例运行结果主要分为两部分，第 1 部分是当中介变量 M_1、中介变量 M_2 和因变量 Y 作为因变量时，各变量对它们的预测作用；第 2 部分包含了 X 对 Y 的直接效应、X 对 Y 的总效应和 3 条路径的间接效应。

（1）如图 13-18 所示，由“OUTCOME VARIABLE: Y”可知此模型的结果变量是因变量 Y。由“Model Summary”部分可以看出显著性概率 P 值<0.05，即此模型是显著的，并且 R^2 值很大；由“Model”部分可知此模型的自变量 X、中介变量 M_1 和中介变量 M_2 的系数与截距。

```
**************************************************************************
OUTCOME VARIABLE:
 Y

Model Summary
      R      R-sq     MSE       F       df1      df2       p
    .9594   .9205   3.3600  189.1097   3.0000  49.0000    .0000

Model
          coeff     se        t        p      LLCI     ULCI
constant  58.3846  8.5744   6.8092   .0000  41.1536  75.6155
X          .1775   .2082    .8526   .3980   -.2409    .5960
M1         .2610   .0981   2.6606   .0105   .0639    .4581
M2        -.5783   .0988  -5.8517   .0000   -.7769   -.3797

Standardized coefficients
      coeff
X    .1013
M1   .3279
M2  -.5587

Covariance matrix of regression parameter estimates:
          constant     X        M1       M2
constant  73.5197   -.5451   -.3792   -.8415
X          -.5451   .0434   -.0139    .0066
M1         -.3792  -.0139    .0096    .0039
M2         -.8415   .0066    .0039    .0098

Test(s) of X by M interaction:
          F      df1      df2       p
M1*X    .0176   1.0000   48.0000   .8951
M2*X    .2783   1.0000   48.0000   .6002
```

图 13-18 OUTCOME VARIABLE: Y

（2）图 13-19 所示为各类效应的结果报告。其中，“Total effect of X on Y”部分是自变量 X 对因变量 Y 的总效应值，95%置信区间 LLCI 和 ULCI 之间不包含零，效应大小为 1.5827；“Direct effect of X on Y”部分是自变量 X 对因变量 Y 的直接效应，由 95%置信区间 LLCI 和 ULCI 之间包含零值可知直接效应不显著；“Indirect effect(s) of X on Y”部分表示中介变量的间接效应，这里主要关注的路径 3 在 95%置信区间下，BootLLCI 和 BootULCI 之间不包含零值，表明链式中介效应路径存在，效应大小为 0.4796。

```
*************** TOTAL, DIRECT, AND INDIRECT EFFECTS OF X ON Y ***************
Total effect of X on Y
    Effect      se       t        p      LLCI     ULCI    c_cs
    1.5827   .1054  15.0189   .0000    1.3711   1.7942   .9031
Direct effect of X on Y
    Effect      se       t        p      LLCI     ULCI    c'_cs
    .1775    .2082    .8526   .3980    -.2409   .5960    .1013
Indirect effect(s) of X on Y:
        Effect   BootSE  BootLLCI  BootULCI
TOTAL   1.4051   .3244    .8893    2.1486
Ind1    .5366    .2878    .0172    1.1441
Ind2    .3888    .2843    .0157    1.1227
Ind3    .4796    .1570    .1728    .7934
(C1)    .1478    .4365   -.7343    .9830
(C2)    .0570    .3650   -.6256    .8042
(C3)   -.0908    .3689   -.6166    .8453
```

图 13-19　各类效应的结果报告

13.3　中介效应与调节效应混合模型

13.3.1　中介效应与调节效应混合模型简介

中介效应与调节效应混合模型是指在一个模型中既有中介效应又有调节效应。PROCESS 插件中提供了很多中介效应与调节效应混合模型，在操作层面，只需根据文档选择合适的模型编号即可。但是对于结果，需要谨慎解读，尤其在中介效应和调节效应混合时。下面以图 13-20 中的模型 59 为例进行介绍。

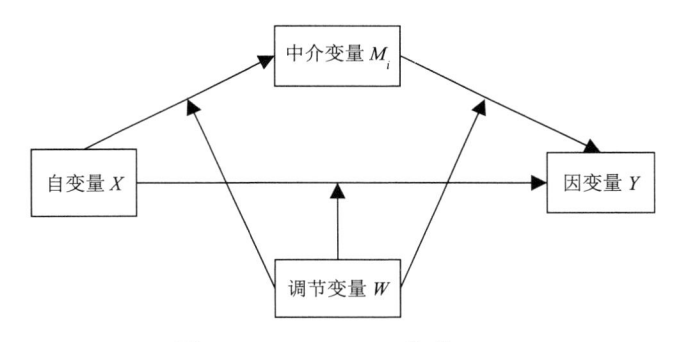

图 13-20　Model 59（模型 59）

13.3.2　中介效应与调节效应混合模型分析方法

【例 13-6】　数据文件 data13-7.sav 中共有 4 个变量，分别是自变量 X、因变量 Y、中介变量 M 和调节变量 W，试分析 M 对 X 和 Y 的中介效应与 W 对 X 和 Y 的调节效应。

☞ 第 1 步　分析。

这是一个中介效应和调节效应混合模型。

☞ 第 2 步　PROCESS 设置对话框中的相关内容。

打开数据文件 data13-7.sav，选择"分析"→"回归"→"PROCESS"选项，打开 PROCESS 设置对话框，按图 13-21 进行设置。

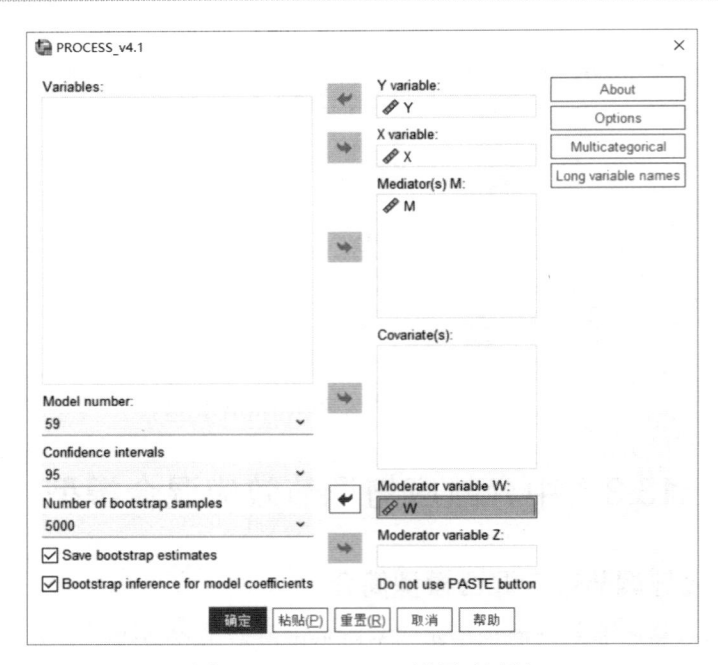

图 13-21　PROCESS 设置对话框

☞ 第 3 步　主要结果及分析。

本例运行结果主要分为 3 部分：第 1 部分是此模型的基本信息，如各个变量的角色和样本量等信息；第 2 部分表示当分别将中介变量 M 和因变量 Y 作为因变量时，各变量对它们的预测作用，通过交互相乘项的值可知调节效应是否显著；第 3 部分包含了在调节变量取平均值、高于一个标准差和低于一个标准差时，X 对 Y 的直接效应值和间接效应值。

（1）图 13-22 是模型基本信息。由"Model"部分可知此模型选用的模型序号，下面 4 行是变量名与变量在模型中扮演的角色；由"Sample"部分的"Size"可知共有 92 个样本。

（2）如图 13-23 所示，由"OUTCOME VARIABLE: M"可知此模型的结果变量是中介变量 M。由"Model Summary"部分可以看到此模型的 R^2 值和显著性概率 P 值，由于 $P>0.05$，所以此模型不显著；由"Model"部分可知此模型的自变量 X、调节变量 W 和 Int_1 的系数与截距。其中 Int_1 表示自变量和调节变量的交互相乘项，如果在有 Int_1 的情况下此回归方程显著，则表明 W 在 X 对 M 的影响中起到显著的调节作用，即模型的前半段中介效应 $X{\rightarrow}M$ 受到 W 的调节。这里的结果表明 W 对这部分的调节不显著。

（3）如图 13-24 所示，由 OUTCOME VARIABLE: Y 可知此模型的结果变量是因变量 Y。由"Model Summary"部分可以看到此模型的 R^2 值和显著性概率 P 值，由于 $P<0.05$，所以此模型是显著的，而且 R^2 值很大；由"Model"部分可知此模型的自变量 X、中介变量 M、调节变量 W、Int_1 和 Int_2 的系数与截距。这里的 Int_1 是自变量和调节变量的交互相乘项，Int_2 是中介变量和调节变量的交互相乘项。如果 Int_1 显著，则表明 W 在 X 对 Y 的影响中起到显著的调节效应，即模型的直接效应 $X{\rightarrow}Y$ 受到 W 的调节；如果 Int_2 显著，则表明 W 在 M 对 Y 的影响中起到显著的调节效应，即模型的后段中介效应 $M{\rightarrow}Y$ 受到 W 的调节。这里的 LLCI、ULCI 和显著性概率 P 值表明，Int_1 和 Int_2 均是显著的。

（4）如图 13-25 所示，"Conditional direct effect(s) of X on Y"部分表示的是在调节变量取

平均值、高于均值一个标准差和低于均值一个标准差时，自变量 X 对因变量 Y 的直接效应的大小，由于显著性概率 P 值小于 0.05，所以这里的直接效应全部是显著的；“Conditional indirect effects of X on Y”部分表示的是在调节变量取平均值、高于均值一个标准差和低于均值一个标准差时，自变量 X 对因变量 Y 的间接效应的大小，由于在 95%置信区间下，BootLLCI 和 BootULCI 之间包含零值，所以这里的间接效应都是不显著的，表明无论调节变量取何值，中介效应均不显著。

```
**************************************************************************
Model  : 59
  Y : Y
  X : X
  M : M
  W : W

Sample
Size:  92

**************************************************************************
```

图 13-22　模型基本信息

```
**************************************************************************
OUTCOME VARIABLE:
 M

Model Summary
      R      R-sq       MSE         F       df1       df2         p
    .2268     .0515     .8351    1.5913    3.0000   88.0000     .1972

Model
              coeff        se         t         p      LLCI      ULCI
constant     4.5330     .7187    6.3068     .0000    3.1046    5.9613
X            -.2097     .1807   -1.1608     .2489    -.5687     .1493
W             .0083     .1882     .0438     .9651    -.3658     .3823
Int_1         .0375     .0462     .8109     .4196    -.0543     .1293

Product terms key:
 Int_1    :        X        x        W

Test(s) of highest order unconditional interaction(s):
       R2-chng          F        df1        df2          p
X*W      .0071      .6575     1.0000    88.0000      .4196
**************************************************************************
```

图 13-23　OUTCOME VARIABLE: M

```
**************************************************************************
OUTCOME VARIABLE:
 Y

Model Summary
      R      R-sq       MSE         F       df1       df2         p
    .9680     .9370     .5392  255.6046    5.0000   86.0000     .0000

Model
              coeff        se         t         p      LLCI      ULCI
constant     4.8332    1.5291    3.1607     .0022    1.7934    7.8730
X           -1.1567     .1466   -7.8907     .0000   -1.4481    -.8653
M             .8031     .3107    2.5848     .0114     .1854    1.4208
W            1.5540     .4242    3.6638     .0004     .7108    2.3972
Int_1        -.1540     .0373   -4.1295     .0001    -.2282    -.0799
Int_2        -.1850     .0869   -2.1275     .0362    -.3578    -.0121

Product terms key:
 Int_1    :        X        x        W
 Int_2    :        M        x        W
```

图 13-24　OUTCOME VARIABLE: Y

```
****************** DIRECT AND INDIRECT EFFECTS OF X ON Y *****************

Conditional direct effect(s) of X on Y:
      W     Effect       se          t        p      LLCI      ULCI
   2.5181   -1.5446    .0663   -23.2813    .0000   -1.6764   -1.4127
   3.6848   -1.7243    .0497   -34.7255    .0000   -1.8230   -1.6255
   4.8514   -1.9039    .0657   -28.9787    .0000   -2.0346   -1.7733

Conditional indirect effects of X on Y:

INDIRECT EFFECT:
 X      ->    M      ->    Y

      W     Effect    BootSE  BootLLCI  BootULCI
   2.5181   -.0389     .0355    -.1325     .0061
   3.6848   -.0087     .0096    -.0333     .0031
   4.8514    .0026     .0085    -.0126     .0224
---

**************************************************************************
```

图 13-25　X 对 Y 的直接效应和间接效应

13.4　典型案例

13.4.1　性别在胸围对肺呼量的影响中的调节效应分析

某研究者研究胸围对肺呼量的影响，考虑到性别可能会起到调节作用，试对数据（见表 13-6）进行分析。（参见数据文件 data13-8.sav。）

表 13-6　研究数据

序号	性别	胸围（cm）	肺呼量（mL）	序号	性别	胸围（cm）	肺呼量（mL）
1	1	94.0	4203	9	1	90.0	4072
2	1	87.0	5095	10	1	82.0	3637
3	1	87.0	3858	11	1	87.0	2658
4	1	79.0	3561	12	1	86.5	4333
5	1	86.5	3185	13	1	82.0	4054
6	1	81.0	3320	14	1	83.0	3765
7	1	80.0	3540	…	…	…	…
8	1	106.0	4838	599	2	83.0	2317

案例分析：本案例研究的自变量 X 为"胸围"，调节变量 M 为"性别"，因变量 Y 为"肺呼量"，探讨性别是否在胸围与肺呼量间起到调节作用。

13.4.2　心理因素在工作认同感与工作绩效之间的中介效应分析

本案例研究工作认同感与工作绩效之间心理因素（焦虑）的意义。原始数据（见表 13-7）包括工作不被认同、焦虑、工作绩效 3 个变量，试分析焦虑是否为领导不认同导致工作绩效下降的中介变量。（参见数据文件 data13-9.sav。）

表 13-7　原始数据

Id	工作不被认同	焦虑	工作绩效	Id	工作不被认同	焦虑	工作绩效
1	3.00	2.00	2.50	10	2.33	2.67	2.50
2	1.00	2.00	2.00	11	2.33	2.00	4.00
3	1.00	1.33	1.50	12	2.00	1.00	2.00
4	2.00	2.00	2.00	13	3.67	2.00	3.50
5	2.00	2.00	2.00	14	3.33	2.00	3.00
6	2.00	3.67	4.00	15	2.33	3.33	4.00
7	3.00	3.67	3.50	16	2.33	3.33	4.00
8	1.33	1.33	2.00	⋮	⋮	⋮	⋮
9	1.33	2.67	1.00	489	2.67	1.33	1.00

案例分析：本案例研究的自变量 X 为"工作不被认同"，中介变量 M 为"焦虑"，因变量 Y 为"工作绩效"，探讨焦虑是否在工作不被认同与工作绩效间起到中介作用。

13.5　思考与练习

1. 什么是调节效应？
2. 什么是中介效应？
3. 调节效应与中介效应有什么区别？

第 14 章 综合案例分析

在前面的章节中,对 SPSS 进行参数检验、相关分析、回归分析等数据分析方法进行了介绍。对于实际的调查研究数据,往往需要用多种分析方法,只有这样才能达到数据分析的目的。本章选择了两个具有代表性的综合案例进行分析,希望读者能够掌握综合问题的分析思路和方法,以解决各种复杂的数据分析问题。

14.1 SPSS 在房地产市场数据分析中的应用

14.1.1 问题描述与案例说明

房地产业既是关乎我国国民经济的支柱产业,又是与民生密切相关的基础产业。它具有极大的资金聚集功能与明显的产业带动效应。房地产业的崛起推动了国民经济的发展,带动了相关产业的发展,并在一定程度上改善了人民的生活品质。为了促进房地产市场的健康发展,政府各部门相继出台了一系列政策,以有效保障国民经济的健康、平稳发展。但商品住宅的价格始终都是舆论关注的焦点,很多专家、学者都在致力于探索商品住宅价格的影响因素。

通过 SPSS 分析房地产市场能够更新和丰富消费者与开发商等利益相关者对商品住宅价格影响因素的认识,能为消费者的购买决策、房地产开发商的投资决策及地方政府的调控政策提供有价值的理论参考。本案例以"某市商品住宅价格影响因素分析"为例,介绍 SPSS 在房地产市场数据分析中的应用。

本案例从需求的角度,选取 9 个变量作为商品住宅价格的影响因素:住宅竣工面积、商品住宅销售面积、GDP、全市人口、人均可支配收入、住宅完成投资额、城镇家庭户数、竣工住宅建造成本和 15 年期公积金贷款年利率。该案例的数据如表 14-1 所示。(参见数据文件 data14-1.sav。)

表 14-1 某市商品住宅价格影响因素数据

年份	商品住宅平均售价(元/平方米)	住宅竣工面积(万平方米)	商品住宅销售面积(万平方米)	GDP(亿元)	全市人口(万人)	人均可支配收入(元)	住宅完成投资额(亿元)	城镇家庭户数(万户)	竣工住宅建造成本(元/平方米)	15 年期公积金贷款年利率(%)
2009	2369.3	413.41	239.35	1110.8	551.5	6861	74.03	184.27	960.96	4.59
2010	2692.6	452.09	353.67	1241.8	554.6	7455.3	81.8	186.49	1120.7	4.59
2011	2736.6	450.25	375.04	1442	557.9	8409.4	92.14	188.91	1122.4	4.14
2012	2751.4	469.19	446.75	1664.3	560.2	9277.7	105.58	191.49	1326.6	4.05
2013	2953.7	352.1	445.41	1949.2	561.6	10311	139.03	193.41	1579.8	4.08
2014	3507.8	346.45	552.47	2108.9	565.33	11753	160.26	195.79	1447.4	4.36
2015	4113.1	412.37	570.21	2483.2	572.08	12901	233.87	198.52	1794.2	4.52

续表

年份	商品住宅平均售价（元/平方米）	住宅竣工面积（万平方米）	商品住宅销售面积（万平方米）	GDP（亿元）	全市人口（万人）	人均可支配收入（元）	住宅完成投资额（亿元）	城镇家庭户数（万户）	竣工住宅建造成本（元/平方米）	15年期公积金贷款年利率（%）
2016	5033.6	356.3	783.91	2908.9	578.19	14039	298.54	201.27	1817.7	4.89
2017	4999.2	636.41	770.84	3385	583.37	15575	357.86	203.44	1888.1	5.07
2018	5484.5	472.15	1093.4	3863.4	584.8	16889	423.9	205.55	2328.1	3.87

14.1.2 分析目的与分析思路

1．分析目的

本案例的分析目的是希望得出某市商品住宅价格与全市人口、住宅完成投资额、GDP、人均可支配收入等因素的关系，并分析这些因素是如何作用于商品住宅价格的，以及这些因素对商品住宅价格的影响程度有多大。

2．分析思路

首先利用相关分析法分析某市平均商品住宅价格与各影响因素的相关程度，从而得出哪些因素与商品住宅价格有更高的相关程度；然后利用多元线性回归建立某市商品住宅价格的预测模型。

14.1.3 操作步骤与结果分析

1．相关分析

（1）SPSS操作步骤。

① 打开data14-1.sav数据文件，选择"分析"→"相关"→"双变量"选项，打开"双变量相关性"对话框，将商品住宅平均售价、住宅竣工面积、商品住宅销售面积、GDP、全市人口、人均可支配收入、住宅完成投资额、城镇家庭户数、竣工住宅建造成本和15年期公积金贷款年利率这10个变量选入"变量"列表框；在"相关系数"选区中勾选"皮尔逊"复选框；在"显著性检验"选区中勾选"双尾"单选按钮，并勾选下方的"标记显著性相关性"复选框。

② 单击"选项"按钮，在弹出的对话框的"统计"选区中勾选"均值和标准差"复选框，在"缺失值"选区中勾选"成对排除个案"单选按钮。

③ 完成上述设置后，单击"双变量相关性"对话框中的"确定"按钮执行命令。

（2）主要结果及分析。

表14-2给出了相关分析的结果，可以看到，某市商品住宅平均售价与住宅竣工面积的皮尔逊相关系数为0.290，相关系数检验统计量的显著性概率为0.416，大于0.05，因此接受原假设，认为两者之间没有显著的相关关系；某市商品住宅平均售价与商品住宅销售面积的皮尔逊相关系数为0.957，相关系数检验统计量的显著性概率小于0.001，因此拒绝原假设，认为两者之间存在显著的相关关系。同理，从表14-2中可以看出，某市商品住宅平均售价与GDP、全市人口、人均可支配收入、住宅完成投资额、城镇家庭户数与竣工住宅建造成本存在显著的相关关系，与15年期公积金贷款年利率不存在显著的相关关系。

表 14-2 相关分析的结果

		商品住宅平均售价（元/平方米）	住宅竣工面积（万平方米）	商品住宅销售面积（万平方米）	GDP（亿元）	全市人口（万人）	人均可支配收入（元）	住宅完成投资额（亿元）	城镇家庭户数（万户）	竣工住宅建造成本（元/平方米）	15年期公积金贷款年利率（%）
商品住宅平均售价（元/平方米）	皮尔逊相关性	1	.290	.957**	.975**	.985**	.973**	.983**	.962**	.932**	.253
	显著性（双尾）		.416	<.001	<.001	<.001	<.001	<.001	<.001	<.001	.481
	个案数	10	10	10	10	10	10	10	10	10	10
住宅竣工面积（万平方米）	皮尔逊相关性	.290	1	.262	.342	.360	.292	.374	.261	.210	.293
	显著性（双尾）	.416		.465	.334	.307	.413	.287	.466	.561	.411
	个案数	10	10	10	10	10	10	10	10	10	10
商品住宅销售面积（万平方米）	皮尔逊相关性	.957**	.262	1	.973**	.951**	.958**	.966**	.946**	.952**	-.007
	显著性（双尾）	<.001	.465		<.001	<.001	<.001	<.001	<.001	<.001	.984
	个案数	10	10	10	10	10	10	10	10	10	10
GDP（亿元）	皮尔逊相关性	.975**	.342	.973**	1	.989**	.993**	.992**	.982**	.971**	.114
	显著性（双尾）	<.001	.334	<.001		<.001	<.001	<.001	<.001	<.001	.753
	个案数	10	10	10	10	10	10	10	10	10	10
全市人口（万人）	皮尔逊相关性	.985**	.360	.951**	.989**	1	.991**	.983**	.987**	.950**	.213
	显著性（双尾）	<.001	.307	<.001	<.001		<.001	<.001	<.001	<.001	.555
	个案数	10	10	10	10	10	10	10	10	10	10
人均可支配收入（元）	皮尔逊相关性	.973**	.292	.958**	.993**	.991**	1	.976**	.995**	.968**	.134
	显著性（双尾）	<.001	.413	<.001	<.001	<.001		<.001	<.001	<.001	.712
	个案数	10	10	10	10	10	10	10	10	10	10
住宅完成投资额（亿元）	皮尔逊相关性	.983**	.374	.966**	.992**	.983**	.976**	1	.957**	.952**	.174
	显著性（双尾）	<.001	.287	<.001	<.001	<.001	<.001		<.001	<.001	.632
	个案数	10	10	10	10	10	10	10	10	10	10
城镇家庭户数（万户）	皮尔逊相关性	.962**	.261	.946**	.982**	.987**	.995**	.957**	1	.966**	.127
	显著性（双尾）	<.001	.466	<.001	<.001	<.001	<.001	<.001		<.001	.727
	个案数	10	10	10	10	10	10	10	10	10	10
竣工住宅建造成本（元/平方米）	皮尔逊相关性	.932**	.210	.952**	.971**	.950**	.968**	.952**	.966**	1	-.022
	显著性（双尾）	<.001	.561	<.001	<.001	<.001	<.001	<.001	<.001		.951
	个案数	10	10	10	10	10	10	10	10	10	10
十五年期公积金贷款年利率（%）	皮尔逊相关性	.253	.293	-.007	.114	.213	.134	.174	.127	-.022	1
	显著性（双尾）	.481	.411	.984	.753	.555	.712	.632	.727	.951	
	个案数	10	10	10	10	10	10	10	10	10	10

**. 在 0.01 级别（双尾），相关性显著。

根据皮尔逊相关系数的大小，可以对 7 个影响因素进行排序：全市人口（0.985）>住宅完成投资额（0.983）>人均可支配收入（0.973）>城镇家庭户数（0.962）>商品住宅销售面积（0.957）>竣工住宅建造成本（0.932）。住宅竣工面积和 15 年期公积金贷款年利率与某市商品住宅平均售价没有显著的相关性，因此不参加排序。

从排序结果中可以看出，某市全市人口与商品住宅平均售价的相关系数最大，因此可以判断影响商品住宅需求的人口数量是商品住宅价格上涨的最直接因素，而竣工住宅建造成本作为影响供给的因素，与商品住宅平均售价的相关系数在 7 个相关因素中是最小的。

因此可以得出这样的结论：某市商品住宅价格的上涨最主要还是受需求拉动的，而拉动需求的最主要因素是人口的不断增加。

2. 回归分析

（1）SPSS 操作步骤。

① 打开 data14-1.sav 数据文件，选择"分析"→"回归"→"线性"选项，打开"线性回归"对话框。将"商品住宅平均售价"选入"因变量"列表框，将"住宅竣工面积"、"商品住宅销售面积"、"GDP"、"全市人口"、"人均可支配收入"、"住宅完成投资额"、"城镇家庭户数"、"竣工住宅建造成本"和"15 年期公积金贷款年利率"这 9 个变量选入"自变量"列表框，在"方法"下拉列表中选择"步进"选项。

② 单击"线性回归"对话框中的"统计"按钮，弹出"线性回归:统计"对话框，在"回归系数"选区中选择"估算值"复选框，在"残差"选区中选择"个案诊断"复选框，在"离群值"数值框中输入 3，并勾选对话框右侧的"模型拟合"复选框。

③ 同样，在"线性回归:图"对话框中，首先将变量"SDRESID"和"ZPRED"分别选入"Y"与"X"列表框，单击"下一个"按钮；然后将变量"ZRESID"和"ZPRED"分别选入"Y"与"X"列表框；最后单击"继续"按钮，返回主对话框。

④ 同样，在"线性回归:保存"对话框中，在"距离"选区中选择"马氏距离"、"库克距离"与"杠杆值"复选框；在"预测区间"选区中选择"平均值"和"单值"复选框，将置信区间设置为 95%；在"影响统计"选区中选择"标准化 DfBeta"、"标准化 DfFit"与"协方差比率"复选框。此外，还要选中对话框最下方的"包括协方差矩阵"复选框。

⑤ 同样，在"线性回归:选项"对话框中，在"步进法条件"选区中选择"使用 F 的概率"，输入与除去为默认值；选择"在方程中包括常量"复选框；在"缺失值"选区中选择"成列排除个案"单选按钮。

⑥ 完成上述设置后，单击"确定"按钮执行命令。

（2）主要结果及分析。

① 表 14-3 给出了逐步回归过程中变量的输入和除去过程及其准则，可以看出，"全市人口"是唯一被输入模型的变量。

表 14-3　输入/除去的变量 [a]

模型	输入的变量	除去的变量	方法
1	全市人口（万人）	.	步进（条件：要输入的 F 的概率<=.050，要除去的 F 的概率>=.100）。

a. 因变量：商品住宅平均售价（元/平方米）

② 表14-4 给出了模型的拟合情况，表中包含复相关系数 R、R^2、调整后的 R^2，以及标准估算的错误。从表 14-4 中可见，模型 1 的 R^2 值为 0.971，调整后的 R^2 为 0.967，接近 1。这表明模型可解释的变异占总变异的比例较大，输入回归方程的变量是显著的，模型 1 建立的回归方程具有较强的解释能力与可接受度。

表 14-4　模型摘要 [b]

模型	R	R 方	调整后 R 方	标准估算的错误
1	.985[a]	.971	.967	208.65651

a. 预测变量：（常量），全市人口（万人）
b. 因变量：商品住宅平均售价（元/平方米）

③ 表 14-5 给出了回归拟合过程中的方差分析结果，即 ANOVA。由表 14-5 可知，F 值为 268.001，显著性概率小于 0.001，故拒绝回归系数都为 0 的原假设。此外，由表 14-5 可知，回归平方和占总计平方和的绝大部分，说明线性模型能够揭示总平方和的绝大部分，即模型的拟合效果较好。

表 14-5　ANOVA[a]

模型		平方和	自由度	均方	F	显著性
1	回归	11668119.198	1	11668119.198	268.001	<.001[b]
	残差	348300.326	8	43537.541		
	总计	12016419.523	9			

a. 因变量：商品住宅平均售价（元/平方米）
b. 预测变量：（常量），全市人口（万人）

④ 表 14-6 给出了模型的系数估计值，表中包含未标准化系数、标准化系数、t 值与显著性概率。"显著性"这一列数据显示模型的常量与所有变量的显著性概率都小于 0.001，通过显著性检验。由表 14-6 可知模型的回归方程为商品住宅平均售价=−50239.233+95.075×全市人口。

表 14-6　系数 [a]

模型		未标准化系数		标准化系数	t	显著性
		B	标准错误	Beta		
1	（常量）	−50239.223	3293.326		−15.255	<.001
	全市人口（万人）	95.075	5.808	.985	16.371	<.001

a. 因变量：商品住宅平均售价（元/平方米）

⑤ 表 14-7 给出了进行逐步回归时被排除的变量的情况。从表 14-7 中可以看出，住宅竣工面积、商品住宅销售面积等变量的 t 统计量的显著性概率 P 值都大于 0.05，无法通过显著性检验，说明这些变量对模型的贡献率不高，无法进入模型。

表 14-7　被排除的变量 [a]

模型		输入 Beta	t	显著性	偏相关	共线性统计 容差
1	住宅竣工面积（万平方米）	−.074[b]	−1.180	.277	−.407	.870
	商品住宅销售面积（万平方米）	.211[b]	1.099	.308	.384	.096
	GDP（亿元）	.013[b]	.030	.977	.011	.021
	人均可支配收入（元）	−.192[b]	−.409	.695	−.153	.018
	住宅完成投资额（亿元）	.438[b]	1.432	.195	.476	.034

续表

模型		输入 Beta	t	显著性	偏相关	共线性统计 容差
1	城镇家庭户数（万户）	−.398b	−1.069	.320	−.375	.026
	竣工住宅建造成本（元/平方米）	−.036b	−.174	.867	−.066	.098
	十五年期公积金贷款年利率（%）	.045b	.715	.498	.261	.955

a. 因变量：商品住宅平均售价（元/平方米）
b. 模型中的预测变量：（常量），全市人口（万人）

14.2 SPSS 在制造业数据分析中的应用

14.2.1 问题描述与案例说明

物质生产一直是人类社会赖以生存和发展的根本，而制造业则是国家经济的主要支柱。制造业的发展和生产技术的进步已经成为衡量一个国家整体经济和技术水平的重要指标。在全球经济新分工的背景下，发达国家的制造业结构不断向高端化和灵活化演进，制造业的生产链条也向国外转移。中国因其具有丰富的劳动力资源和庞大的国内市场而成为世界上最大的生产基地。因此，了解影响制造业发展的各种因素已成为当前亟待研究的重要课题。理解制造业的影响因素无论是对我国制造业的发展战略的确定，还是对我国的工业政策的制定，都具有一定的借鉴意义。

本案例以某年 40 个行业为研究样本，选取 23 个变量作为制造业竞争力的影响因素：工业增加值率、总资产贡献率、资产负债率、工业成本费用利润率、流动资产周转率、产品销售率、企业单位数、工业增加值、资产总计、流动资产总计、流动资产年平均余额、固定资产原值、固定资产净值年平均余额、负债合计、流动负债合计、所有者权益、产品销售收入、产品销售成本、产品销售税金及附加、利润总额、本年应缴增值税、从业人员年平均人数、工业总产值。该案例的部分原始数据如表 14-8 所示。（参见数据文件 data14-2.sav。）

表 14-8 该案例部分原始数据

行业	工业增加值率（%）	总资产贡献率（%）	资产负债率（%）	工业成本费用利润率（%）	流动资产周转率（%）	产品销售率（%）	…	工业总产值（千亿元）
专用设备制造业	51.04	14.67	61.15	12.49	2.01	98.08	…	9201.8
造纸及纸制品业	77.72	46.5	38.63	77.79	3.98	99.53	…	8300.1
有色金属冶炼及压延业	43.59	26.89	48.32	21.25	2.45	97.52	…	2130.6
有色金属矿采选业	42.53	31.83	47.91	24.39	2.8	97.43	…	2288.8
印刷业和记录媒介的复制行业	37.88	21.46	50.58	9.68	3.32	97.84	…	1365.6
饮料制造业	29.78	28.16	57.07	4.72	6.68	98.63	…	10.97
仪器仪表及文化、办公用装备制造业	26.53	16.08	56.8	5.64	3.99	97.93	…	17496
医药制造业	30.66	15.84	52.8	7.39	2.82	97.51	…	6071
烟草制品业	37.06	19.19	53.3	10.33	2.16	97.65	…	5082.3
橡胶制品业	77.29	69.91	24.74	38.83	1.62	100.41	…	3776.2
石油和天然气开采业	26.42	9.85	53.52	3.82	2.57	97.58	…	2098.8
燃气生产和供应业	17.35	13.53	56.58	1.25	4.86	99.41	…	17851
⋮	⋮	⋮	⋮	⋮	⋮	⋮	⋮	⋮
其他采矿业	27.39	14.05	55.25	7.53	2.74	97.78	…	26799

14.2.2 分析目的与分析思路

1. 分析目的

首先通过对我国制造业各个行业的影响因素的分析，为各制造行业的发展战略提供理论参考；其次对制造行业进行合理的分类，从而为我国的产业政策的制定提供科学、可参考的实践思路。

2. 分析思路

首先利用因子分析法提取和分析何种因素对制造行业竞争力有较显著的影响，然后利用聚类分析对制造行业进行类型划分。

14.2.3 操作步骤与结果分析

1. 因子分析

（1）SPSS 操作步骤。

① 打开 data14-2.sav 数据文件，选择"分析"→"降维"→"因子"选项，打开"因子分析"对话框，将 23 个变量都选入"变量"列表框。

② 单击"描述"按钮，弹出对话框，在"统计"选区中勾选"初始解"复选框，在"相关性矩阵"选区中勾选"KMO 和巴特利特球形度检验"复选框。单击"继续"按钮保存设置。

③ 单击"旋转"按钮，弹出对话框，在"方法"选区中勾选"最大方差法"复选框，在"显示"选区中勾选"旋转后的解"复选框。单击"继续"按钮保存设置。

④ 单击"因子得分"按钮，弹出对话框，在"方法"选区中选择"回归"单选按钮，勾选下方的"显示因子得分系数矩阵"复选框。单击"继续"按钮保存设置。

⑤ 完成上述设置后，单击"确定"按钮执行命令。

（2）主要结果及分析。

① 表 14-9 展示了 KMO 和巴特利特球形度检验的结果。KMO 值与 1 越接近，表示越适合做因子分析。在本案例中，KMO 系数为 0.783，表明比较适合做因子分析；巴特利特球形度检验的显著性概率小于 0.001，故拒绝相关系数矩阵为单位阵的原假设，即变量之间存在相关关系，适合做因子分析。

表 14-9 KMO 和巴特利特球形度检验的结果

KMO 取样适切性量数。		.783
巴特利特球形度检验	近似卡方	4660.021
	自由度	253
	显著性	<.001

② 表 14-10 展示了特征值与方差的贡献情况。由表 14-10 可知，前 3 个公共因子的特征值大于 1，同时这 3 个公共因子的方差贡献率占了 94.087%，说明提取这 3 个公共因子就可以解释原始变量包含的绝大部分信息。

表 14-10 总方差解释表

成分	初始特征值			提取载荷平方和			旋转载荷平方和		
	总计	方差百分比	累积%	总计	方差百分比	累积%	总计	方差百分比	累积%
1	16.773	72.927	72.927	16.773	72.927	72.927	16.755	72.849	72.849
2	3.563	15.493	88.419	3.563	15.493	88.419	3.543	15.405	88.254
3	1.304	5.668	94.087	1.304	5.668	94.087	1.342	5.833	94.087
4	.682	2.964	97.051						
5	.345	1.498	98.550						
6	.147	.639	99.189						
7	.101	.438	99.626						
8	.049	.211	99.838						
9	.017	.073	99.911						
10	.013	.057	99.968						
11	.003	.014	99.983						
12	.002	.008	99.991						
13	.001	.005	99.996						
14	.001	.003	99.999						
15	.000	.001	100.000						
16	5.235E-5	.000	100.000						
17	2.399E-5	.000	100.000						
18	1.306E-5	5.680E-5	100.000						
19	6.835E-6	2.972E-5	100.000						
20	1.722E-6	7.488E-6	100.000						
21	9.779E-7	4.252E-6	100.000						
22	5.485E-7	2.385E-6	100.000						
23	2.411E-9	1.048E-8	100.000						

提取方法：主成分分析法。

③ 表 14-11 展示了行业发展影响因素的旋转后因子载荷，提取方法为主成分分析法，旋转方法为凯撒正态化最大方差法。由表 14-11 可知，第 1 个公共因子与企业单位数、工业总产值、工业增加值、资产总计、流动资产总计、流动资产年平均余额、固定资产原值、固定资产净值年平均余额、负债合计、流动负债合计、所有者权益、产品销售收入、产品销售成本、产品销售税金及附加、利润总额、本年应缴增值税和从业人员年平均人数的相关性较强，本书将第 1 个公共因子称为"资产因子"；第 2 个公共因子与工业增加值率、总资产贡献率、资产负债率和工业成本费用利润率的相关性较强，本书将第 2 个公共因子称为效率因子；第 3 个公共因子与流动资产周转率和产品销售率的相关性较强，本书将第 3 个公共因子称为流动性因子。

表 14-11 行业发展影响因素的旋转后因子载荷

旋转后的成分矩阵 [a]			
	成分		
	1	2	3
工业增加值率	-.028	.954	-.063
总资产贡献率	-.030	.901	.236
资产负债率	.063	-.916	.095

续表

旋转后的成分矩阵 a			
	成分		
	1	2	3
工业成本费用利润率	−.005	.895	.110
流动资产周转率	−.038	−.113	.869
产品销售率	.053	.303	.704
企业单位数	.987	−.062	−.049
工业总产值	.997	−.054	.006
工业增加值	.999	−.011	.004
资产总计	.998	−.041	.011
流动资产总计	.996	−.053	−.022
流动资产年平均余额	.996	−.052	−.022
固定资产原值	.988	−.016	.047
固定资产净值年平均余额	.986	−.031	.042
负债合计	.997	−.053	.011
流动负债合计	.998	−.058	−.006
所有者权益	.998	−.024	.011
产品销售收入	.997	−.054	.008
产品销售成本	.996	−.067	.011
产品销售税金及附加	.951	.210	.024
利润总额	.995	.041	.014
本年应缴增值税	.998	.000	.020
从业人员年平均人数	.993	−.055	−.038

提取方法：主成分分析法。
旋转方法：凯撒正态化最大方差法。
a. 旋转在 4 次迭代后已收敛。

④ 各因子得分也作为新变量被保存，图 14-1 是数据文件中的记录情况（因子得分结果），可以看出，数据文件中增加了 3 列，分别为"FAC1_1"、"FAC2_1"和"FAC3_1"，记录对应的因子得分。

产品销售收入	产品销售成本	产品销售税金及附加	利润总额	本年应缴增值税	从业人员年平均人数	FAC1_1	FAC2_1	FAC3_1
9593.08	6609.03	173.76	1022.18	702.32	463.69	−.07813	.27303	−.56684
8497.14	4029.22	279.94	3535.41	755.95	90.67	−.01596	3.61598	1.36891
2072.41	1454.39	38.97	349.03	124.68	49.14	−.25706	.96721	−.56352
2239.39	1567.49	21.99	428.12	110.89	55.11	−.25846	1.09143	−.30597
1295.58	972.21	27.64	108.97	60.92	46.62	−.29336	.34283	.19657
9.80	8.08	.19	.42	.28	.26	−.35089	−.30936	3.14185
17131.12	14907.57	84.88	893.58	295.31	264.80	−.13627	−.40462	.83483
5853.09	4585.18	30.13	394.22	223.53	135.03	−.23473	−.04096	−.27431
4993.98	3541.20	208.77	445.43	242.82	101.02	−.21127	.29355	−.65755
3737.61	1224.23	1564.03	608.35	456.23	18.61	−.03589	4.22930	.08239
18164.42	16076.30	80.61	765.87	469.04	626.26	−.04896	−.55823	−.15347
7335.75	6228.09	36.61	357.13	204.22	414.19	−.20819	−.23594	−.33188
4967.63	4301.28	24.76	255.56	126.88	256.98	−.25688	−.27168	.12117
3375.84	2865.02	27.25	192.96	100.83	106.18	−.27752	−.14500	.21176
2360.52	1977.99	13.62	108.96	51.82	91.30	−.29268	−.36192	−.21772
6151.49	5214.95	31.02	381.23	217.63	138.30	−.22019	−.37119	.04917
2039.27	1662.05	10.75	155.88	79.88	72.38	−.27271	.07199	−.86761
2029.44	1746.11	7.16	73.32	43.15	119.32	−.29548	−.33795	−.43574

图 14-1 数据文件中的记录情况

2. 聚类分析

（1）SPSS 操作步骤。

① 选择"分析"→"分类"→"系统聚类"选项，打开"系统聚类分析"对话框。将"FAC1-1""FAC2-1""FAC3-1"选入"变量"列表框，将"行业"选入"个案标注依据"列表框，在"聚类"选区中选择"个案"单选按钮并选中"显示"选区中的"统计"与"图"复选框。

② 单击"统计"按钮，在弹出的对话框中选中"集中计划"复选框，在"聚类成员"选区中选择"无"单选按钮。单击"继续"按钮保存设置。

③ 单击"图"按钮，在弹出的对话框中选中最上方的"谱系图"复选框，在"冰柱图"选区中选择"全部聚类"单选按钮，在"方向"选区中选择"垂直"单选按钮。单击"继续"按钮保存设置。

④ 完成上述设置后，单击"确定"按钮执行命令。

（2）主要结果及分析。

① 图 14-2 所示为聚类分析冰柱图，从冰柱图中能够看出各类之间的距离，从下往上可以依次看出不同的聚类数下的分类方式。

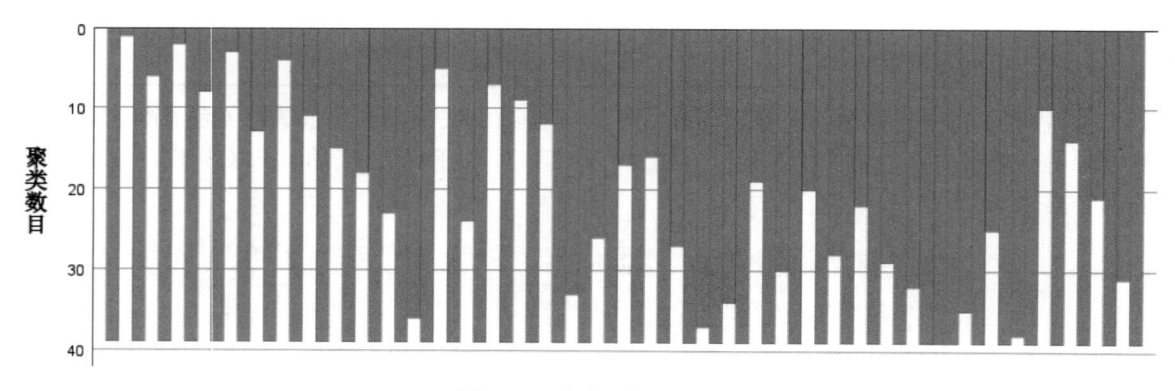

图 14-2 聚类分析冰柱图

② 图 14-3 所示为聚类分析谱系图，从谱系图中可以看出聚类每次合并的情况。结合聚类分析谱系图，40 个行业能够被大致分为 5 类：第 1 类为电力、热力的生产和供应业、第 2 类为电气机械及器材制造业和皮革、毛皮及其羽绒制品业、第 3 类为饮料制造业、燃气生产和供应业、第 4 类为造纸及纸制品业、橡胶制品业、第 5 类是其他行业。

使用平均联接（组间）的谱系图

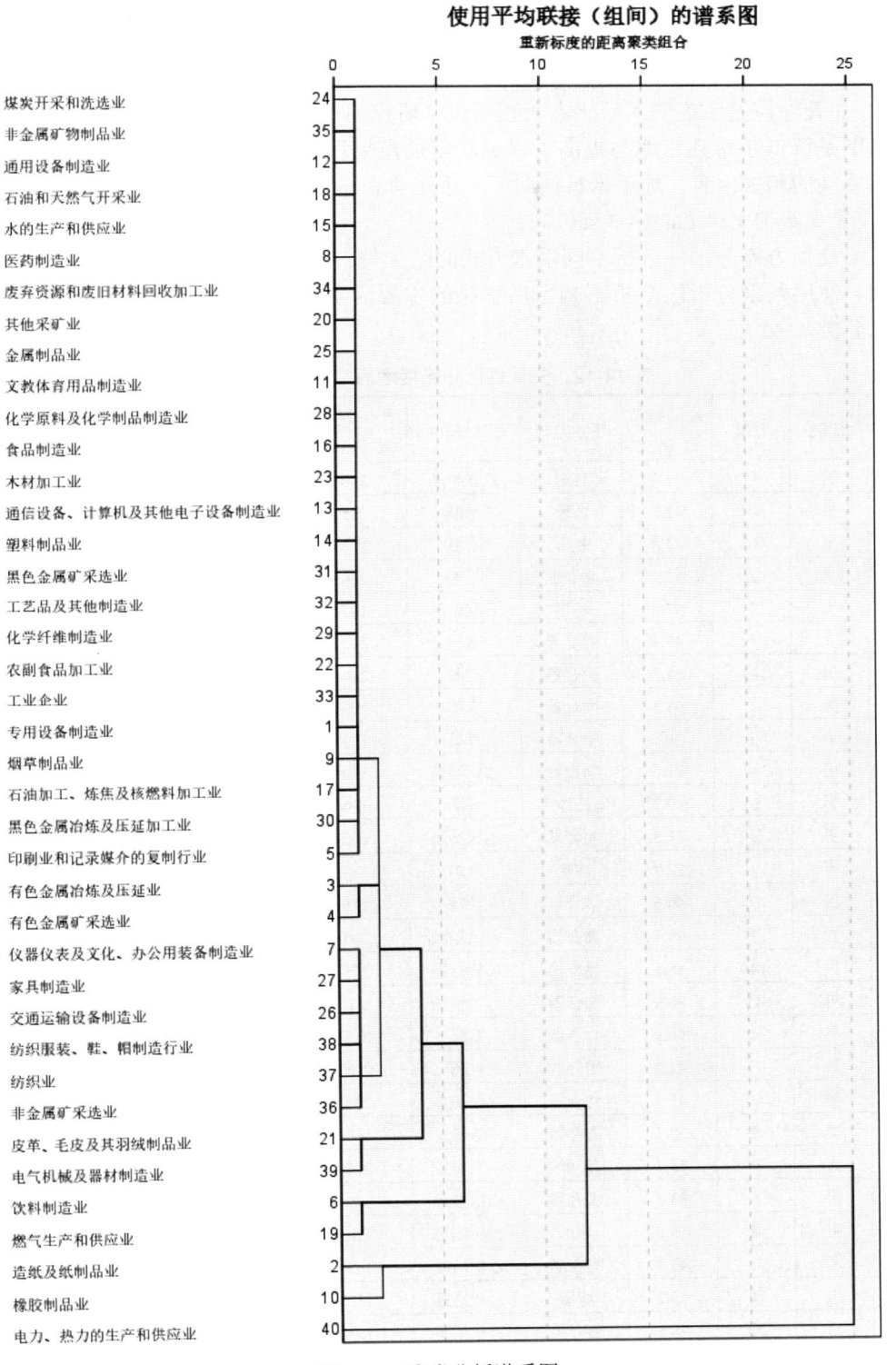

重新标度的距离聚类组合

行业	编号
煤炭开采和洗选业	24
非金属矿物制品业	35
通用设备制造业	12
石油和天然气开采业	18
水的生产和供应业	15
医药制造业	8
废弃资源和废旧材料回收加工业	34
其他采矿业	20
金属制品业	25
文教体育用品制造业	11
化学原料及化学制品制造业	28
食品制造业	16
木材加工业	23
通信设备、计算机及其他电子设备制造业	13
塑料制品业	14
黑色金属矿采选业	31
工艺品及其他制造业	32
化学纤维制造业	29
农副食品加工业	22
工业企业	33
专用设备制造业	1
烟草制品业	9
石油加工、炼焦及核燃料加工业	17
黑色金属冶炼及压延加工业	30
印刷业和记录媒介的复制行业	5
有色金属冶炼及压延业	3
有色金属矿采选业	4
仪器仪表及文化、办公用装备制造业	7
家具制造业	27
交通运输设备制造业	26
纺织服装、鞋、帽制造行业	38
纺织业	37
非金属矿采选业	36
皮革、毛皮及其羽绒制品业	21
电气机械及器材制造业	39
饮料制造业	6
燃气生产和供应业	19
造纸及纸制品业	2
橡胶制品业	10
电力、热力的生产和供应业	40

图 14-3　聚类分析谱系图

14.3 思考与练习

1．先天性巨结肠症的术后感染一直是医学研究的重要领域，探讨术后感染情况的早期预测和诊断是降低手术死亡率与提高手术成功率的重要环节。现收集了可能影响先天性巨结肠症术后感染的相关因素，如手术持续时间、手术失血量、手术中失血次数等，数据如表 14-12 所示。（参见数据文件 data14-3.sav。）

（1）使用方差分析法分析不同手术方式的结果是否存在显著性差异。

（2）使用判别分析法分析影响术后感染的主要因素，建立判别函数，从而对新观测的案例予以分类。

表 14-12　先天性巨结肠症术后感染影响因素表

编号	性别	月龄	红细胞比容（%）	手术方式	疾病部位	手术持续时间（min）	手术失血量（mL）	手术中失血次数	手术中输血量（mL）	感染与否
1	男	11	56.4	环形	乙状结肠	200	40	1	10	未感染
2	男	4	32.5	Z 形	结肠	215	40	1	15	未感染
3	男	10	37.8	Z 形	直肠	190	40	1	14	未感染
4	男	22	37.9	吻合器	结肠	250	40	2	30	感染
5	女	7	47.8	环形	乙状结肠	145	40	1	17	未感染
6	女	6	47.4	吻合器	直肠	205	60	2	18	未感染
7	男	45	54.7	吻合器	直肠	210	40	3	21	未感染
8	男	1	98.3	吻合器	直肠	270	20	3	30	感染
9	男	1	47	吻合器	直肠	180	40	3	31	未感染
10	男	4	31.6	吻合器	乙状结肠	180	40	1	20	未感染
11	男	15	49.7	Z 形	直肠	190	40	1	10	未感染
12	男	5	31.8	吻合器	乙状结肠	170	40	1	25	未感染
13	男	1	52.3	环形	直肠	135	30	4	36	未感染
14	男	9	46.6	Z 形	直肠	245	40	1	13	感染
15	男	1	76.4	吻合器	乙状结肠	200	20	3	32	感染
16	男	144	48.1	吻合器	乙状结肠	325	40	1	7	感染
17	男	11	80.8	吻合器	乙状结肠	280	100	2	19	感染
18	男	2	56.1	吻合器	直肠	225	20	2	23	未感染
19	男	17	41.2	吻合器	直肠	225	40	1	17	感染
20	男	60	41.9	吻合器	结肠	270	40	1	11	未感染
21	男	2	52.7	吻合器	直肠	165	30	4	40	未感染
22	男	78	53.7	Z 形	直肠	275	40	2	11	未感染
23	男	5	33.8	吻合器	乙状结肠	140	40	1	17	未感染
24	男	4	58.7	环形	乙状结肠	110	40	4	58	感染
25	男	6	43.3	吻合器	乙状结肠	165	40	1	9	未感染
26	男	3	45.2	环形	乙状结肠	130	10	3	33	感染
27	男	28	48.5	吻合器	乙状结肠	175	40	2	15	感染
28	男	1	57.1	环形	直肠	140	20	2	29	未感染
29	男	8	50.2	吻合器	结肠	225	20	3	29	感染
30	男	120	55.6	吻合器	乙状结肠	230	40	1	7	未感染

编号	性别	月龄	红细胞比容（%）	手术方式	疾病部位	手术持续时间（min）	手术失血量（mL）	手术中失血次数	手术中输血量（mL）	感染与否
31	男	3	39.6	吻合器	直肠	195	36	2	17	
32	男	5	43.7	吻合器	乙状结肠	215	39	1	22	
33	女	9	43.9	Z形	乙状结肠	145	40	1	13	

2．某高校就业指导中心为了解本科生就业相关问题，对面临毕业的本科生进行了调研，收集了 283 份有效数据，以发现学生的就业理念，从而为后续的就业指导工作开展做好准备。问卷设置了 22 个变量，包含性别、本科期间学习成绩、是否得过奖学金、专业等。（参见数据文件 data14-4.sav。）

（1）使用方差分析法探索不同性别、不同专业、不同家庭住址的被调查者的形象、英语水平、计算机水平、毕业院校、专业背景、资格证书、社会实践经历、成绩对就业的影响是否存在差异。

（2）使用相关分析法分析学生本科期间学习成绩、是否得过奖学金、是否签约、是否经常参加社会实践活动之间的关系。

（3）使用聚类分析法，根据被调查者的性别、形象、英语水平、计算机水平、毕业院校、专业背景、资格证书、社会实践经历、成绩等因素对就业的影响，对学生进行分类。

参 考 文 献

[1] 邓维斌，周玉敏，刘进，等．SPSS 23（中文版）统计分析实用教程[M]．2版．北京：电子工业出版社，2017．
[2] 李昕，张明明．SPSS 28.0 统计分析从入门到精通（升级版）[M]．北京：电子工业出版社，2022．
[3] 吴明隆．问卷统计分析实务——SPSS 操作与应用[M]．重庆：重庆大学出版社，2010．
[4] 宋志刚，谢蕾蕾．数据分析与 SPSS 软件应用（微课版）[M]．北京：人民邮电出版社，2023．
[5] 杨维忠，张甜，王国平．SPSS 统计分析与行业应用案例详解[M]．4版．北京：清华大学出版社，2019．
[6] 朱红兵．问卷调查及统计分析方法——基于 SPSS[M]．北京：电子工业出版社，2019．
[7] 石鹏，但婉欣，柏安之．SPSS 进阶分析与实务[M]．北京：电子工业出版社，2022．
[8] 薛薇．统计分析与 SPSS 的应用[M]．6版．北京：中国人民大学出版社，2021．
[9] 张文彤，钟云飞，王清华．IBM SPSS 数据分析实战案例精粹[M]．2版．北京：清华大学出版社，2020．
[10] 贾俊平，何晓群，金勇进．统计学[M]．8版．北京：中国人民大学出版社，2021．
[11] 卢纹岱，朱红兵．SPSS 统计分析[M]．5版．北京：电子工业出版社，2015．
[12] 郝黎仁，樊元，郝哲欧．SPSS 实用统计分析[M]．北京：中国水利水电出版社，2003．
[13] 夏怡凡．SPSS 统计分析精要与实例详解[M]．北京：电子工业出版社，2010．
[14] 宇传华．SPSS 与统计分析[M]．2版．北京：电子工业出版社，2014．
[15] 吕振通，张凌云．SPSS 统计分析与应用[M]．北京：机械工业出版社，2009．
[16] M.R.斯皮格尔，L.J.斯蒂芬斯．统计学[M]．3版．杨纪龙，杜秀丽，姚奕，等，译．北京：科学出版社，2002．
[17] 耿修林，谢兆茹．应用统计学[M]．3版．北京：科学出版社，2013．
[18] 余建英，何旭宏．数据统计分析与 SPSS 应用[M]．北京：人民邮电大学出版社，2003．
[19] 卢纹岱．SPSS for Windows 统计分析[M]．3版．北京：电子工业出版社，2006．
[20] 唐守正，李勇，符利勇．生物数学模型的统计学基础[M]．2版．北京：高等教育出版社，2015．
[21] 谭荣波，梅晓仁．SPSS 统计分析实用教程[M]．北京：科学出版社，2007．
[22] 马庆国．应用统计学：数理统计方法、数据获取与 SPSS 应用（精要版）[M]．北京：科学出版社，2005．
[23] 袁卫，庞皓，贾俊平，等．统计学[M]．5版．北京：高等教育出版社，2019．
[24] 武松．SPSS 实战与统计思维[M]．北京：清华大学出版社，2019．
[25] 杨维忠，陈胜可．SPSS 统计分析 从入门到精通[M]．5版．北京：清华大学出版社，2022．

反侵权盗版声明

电子工业出版社依法对本作品享有专有出版权。任何未经权利人书面许可，复制、销售或通过信息网络传播本作品的行为；歪曲、篡改、剽窃本作品的行为，均违反《中华人民共和国著作权法》，其行为人应承担相应的民事责任和行政责任，构成犯罪的，将被依法追究刑事责任。

为了维护市场秩序，保护权利人的合法权益，我社将依法查处和打击侵权盗版的单位和个人。欢迎社会各界人士积极举报侵权盗版行为，本社将奖励举报有功人员，并保证举报人的信息不被泄露。

举报电话：（010）88254396；（010）88258888
传　　真：（010）88254397
E-mail：dbqq@phei.com.cn
通信地址：北京市万寿路173信箱
　　　　　电子工业出版社总编办公室
邮　　编：100036